Escritos paulinos e cartas católicas

SÉRIE PRINCÍPIOS DE TEOLOGIA CATÓLICA

Escritos paulinos e cartas católicas

Moacir Casagrande

2ª edição

Rua Clara Vendramin, 58 . Mossunguê
CEP 81200-170 . Curitiba . PR . Brasil
Fone: (41) 2106-4170
www.intersaberes.com
editora@intersaberes.com

Conselho editorial
Dr. Alexandre Coutinho Pagliarini
Drª Elena Godoy
Dr. Neri dos Santos
Mª Maria Lúcia Prado Sabatella

Editora-chefe
Lindsay Azambuja

Gerente editorial
Ariadne Nunes Wenger

Assistente editorial
Daniela Viroli Pereira Pinto

Edição de texto
Natasha Saboredo

Capa e projeto gráfico
Iná Trigo (*design*)
Tatiana Kasyanova/Shutterstock
(imagem)

Diagramação
Kátia P. Irokawa Muckenberger

Equipe de *design*
Charles L. da Silva
Sílvio Gabriel Spannenberg

Iconografia
Maria Elisa de Carvalho Sonda
Regina Claudia Cruz Prestes

1ª edição, 2019.
2ª edição, 2024.

Foi feito o depósito legal.

Informamos que é de inteira responsabilidade do autor a emissão de conceitos.

Nenhuma parte desta publicação poderá ser reproduzida por qualquer meio ou forma sem a prévia autorização da Editora InterSaberes.

A violação dos direitos autorais é crime estabelecido na Lei n. 9.610/1998 e punido pelo art. 184 do Código Penal.

Dados Internacionais de Catalogação na Publicação (CIP)
(Câmara Brasileira do Livro, SP, Brasil)

Casagrande, Moacir
    Escritos paulinos e cartas católicas / Moacir Casagrande. -- 2. ed. -- Curitiba, PR : InterSaberes, 2024. -- (Série princípios de teologia católica)

    Bibliografia.
    ISBN 978-85-227-1272-4

    1. Bíblia. N.T. Paulo – Crítica e interpretação 2. Bíblia. N.T. Epístola de Paulo 3. Bíblia. N.T. Epístola de Paulo – Teologia I. Título. II. Série.

24-188993   CDD-227.207

Índices para catálogo sistemático :
1. Cartas de Paulo : Epístolas aos Coríntios : Comentários 227.207

Cibele Maria Dias – Bibliotecária – CRB-8/9427

Sumário

Apresentação, 7
Como aproveitar ao máximo este livro, 11

1   A vida de Paulo: viagens missionárias e fundação de comunidades, 15

1.1   Contexto histórico, 18
1.2   A vida de Paulo, 20
1.3   Viagens missionárias, 36
1.4   Fundação de comunidades, 48
1.5   Iniciativa pastoral, 53

2   Introdução às cartas de Paulo, 63

2.1   Primeira Carta aos Tessalonicenses, 66
2.2   Primeira Carta aos Coríntios, 71
2.3   Segunda Carta aos Coríntios, 87
2.4   Carta aos Gálatas, 99
2.5   Carta aos Romanos, 107
2.6   Carta aos Filipenses, 119
2.7   Carta a Filêmon, 126

3	Os principais aspectos das cartas de Paulo, 131
3.1	O estilo paulino, 134
3.2	A teologia paulina, 137
3.3	A cristologia paulina, 145
3.4	A antropologia paulina, 154
3.5	A eclesiologia paulina, 165

4	As cartas atribuídas a Paulo, 177
4.1	Carta aos Efésios, 181
4.2	Carta aos Colossenses e Segunda Carta aos Tessalonicenses, 192
4.3	As cartas pastorais, 200
4.4	Hebreus, 209
4.5	O crescimento da Palavra, 218

5	Introdução às cartas católicas, 231
5.1	O contexto histórico, político e religioso das cartas, 234
5.2	A Carta de Tiago, 240
5.3	A Primeira Carta de Pedro, 249
5.4	A Segunda Carta de Pedro e a Carta de Judas, 260
5.5	As cartas de João, 268

6	Os principais aspectos das cartas católicas, 281
6.1	Teologia, 284
6.2	Cristologia, 288
6.3	Espiritualidade, 296
6.4	Eclesiologia, 299
6.5	O compromisso cristão, 304

Considerações finais, 315
Referências, 319
Bibliografia comentada, 321
Respostas, 325
Sobre o autor, 327

Apresentação

O apóstolo Paulo inaugura, com suas cartas, a teologia, a eclesiologia e a espiritualidade cristãs, visto que o primeiro escrito do Novo Testamento é de sua autoria.

Os escritos paulinos nasceram da necessidade de responder aos desafios surgidos nas comunidades fundadas ou assistidas por ele, no aprofundamento do entendimento do Evangelho, no confronto com outras doutrinas ou visões teológicas, na aplicação e no desdobramento da vida cotidiana das comunidades e de cada membro em particular.

São de sua autoria, pelo menos, os sete primeiros escritos do Novo Testamento: Carta aos Romanos, Primeira e Segunda cartas aos Coríntios, Primeira Carta aos Tessalonicenses, Carta aos Gálatas, Carta aos Filipenses e Carta a Filêmon. As dúvidas pairam sobre as cartas aos Colossenses e aos Efésios e sobre a Segunda Carta aos Tessalonicenses. Nesse caso, há uma discussão sobre quais cartas foram realmente escritas por Paulo e quais são de autoria de seus discípulos.

Ainda assim, independentemente de qualquer opinião, todos estão de acordo que as cartas mencionadas seguem a orientação de Paulo e são escritos sagrados, e, por isso mesmo, continuam fazendo parte do conjunto dos chamados *escritos paulinos*. Com relação às cartas destinadas a Timóteo e a Tito, já se admite classificá-las como pós-paulinas. Já a Carta aos Hebreus é sabidamente pós-paulina.

O autor da Segunda Carta de Pedro (século II) – cerca de 60 anos depois da Primeira Carta de Paulo – menciona a dificuldade de interpretação dos escritos paulinos, embora também denuncie o mau uso desses textos já naquele tempo. Segundo esse autor, a questão não se limita ao modo de Paulo escrever, estendendo-se ao interesse dos que fazem a leitura e a interpretação de seus escritos.

É válido salientar que, apesar da dificuldade, estudar os escritos paulinos possibilita entender como as comunidades cristãs acolheram e comunicaram o grande acontecimento da história da humanidade que foi a chegada do tão esperado Messias.

Tendo isso em vista, nesta obra apresentamos, em seis capítulos, quatro temas referentes ao Novo Testamento, aqui reunidos sob o título *Escritos paulinos e cartas católicas*.

No Capítulo 1, tratamos da vida e da missão de Paulo, abordando o contexto histórico, as influências religiosas e culturais do seu tempo, o importantíssimo encontro com o Ressuscitado no caminho de Damasco e a determinação missionária expressa pelas grandes viagens dedicadas à evangelização e à fundação de comunidades cristãs.

Nos Capítulos 2 e 3, indicamos as sete cartas cuja autoria de Paulo não é contestada, bem como a belíssima iniciativa de formação religiosa e cuidado pastoral realizada por meio delas. Propusemos também uma abordagem introdutória às caraterísticas literárias e ao conteúdo de revelação bíblica presentes nesses escritos, como a teologia, a cristologia, a espiritualidade e as inspirações pastorais correspondentes.

No Capítulo 4, analisamos as cartas atribuídas a Paulo e também a Carta aos Hebreus. Para isso, propusemos uma reflexão referente aos dados literários e aos conteúdos escriturísticos considerando a contribuição oferecida ao longo dos tempos, particularmente a iluminação da realidade atual.

Nos Capítulos 5 e 6, apresentamos as chamadas *cartas católicas*. Para analisá-las, consideramos seus contextos histórico, político e religioso; seus aspectos literários; e suas dimensões teológica, cristológica, eclesial e pastoral.

Especificamente no Capítulo 5, indicamos as *cartas apostólicas*, assim chamadas por não terem um endereço particular – pessoa, cidade ou região – e por serem mais abertas, ligadas mais a situações que a lugares. Nesse bloco estão as três cartas de João, as duas cartas de Pedro e as cartas de Tiago e Judas.

Nosso trabalho, como é possível perceber, é introdutório. Nele oferecemos uma análise dos textos bíblicos indicados a fim de fornecer pistas que possam levá-lo, leitor, a uma significativa experiência pastoral e espiritual, assim como ao aprofundamento de seus conhecimentos. Afinal, o Espírito Santo, inspirador das respostas de Deus ao povo daquele tempo, continua assistindo e iluminando igualmente o povo do nosso tempo na superação das dificuldades e nas iniciativas de criatividade.

Como aproveitar ao máximo este livro

Empregamos nesta obra recursos que visam enriquecer seu aprendizado, facilitar a compreensão dos conteúdos e tornar a leitura mais dinâmica. Conheça a seguir cada uma dessas ferramentas e saiba como estão distribuídas no decorrer deste livro para bem aproveitá-las.

Introdução do capítulo

Logo na abertura do capítulo, informamos os temas de estudo e os objetivos de aprendizagem que serão nele abrangidos, fazendo considerações preliminares sobre as temáticas em foco.

Neste capítulo, trataremos do surgimento da pessoa de Paulo e de sua atuação, bem como do contexto histórico em que isso ocorreu. Nesse sentido, abordaremos a vida desse grande apóstolo, seu testemunho de fé e sua disponibilidade para realizar os desígnios do Senhor. Na sequência, demonstraremos seu trabalho missionário, acentuando a vertente da pregação do Evangelho, e os frutos desse esforço expressos no nascimento de comunidades cristãs e no zelo pela fidelidade delas ao Evangelho. Paulo, apóstolo dos gentios, é um marco na história da evangelização cristã.

> **Preste Atenção!**
>
> Segundo Barbaglio (2017a), as cartas foram escritas em papiro, material largamente utilizado por ser barato, já que o couro para pergaminho era muito caro. Para quem queria oferecer o Evangelho de graça, os recursos mais em conta eram os mais apreciados. As cartas eram escritas por Paulo (cf. Gl 6,11; 1Cor 16,21) ou por um secretário (cf. Rm 16,22).

1.3.6 As prisões de Paulo

Não há dúvidas de que o apóstolo enfrentou muitas dificuldades em suas viagens missionárias e no trabalho de fundar comunidades. Lucas registra isso em Atos dos Apóstolos, que já conhecemos. Paulo mesmo fala de suas dificuldades e sofrimentos no capítulo 11 da Segunda Carta aos Coríntios, entre os quais inclui as prisões.

Segundo Lucas, Paulo sofreu três prisões:

1. Prisão em Filipos: ocorreu entre os anos 50 e 53, quando fazia a segunda viagem missionária e fundava a comunidade cristã de lá (At 16,16-40).
2. Prisão em Jerusalém: orquestrada por seus velhos amigos, que não aceitaram sua conversão a Jesus Cristo. Eles se organizaram para julgá-lo e matá-lo, mas ele não aceitou ser julgado ali e apelou pelo julgamento em Roma. Conforme a narrativa, tinha esse direito por ser cidadão romano (At 22,22-29 e 25,6-12).
3. Prisão em Cesareia ('Palestina'): ocorreu entre os anos 58 e 60, quando aguardava o momento de ser julgado pelo Imperador Nero, em Roma. Ficou preso dois anos em Cesareia esperando a oportunidade de embarcar para Roma, onde ficou cerca de três anos até o dia do julgamento.

Preste atenção!

Apresentamos informações complementares a respeito do assunto que está sendo tratado.

Síntese

Guiados pelos conteúdos destas cartas, tivemos a oportunidade de adentrar o pensamento e o comportamento do insigne apóstolo em sua resposta incansavelmente doada e criativa ao Senhor. Percebemos que nelas prevalece a ocupação pastoral, isto é, a necessidade de responder aos desafios sofridos pelas comunidades diante das adversidades, das provocações externas e dos desvios internos. Por isso, sua teologia é contextualizada, adequada às necessidades e à capacidade de entendimento de cada comunidade.

Em Tessalônica, diante das perseguições, há a necessidade do aprofundamento sobre a ressurreição dos mortos. Entre os gálatas, há o desvio do verdadeiro Evangelho, por conta da intromissão de pseudoevangelizadores. É preciso enfrentar o retrocesso e desenvolver a compreensão do que consiste a verdadeira liberdade cristã.

Em Corinto, o desafio da diversidade de origem religiosa e cultural, associado às variadas condições econômicas e sociais, exige de Paulo grande aplicação para fazer compreender que a novidade cristã não é apenas uma informação a mais. Conduzido pelo Espírito Santo, o apóstolo responde aos desafios presentes e nos oferece um legado ainda luminoso para o mundo em que vivemos. Os cristãos não formam grupos de simpatia nem clubes de lazer, mas comunidades de fé nas quais prevalece a caridade fraterna para o estabelecimento do Reino de Deus. O liberalismo grego não corresponde à liberdade do Evangelho, pois o cristão não deve fazer o que quer, mas o que convém à nova identidade assumida, devendo estar em conformidade com ela. A relação entre os membros da comunidade precisa evoluir da reciprocidade para a gratuidade, tendo sempre em vista o bem de todos. Nisso o ministério de Cristo tem prioridade.

Síntese

Ao final de cada capítulo, relacionamos as principais informações nele abordadas a fim de que você avalie as conclusões a que chegou, confirmando-as ou redefinindo-as.

Atividades de autoavaliação

Apresentamos estas questões objetivas para que você verifique o grau de assimilação dos conceitos examinados, motivando-se a progredir em seus estudos.

Atividades de autoavaliação

1. As cartas deuteropaulinas são:
   a) as cartas da chamada *escola paulina*, escritas por outras pessoas depois da morte de Paulo e divulgadas em nome dele.
   b) as cartas publicadas depois da morte de Paulo.
   c) as cartas que completam assuntos que Paulo não pôde tratar.
   d) as cartas que atualizam as orientações de Paulo.
   e) as cartas que se baseiam nos livros do Antigo Testamento, especialmente o de Deuteronômio.

2. O(s) assunto(s) principal(is) da Carta aos Efésios é(são):
   a) a paz na comunidade, a unidade em Cristo e a prática correspondente.
   b) a preservação da Igreja de desvios vindos de outros grupos.
   c) o aprofundamento da eclesiologia.
   d) a centralidade de Jesus Cristo como cabeça da Igreja, a qual é o seu corpo.
   e) o amor como dom supremo.

3. O tema mais específico da Segunda Carta aos Tessalonicenses é:
   a) acalmar os ânimos da comunidade.
   b) instruir a comunidade sobre a parusia e os verdadeiros sinais de sua proximidade.
   c) corrigir os aproveitadores.
   d) relembrar a instrução primeira.
   e) informar à Igreja de Tessalônica a respeito da perseguição imposta ao povo.

Atividades de aprendizagem

Aqui apresentamos questões que aproximam conhecimentos teóricos e práticos a fim de que você analise criticamente determinado assunto.

Paulo não evangelizava sozinho, mas constituía uma equipe para:
a) consolidar as comunidades, oferecendo assistência.
b) possibilitar a experiência da comunhão.
c) garantir a gratuidade do Evangelho.
d) garantir a consolidação das comunidades.
e) todas as alternativas anteriores.

Atividades de aprendizagem

Questões para reflexão:

1. Compare as três narrativas do encontro de Paulo com Cristo no caminho de Damasco (At 9,1-19; 22,1-16; 26,1-18). Coloque os dados colhidos de cada texto em colunas, identificando as semelhanças e as diferenças: Exemplo: Ver: Quem viu o quê em cada texto? Ouvir: Quem ouviu o quê em cada texto? Reagir: Quem reagiu e como reagiu em cada texto?

2. Faça uma pesquisa na internet e verifique quantos lugares foram visitados e quantas comunidades foram fundadas ou assistidas nas viagens missionárias de Paulo. Relacione o trabalho de Paulo com os desafios de hoje. Elabore um texto com o resultado. Para isso, você poderá recorrer aos mapas das seguintes obras:

LOPES, J. M. Atlas bíblico. Lisboa: Difusora Bíblica, 1984.
GROSELJ, T. São Paulo: vida, ícones e encontros. São Paulo: Paulinas, 2009.

Importante!

Algumas das informações centrais para a compreensão da obra aparecem nesta seção. Aproveite para refletir sobre os conteúdos apresentados.

Bibliografia comentada

Nesta seção, comentamos algumas obras de referência para o estudo dos temas examinados ao longo do livro.

1
A vida de Paulo: viagens missionárias e fundação de comunidades[1]

---

[1] Todas as passagens bíblicas indicadas neste capítulo são citações de Bíblia (1994).

N este capítulo, trataremos do surgimento da pessoa de Paulo e de sua atuação, bem como do contexto histórico em que isso ocorreu. Nesse sentido, abordaremos a vida desse grande apóstolo, seu testemunho de fé e sua disponibilidade para realizar os desígnios do Senhor. Na sequência, demonstraremos seu trabalho missionário, acentuando a vertente da pregação do Evangelho, e os frutos desse esforço expressos no nascimento de comunidades cristãs e no zelo pela fidelidade delas ao Evangelho. Paulo, apóstolo dos gentios, é um marco na história da evangelização cristã.

1.1 Contexto histórico

Nesta seção, consideramos especialmente o período entre os anos 30 e 60 d.C., que engloba os governos dos imperadores romanos Tibério e Nero (14-68 d.C.). Isso porque, nessa época, Paulo teve expressão no cenário religioso dominado pelos romanos.

A *Pax Romana*, iniciada pelo Imperador Augusto no ano 9 a.C., procurava limitar e canalizar as numerosas correntes religiosas e culturais do império para a pessoa do imperador – que assumia o papel de *pontifex maximus* (sumo pontífice) –, assegurando, assim, a existência e a coesão do Império Romano com sua política de paz e bem-estar baseada no poder militar.

A *Pax Romana* tinha como objetivo favorecer a unidade do império, que era a base do crescimento econômico e da estabilidade jurídica. Garantia ainda uma infraestrutura eficiente para um comércio lucrativo entre Oriente e Ocidente, o que facilitava também a circulação de muitas filosofias e crenças. Isso favoreceu a missão de Paulo na difusão do Evangelho (Schnelle, 2010).

Paulo respeitava a *Pax Romana* (Rm 13,1-7), pois esta favorecia a missão sem fronteiras, tornando natural o cruzamento de idiomas, culturas, filosofias e credos. Embora não aceitasse o culto prestado ao imperador, via nela uma condição favorável para a liberdade do missionário e o sucesso da missão.

Romanos e gregos não duvidavam da existência de outras divindades: manifestavam interesse nas novidades, nos cultos mistéricos orientais, nas filosofias gregas, nas divindades de cura, no culto aos astros etc. Sobre isso Schnelle (2010, p. 169) comenta: "Essa diversidade religiosa não se desenvolvia apenas numa camada específica, mas comerciantes, soldados e mercenários, escravos e viajantes propagavam todas suas respectivas divindades e organizavam-se em associações cúlticas privadas".

A malha viária do Império Romano no primeiro século de nossa era abrangia em torno de 300 mil quilômetros, dos quais 90 mil eram bem constituídos – algumas partes são transitáveis ainda hoje. A atividade naval também era intensa. Foi um período rico em atividades e intercâmbios comerciais e culturais.

Dentro do Império Romano, o judaísmo preservou seu caráter de religião nacional e foi também o primeiro alvo do cristianismo missionário. Segundo Schnelle (2010), em virtude da diáspora judaica, muitos judeus viviam fora de sua pátria – entre cinco e seis milhões de pessoas. De acordo com Fílon de Alexandria, só no Egito viviam cerca de um milhão.

Não havia cidade importante onde não se encontrasse alguma sinagoga, visto que, durante a diáspora, ela constituía o centro das atividades da comunidade judaica. O autor de Atos dos Apóstolos nos informa que eram as sinagogas o primeiro alvo da missão de Paulo (cf. At 9,20; 13,5; 14,1-2; 16,13; 17,1-3; 18,4), embora seu interesse fosse bem além desses espaços (cf. 1Cor 12,2; Gl 2,3), pois ele se considerava **apóstolo dos gentios** (cf. Gl 2,9; Rm 15,15-18; At 28,28).

A situação encontrada por Paulo em Roma não foi das melhores, visto que os conflitos entre cristãos e judeus, que levaram o Imperador Cláudio a expulsá-los da capital do império, só pioraram para o lado dos cristãos, desembocando na violenta perseguição nos tempos de Nero. O teor de tais perseguições pode ser verificado no relato de Tácito sobre o incêndio de Roma (Anais XV 44,2-5), no qual é ressaltada a inocência dos cristãos acusados e também a resistência que seu modo de proceder criava entre os romanos (Schnelle, 2010).

1.2 A vida de Paulo

Paulo, por seu testemunho, estabeleceu um diferencial no caminho da evangelização que desafia ainda hoje até mesmo os mais destemidos. Sua opção por **Jesus crucificado-ressuscitado** transformou e modelou toda sua vida para sempre. A descoberta da gratuidade e da misericórdia de Deus passou a ser como o sangue correndo em suas veias, impulsionando sua mente e coração: "Para mim, anunciar o evangelho não é motivo de orgulho, é uma necessidade que se me impõe. Ai de mim se eu não anunciar o evangelho" (1Cor 9,16).

1.2.1 Quem foi Saulo/Paulo?

Era comum pessoas de povos dominados pelo Império Romano usarem dois nomes: um em sua língua de origem (Saulo) e outro na do império (Paulo). Por isso, embora em suas cartas se apresente sempre como Paulo, é bem possível que ele tenha usado os dois nomes – ou seja, começado com Saulo e continuado com Paulo.

Sobre a vida pessoal desse apóstolo (cf. At 9,1), não temos muitas informações. O que sabemos é o que podemos deduzir dos seus escritos, do pouco que coloca de si mesmo, sempre relacionado com a missão de evangelizar. Em outras palavras, o que conhecemos da vida pessoal de Paulo se confunde com sua missão evangelizadora expressa particularmente em suas cartas. Fora delas há informações dadas por Lucas, em Atos dos Apóstolos, o qual também se interessa pela pregação do Evangelho, mas segue uma dinâmica própria, nem sempre focada na historiografia.

É impossível ter de Paulo uma biografia completa. Conforme indica Schnelle (2010), há dois eventos seguros que nos permitem reconstruir sua cronologia. O primeiro é a expulsão dos judeus da cidade de Roma, pelo Imperador Cláudio, no ano 49 (cf. At 18,1-2), conforme atestou Sêneca, importante magistrado e senador romano que atuou nesse governo e foi tutor de Nero. O segundo é a apresentação dele, forçada pelos judeus, diante do tribunal de Gálio, procônsul da Acaia, no ano 52, atestada epigraficamente na cidade de Delfos por uma carta enviada pelo Imperador Cláudio. Partindo-se desses dados, foi realizado um cálculo aproximado da data do nascimento e uma cronologia das atividades do apóstolo dos gentios.

1.2.2 Paulo fariseu

Não há registros do nascimento de Paulo, mas, partindo-se das datas seguras e das notícias de outros acontecimentos, é possível deduzir que ele tenha ocorrido na primeira década da nossa era, entre os anos 5 e 10 d.C., na cidade de Tarso, região da Cilícia (cf. At 9,11; 22,3). Os cristãos celebraram em 2009 os dois mil anos do nascimento do apóstolo.

Naquele tempo, Tarso era uma cidade estratégica, situada na confluência entre os dois mundos conhecidos: o oriental e o ocidental. Tinha a fama de centro cultural de primeira grandeza (Barbaglio, 2017a) e gozava de todos os privilégios e regalias de uma cidade livre. Além disso, contava com várias escolas filosóficas, era centro comercial e capital de governo.

Por ser de Tarso, Paulo teve mais oportunidades, como o cultivo de sua língua materna e de sua cultura e o contato com o mundo helenista, além da proximidade com a política romana. Ele tinha a vantagem de falar e se entender tanto com os gregos quanto com os judeus, multiplicando, assim, seu conhecimento com a riqueza das experiências dos outros.

A respeito de sua família, contamos com as informações de Atos dos Apóstolos e das cartas. O menino recebeu o nome de Saulo, que significa "pedido a Javé". Foi circuncidado no oitavo dia, conforme o costume dos judeus que levam a sério sua religião. A circuncisão, para o judeu, é como o batismo para o cristão. Conforme ele mesmo nos informa na Carta aos Filipenses: "Circuncidado no oitavo dia, da raça de Israel, da tribo de Benjamin, hebreu, filho de hebreus; quanto à lei fariseu" (Fl 3,5).

Ele se mostrava perfeitamente identificado e integrado em sua etnia, cultura e religião. O hebraico foi sua língua materna e as tradições bíblicas e judaicas, o conteúdo de sua formação. A notícia de sua formação aos pés de Gamaliel, em Jerusalém, é uma particularidade de Lucas (cf. At 22,3; 26,4) que parece não ter confirmação nos escritos de Paulo. Isso porque na Carta aos Gálatas (1,22) ele afirma: "meu rosto era desconhecido das igrejas de Cristo que estão na Judeia". Sendo Jerusalém a capital da Judeia, a informação de Lucas se torna contraditória.

Sobre o tempo como fariseu, Paulo mesmo afirma em suas cartas: "eu progredia no judaísmo ultrapassando a maioria dos da minha idade e da minha raça, por meu zelo transbordante pela tradição dos meus pais" (Gl 1,14); "Irrepreensível segundo a justiça que se obtém pela lei" (Fl 3,6). O Paulo fariseu era íntegro e reto na compreensão da salvação que acontecia pela prática da lei; o que criava dificuldade era o foco de seus esforços. No judaísmo, entende-se que a fidelidade à lei depende do esforço e da aplicação dela por parte de cada um, caminho pelo qual se conquista a salvação. A salvação, portanto, não é graça, mas direito de quem cumpriu a lei.

Foi por zelo à prática religiosa de origem que Paulo se fez perseguidor dos cristãos. Entretanto, foi por misericórdia do mesmo Deus que acabou se fazendo apóstolo de Cristo.

1.2.3 A perseguição de Paulo aos cristãos

Como mencionamos anteriormente, Lucas afirma, em Atos dos Apóstolos (8,3; 9,1-2), que Paulo perseguiu os cristãos em Jerusalém e depois foi para Damasco continuar a obra; no entanto, o próprio Paulo relatou aos gálatas que ele era desconhecido nas comunidades cristãs da Judeia (cf. Gl 1,22). Tais comunidades tinham simplesmente ouvido dizer: "Aquele que outrora nos perseguia anuncia agora a fé que então destruía" (Gl 1,23). Ora, por essa informação, que Paulo afirma ter escrito de próprio punho (cf. Gl 6,11), é possível deduzir que a perseguição aos cristãos não aconteceu em Jerusalém, embora tudo indique que tenha ocorrido em Damasco, onde também se deu a mudança de rumo na vida de Paulo após a aparição de Jesus Cristo (cf. At 9,3-9; 22,5-11; Gl 1,11-12). A busca de credenciais do sumo sacerdote de Jerusalém para prender os cristãos que ainda participavam das sinagogas de Damasco também aponta nessa direção (cf. At 9,2). Por isso, é importante tomar cuidado com a generalização.

Por que Paulo perseguia?

Para Schnelle (2010, p. 98), "a ideia de um messias crucificado devia parecer para Paulo não apenas absurda, mas, aos seus olhos, representava também uma blasfêmia e um questionamento da fé judaica". Ele aponta para o escandaloso anúncio que os crentes em Cristo faziam, dizendo que Jesus crucificado era o Messias prometido. Pois a lei diz: o suspenso no madeiro é uma maldição de Deus (cf. Dt 21,23). Isso pode ser deduzido do que o próprio Paulo, já convertido ao cristianismo, diz na Carta aos Gálatas (3,12-14)[2].

---

2 Pode-se ainda conferir outras passagens (1Cor 1,17-23; 2,2.8; Gl 3,1; 5,11; 6,14; Fl 2,8; 3,18).

1.2.4 A mudança de rumo: o caminho de Damasco

Os Atos dos Apóstolos falam, pelo menos três vezes, da mudança na vida de Paulo ocasionada pelo encontro com o Ressuscitado. A primeira delas é narrada pelo próprio Lucas e as demais, colocadas por ele na boca de Paulo na forma de testemunho (At 9,1-19; 22,1-16; 26,8-18). Paulo, porém, em sua própria carta dirigida aos gálatas (1,12-17), não menciona os detalhes narrados por Lucas. Ele se refere, sim, várias vezes ao encontro com Cristo, mas do modo mais sóbrio possível, sempre relacionando-o a um ensinamento (1Cor 9,1; 15,8; 2Cor 4,6; 12,1-10; Gl 1,12-16; Fl 3,4-11).

Na Primeira Carta aos Coríntios (9,1), Paulo levanta o seguinte questionamento à comunidade: "Porventura não sou livre? Não sou apóstolo? Acaso não vi Jesus, nosso Senhor?". Mais adiante, ainda na mesma comunidade, ele comenta sobre as aparições do Cristo ressuscitado: "Em último lugar apareceu também a mim, o aborto. Pois eu sou o menor dos apóstolos, eu que não sou digno de ser chamado apóstolo porque persegui a Igreja de Deus" (1Cor 15,8-9).

A narrativa de Lucas oferece uma cena mais ampla do aparecimento de Cristo a Paulo; nela, podemos apreciar a imensa misericórdia de Deus oferecida ao apóstolo gentio por intermédio de Jesus Cristo, que vem também em favor dos fiéis perseguidos. Entretanto, é válido ressaltar que essa narrativa varia em cada contexto.

Primeiramente, Lucas afirma que uma luz envolveu Paulo, deixando-o cego, e que uma voz o chamou pelo seu nome hebraico: Saulo (At 9,3-9). Seus companheiros ouvem a voz, mas não veem ninguém. Em outra passagem (At 22,6-9), ele afirma que os companheiros de Paulo viram a luz, mas não ouviram a voz. Por fim, em outro trecho

(At 26,12-16), ele conta que todos foram envolvidos pela luz e caíram por terra, mas somente Paulo ouviu a voz.

Vemos aí um acento na relação entre cegueira e visão. A luz do Ressuscitado o deixa cego, restando-lhe apenas os ouvidos, que são os órgãos da obediência. Pela obediência à voz, Paulo chega a uma nova visão, passando, assim, da obediência à lei para a obediência ao Ressuscitado. Em Atos dos Apóstolos (26,16), o Ressuscitado o estabelece testemunha e promete outras visões que, na narrativa lucana, acontecerão mediante novos direcionamentos durante a missão de Paulo.

Schnelle (2010) advoga que a mudança do zeloso fariseu para o zeloso cristão aconteceu por volta do ano 33, três anos após a morte de Jesus. Barbaglio (2017a), por sua vez, postula a metade da década de 30, portanto, o ano 35. O que podemos fazer é uma aproximação entre acontecimento e data.

Para perseguir os cristãos, Paulo precisava ter argumentos, tinha que conhecer a doutrina. Esse é um dado importante para o passo seguinte. O ensinamento lhe era conhecido, embora o entendimento ainda não – este aconteceria por revelação do próprio Cristo.

O encontro de Paulo com Jesus Cristo ressuscitado é decisivo para sua vida e sua teologia, e de grande importância para a vida da Igreja, pois, com a entrada de Paulo, intensificou-se a saída para anunciar o Evangelho a outras nações. Assim tiveram início as grandes viagens missionárias, a difusão do Evangelho e a fundação de comunidades por todo o mundo.

Essa experiência de Paulo é contada nada menos que seis vezes[3] no Novo Testamento. Ali, ou a partir dali, ele descobre que a lei, a qual seguia com tanto zelo, era impossível de ser cumprida à risca, por mais dedicado que alguém pudesse ser. Isso mostrou-lhe que não é possível salvar-se pelas próprias forças. Ele descobre também que a salvação

---

3 At 9,1-19; 22,1-16; 26,8-18; 1Cor 9,1; 15,8; 2Cor 12,1-10.

vem de Jesus Cristo e que a tarefa do cristão é aderir a ele, o que significa que o céu não se compra nem se merece, mas se ganha – é dado por Deus mediante Jesus Cristo. Para entrar nele, é necessário fazer-se discípulo e engajar-se na obra dele.

Paulo mesmo evoca o gesto misericordioso de Deus quando escreve à comunidade de Corinto: "A respeito de quem é virgem, eu não tenho ordem do Senhor, é um conselho que dou, de um homem que pela misericórdia do Senhor é digno de confiança" (1Cor 7,25). E ainda: "Visto que, por misericórdia, somos detentores deste ministério, não perdemos a coragem" (2Cor 4,1). Aos gálatas, ele ressalta mais uma vez a iniciativa gratuita de Deus. Foi Deus que o elegeu desde o seio de sua mãe, mas o Filho só foi revelado bem mais tarde, segundo o desígnio do Pai para a missão que lhe reservou (cf. Gl 1,15-16).

Paulo não é uma pessoa que encontra o bem depois de ter trilhado o mal, mas um homem que sinceramente buscou o melhor e, quando teve a certeza de que o caminho era Cristo, entregou-se a ele. Segundo Barbaglio (2017a), lendo as cartas, percebemos que Paulo manifesta a psicologia típica do convertido, que consiste na adesão total à nova causa, na denúncia polêmica da posição anterior, na convicção da escolha feita e na segurança e coragem diante das muitas adversidades.

Como Paulo entende Cristo a partir de Damasco?

Tratando do assunto, Schnelle (2010) destaca quatro pontos. O primeiro diz respeito à teologia: Deus voltou a falar e agir, interveio e abriu perspectivas inteiramente novas na história. O segundo se relaciona ao entendimento da cristologia: Jesus de Nazaré, crucificado e ressuscitado, está para sempre ao lado de Deus. O terceiro é o entendimento da salvação: o Cristo exaltado concede aos fiéis, já no tempo presente, a participação no seu domínio. Por fim, o entendimento de

Paulo sobre a própria vida: Deus o elegeu e o chamou para tornar essa mensagem inteiramente nova e boa (Evangelho) conhecida das nações.

Paulo era cidadão romano?

Conforme informações de Atos dos Apóstolos (16,37-39; 22,25-29), entre outras, Paulo era cidadão romano desde o nascimento. Segundo Schnelle (2010), a cidadania romana podia ser adquirida por nascimento, por libertação concedida ou comprada da escravidão, por libertação da prisão de guerra e por adoção ou colhida na associação de cidadãos. Na época imperial, a cidadania de Tarso era adquirida por 500 dracmas. O mais provável é que Paulo tenha chegado à cidadania romana por ser descendente de escravo judeu liberto (cf. At 22,28).

Cristãos nas sinagogas

Nos primórdios, os discípulos de Jesus de Nazaré, os cristãos, ainda não tinham uma comunidade própria, mas como bons judeus que eram, praticantes da lei e da piedade judaica, participavam das orações e celebrações no Templo (At 2,46). Onde não havia templo, reuniam-se nas sinagogas, em cada cidade, com outros judeus. Ora, tanto o Templo quanto as sinagogas estavam sob a jurisdição do sumo sacerdote sediado em Jerusalém. Para atuar legalmente nesses ambientes, era necessária a autorização dele; por isso, em Atos dos Apóstolos (9,2; 22,5) se diz que Paulo pediu credenciais a ele. Damasco estava fora do domínio político de Israel, mas os judeus e as sinagogas de lá obedeciam ao sumo sacerdote de Jerusalém. Somente mais tarde, por causa da perseguição, os judeus cristãos se separaram dos outros, alguns por medo e outros porque foram expulsos (cf. Jo 9,22.34) ou, até mesmo, amaldiçoados.

1.2.5 O missionário e a missão

A missão começa pela troca de nome porque, segundo o pensamento hebraico, a pessoa traz no nome a própria missão. Não se sabe ao certo o significado do nome de Paulo, mas sabe-se que Saulo é nome hebraico e Paulo, nome gentio-romano, o que pode remeter a sua missão entre os pagãos.

A primeira etapa da missão

Paulo esclarece que sua primeira atuação missionária após a experiência com o Ressuscitado aconteceu na Arábia (cf. Gl 1,17) e durou cerca de três anos. A respeito das atividades dele não temos maiores informações. Sabemos, porém, que a Arábia daquele tempo (e da qual ele fala) é a região habitada pelos nabateus, governados pelo Rei Aretas IV, ao qual o Imperador Calígula[4] confiou também o governo de Damasco no ano 37, e que permaneceu até o governo de Nero, em 54. Aretas IV é o rei ao qual Paulo se refere na Segunda Carta aos Coríntios (11,32).

Dessa forma, é possível perceber que Paulo começou a cumprir a missão de evangelizar os pagãos. Ele voltou a Damasco e, possivelmente, partiu depois para a Arábia. Pelos motivos explicitados em Gálatas (1,18-19), acredita-se que ele ainda passou rapidamente por Jerusalém. Em Petra, sede do Reino Nabateu daquele tempo – região da atual Jordânia –, há uma tradição que especula a possível evangelização de Paulo nesse território.

---

4 Reinos vassalos. A *Pax Romana* compreendia uma aliança de servidão. Os reinos que se submetiam a Roma tinham a garantia de paz mediante o pagamento de tributos ao império. Aretas IV, rei dos nabateus, fez essa aliança, assim como Herodes.

A segunda etapa da missão

O segundo período da missão de Paulo começou em Antioquia. Da Arábia, Paulo foi a Jerusalém encontrar-se com Pedro e os outros apóstolos, o que deve ter ocorrido por volta do ano 39. Dali viajou para as regiões da Síria, onde se situava a Antioquia, e da Cilícia, cuja capital era Tarso (cf. Gl 1,21), sua cidade natal.

Segundo o autor de Atos dos Apóstolos, foi Barnabé quem convenceu a comunidade de Jerusalém a aceitar Paulo como discípulo de Jesus (At 9,27). Foi também ele que o introduziu na instrução da comunidade cristã de Antioquia (At 11,25-26). Essa cidade era a capital da província também chamada Antioquia, a terceira maior do Império Romano, ficando atrás apenas de Roma e Alexandria (Barbaglio, 2017a). É dela que surge a iniciativa das missões entre os pagãos (cf. At 13,1-4).

A experiência de Paulo com as demais lideranças na Igreja de Antioquia é marco no caminho da comunhão em Cristo, visto que as diferenças étnicas, sociais, religiosas, culturais, de gênero etc. passam para segundo plano. Essa compreensão se expressa mais tarde na Carta aos Gálatas (3,27-28): "Sim, todos vós que fostes batizados em Cristo vos revestistes de Cristo. Não há mais nem judeu nem grego; já não há mais nem escravo nem livre, já não há mais o homem e a mulher; pois todos sois um só em Cristo".

A boa iniciativa foi coroada de sucesso (At 11,25-26), provavelmente pela igreja ser composta, em sua maioria, por cristãos originários de outras etnias e nações. Ainda assim, não demorou a aparecerem dificuldades. A ortodoxia de membros judeu-cristãos de Jerusalém se apresentou com suas exigências e intolerâncias. O fato é referido por Paulo na Carta aos Gálatas (2,1-21), em que esse grupo parece ter tido mais resultado.

Em Antioquia nasceu a igreja composta de judeu-cristãos e pagãos-cristãos, estes últimos provavelmente mais numerosos.

Segundo Lucas, Paulo esteve aí um ano em intensa atividade, juntamente com Barnabé (cf. At 11,26). Em sua primeira viagem missionária, inspirada pelo Espírito Santo (cf. At 13,2-3), Barnabé e Paulo levaram João Marcos como ajudante. Eles começaram por Chipre (cf. At 4,36-37), pátria de Barnabé, estendendo-se depois pela região sudeste da Ásia Menor. A respeito dessa missão, temos informações nos capítulos 13 e 14 de Atos dos Apóstolos. Mesmo com muitas dificuldades, a igreja de Cristo crescia contando com muitas adesões e com o aumento de resistências.

A missão entre os gentios agravou as relações com o judaísmo, mas, pelo que se pode deduzir da carta de Paulo aos gálatas (Gl 2,1-21), o conflito se instalou entre os próprios cristãos por conta de um entendimento radicalizado da lei mosaica de alguns judeu-cristãos a respeito da circuncisão e da comunhão de mesa. Para solucionar o impasse, foi convocada a primeira assembleia da Igreja Cristã, sediada em Jerusalém entre os anos 48 e 49 (At 15; Gl 2,1-10). Essa reunião representou um marco para a história do cristianismo inicial. De fato, o discernimento entre o Espírito e o costume exigiu muito empenho na escuta e oração.

Paulo, o apóstolo contestado

Embora o autor de Atos dos Apóstolos tenha relatado o acordo em Jerusalém (At 15,22-35), as dificuldades levantadas pela intervenção dos cristãos judaizantes de Antioquia (cf. At 15,1-4) continuaram. Mesmo que Paulo tenha expresso isso na Carta aos Gálatas (2,1-10), os conflitos entre judeu-cristãos radicais e o apóstolo dos gentios nunca foram resolvidos – pelo contrário, se acirraram ainda mais. Paulo não queria pregar em lugares nos quais o Evangelho já havia sido anunciado, mas onde ia outros vinham corrigir as pretensas distorções. Isso fica evidente, particularmente, nas comunidades da Galácia (Gl 1,11-12) e de Corinto (1Cor 9,1-23; 2Cor 10,1-11,33). Paulo, que inicialmente perseguiu os judeus que se fizeram cristãos, passou a ser perseguido por aqueles que não admitiam um cristianismo sem o total cumprimento da lei mosaica.

A terceira etapa da missão

Nessa fase, Paulo conseguiu trabalhar com autonomia, tornando-se líder e tomando o rumo que o Espírito indicava. Para isso, transbordou as fronteiras do mundo judaico e assumiu definitivamente o apostolado entre as nações (cf. At 15,36-40). Foi assim que entrou na Europa, onde fundou igrejas em Filipos, Tessalônica e Corinto – além de ter sido significativamente presente em Éfeso. Demonstraremos essa questão detalhadamente mais adiante, quando tratarmos das viagens missionárias.

1.2.6 A prisão e o martírio

Os últimos anos de Paulo foram turbulentos. Ele já não podia mais se ocupar com a fundação de comunidades. Tantas foram as dificuldades surgidas que seu tempo todo foi investido para manter a unidade das que já havia fundado. Os problemas só aumentavam, e a unidade de todos em Cristo, tão prezada por ele, ficava cada vez mais ameaçada. O motivo que o levou à prisão em Jerusalém, a apelação a César, a viagem para Roma e a estadia por lá até o julgamento e o martírio carecem de mais informações. O que a narrativa de Lucas traz (At 21,1-28,30) precisa de complemento.

O motivo que levou Paulo a Jerusalém

Paulo foi a Jerusalém para a entrega da coleta? Afinal, o projeto das ofertas às igrejas cristãs da Judeia foi uma interessante iniciativa da Igreja de Corinto (cf. 2Cor 8,10), que se estendeu também pela adesão das igrejas da Macedônia (cf. 2Cor 8,1-5). No entanto, de acordo com a Primeira Carta aos Coríntios, o acordo a respeito da coleta não exigia a ida de Paulo a Jerusalém (1Cor 16,3-4). Ele foi a essa cidade em virtude do Concílio de Jerusalém, no qual se estabeleceu uma polêmica referente à conversão dos gentios.

Assim, conforme esclarece Schnelle (2010, p. 457), o que motivou a ida de Paulo a Jerusalém foi o seguinte:

> Aparentemente escaldaram em Jerusalém as tensões, e Paulo empreende com sua viagem, a última e talvez desesperada tentativa de desfazer as acusações contra sua pessoa, para assim estancar a agitação de seus adversários [...], de colocar o relacionamento da comunidade primitiva com uma nova base e de garantir finalmente a permanência dentro do judaísmo por uma demonstração de sua ortodoxia.

Vem em favor dessa hipótese a notícia do encontro de Paulo com Tiago em Jerusalém (cf. At 21,17-26). O receio dele a respeito de como seria recebido na cidade também está registrado na Carta aos Romanos (15,28-33). Na melhor das hipóteses, a coleta foi parcialmente aceita (At 21,23-26).

A prisão de Paulo aconteceu sob falsas acusações, pela incitação de judeus no Templo de Jerusalém (cf. At 21,27-31; 23,9), como aconteceu com Estêvão (cf. At 6,8-15) e com Jesus (cf. Lc 23,13-25). Dessa forma, o caminho do mestre Jesus se estende ao de seus discípulos.

Por que Paulo apelou para Roma?

Os dados relatados por Lucas mostram uma longa espera sem que o processo do julgamento de Paulo chegasse a um termo (cf. At 21,27-26,32). Por que tanta demora? Ele permaneceu mais de dois anos na prisão em Cesareia (cf. At 24,27). Em Atos dos Apóstolos (24,26), Lucas apresenta um motivo de corrupção, informando que o procurador romano Antônio Félix (que governou entre os anos 52 e 60) esperava que Paulo desse algum dinheiro em função do julgamento. Nesse mesmo livro (At 25,9), o procurador Pórcio Festo (que governou entre os anos 60 e 62), querendo agradar aos judeus, propõe novo julgamento em Jerusalém. Paulo então apela para Roma (At 25,10-11) e, assim, fica determinado seu encaminhamento para lá (At 25,12). Em outra passagem (At 25,25-27), Festo alega falta de motivos para encaminhá-lo ao imperador. Conforme aponta Schnelle (2010), o objetivo de Lucas nessa narrativa é mostrar Paulo fazendo o caminho de Jerusalém para Roma, isto é, dos judeus para os gentios, de Israel para o novo Israel, conposto de judeus e gentios. Assim se revelam dois objetivos: (1) é da vontade de Deus que o Evangelho chegue com Paulo até Roma (cf. At 27,24); e (2) mesmo que Paulo tenha perdido a reputação social por conta da prisão, diante de Deus e dos seres humanos ele é justo e pode proclamar o Evangelho em Roma.

Paulo em Roma

Em Roma, Paulo permaneceu cerca de três anos aguardando o julgamento – às vezes mais livre, numa prisão domiciliar, às vezes mais vigiado, acorrentado e com guardas. Ali escreveu pelo menos mais duas cartas: uma para a comunidade de Filipos e outra pequenina (praticamente um bilhete) ao amigo Filêmon. É válido ressaltar que ainda é discutida a possibilidade de Paulo ter escrito em Roma também Efésios e Colossenses.

O que aconteceu com Paulo depois do julgamento em Roma é difícil de saber – quase não temos informações. Considerando a notícia da Carta a Timóteo (2Tm 4,16-17), ele não teria sido condenado no primeiro julgamento diante do imperador, embora o tenha enfrentado sozinho. Quando escreveu à comunidade de Roma, apresentou projeto de ir à Espanha – no entanto, nada é dito sobre o veredito nessa passagem (Rm 15,24-28).

As informações a respeito da presença de Paulo em Roma em Atos dos Apóstolos (28,16-31) são poucas e suscitam muitas perguntas. Para Schnelle (2010), a forma como ele vivia a prisão era juridicamente concebível somente na hipótese de que possuísse a cidadania romana e que ela lhe fosse reconhecida, pois apenas assim seria possível uma prisão com privilégios (cf. At 28,16). Inicialmente, Paulo pretendia ir a Roma para um julgamento diante do imperador, mas as coisas não se encaminham nessa direção, e Paulo não perde tempo para proclamar o Reino de Deus (cf. At 28,30-31).

Se considerarmos as cartas aos Filipenses e a Filêmon como escritas durante a prisão de Roma, podemos obter nelas informações desse período. Nesse caso, confirma-se a notícia de Atos dos Apóstolos (28,16.30-31) de que Paulo recebeu dos filipenses um presente enviado por meio de Epafrodito (cf. Fl 4,18), o qual também o ajudou em sua missão na cidade de Roma (cf. Fl 2,25) e, além disso, voltou a Filipos com sua carta (cf. Fl 2,25.28).

Em seu período de encarceramento, Paulo vivencia certo abandono, tanto de sua pessoa quanto de sua missão: "Não tenho ninguém mais que compartilhe os meus sentimentos, que realmente se preocupe com o que vos diz respeito. Todos visam aos seus interesses pessoais, não aos de Cristo" (Fl 2,20-21).

O martírio de Paulo

A tradição coloca o martírio de Paulo em Roma. Schnelle (2010), citando Clemente de Roma, destaca a inveja e o ciúme como motivos de perseguição das colunas da igreja, entre as quais estão os apóstolos Pedro e Paulo. De acordo com o autor, a eles se juntou grande multidão de eleitos, que sofreram muitas formas de martírio.

Os motivos destacados são: em primeiro lugar, a imagem do troféu (cf. Fl 3,24), que simboliza a coragem, a lealdade de fé e a perseverança – recompensada com o troféu celestial; em segundo lugar, o testemunho diante dos detentores do poder (cf. 1Tm 6,13); em terceiro, a chegada aos limites do Ocidente – isto é, Roma, o lugar do martírio; e por fim, a saída de Paulo da vida e sua chegada ao lugar santo, juntando-se aos mártires de Deus.

São Clemente romano, quarto papa da Igreja (92-101), escreveu uma carta aos Coríntios na qual diz: "Por causa de inveja e discórdia, Paulo mostrou o troféu da perseverança: sete vezes ele carregou correntes, foi expulso, apedrejado, tornando-se arauto no Oriente e no Ocidente e ganhando a fama legítima de sua fé" (1 Clemente 5,5-6).

Aparentemente, a Primeira Carta de Clemente deixa transparecer discórdias dentro da comunidade de Roma ou entre a comunidade romana e o judaísmo como um dos fatores determinantes para a morte do apóstolo. Clemente não liga a perseguição de Nero ao martírio de Paulo, aproximando-se mais da situação descrita na Segunda Carta a Timóteo (4,10-17). Paulo não teve apoio algum da comunidade de Roma. Morreu abandonado como mártir, no tempo do Imperador Nero, entre os anos 62 e 64.

1.3 Viagens missionárias

Fala-se comumente de três viagens missionárias sob a orientação de Paulo em Atos dos Apóstolos; entretanto, é preciso verificar mais cuidadosamente essa questão, pois a primeira, conforme a narrativa do livro citado, parece ter sido orientada por Barnabé. Ela é uma orientação/pedido do Espírito Santo feito à Igreja de Antioquia.

Paulo é o autor da maior coleção de escritos do Novo Testamento, a ponto de se falar de uma Escola Paulina. Sua atividade literária está estreitamente relacionada com a propagação do Evangelho. Seus escritos são sempre direcionados a atender às necessidades específicas das comunidades por ele fundadas e/ou acompanhadas. Paulo é, acima de tudo, um homem de ação, incansável missionário completamente entregue ao serviço do Evangelho. A propósito, é paradigmática sua expressão dirigida aos coríntios: "Ai de mim se não anunciar o Evangelho" (1Cor 9,16).

Segundo Barbaglio (2017a), Paulo não foi o único grande missionário dos primeiros tempos da Igreja, que contava com figuras como o próprio Barnabé. Todavia é Paulo, sem dúvida, o mais lúcido defensor da abertura da Igreja cristã ao mundo pagão. Ele mesmo nos dá notícias de sua ida aos pagãos logo após o encontro de Damasco (cf. Gl 1,15-16). Em seguida, passando por Jerusalém, vai para as regiões da Síria e da Cilícia (Gl 1,21), onde começa a se destacar, juntamente com Barnabé, em sua atuação na igreja de Antioquia da Síria (cf. At 11,25-26) – de onde parte para sua primeira viagem missionária.

1.3.1 Primeira viagem

Essa viagem tem lugar nos anos 46 e 47 e é narrada nos capítulos 13 e 14 dos Atos dos Apóstolos. Paulo e Barnabé partiram de Antioquia para a Ilha de Chipre, terra de Barnabé (cf. At 4,36-37). Levaram consigo João Marcos, um jovem trazido de Jerusalém (cf. At 12,25) que deveria lhes servir de auxiliar (cf. At 13,5), mas que não perdurou na missão (cf. 13,13), por razões não explicitadas, supostamente relacionadas com a pessoa ou as práticas de Paulo (cf. At 15,36-40).

Paulo e Barnabé visitaram Chipre e várias cidades da região sul da atual Turquia, que naquele tempo se chamavam Atália, Perge, Antioquia da Psídia, Icônio, Listra e Derbe. Utilizando-se de uma estratégia própria dos judeu-cristãos (cf. Mt 10,5-6), buscaram primeiro as sinagogas (cf. At 13,14; 14,1), com a intenção de converter os judeus a Cristo, porque essa era a grande paixão de Paulo (cf. Rm 11).

Tudo caminhava bem até a chegada em Antioquia da Psídia, quando a adesão aos novos pregadores despertou o ciúme de judeus da região. Os dois resolveram então pregar aos pagãos e tiveram sucesso, a ponto de fazer inveja aos judeus (At 13,44-52). Em Derbe, já no final do trajeto de ida, foram bem-sucedidos. Fizeram depois o caminho de volta, estabelecendo liderança nas igrejas recém-iniciadas. Voltando para o ponto de saída, tiveram que lidar com o crescimento do conflito levantado por judeu-cristãos que exigiam a circuncisão dos gentios para ingressarem na vida cristã.

O conflito em Antioquia e o Concílio de Jerusalém

Na versão de Atos dos Apóstolos, a comunidade de Antioquia crescia maravilhosamente, até que desceram alguns judeu-cristãos da Judeia para impor aos já batizados a circuncisão, conforme determina a lei de Moisés, para então serem salvos (cf. At 15,1-4). Paulo e Barnabé, líderes daquela comunidade, levaram o caso para ser tratado em Jerusalém, local de onde havia partido a polêmica. Em Atos dos Apóstolos (15,5) se evidencia que o problema foi criado por cristãos oriundos do fariseísmo. Disso Paulo entendia bem. A assembleia concluiu o acordo enviando uma carta por meio de dois representantes de Jerusalém para acalmar os ânimos em Antioquia. Nela se deixa claro que a circuncisão não é necessária, mas se estabelecem três ressalvas pontuadas por Tiago:

1. **Abster-se da carne dos sacrifícios pagãos**: trata-se de carnes de animais abatidos como oferenda a ídolos (deuses pagãos), que, às vezes, eram servidas nos banquetes ou estavam à venda nos mercados da cidade.
2. **Abster-se do sangue de animais asfixiados**: a carne não poderia ser consumida antes de o sangue ter se esgotado, pois, segundo Levítico (17,10-12), o sangue pertence a Deus.
3. **Abster-se de imoralidades**: isto é, não se prostituir (cf. At 15,13-21.29).

Essa reunião aconteceu no ano de 49, na cidade de Jerusalém, razão pela qual foi chamada *Concílio de Jerusalém*. Foi o primeiro concílio da Igreja de que temos notícias.

Na versão de Paulo, presente na Carta aos Gálatas, ele subiu a Jerusalém em consequência de uma revelação para expor o Evangelho que pregava aos pagãos. A conversa chegou num acordo em que são citados os apóstolos Tiago, Cefas (Pedro) e João, o qual não foi registrado em carta (cf. Gl 2,1-10). Depois desse acordo surge um conflito entre Paulo e Pedro, por conta da visita de emissários de Tiago em Antioquia, porque os cristãos de origem judia tomavam refeição com os de outras etnias (cf. Gl 2,11-14).

Esse é um acontecimento de grande importância para a Igreja, que começava a se projetar fora do judaísmo, e continua esclarecedor para nossos dias. Ele nos ajuda a não confundir fé e cultura, algo necessário, mas não fácil de fazer. Muitos conflitos aconteceram ao longo da história do cristianismo e, mesmo diante da possibilidade de esclarecimento, eles continuam dificultando as comunidades de hoje. É certo que a fé é sempre expressa numa cultura, mas não é a cultura. A fé é a mesma para todos, ao passo que a cultura é diferente para cada povo. A fé se mistura com a cultura no jeito de viver de cada crente. Em outras palavras, o jeito de vivê-la é diferente em cada povo e, às vezes, até em cada pessoa. Eu posso exigir que todos tenham fé, mas não posso exigir que eles vivam a fé do jeito que eu vivo. A maioria dos desentendimentos que acontecem nas comunidades nasce da falta de esclarecimento sobre esse assunto.

1.3.2 Segunda viagem

Terminado o Concílio de Jerusalém (cf. At 15,11-35), Paulo retoma sua missão. Ele se separa de Barnabé (cf. At 15, 36-40) e também da Igreja de Antioquia, primeira a sugir sob sua liderança e a qual expressa todo o vigor de sua experiência com o Cristo (cf. Gl 1,11; 2,1-10). Ele procura exercitar a missão entre os pagãos livre de qualquer sujeição cultural. Juntamente com Silas (Silvano), toma o caminho das igrejas da Ásia Menor, primeiramente confirmando as estabelecidas durante a viagem com Barnabé (cf. At 15,41; 16,1).

Paulo encontra o jovem Timóteo em Listra, um reforço de suma importância, visto que ele será seu fiel companheiro de missão durante toda a vida. Dali se dirige para o centro da Ásia Menor – região cuja capital era Ancira (atual Ancara, capital da Turquia) – e evangeliza os gálatas (cf. 16,6). Conforme a narrativa de Atos dos Apóstolos, a Galácia não estava inicialmente na intenção de Paulo, mas sim a região de Éfeso, talvez pela importância que a cidade tinha para a região e também pela facilidade de comunicação com outras partes do mundo conhecido de então. Por que Paulo não foi direto para lá? Porque o Espírito Santo o impediu, afirma Lucas (cf. At 16,6). Evidentemente, desde o início Lucas insiste que a missão da igreja é guiada pelo Espírito Santo. A fidelidade de Paulo a Cristo é efetivada mediante a orientação do Espírito.

Da Galácia, Paulo se dirige mais para o oeste e entra na região da Mísia, onde não se tem notícias de comunidades. Daí pretende ir mais para o norte da Ásia Menor, alcançando a região da Bitínia, mas novamente o Espírito de Jesus intervém, demonstrando, por meio de sonho, que o quer mais ao oeste (cf. At 16,7-10). Ele se dirige então para a Europa, fundando em Filipos, a partir de um grupo de mulheres judias, lideradas por Lídia (cf. At 16,11-15), a primeira igreja cristã na região da Macedônia. É importante destacar que de Trôade para frente a narrativa de Atos dos Apóstolos é feita em primeira pessoa do plural, o que evidencia a presença de Lucas a partir da segunda viagem.

Paulo não era só um missionário ambulante como eram os filósofos estoicos[5], que faziam disso uma forma de vida. Ele era um fundador de comunidades. A pregação não era apenas para a conversão pessoal, mas para a congregação dos crentes em comunidade. É também nessa linha que podemos entender por que a missão paulina é realizada sempre em equipe. A equipe de Paulo se demora em Filipos, permanecendo até que a Igreja pudesse caminhar sem a presença deles. O zelo missionário do apóstolo pela comunidade de Filipos e vice-versa pode ser constatado na Carta aos Filipenses (cf. Fl 1,1-11; 4,10-20).

De Filipos, Paulo se dirige a Tessalônica, importante cidade portuária situada no Golfo Termaico e na Via Egnatia (Via Inácia), significativa pelo comércio, pela cultura, pela filosofia e pela religiosidade.

---

5 Esse modo de filosofar foi fundado pelo grego Zenão de Cítio no século III a.C. Eles se reuniam na entrada da cidade para refletir sobre a ordem e o funcionamento do cosmos. Valorizavam a razão, a ética, as virtudes, o autocontrole e desprezavam os prazeres. Sêneca foi, em Roma, um filósofo estoico do tempo dos apóstolos Pedro e Paulo.

Segundo Lucas (cf. At 17,1-9), Paulo procura primeiro uma sinagoga, na qual acaba sendo acolhido por alguns judeus e por muitos gentios. Contudo, a rejeição dos judeus prevalece, o conflito cresce e ele não pode se demorar no local. Paulo e Silas são então levados para Bereia, cidade situada em terra firme ainda mais ao oeste da Macedônia, não muito distante de Tessalônica. Eles vão para a sinagoga de lá e têm uma boa adesão, mas quando os judeus de Tessalônica ficam sabendo, seguem para lá ao encalço de Paulo. Parece até que a questão é pessoal (cf. At 17,13-15). Eles seguem então para Atenas, com uma grande preparação e pouco resultado. De acordo com Barbaglio (2017a), Lucas aproveita a lembrança tradicional de Paulo em Atenas para colocar na boca dele o discurso que busca a paz entre o mundo dos filósofos e o dos sábios (cf. At 17,16-34).

De Atenas, Paulo vai a Corinto, capital da província romana da região da Acaia, que compreende o centro e o sul da Grécia. Nesse tempo, era a segunda cidade mais populosa do Império Romano – cerca de 500 mil pessoas, das quais dois terços eram escravas. Ali se encontrava de tudo, desde uma vida sofisticada até a escravidão e a miséria. É nessa cidade que Paulo passa a maior parte do tempo dessa viagem missionária – um ano e meio (At 18,11).

Após uma tentativa fracassada na sinagoga, Paulo parte para uma igreja cristã desligada do judaísmo (cf. At 18,5-8). Agora, não mais o Espírito, como aconteceu das vezes anteriores (At 16,6-7), mas o próprio Senhor aparece para confirmar a decisão de Paulo (cf. At 18,9-10). Isso corresponde ao que Paulo diz aos gálatas (Gl 1,15-16).

Nas cartas destinadas à comunidade de Corinto, é possível perceber uma Igreja muito heterogênea, na qual se pode viver na prática a unidade na diversidade. Ali Paulo pode exercitar o que diz aos gálatas (Gl 3,28-29). A compreensão do Evangelho é também diferente, o que acaba criando grupos diferenciados dentro da mesma comunidade, um verdadeiro escândalo energicamente confrontado por Paulo (cf. 1Cor 1,10-17). A grande tarefa foi ajudá-los a não simplesmente acrescentarem uma nova teoria ao fundamento que já tinham, mas a colocar um novo fundamento. É isso que confirma a verdadeira acolhida do Evangelho de Nosso Senhor Jesus Cristo. Foi na cidade de Corinto que Paulo escreveu aos tessalonicenses. Assim surgiu o primeiro escrito do Novo Testamento, no ano 51: a primeira carta de Paulo à Igreja de Tessalônica.

Paulo volta de Corinto a Antioquia da Síria, passando por Éfeso, principal ponto de evangelização da próxima viagem. Em Antioquia se detém por algum tempo. Não temos informações sobre a razão dessa estadia, que foi curta. A segunda viagem durou cerca de quatro anos (de 49 a 52).

1.3.3 Terceira viagem

A terceira viagem, ainda mais longa que a segunda (de 53 a 57), começa em seguida. Paulo a inicia do mesmo modo que a segunda, percorrendo e confirmando as igrejas já fundadas nas regiões da Galácia e da Frígia (cf. 16,6). A diferença se estabelece quando ele, em seguida, se dirige para Éfeso, onde permanecerá o dobro de tempo que esteve em Corinto (cf. At 18,8; 20,31). Éfeso, a quarta cidade mais importante do Império Romano, capital da província da Ásia, banhada pelo Mar Egeu, era famosa pelo culto à deusa Artêmis, conhecida pelos romanos como Diana. Seu majestoso santuário contava com o serviço de centenas de sacerdotisas. Era também famosa ali a Biblioteca de Celso, local de grande expressão cultural.

Como em todos os lugares, Paulo começa seu trabalho evangelizador pela sinagoga local (cf. At 19,8-9), mas, diante da rejeição dos judeus, parte para um trabalho autônomo. Ele passa a ensinar na escola de Tirano, em uma sala alugada, onde permanece por dois anos (cf. At 19,10) em intensa e bem-sucedida atividade (cf. At 19,18-20). A partir de Éfeso, Paulo marca presença em outras igrejas da região, como informa aos coríntios (cf. 1Cor 16,5). É em Éfeso que ele escreve a primeira carta aos fiéis da Igreja de Corinto, entre os anos 54 e 55 (1Cor 16,5-8).

É também em Éfeso que Paulo decide o roteiro da viagem que levará a coleta das igrejas dos gentios em solidariedade aos cristãos de Jerusalém. Ele toma as devidas providências para isso, enviando seus auxiliares Timóteo e Erasto, além de projetar uma viagem à capital do Império (cf. At 19,21-22).

Durante a terceira viagem missionária, conforme esclarecem Barbaglio (2017a) e Schnelle (2010), Paulo escreve também a Carta aos Gálatas (ano 55) e a Segunda Carta aos Coríntios (ano 56). Aliás, de acordo com Barbaglio (2017a), de lá saíram todos os escritos aos coríntios, provavelmente quatro cartas. A Carta aos Romanos também se situa nesse período (entre os anos de 56 e 57), o que caracteriza a mais intensa atividade literária paulina.

Partindo de Éfeso, Paulo visita mais uma vez as igrejas da Macedônia e da Grécia, chegando até Corinto, onde se originou a ideia da coleta em favor dos cristãos de Jerusalém. Em Atos dos Apótolos (20,4) são citados seus companheiros de viagem: "Sópatros, filho de Pirro, de Bereia; Aristarco e Segundo, de Tessalônica; Gaio, de Derbe; e Timóteo, como também Tíquico e Trófimo, da província da Ásia". Lucas ainda noticia o milagre durante a eucaristia em Trôade (cf. At 20,7-12), o demorado encontro e a despedida das lideranças de Éfeso em Mileto (At 20,17-38), a subida a Jerusalém para a entrega da coleta, as dificuldades de acolhida delas e a prisão de Paulo no Templo (At 21,1-40).

1.3.4 Quarta viagem

Paulo faz a quarta viagem como prisioneiro rumo ao centro do império, escapando de um julgamento tendencioso na Judeia e dando a vida pela evangelização. A viagem para Roma é narrada nos capítulos 27 e 28 dos Atos dos Apóstolos. Como sempre, também nessa viagem ele aproveita para evangelizar (cf. At 27,9-12.21-26.33-38; 28,23-28). Lucas encerra sua narrativa nesse ponto, visto que, com a chegada do apóstolo em Roma, a Palavra e o testemunho estão prontos para alcançar até os confins do mundo (cf. At 1,8).

Estratégia missionária de Paulo

Ele começava nas sinagogas da diáspora. Dali, geralmente por rejeição, seguia para ambientes pagãos. Atuava em centros urbanos, nos quais era facilitado pela proximidade das pessoas e pelo uso da língua grega. Escolhia uma cidade-base para irradiar a missão e o acompanhamento das comunidades. Esse foi o caso de Corinto (segunda viagem) e de Éfeso (terceira viagem).

Paulo trabalhava em equipe e contava com um bom número de colaboradores que gostava de nomear (cf. Rm 16,1-23; 1Cor 16,10-19; Fl 4,10-22). Evangelizava sem exigir nada em troca, pois não queria que a acolhida do Evangelho fosse peso para ninguém. Os missionários eram responsáveis pelo custo da missão mediante a própria manutenção (cf. 1Ts 2,9.; 1Cor 9,18).

1.3.5 Um missionário que escrevia

As cartas paulinas nasceram em função da missão evangelizadora. Foi um modo que Paulo encontrou de acompanhar e instruir as comunidades, mesmo a distância. Por isso escreveu segundo as necessidades das comunidades, ora sobre o relacionamento dos membros, ora sobre questões práticas pastorais ou sobre fundamentos doutrinais, particularmente nos momentos de desvios ou contestação. Por isso Barbaglio (2017a, p. 39) afirma o seguinte: "O epistolário paulino traz a marca do aqui e agora".

Outra importante característica é que os escritos paulinos não são cartas particulares, mas abertas. Foram escritas para serem lidas pela comunidade. Mesmo aquela dirigida a Filêmon inclui outros membros da comunidade (Ápia e Arquipo) que se reúnem em sua casa (cf. 1-2). Nelas o objetivo de evangelização transparece.

Já na primeira carta, escrita aos tessalonicenses, Paulo dá graças a Deus porque o Evangelho anunciado a eles não ficou só no discurso, mas manifestou o poder e a ação do Espírito Santo (cf. 1Ts 1,5).

Ao iniciar a Carta aos Romanos, diz: "Paulo, servo de Jesus Cristo, chamado a ser apóstolo, posto à parte, para anunciar o Evangelho de Deus. Este Evangelho que ele já prometera por seus profetas e nas santas Escrituras [...]" (Rm 1,1-2). Na mesma carta, ele continua: "Sou devedor aos gregos como aos bárbaros, às pessoas cultas como às ignorantes; daí o meu desejo de vos anunciar o Evangelho, a vós também que estais em Roma" (Rm 1,14-15). Por fim, ele acrescenta a razão disso: "Pois, não me envergonho do Evangelho; ele é o poder de Deus para a salvação de todo aquele que nele crê, do judeu primeiro, e depois do grego. De fato, é nele que a justiça de Deus se revela, pela fé e para a fé" (Rm 1,16-17).

Aos coríntios, desfazendo mal-entendidos e tratando possivelmente de uma questão de prioridade, Paulo afirma: "Pois, Cristo não me enviou para batizar, mas para anunciar o Evangelho, sem recorrer à sabedoria do discurso, para não reduzir a nada a cruz de Cristo" (1Cor 1,17). O apóstolo anuncia aos coríntios que a prioridade de sua missão foi estabelecida por Cristo e que ela tem uma estratégia própria:

não usar a sabedoria do discurso nem a arte da oratória, muito estimada pelos filósofos e, certamente, também por membros da comunidade cristã de Corinto. Mais tarde, em outra carta (2Cor 2,12), ele lembra aos coríntios a missão de pregar o Evangelho.

Ao escrever aos gálatas, Paulo censura o desvio a outro evangelho – escrito em minúsculo (cf. Gl 1,6) – para em seguida afirmar: "Eu vos declaro irmãos: este Evangelho que eu vos anunciei não é de inspiração humana, e aliás, não é por um homem que ele me foi transmitido, mas por uma revelação de Jesus Cristo" (Gl 1,11-12).

Aos filipenses ele evidencia, por meio de sua carta, a alegria de tê-los como participantes do mesmo Evangelho, colaborando com ele por ocasião do cativeiro (cf. Fl 1,3-7). Paulo partilha com eles a graça do cativeiro: "Quero que saibais, irmãos: o que aconteceu antes contribuiu para o progresso do Evangelho" (Fl 1,12). Preso e levado a julgamento, ele favorece a divulgação do Evangelho, pois é necessário justificar a razão da prisão – as pessoas ficam sabendo, dessa forma, da novidade pregada por ele (cf. Fl 1,13). Pelo mesmo motivo, a maioria dos cristãos fica mais encorajada, apoiando o apóstolo na defesa do Evangelho (cf. Fl 1,14-16).

As cartas também têm a finalidade de socorrer as comunidades para solucionar dificuldades, talvez não tratadas ou não bem entendidas. Por exemplo, Paulo esclarece aos tessalonicenses a ressurreição dos mortos: "Não queremos, irmãos, deixar-vos na ignorância a respeito dos mortos, para que não vos entristeçais como os outros que não têm esperança" (1Ts 4,13). Aos coríntios ele escreve sobre o mesmo tema, lembrando que o assunto faz parte do Evangelho a eles anunciado (cf. 1Cor 15,1ss). Ele ainda convoca os coríntios à autocrítica (cf. 2Cor 13,5-6) e chama os filipenses à contemplação do mistério de Cristo (cf. Fl 2,6-11), no qual todos devem se espelhar. Aos gálatas, ele aconselha corrigir um grave desvio (cf. Gl 1,6).

> **Preste Atenção!**
>
> Segundo Barbaglio (2017a), as cartas foram escritas em papiro, material largamente utilizado por ser barato, já que o couro para pergaminho era muito caro. Para quem queria oferecer o Evangelho de graça, os recursos mais em conta eram os mais apreciados. As cartas eram escritas por Paulo (cf. Gl 6,11; 1Cor 16,21) ou por um secretário (cf. Rm 16,22).

1.3.6 As prisões de Paulo

Não há dúvidas de que o apóstolo enfrentou muitas dificuldades em suas viagens missionárias e no trabalho de fundar comunidades. Lucas registra isso em Atos dos Apóstolos, que já conhecemos. Paulo mesmo fala de suas dificuldades e sofrimentos no capítulo 11 da Segunda Carta aos Coríntios, entre os quais inclui as prisões.

Segundo Lucas, Paulo sofreu três prisões:

1. **Prisão em Filipos**: ocorreu entre os anos 50 e 53, quando fazia a segunda viagem missionária e fundava a comunidade cristã de lá (At 16,16-40).
2. **Prisão em Jerusalém**: orquestrada por seus velhos amigos, que não aceitaram sua conversão a Jesus Cristo. Eles se organizaram para julgá-lo e matá-lo, mas ele não aceitou ser julgado ali e apelou pelo julgamento em Roma. Conforme a narrativa, tinha esse direito por ser cidadão romano (At 22,22-29 e 25,6-12).
3. **Prisão em Cesareia (Palestina)**: ocorreu entre os anos 58 e 60, quando aguardava o momento de ser julgado pelo Imperador Nero, em Roma. Ficou preso dois anos em Cesareia esperando a oportunidade de embarcar para Roma, onde ficou cerca de três anos até o dia do julgamento.

Entretanto, na Segunda Carta aos Coríntios, escrita em 57, Paulo esclarece que esteve preso mais duas vezes (2Cor 6,5 e 11,23). Isso mostra que ele sofreu mais de três prisões, pois as de Cesareia e Roma aconteceram depois do ano 57, data em que a carta foi escrita.

É muito provável que Paulo tenha estado preso também em Corinto durante a segunda viagem missionária (At 18,1-17) e em Éfeso, no ano 56 ou 57 (At 19,23-40). Ficou preso, pelo menos, em cinco lugares diferentes, mas isso não o impediu de continuar evangelizando. Resta agora descobrir de qual prisão ele escreveu as cartas.

1.4 Fundação de comunidades

A missão de Paulo é apresentada em Atos dos Apóstolos como desígnio do Espírito Santo. Foi Ele quem escolheu Barnabé e Paulo para uma missão especial (At 13,2), a qual acabou sendo entendida como evangelização de outras etnias, outros povos. Durante a primeira viagem missionária de Barnabé e Paulo, muitas coisas boas e ruins aconteceram. À medida que a missão avançava entre os não judeus, aumentavam os conflitos, tanto que foi necessário convocar um concílio para se estabelecer acordos – os quais, aliás, nunca foram respeitados por alguns.

O modo paulino de fundar comunidades

Paulo não se contentava somente em pregar o Evangelho, pois o verdadeiro cristão, aquele que ouve e se deixa conduzir pelo Evangelho, forma comunidade. A capacidade de viver em comunidade é o certificado da acolhida do Evangelho; a boa notícia leva à comunhão e à participação. A comunidade favorece a consistência

> e a perseverança em Cristo. Para a missão paulina, a comunidade precisa ser aberta à universalidade; se assim não for, ela vira gueto e não congregação em torno do Evangelho e no Evangelho.

De acordo com Barbaglio (2017a), Paulo demorava-se, às vezes, por um longo período em uma cidade para consolidar sua obra, pois a evangelização se fortalecia na fundação de comunidades sólidas e autossuficientes. As casas particulares eram ambientes naturais das reuniões dos cristãos (cf. Rm 16,5.10-11.23; 1Cor 16,19; Fm 2). Também segundo Barbaglio (2017a, p. 30), isso aconteceu porque "a ruptura com o judaísmo os tinha afastado da sinagoga". Além disso, se para a reunião da comunidade bastava uma sala, então as comunidades eram pequenas.

Paulo não trabalhava sozinho; munia-se de bons colaboradores. Alguns o acompanhavam mais de perto, outros o ajudavam de suas cidades. Temos boas referências a respeito disso nas cartas aos coríntios e aos romanos (1Cor 4,17; 16,10-11; 2Cor 1,19; 2,13; 7,4-7; 8,6-9; Rm 16,1-4.6-9).

As comunidades eram servidas por homens e mulheres, as informações são bem atestadas. Paulo fez a comunidade de Corinto saber da grande ajuda de Estefanas e de sua família no serviço dedicado aos santos, isto é, aos cristãos, dignos da obediência da comunidade (1Cor 16,15); ressaltou a colaboração de Febe, diaconisa da Igreja de Cencreia, recomendando à comunidade de Roma o acolhimento dela (Rm 16,1-2); e apresentou o casal Priscila e Áquila, colaboradores qualificados que arriscaram a própria cabeça para salvar Paulo (Rm 16,3-4). É importante observar que o nome da mulher aparece primeiro nessa citação, coisa muito incomum para o legalismo judaico. Além desse, outros dois casais são nomeados: Andrômico e Júnia (Rm 16,7) e Trifena e Trifosa (Rm 16,12).

Paulo nomeia ainda a grande colaboração de Maria, sem citar marido ou familiares (Rm 16,6). Nisso podemos perceber que as comunidades tinham uma organização mais livre, menos hierárquica, e contavam com a participação ativa de muitos, senão de todos os fiéis[6]. O texto polêmico sobre a exclusão das mulheres, presente na Primeira Carta aos Coríntios (14,33-35), apresenta-se como uma exceção. Há estudiosos que o consideram uma interpolação tardia (Barbaglio 2017a).

1.4.1 Igrejas na Galácia

A região da Galácia compreendia várias cidades, entre as quais estava Ancira, a principal. Era constituída por imigrantes descendentes de celtas (provenientes da França) que ali se instalaram em 279 a.C. De acordo com Lucas (cf. At 13,13-14,27), Paulo fundou comunidades na região e as visitou mais tarde (cf. At 16,2-5). Essas comunidades participaram da coleta destinada a Jerusalém (1Cor 16,1). Segundo a narrativa de Lucas, a fundação das primeiras comunidades de evangelização paulina teria acontecido entre os gálatas.

Schnelle (2010), baseado em indícios da própria Carta aos Gálatas (1,6; 4,13-15) e em Atos dos Apóstolos (18,23), considera que a fundação de comunidades na Galácia só aconteceu por ocasião da terceira viagem missionária. Existe uma carta dirigida a esse povo. Pelo que se pode perceber, provavelmente havia comunidades em várias cidades constituídas por essa etnia, por isso a carta não é dirigida a uma cidade, mas a um povo. Essa é uma importante particularidade da missão paulina, e como as demais comunidades fundadas por ela, também aqui não foi diferente. Os cristãos de origem judia estritamente observantes da lei mosaica implantaram uma profunda crise entre os gálatas e o apóstolo.

---

6 A base das igrejas fundadas pela missão paulina era a casa de família. Eram comunidades pequenas estabelecidas por proximidade, laços de convivência e/ou parentesco, necessidades básicas, responsabilidades partilhadas e participadas.

1.4.2 Filipos

A primeira comunidade fundada pela missão de Paulo em terras europeias foi em Filipos, entre os anos 49 e 50. A cidade foi fundada por Filipe II da Macedônia, no ano de 356 a.C. Desenvolveu-se a partir do ano 27 a.C. como colônia militar romana. Filipos se destacava na agricultura, artesanato e comércio por estar localizada perto da Via Inácia, principal estrada que ligava Oriente e Ocidente. Filipos é um exemplo de sincretismo religioso do primeiro século de nossa era (Schnelle, 2010), visto que a maioria de seus membros era de origem gentia. Contamos com uma carta de Paulo dirigida a essa comunidade, escrita durante sua prisão em Roma, por volta do ano 61.

1.4.3 Tessalônica

A cidade foi fundada por volta de 315 a. C., em uma posição favorável para a navegação (Golfo Termaico) e também para rotas terrestres (Via Inácia). Era frequentada por grande diversidade de crenças e filosofias. Assim como em Filipos, essa comunidade também apresentava predominância de gentios (cf. 1Ts 1,9; 2,14). Paulo teve pouco tempo para acompanhar pessoalmente a formação de sua igreja, por isso buscou outra forma de se fazer presente: por meio de cartas, uma ótima iniciativa formativa e pastoral que começou com os tessalonicenses e se estendeu por várias outras comunidades. A maioria dos membros dessa comunidade provavelmente era composta de trabalhadores (cf. 1Ts 4,11) e comerciantes (cf. 1Ts 4,6), embora Lucas mencione mulheres da alta sociedade (At 17,4). É provável que o proselitismo relacionado a pessoas de bom nível social tenha provocado a hostilidade entre os judeus e a comunidade cristã (Schnelle, 2010).

1.4.4 Corinto

A cidade foi refundada por Júlio César em 44 a.c. como capital da região da Acaia. Tinha forte influência romana, mas também de gregos e orientais. Era de grande importância comercial, pela sua localização entre a Ásia e Roma. A navegação, passando por Corinto, se apresentava mais segura. Os portos de Cencreia e Licaon eram sobremaneira movimentados; atraíam sobre si, além de mercadorias, grande número de trabalhadores, a maioria escrava. Ali eram realizados os Jogos Ístmicos aos quais Paulo se refere (cf. 1Cor 9,29-27), a segunda mais importante competição daquele tempo, ficando atrás apenas dos Jogos Olímpicos. Além disso, havia grande variedade de cultos helenistas orientais[7]. Em Corinto, destacavam-se também filósofos cínicos[8], como Diógenes e Demétrio.

A comunidade cristã, fundada por volta do ano 50, durante a segunda viagem missionária, era constituída por grande diversidade étnica e social. Lucas descreve, em Atos dos Apóstolos (18,8), a conversão de Crispo, o chefe da sinagoga. O próprio Paulo, na Primeira Carta aos Coríntos (1,22-24), menciona a diversidade étnica da comunidade: "Os judeus pedem sinais e os gregos procuram a sabedoria, nós, porém, pregamos Cristo crucificado, escândalo para os judeus, loucura para os gregos, mas para os que são chamados, tanto judeus como gregos, ele é o Cristo, poder e sabedoria de Deus" (1Cor 1,22-24).

Conforme esclarece Barbaglio (2017a), em Corinto aconteceu o encontro da fé cristã com a cultura helênica (o qual pode ser chamado de histórico), o que favoreceu a universalidade da mensagem cristã.

---

7 A cultura helenista ou helênica ganhou visibilidade com a expansão e domínio de Alexandre Magno (de 336 a.C. a 323 a.C.) tanto para o Oriente quanto para o Ocidente. Os cultos helenísticos eram muitos e variados; os mais clássicos eram centrados no Olimpo, mas cada cidade tinha seu deus protetor.

8 Doutrina fundada por Antístenes (440-365 a.C.) que pregava um modo de vida segundo a natureza, buscando-se a autossuficiência.

É importante observar também o número de colaboradores que Paulo tinha nessa comunidade – ele os cita quando, de Corinto, escreve aos romanos (Rm 16,21-23). De acordo com Paulo (1Cor 2,26; 7,21; 11,22), parece que a maioria dos membros da comunidade não era de classe social distinta.

1.4.5 Éfeso

Segundo a tradição, João (apóstolo) e Maria (mãe de Jesus) moraram lá. Naquele tempo, a cidade contava com mais de 250 mil habitantes. Só para termos uma ideia, havia um templo, dedicado à deusa Artêmis, com 50 metros de largura e 80 metros de comprimento, adornado com 100 colunas com mais de 25 metros de altura. Era conhecido como uma das sete maravilhas do mundo antigo. Além disso, havia um teatro com cerca de 24 mil lugares, que servia como lugar da assembleia da cidade. Éfeso também abrigava a famosa Biblioteca de Celso[9], construída para abrigar doze mil rolos (livros) e servir de mausoléu ao senador que a fundou. A cidade ainda era famosa pelos seus fabricantes de joias (At 19,23-29) e pelos seus magos (At 19,11-20).

1.5 Iniciativa pastoral

Dois importantes elementos precisam ser destacados aqui. O primeiro diz respeito à decisão de se transcender as fronteiras do judaísmo e lançar-se a todas as gentes. O segundo tem a ver com a superação da visão

---

9 A biblioteca começou a ser construída no ano 115 de nossa era e terminou no ano 135. Foi destruída por um incêndio no ano 262, ocasionado por um terremoto violento. Tibério Júlio Celso Polemeano era um nobre e rico senador romano que governou Éfeso.

estreita acerca da revelação veterotestamentária; ela não é desprezada, mas aprofundada e ampliada, caminhando na direção do Espírito. Nos dois elementos, Paulo é de importância fundamental.

Os judeus da diáspora erigiram suas sinagogas no meio dos pagãos, mas continuavam ligados ao Templo de Jerusalém para o sacrifício. Os cristãos, geralmente, partindo da sinagoga, passavam para casas particulares, onde celebravam ao mesmo tempo a Palavra e o sacrifício eucarístico.

Essa passagem não foi, de maneira alguma, tranquila. Os conflitos se sucederam e se acirraram, mas a novidade se firmou rumo ao alcance de todas as pessoas de boa vontade. Não se trata de disputa de poder de uma liderança que arrebanha mais pessoas que outra. Trata-se de entregar a vida por Cristo e pela causa de Cristo, de oferecer a boa notícia como ela verdadeiramente é – libertadora e profundamente realizadora – e, ainda mais, de favorecer a condição para a participação de todos. Não basta mostrar o tesouro e as exigências para possuí-lo; é preciso oferecer uma pista possível de acordo com a situação de cada comunidade e de cada pessoa. Isso identifica o verdadeiro pastor (cf. Jo 10,11).

A índole pastoral de Paulo pode ser facilmente percebida em suas muitas cartas enviadas para acompanhar a caminhada das comunidades por ele fundadas. Destaca-se de modo especial a Segunda Carta aos Coríntios, na qual Paulo instrui sobre o verdadeiro e o falso apóstolo de Jesus Cristo. Seu modo de abordar as questões e de auxiliar os fiéis nada tem de professoral ou formal, visto que ele o faz de maneira direta, simplificando a distância e expondo sua pessoa e seus sentimentos.

Escrevendo aos tessalonicenses, Paulo se apresenta como uma mãe:

> Ainda que nós, na qualidade de apóstolo de Cristo, pudéssemos fazer valer a nossa autoridade. Estivemos em vosso meio cheios de

ternura, como uma mãe acalenta ao peito a criança que alimenta. Tínhamos por vós tal afeto que estávamos prontos a vos doar, não só o Evangelho de Deus, mas até a própria vida, de tão queridos que vos tínheis tornado ao nosso coração. (1Ts 2,7-8)

O apóstolo continua, agora invocando a figura paterna: "E vós sabeis: tratando cada um de vós como um pai a seus filhos, nós vos exortamos, encorajamos e suplicamos para que cada um leve uma vida digna do Deus que vos chama ao seu reino e à sua glória" (1Ts 2,11-12).

E não se trata apenas de sua relação com os tessalonicenses; ele se desdobra em afetuoso zelo também com outras comunidades: "Não vos escrevo isto para vos envergonhar, mas para vos advertir, como a filhos queridos. Pois, mesmo que tivésseis dez mil pedagogos em Cristo, não tendes muitos pais. Fui eu que, pelo Evangelho, vos gerei em Jesus Cristo" (1Cor 4,14-15).

Na Segunda Carta aos Coríntios (2,4), Paulo manifesta seu sofrimento por eles: "Com a maior dificuldade e com o coração oprimido vos escrevi em meio a muitas lágrimas, não para vos entristecer, mas para que saibais o amor transbordante que eu vos consagro". Como um educador zeloso, ele pede aos coríntios que seu amor seja correspondido, depois de listar os desafios por ele enfrentados para que o Evangelho seja conhecido e para que o povo de Deus viva reconciliado, especialmente os coríntios que se encontram em dificuldade de comunhão com o Evangelho por ele pregado. Paulo convoca-os à reconciliação e à corresponsabilidade: "Nós nos dirigimos livremente a vós, coríntios, o nosso coração se abriu de par a par. Em nosso coração não há estreiteza, em vós mesmos é que há estreiteza. Pagai-nos com a mesma moeda; eu vos falo como a meus filhos, abri também vós, totalmente, o vosso coração" (2Cor 6,11-13).

Aos fiéis da Galácia, também em meio ao rebuliço que os desviou rapidamente do Evangelho pregado, Paulo dirige sua palavra terna e incisiva de exortação pastoral: "Bem sabeis que foi por ocasião de uma doença que vos anunciei, pela primeira vez, o Evangelho e, por mais que meu corpo fosse para vós uma provação, não mostrastes nem desdém nem repugnância. Pelo contrário, vós me acolhestes como a um anjo de Deus, como Cristo Jesus" (Gl 4,13-14). No entanto, as coisas se tornam diferentes. O que aconteceu de lá para cá? De amigo querido, o apóstolo virou inimigo? Em virtude dessa mudança, Paulo pergunta: "Onde está, pois, a vossa alegria de então? Eu vos presto este testemunho: se pudésseis, teríeis arrancado os vossos olhos pra mos dar" (Gl 4,15).

Com os filipenses não é diferente. Paulo começa a carta manifestando carinhoso cuidado de intercessão: "Dou graças a Deus cada vez que evoco a vossa lembrança, sempre, em cada prece por vós, é com alegria que rezo, por tomardes parte conosco no Evangelho desde o primeiro dia até agora" (Fl 1,3-5).

Sentindo o peso das dificuldades na realização da entrega da coleta das igrejas fundadas entre os gentios, em favor dos irmãos de Jerusalém, Paulo pede que os romanos se ponham em comunhão orante intercedendo a Deus: "Eu vos exorto, irmãos, por nosso Senhor Jesus Cristo e pelo amor ao Espírito, a combaterdes comigo com as orações que dirigis a Deus por mim, a fim de que escape aos incrédulos da Judeia e que a ajuda que levo a Jerusalém seja bem acolhida pelos santos" (Rm 15,30-31).

Quando, porém, precisa ser firme com a comunidade, ele também sabe ser. Encarando o desvio dos gálatas, diz: "Ó, gálatas estúpidos, quem vos seduziu [...]. Sois assim tão insensatos? Começastes pelo espírito, será agora a carne que vos levará à perfeição?" (cf. Gl 3,1.3). Em relação aos adversários que se infiltram nas comunidades, Paulo não poupa palavras duras. Chama-os de falsos irmãos (Gl 2,4; 2Cor 11,26), servidores de Satanás (2Cor 11,15), cães (Fl 3,2) e inimigos da cruz de Cristo (Fl 3,18). Isso porque entende que a comunidade cristã é o templo de Deus, e semear discórdia no meio dela é uma profanação.

Em relação ao conceito de autoridade prevalente na mentalidade tanto judaica quanto gentia, Paulo põe em prática a palavra de Cristo: "Se alguém dentre vós quer ser grande, seja o vosso servo, e se alguém quer ser o primeiro entre vós, seja o servo de todos. Pois o Filho do Homem veio, não para ser servido, mas para servir e dar a vida em resgate de muitos" (Mc 10,43-45). Em outras palavras, não é a comunidade que deve servir o apóstolo, mas o apóstolo que deve servir a comunidade. Isso pode ser constatado na instrução dada aos coríntios (1Cor 3,21-23; 2Cor 1,24).

Síntese

A personalidade forte de Paulo prevaleceu a vida toda. Com a mesma intensidade que atuou como judeu, o fez também como cristão. Ele manteve a herança judaica, redimensionando-a para a dimensão cristã. Ele se sentia orgulhoso de pertencer a Israel, que foi e ainda é um povo eleito; embora tenha sido chamado por primeiro e tenha rejeitado Jesus, ainda chegará no fim (Fl 3,5; Rm 9,3-6). Frequentava as sinagogas e continuou a fazer isso em todas as cidades por onde passava; procurava esses locais para oferecer aos judeus, em primeiro lugar, o Evangelho de Nosso Senhor Jesus Cristo. Começava a pregação por ali, estendendo-a em seguida para os gentios. Parece ter feito voto de nazireato[10] (At 18,18; Nm 6,1). Também praticou a circuncisão (At 16,1-3) e o jejum (2Cor 11,27).

O grande zelo que Paulo tinha pelo Deus de Israel se estendeu a Jesus Cristo. A enorme preocupação com a missão de corrigir os judeus, que pensava desviados (os cristãos, na verdade), se transformou em cuidado para converter as nações a Cristo, bem como em atuação para discernir o Espírito de Deus e distingui-lo das normas e costumes simplesmente étnicos, humanos.

---

10 Nazireato era um tipo de consagração-voto descrito no capítulo 6 do Livro de Números.

O forte sentido de povo escolhido que ele via no povo judeu se estendeu a todos os cristãos – aliás, a toda a humanidade que responde ao Evangelho. Paulo foi uma pessoa esclarecida, competente, exigente e séria, que anunciou e defendeu o Evangelho de Nosso Senhor Jesus Cristo com argumentos fortes, respondendo na mesma altura dos mestres judeus e de outras doutrinas ou filosofias pagãs.

Esse Paulo, a julgar pelos seus escritos, particularmente pelo que diz sobre o compromisso apostólico e seu testemunho na Segunda Carta aos Coríntios (11,21-12,18), era incansável. A força de sua fé e seu zelo pela justiça de Deus e pela verdade de Cristo não lhe deram trégua, alimentando-o constantemente no caminho da entrega total de si mesmo pela causa do Evangelho (cf. 1Cor 9,16).

Atividades de autoavaliação

1. A *Pax Romana* consistia em:
   a) canalizar as correntes religiosas e culturais para a pessoa do imperador, garantindo a coesão do Império, a paz e o bem-estar baseados no poder militar.
   b) canalizar as correntes religiosas e culturais para a pessoa do imperador, garantindo a coesão do império, a paz e o bem-estar baseados no poder jurídico.
   c) favorecer o comércio e a comunicação entre Oriente e Ocidente.
   d) favorecer o culto ao imperador.
   e) delimitar claramente a separação entre Igreja e Estado.

2. O que Paulo ganhou por ter nascido em Tarso?
   a) Ter contato com várias religiões e filosofias.
   b) Ser cidadão romano.
   c) O cultivo de sua língua materna e cultura.
   d) O contato com o mundo helenista na cidade, além do contato com a política romana.
   e) Todas as alternativas anteriores.

3. A evangelização paulina se caracteriza por grandes e demoradas viagens com a intenção de fundar ou fortalecer comunidades. Quantas foram as viagens e qual foi o tempo de duração de cada uma delas?
   a) Foram três viagens: a primeira durou cerca de dois anos (46-47); a segunda, cerca de quatro anos (49-52); e a terceira, cerca de cinco anos (53-57).
   b) Foram quatro viagens: a primeira durou cerca de dois anos (46-47); a segunda, cerca de quatro anos (49-52); a terceira, cerca de cinco anos (53-57); e a quarta, alguns meses no ano 60.
   c) Foram três viagens: duas de grande alcance e uma de menor alcance. A primeira, em direção a Chipre, durou dois anos; a segunda, em direção a Síria e a Cilícia, quatro anos; e a terceira, em direção a Galácia e a Frígia, cinco anos.
   d) Foram quatro viagens: três viagens de grande alcance e uma de menor alcance. A primeira, em direção a Chipre, durou dois anos; a segunda em direção a Síria e a Cilícia, quatro anos; a terceira, em direção a Galácia e a Frígia, cinco anos; e a quarta, em direção a Roma, alguns meses.
   e) Foram duas viagens, ambas de grande alcance e duração. A primeira se deu entre 49 e 54 (seis anos) e a segunda, de 55 a 59 (cinco anos).

4. O espaço privilegiado para a fundação das comunidades da missão paulina era:
   a) a sinagoga.
   b) a praça.
   c) a casa de família.
   d) o centro de comércio.
   e) qualquer lugar.

5. Paulo não evangelizava sozinho, mas constituía uma equipe para:
   a) consolidar as comunidades, oferecendo assistência.
   b) possibilitar a experiência da comunhão.
   c) garantir a gratuidade do Evangelho.
   d) garantir a consolidação das comunidades.
   e) todas as alternativas anteriores.

Atividades de aprendizagem

Questões para reflexão

1. Compare as três narrativas do encontro de Paulo com Cristo no caminho de Damasco (At 9,1-19; 22,1-16; 26,1-18). Coloque os dados colhidos de cada texto em colunas, identificando as semelhanças e as diferenças: Exemplo: Ver: Quem viu o quê em cada texto? Ouvir: Quem ouviu o quê em cada texto? Reagir: Quem reagiu e como reagiu em cada texto?

2. Faça uma pesquisa na internet e verifique quantos lugares foram visitados e quantas comunidades foram fundadas ou assistidas nas viagens missionárias de Paulo. Relacione o trabalho de Paulo com os desafios de hoje. Elabore um texto com o resultado. Para isso, você poderá recorrer aos mapas das seguintes obras:

   LOPES, J. M. **Atlas bíblico geográfico-histórico**. Lisboa: Difusora Bíblica, 1984.

   GROSELJ, T. **São Paulo**: vida, ícones e encontros. São Paulo: Paulinas, 2009.

Atividades aplicadas: prática

1. Entreviste cinco pessoas que conhecem a missão de Paulo, procurando indentificar o que cada uma pensa do trabalho desse apóstolo. Elabore um parecer contemplando o pensamento desses entrevistados.

2. Assista ao filme *Paulo de Tarso*. Em seguida, pontue elementos que revelam o empenho de Paulo na evangelização e os confronte com os desafios atuais.

   PAULO de Tarso. Direção: Roger Young. Itália/França/Alemanha/República Tcheca: GoodTimes Home Video, 2000. 170 min.

2
Introdução às cartas de Paulo[1]

---
[1] Todas as passagens bíblicas indicadas neste capítulo são citações de Bíblia (1994).

Consideramos neste capítulo as cartas aceitas por todos como de autoria de Paulo. Nele, procuramos sintetizar a visão da realidade em que cada comunidade estava inserida para melhor compreensão do conteúdo e das razões de cada escrito.

As cartas são uma iniciativa de caráter pastoral para conciliar duas necessidades permanentes: ir a todas as nações conforme o mandato de Jesus (1Cor 9,16; Mt 28,19-20; Mc 16,15-16; At 1,6-8); e assistir as comunidades estabelecidas cultivando e aprofundando a fé. No primeiro anúncio, é mais urgente a presença física do apóstolo; na manutenção das comunidades, ele pode lançar mão de outros recursos.

2.1 Primeira Carta aos Tessalonicenses

Tessalônica foi uma cidade grega fundada em 315 a.C. por um general de Alexandre Magno. Em 168 a.C., os romanos a tomaram e a transformaram na capital da província da Macedônia. Era um lugar de grande comércio, com um porto marítimo bem movimentado. No ano 42 a.C., foi declarada cidade livre[2]; então, religiões e filosofias de todos os tipos puderam se instalar ali. Além disso, passava por Tessalônica a Via Inácia, a mais importante estrada que ligava a Europa à Ásia. A cidade cresceu bastante; no tempo de Jesus, ela apresentava um grande contraste entre ricos e pobres. Para se ter uma ideia, basta saber que a metade da população era escrava – o escravo nada tinha, nem mesmo o direito de constituir família.

2.1.1 A fundação da comunidade

Paulo e Silas faziam a segunda viagem missionária quando, no final do ano 50, foram expulsos de Filipos pelas autoridades locais e viajaram para Tessalônica (At 16,35-17,1). Paulo confirma essa notícia na Primeira Carta aos Tessalonicenses (2,2). Como de costume, foram primeiro à sinagoga levar a nova mensagem aos judeus que moravam ali. Alguns se converteram, mas a maioria não quis saber dela; por outro lado, gregos adoradores de Deus aderiram à pregação de Paulo (cf. At 17,1-4).

---

2 A declaração de cidade livre era feita por Roma e fornecia à cidade o direito de ter as próprias assembleias e tribunais, bem como liberdade para fazer reuniões e criar associações.

Na Primeira Carta aos Tessalonicenses (cf. 1Ts 2,1-16), Paulo informa que os de origem grega, apesar das adversidades, ainda perseveravam exemplarmente. A adesão dos gregos provocou inveja nos judeus, que resolveram dar fim em Paulo e Silas. Prepararam uma revolta na cidade e acusaram os apóstolos de estarem ensinando coisas contrárias ao Império Romano (At 17,5-9), como se deste fossem guardiães. Avisados do que estava acontecendo, os dois deixaram Tessalônica.

2.1.2 Por que Paulo escreveu?

Paulo e Silas tiveram de fugir para outra cidade. O homem que os hospedou foi maltratado, mas o grupo dos convertidos formou uma comunidade animada. Paulo estava impedido de ir para lá por culpa de Satanás, conforme esclarece em sua carta (cf. 1Ts 2,18). Preocupado com a comunidade sem assistência, enviou Timóteo para Tessalônica (cf. 1Ts 3,1-3), a fim de encorajar e fortalecer a comunidade na fé, particularmente por conta das tribulações e perseguições que os cristãos continuavam a enfrentar, mas também para saber da atual situação dela.

Timóteo esteve na comunidade, fez o que devia e voltou para junto de Paulo, levando boas notícias. A comunidade permanecia fiel (cf. 1Ts 3,6-10), mas havia problemas: os judeus continuavam a perseguição (1Ts 2,13-16) e caluniavam Paulo, dizendo que estava pregando a mentira e querendo se aproveitar da comunidade (cf. 1Ts 2,3-6). Existiam também algumas dificuldades em relação à morte de cristãos antes da **parusia**, a vinda de Cristo (cf. 1Ts 4,13-14). Ao que parece, isso se devia ao próprio entusiasmo de Paulo, que esperava o retorno iminente do Messias. É o que se pode perceber na instrução da carta (1Ts 4,17), em que o "nós" se refere também a Paulo estar vivo, na carne, para aquela hora.

2.1.3 As respostas de Paulo

Depois da chegada de Timóteo a Corinto, Paulo escreveu dali a Primeira Carta aos Tessalonicenses, no ano 51, inaugurando com ela um novo tipo de catequese e também os escritos do Novo Testamento. Primeiro ele se alegrou com a perseverança dos tessalonicenses e destacou nela o poder e a ação do Espírito Santo, numa realização maravilhosa (cf. 1Ts 1,5). A perseverança não é, portanto, mérito dos esforços dos fiéis, mas prova do poder e da ação do Espírito neles. A iniciativa foi de Deus e a aceitação, dos tessalonicenses – assim Deus os elegeu e fez neles maravilhas (cf. 1Ts 1,4).

Acusações

Sobre as acusações dos judeus, Paulo escreveu que o Evangelho que pregava foi confiado a ele diretamente por Deus (1Ts 2,3-16); portanto, não podia falar para agradar aos homens, mas a Deus. Deus é testemunha de que Paulo e Silas nunca foram tendenciosos nem interesseiros. A prova disso está em que não se apresentavam como autoridades nem exigiam o que merece uma autoridade. Outra prova é que Paulo nunca exigiu pagamento por seu trabalho missionário, embora tivesse direito.

Relações

Parece que havia na comunidade pessoas que ainda não tinham conseguido passar da moral grega para a cristã. Paulo, então, exortava para que cada um soubesse usar o seu corpo com santidade e honra e, assim, não se deixasse levar pelas paixões, como fizeram os pagãos que não conheciam a Deus. Ele também ensinava que eles não deveriam prejudicar nem passar para trás os irmãos nos negócios, porque quem fazia todas essas coisas estava desprezando o próprio Deus, que deu o seu Espírito às pessoas (cf. 1Ts 4,3-7).

2.1.4 A segunda vinda de Cristo (parusia)

A grande dúvida se divide em duas partes: (1) saber para onde vai o cristão que morre (1Ts 4,13-18); e (2) ter maior esclarecimento sobre a segunda vinda de Cristo e a preparação dos cristãos para esse momento (1Ts 5,1-22).

O tema da parusia perpassa a Primeira Carta aos Tessalonicenses. Esse povo se converteu para servir ao Deus vivo e para esperar dos céus o seu Filho, a quem Ele ressuscitou dos mortos (1Ts 1,9-10). Nessa carta, Paulo demonstra a alegria da expectativa da participação deles na segunda vinda do Senhor Jesus (1Ts 2,19). Ele reza para que os corações dos tessalonicenses estejam prontos por ocasião desse momento (1Ts 3,12).

Paulo fez uma exortação catequética a respeito da parusia, tendo em vista os membros da comunidade que se fizeram cristãos e estavam morrendo (1Ts 4,13-19). Nessa catequese, ele ainda tem expectativa da parusia iminente (cf. 4,16-17); apresenta um consolo, por conta da prioridade dos que já haviam morrido, no encontro com Cristo. Em seguida, exorta-os à vigilância, conforme o tema próprio do Evangelho do Senhor (cf. 1Ts 5,1-1; Lc 12,39-40), pedido aos fiéis que se confortem e se edifiquem mutuamente sobre o assunto, porque Jesus Cristo (que os chamou) é fiel e agirá (cf.1Ts 5,23-24;5,1; Mt 5,18; Lc 16,17; At 1,7).

Paulo desenvolve o tema da vigilância com importantes instruções, a fim de que os tessalonicenses saibam qual é o tipo de preparo necessário para garantir-se nela. Do mesmo modo que o vigia está sempre pronto para enfrentar o perigo a qualquer hora, assim também o cristão deve andar munido do necessário.

Para os cristãos, os instrumentos que expressam a prontidão incluem, primeiramente, a **sobriedade** (cf.1Ts 5,4-7). Estar sóbrio é não embebedar a consciência, fazendo, por exemplo, uma coisa errada que todo mundo faz. Em segundo lugar, é preciso vestir o colete da **fé** e da **caridade** (cf. 1Ts 5,8), que protege o cristão da mesma forma que o colete de aço e outras vestes à prova de bala protegem os vigias de locais muito perigosos. Suas obras de fé, com gestos de amor, lhe dão guarida. Em terceiro lugar, é preciso usar o capacete da **esperança da salvação** bem postado na cabeça (cf. 1Ts 5,8-9). Uma cabeça que tem esperança está sempre erguida e apresenta olhos cheios de vida.

Poderíamos dizer que a vinda de Cristo é como o dia de uma prova final: quem leva a sério os estudos vai para o exame tranquilo, porque sabe que será aprovado; quem não se preparou adequadamente, faz de tudo para adiar a prova, pede nova chance e, quanto mais se aproxima o momento, mais nervoso e apavorado fica, pois sabe que não irá passar e que a culpa é sua.

2.1.5 Orientações práticas para a vida da Igreja

Paulo finaliza a primeira carta (1Ts 5,12-22) com uma série de exortações para o bem da comunidade. Dessa forma, ele a aconselha a:

- ter estima na caridade com os que coordenam e presidem a comunidade;
- exortar e chamar a atenção dos preguiçosos;
- encorajar os tímidos;
- acolher os fracos;

- ter paciência com todos;
- não retribuir a ninguém o mal com o mal;
- viver sempre alegre;
- orar sem parar;
- em todos os momentos, dar graças a Deus;
- não apagar o Espírito, recebido no batismo;
- não desprezar as profecias, pois é por meio delas que Deus continua falando;
- examinar tudo e ficar com o que é bom; e
- abster-se de toda espécie de mal.

Para Schnelle (2010, p. 234), "a Primeira Carta aos Tessalonicenses apresenta um sistema de pensamento teológico coeso e fechado em si mesmo, bem como um correspondente conceito de identidade", pois os crentes já participam da transformação do Filho de Deus (1Ts 4,14; 5,10).

2.2 Primeira Carta aos Coríntios

Antes de apresentar essa carta, que conta com grande riqueza de informações, abordaremos brevemente a realidade da cidade de Corinto como um todo e a situação específica de suas comunidades cristãs.

A epístola aos coríntios trata de uma grande variedade de temas mediante os conflitos criados na convivência interna da comunidade, alargando-se para as relações com as organizações presentes na cidade e para os desafios em se viver a nova vida cristã em um ambiente pagão. Podemos citar como exemplos de conflitos o apego a lideranças, a exaltação de dons, a distorção do Evangelho para atender a interesses individuais e a dificuldade para se entender a ressurreição.

2.2.1 A cidade de Corinto

O filósofo Platão, por volta do ano 400 a.C., deu notícias de Corinto como uma cidade rica, refinada e corrupta. Localizada numa estreita faixa de terra, tinha dois famosos portos marítimos. Um deles, chamado *Cêncre*, recebia os barcos e navios vindos da Ásia Menor, Egito e Síria; o outro, denominado *Licaon*, acolhia as embarcações que chegavam da Espanha, da Itália, da Sicília e de outras cidades do norte da África. Toda a troca de mercadoria entre Oriente e Ocidente passava por ali porque era o caminho mais seguro.

Em 146 a.C., os romanos tomaram Corinto e a destruíram, mas em 44 a.C. o ditador Júlio César fundou ali uma nova cidade com o nome *Laos Julius Corinthus*. Ela cresceu rapidamente e, em pouco tempo, recuperou o esplendor e a influência da época anterior. Os seus dois portos empregavam muita mão de obra, o que acarretava bastante riqueza. A fama da cidade se espalhou e gente de todo o mundo se dirigiu a ela para tentar a sorte. Corinto cresceu tanto que chegou aos 500 mil habitantes na época de Paulo, dos quais apenas cerca de 167 mil eram indivíduos livres. Havia ali pessoas de todos os lugares, etnias, pensamentos e religiões da época (Schnelle, 2010).

Preste atenção!

Corinto era famosa no mundo inteiro por quatro características:

- pelos belos e grandes edifícios, como o mercado da cidade, chamado *Ágora*, e os templos de Apolo e de Afrodite;
- pelo intenso comércio – estava entre os maiores centros comerciais do mundo antigo;
- pelos famosos Jogos Ístmicos, que reuniam gente do mundo inteiro (eram semelhantes às Olimpíadas);

- pelo culto ao prazer, ao sexo e à depravação sexual – a prostituição era muito normal, tanto a sagrada quanto a profana.

2.2.2 Fundação da comunidade

Paulo chegou a Corinto durante sua segunda viagem missionária pelo final do ano 50, depois de ter procurado fundar uma comunidade em Atenas. Conforme relata o autor de Atos dos Apóstolos (18,1-8), estava sozinho e sem dinheiro. No começo se hospedou na casa de um casal judeu, chamado Áquila e Priscila, que tinha sido expulso de Roma pelo Imperador Cláudio. Passou a trabalhar com eles como tecelão e, assim, ganhava uma pensão. Como fez em todos os lugares, também ali começou a pregar na sinagoga, mas os judeus o expulsaram. Ele então passou a pregar na casa de Tício Justo (At 18,7), onde nasceu a primeira comunidade cristã de Corinto, que cresceu rapidamente.

A comunidade era composta, em grande parte, por gregos e cristãos de origem pagã, pertencentes a classes bem humildes (1Cor 1,26-29). Era bastante heterogênea, formada por gente vinda de todos os lugares, com educação e costumes muito diferentes: homens e mulheres, judeus e gregos, escravos e livres, gente de posse e gente sem bens etc. Havia também pessoas fanáticas que, formando "panelinhas", acabavam dividindo a comunidade; pessoas interessadas em desenvolver os dons (carismas) em proveito próprio; pessoas que queriam colocar esses dons a serviço de todos; e pessoas que morriam de medo de enfrentar o mundo. Líderes de conduta muito liberal achavam que os cristãos podiam continuar se prostituindo.

Tudo indica que os cristãos de Corinto estavam organizados em várias comunidades domésticas. São citadas nessa carta a família de Estefanas (1Cor 16,15-16), a igreja da casa de Áquila e Priscila (1Cor 16,19), a casa de Tício Justo (At 18,7-8), Febe, diaconisa de Cencreia, e um dos portos de Corinto (Rm 16,1-2). Conforme deixa transparecer a carta, de vez em quando reuniam-se todas elas (cf. 1Cor 14,23). Essa variedade de igrejas domésticas pode explicar as dificuldades de relacionamento na Ceia (cf. 1Cor 11,17-34) e na partilha de carismas (cf. 1Cor 12.1-11).

Paulo permaneceu lá um ano e meio, mas não o suficiente para garantir a unidade da igreja. Após sua saída, não demorou para os problemas se acentuarem.

2.2.3 Por que a carta?

Antes de qualquer resposta, é importante salientar que nessa a que chamamos de *primeira carta*, Paulo informa que escreveu uma carta anterior (1Cor 5,9). A ela chamamos de *carta perdida*, pois sobre ela nada mais foi encontrado. Na Primeira Carta aos Coríntios, Paulo explica o verdadeiro sentido da exortação da carta perdida (1Cor 5,10-11).

O apóstolo teve duas motivações especiais para elaborar uma nova carta. A primeira foi responder aos vários pedidos de instrução dos coríntios; e a segunda, exortá-los a respeito de denúncias que, por outros caminhos, chegaram aos ouvidos dele. Paulo aponta que uma das denúncias veio da família de Cloé (1Cor 1,11), embora não revele os demais denunciantes. Nessa carta, ele teve que tratar de questões teológicas, éticas e sociais.

Pedidos de instrução ou esclarecimento

Na Primeira Carta aos Coríntios, Paulo também dá notícias de ter recebido carta desse povo, à qual se dedica a responder naquele momento. Os coríntios perguntam ao apóstolo sobre como viver a vida cristã (1Cor 7,1): Casado ou celibatário? Diante desse questionamento, ele comenta: "Quisera eu que todos os homens fossem como eu; mas cada um recebe de Deus um dom particular, um este, outro aquele" (1Cor 7,7). Assim, cada um precisa discernir o dom de Deus específico para si. Paulo também explica como é a condição do casado cristão: "Não é a mulher que dispõe do seu corpo, mas o seu marido. Igualmente, não é o marido que dispõe do seu corpo, mas a mulher" (1Cor 7,4). Afinal, pelo matrimônio cristão os cônjuges doam seus corpos reciprocamente, renunciando espontaneamente à liberdade sobre eles. O apóstolo aproveita e acrescenta algo sobre os solteiros e as viúvas: "Eu digo, portanto, aos solteiros e às viúvas que é bom ficarem assim, como eu" (1Cor 7,8).

À pergunta sobre a condição das virgens (1Cor 7,25), Paulo responde: "A respeito de quem é virgem, eu não tenho ordem do Senhor, é um conselho que dou [...], penso que é vantajoso para um homem permanecer assim [do modo como se tornou cristão]. Estás ligado a uma mulher? Procura não separar-te. Não estás ligado a uma mulher? Não procure mulher" (cf. 1Cor 7,25-27).

Na questão das carnes sacrificadas aos deuses pagãos (1Cor 8,1), o problema está na caridade entre os membros da comunidade. Uns têm o conhecimento de que os deuses pagãos são nada e que, portanto, pode-se comer tranquilamente; outros, porém, que acabaram de sair do paganismo, ainda não conseguem fazer tal distinção e se escandalizam com o procedimento dos mais instruídos (1Cor 8,7). De fato, comer ou não tais carnes nada implica porque os deuses nada são (1Cor 8,4-7). No entanto, é preciso tomar cuidado porque "o conhecimento incha, mas o amor edifica" (1Cor 8,1).

Carismas

A respeito do uso dos carismas (1Cor 12,1), Paulo dedicou nada menos que três capítulos de sua carta para orientar a comunidade (1Cor 12,1-14,40). O termo grego que consta na carta é *pneumatiká*, que pode ser traduzido por "dons do Espírito". Ele abre o assunto no início do capítulo 12 e o retoma no início do capítulo 14. Para o mundo helenista, isso significa fenômenos prodigiosos. Conforme ressalta Barbaglio (2017a, p. 317), "eles entendiam o Espírito como força divina envolvente e como doador de forças extraordinárias e espetaculares, capazes de levar o homem a superar os próprios limites e alcançar *performances* sobre-humanas". O passado pagão de membros da comunidade levava-os a interpretarem os dons do Espírito como fenômenos numinosos, segundo o conceito helenista, o que reduzia o verdadeiro significado.

Assim, cada indivíduo se sentia no dever de cuidar e expressar o seu dom de modo individualista, sem se importar com os demais e com a comunidade. Nessa visão, o exercício do carisma era uma realização excepcional do indivíduo ou até mesmo sua divinização. Seguindo a lógica, os que tinham tais dons não deviam ser muitos, razão pela qual eram considerados privilegiados – ou assim se sentiam. Acabavam invertendo a ordem das coisas: em vez de se colocar a serviço da Igreja, punham a Igreja a serviço eles. Desse modo, o dom do Espírito dado para o bem de todos acabava servindo alguns e criando classes, um absurdo desvirtuamento da Igreja de Cristo.

O uso dos carismas não deveria ser problema, mas se tornou por conta de uma visão estranha à vida cristã, a qual Paulo chama de *ignorância* (1Cor 12,1). O assunto está ligado ao tema inicial da carta, que é a formação de grupos em torno de um ou outro missionário.

Importante!

Carisma é dom. É uma capacidade que a pessoa recebe gratuitamente. Não é comprado nem escolhido pelas pessoas. Deus oferece de graça a quem quer. Quem recebe, precisa desenvolvê-lo em favor do bem comum.

Os carismas são dados para serem desenvolvidos e multiplicados em prol da comunidade. São eles o nosso caminho de santificação – tanto de cada indivíduo quanto da comunidade como um todo.

Em Corinto, os dons mais vistosos eram os mais visados. Muitos pensavam que o maior carisma era falar em línguas estranhas, ao passo que outros defendiam que era a profecia. Os que achavam possuir carismas privilegiados faziam questão de expressá-los, não se importando se isso iria ajudar ou atrapalhar o irmão ou a comunidade. As pessoas queriam se promover e aparecer por intermédio do carisma, quando, na verdade, deveriam se doar por ele. Como se trata de um dom de Deus, eles estavam quebrando a harmonia da comunidade e tirando a paz.

Diante desse cenário, Paulo orienta a comunidade na visão cristã, explicando e esclarecendo o assunto passo a passo. Ele afirma que ela é ignorante sobre carismas, mostrando que existem muitos deles e que todos vêm da mesma fonte: o Espírito Santo (1Cor 12,1-6). Paulo começa fazendo uma lista, que vai continuar mais à frente (1Cor 12,8-10), e lembra que a cada pessoa é dado um carisma em benefício da comunidade.

As capacidades que Deus nos dá não devem ser usadas de maneira egoísta. Quem sabe e não ensina, quem entende e não explica, quem vê o perigo e não avisa, quem vê o necessitado e não lhe estende a mão, está usando o carisma numa perspectiva individualista. Quem se aproveita da desgraça dos outros; ou quem descobre um remédio, esconde o segredo e só receita para os outros mediante pagamento, está abusando do carisma que recebeu.

Paulo insiste na liberdade de Deus para doar os carismas (1Cor 12,11). Isso significa que eu não tenho o dom que quero, mas aquele que Ele me oferece. O meu trabalho e o da minha comunidade são fazer bem o discernimento do dom de cada pessoa para o bem comum, tanto no nível pessoal quanto no nível comunitário.

Nesse sentido, o apóstolo usa um exemplo claro e fácil de ser entendido: compara a comunidade ao corpo de Cristo e cada pessoa a um membro dele. Como o corpo é um só e, para funcionar perfeitamente, necessita que todos os membros estejam bem, é preciso que cada pessoa esteja em seu lugar e desempenhe bem sua função (1Cor 12,12-26). Assim como todos os membros do corpo são necessários, todas as pessoas da comunidade também o são – mesmo as que parecem estar lá só para fazer número ou que o trabalho não aparece, embora seja importante. Paulo conclui essa parte apresentando mais uma lista de carismas que devem ser colocados em favor da comunidade (1Cor 12,28-30).

Para terminar as explicações, Paulo mostra que de nada vale ter tudo, saber tudo, se o indivíduo não for alimentado pelo amor que vem de Deus, o qual ele chama de *ágape* – amor incondicional cuja fonte é Deus e que se traduz por "caridade". Isso é dito para distinguir bem dos tipos de amor que estão sendo cultivados em Corinto. Paulo escreve todo o capítulo 13 para explicitar isso: o amor é como o tempero na comida; é o fermento da comunidade (uma coisa vale pelo amor que se põe nela). É importante ler essa parte da carta, pois não há explicação melhor do que a que ali está.

Em seguida, Paulo diz: "Já que sois, portanto, amantes dos dons do Espírito, procurai tê-los em abundância para a edificação da Igreja" (1Cor 14,12). A edificação da Igreja é o bem comum, e é isso o que caracteriza a comunidade cristã alicerçada no Evangelho.

O carisma que está criando confusão na comunidade de Corinto é o de falar línguas estranhas. Primeiramente, Paulo deixa claro que o dom das línguas existe, é bom e vem de Deus; entretanto, como todos os outros dons, deve ser colocado no devido lugar. Segundo o apóstolo, o dom das línguas não ajuda em nada a comunidade se não existir nela quem as interprete. Depois ele diz: "Eu mesmo possuo esse dom, mais do que todos da comunidade de Corinto. Mas prefiro falar na comunidade cinco palavras que compreendam, para instruir também os outros, a falar dez mil palavras em línguas" (cf. 1Cor 14,18-19).

Outro dom que está criando problemas por causa da competição é o da profecia. Para os profetas, Paulo dá esta ordem: "Quanto aos profetas, falem dois ou três e os outros julguem" (1Cor 14,29). A profecia deve ser feita em ordem, pois o espírito dos profetas deve estar submisso ao profeta; nada de dizer que não é capaz de se controlar. Paulo conclui essa parte mostrando que tudo é importante, mas para cada coisa existe a hora e o lugar. Deus não é o Deus da confusão, mas da paz.

Sobre a coleta em favor dos irmãos da Igreja de Jerusalém (1Cor 16,1), Paulo oferece as regras dadas às igrejas da Galácia: fazer uma coleta específica para isso. Todo o primeiro dia da semana alguém separa uma quantia para esse propósito. Cada comunidade escolhe alguém para acompanhar a entrega das ofertas, em nome deles, em Jerusalém (1Cor 16,2-4).

A respeito do retorno de Apolo a Corinto, Paulo diz: "Eu o pressionei vivamente para ir ter convosco juntamente com os irmãos, mas ele não quer de modo algum ir agora; irá quando tiver tempo" (1Cor 16,12).

As denúncias

Paulo escreve também sobre outras razões sérias, que ficou sabendo por denúncias de cristãos de Corinto. A família de Cloé informou sobre discórdias entre eles (1Cor 1,11) e do que se tratava.

A Igreja está perdendo a comunhão

Os coríntios estavam formando grupos em torno de seus evangelizadores preferidos (1Cor 1,12-13). Isso é muito sério, pois onde há divisão, não existe comunidade, e onde não existe comunidade, não há Igreja. Paulo ocupa quatro capítulos para tratar do assunto.

Na visão de Schnelle (2010, p. 240), as divisões ou formação de grupos em torno de um ou outro missionário eram "motivadas teologicamente e vinculadas a uma determinada compreensão do batismo". A afirmação de Paulo – "Graças a Deus não batizei nenhum de vós a não ser Crispo e Gaio, assim ninguém pode dizer que foi batizado em meu nome" (1Cor 1,14-15) – abre a possibilidade de interpretação de que uma relação especial dos membros da comunidade com as pessoas que os batizaram está na base dessa divisão: "Os batizandos individuais entendiam o ato do batismo provavelmente como iniciação numa sabedoria pneumática medida essencialmente pelo batizador" (Schnelle, 2010, p. 243).

As divisões da comunidade mostram que, na realidade, eles estão aquém do espírito que dizem viver. Segundo Barbaglio (2017a), estava em curso em Corinto um processo de culto à personalidade, uma sobrevalorização da função dos pregadores e dos ministros cristãos. Paulo combate fortemente esse tipo de procedimento. Para ele, a Igreja é o corpo de Cristo (1Cor 16,15; 12,27), no qual é preciso viver a unidade na diversidade. Ninguém pode ser privilegiado ou preterido. Esse tema é bem abordado nesta e em várias outras cartas. Na base das dificuldades da Igreja de Corinto está a compreensão grega da sabedoria, "sofía", tão amada por eles.

Segundo Schnelle (2010, p. 251), "a influência do pensamento sapiencial judaico-helenista era reforçada pela alta estima do sábio/da sabedoria, preestabelecida na história cultural da tradição intelectual greco-romana". Ao receberem o batismo, passando a viver no Espírito, muitos fiéis pensavam ter adquirido superioridade e perfeição, daí a reação de Paulo (1Cor 4,6-8). Pedro, Apolo e Paulo não pregavam a si mesmos, não buscavam projeção pessoal nem devotos para si, muito menos seguidores; estavam ali em nome de Jesus Cristo para formar uma comunidade cristã. Quando Paulo convida os coríntios a imitá-lo, não se trata de destacar a sua pessoa, mas de indicar o verdadeiro caminho do Evangelho de Cristo (1Cor 4,16).

O Evangelho de Cristo é a terceira via. Paulo precisa fundamentar e explicitar mais a novidade que é a vida cristã. Ela não se identifica com a grandeza da sabedoria buscada pelos gregos nem com a grandeza dos milagres buscada pelos judeus. Nem milagre nem sabedoria identificam o mistério de Cristo, mas a loucura da cruz (1Cor 1,22) – é ali que reside a novidade cristã (1Cor 1,23). Em outras palavras, o caminho da salvação não é o engrandecimento de si, nem a dominação sobre os outros, nem a fuga da limitação de criatura, mas o reconhecimento de que nada temos que não nos tenha sido dado por Deus e nada somos senão em Deus (1Cor 4,6-8). A grandeza do cristão não é mérito nem direito dele, mas graça de Deus. "É por ele que vós existis no Cristo Jesus, que se tornou para nós sabedoria que vem de Deus, justiça, santificação e libertação" (1Cor 1,30). Por isso, se alguém quiser gloriar-se, que se glorie no Senhor (cf. Jr 9,22-23).

Por fim, Paulo explica qual a função dos pregadores de Cristo e como devem ser vistos: são todos ministros de Deus e por eles os coríntios receberam a fé; representam dons que Deus deu à comunidade. Mas o importante mesmo é Deus, e não eles. Paulo usa um belo exemplo que todos podem entender: "Eu plantei", isto é, "fundei" a comunidade; "Apolo regou", ou seja, "continuou" assistindo a comunidade; mas foi Deus que a fez crescer. Se não fosse Ele, seria inútil o trabalho de Apolo e de Paulo (cf. 1Cor 3,5-12).

Outras denúncias

Outro assunto que chegou aos ouvidos de Paulo e para o qual ele dedica um capítulo da carta é o da **liberdade sexual** (1Cor 5,1), questão banalizada pelos coríntios (1Cor 5,2). Isso tem a ver com os costumes gregos que ainda não haviam sido redimensionados na comunidade cristã. Pessoas novas com vícios velhos. Paulo é enérgico nessa parte: "Em nome do Senhor Jesus, e com o seu poder, por ocasião de uma assembleia, na qual estarei presente espiritualmente entre vós, seja tal homem entregue a Satanás para a destruição da sua carne, a fim de que o espírito seja salvo no dia do Senhor" (1Cor 5,4-5).

Existe em Corinto outro problema, vergonhoso na visão de Paulo. Os irmãos de comunidade se desentendem e levam a questão para ser arbitrada por juízes pagãos (1Cor 6,1-11). "Digo para a vossa vergonha. Não se encontra entre vós nenhum homem bastante sábio para ser capaz de julgar entre seus irmãos" (1Cor 6,5). Para o apóstolo, isso é prova de que o Espírito não habita neles.

Paulo também ficou sabendo que entre os cristãos de Corinto havia quem dissesse não existir ressurreição de mortos (1Cor 15,12). Isso é muito grave para quem se fez discípulo de Cristo. O assunto é tratado com todo o cuidado. Primeiro ele comprova pelas Escrituras a ressurreição de Cristo, mediante uma série de aparições das quais algumas testemunhas ainda viviam, e confirmando-a pela sua experiência pessoal (1Cor 15,1-11). Há muitas provas, é impossível negar. Só não crê quem não quer.

Em segundo lugar, o apóstolo procura explicitar a ressurreição do cristão (1Cor 15,12-19). O corpo ressuscitado de Cristo é humano como o de cada cristão; por aquilo que Deus operou nele também os que agora vivem nele poderão ressurgir. Negar a ressurreição de um cristão é negar também a de Cristo (1Cor 15,12-19). Dizer isso equivale chamar Cristo de mentiroso e tachar de mentirosos todos os pregadores do Evangelho. Se Cristo não ressuscitou, somos os mais miseráveis de todos os homens (1Cor 15,19). Mas não é verdade. Cristo ressuscitou, e com sua ressurreição venceu a morte.

Em seguida, Paulo procura mostrar como isso vai acontecer na parusia (1Cor 15,20-34). Ela é operada por Cristo, que é o primeiro, naqueles que a Ele pertencem, segundo a ordem. De acordo com Barbaglio (2017a), isso deixa clara a intenção de estabelecer conexão entre a ressurreição de Cristo, já acontecida, e a dos cristãos ainda em andamento ou por acontecer. Essa é a ordem.

Uma vez confirmado que os cristãos ressuscitam, Paulo procura demonstrar como será o novo corpo (1Cor 15,35-50). Para esclarecer o assunto, ele usa comparações: a da semente, que, jogada debaixo da terra, germina em um novo corpo, um novo ser (1Cor 15,37-38); a das carnes (1Cor 15,39); e por fim, a dos corpos celestes, como o sol, a lua e as estrelas (1Cor 15,40-41). Com tanta diversidade, não é possível que se possa imaginar a novidade (1Cor 15,42-50). Poderíamos dizer que a semente não morreu, mas foi transformada. Conosco acontecerá como no caso da semente. Podemos ainda ver o exemplo da lagarta, que se transforma em borboleta. Agora somos como a lagarta: quando ressuscitarmos, seremos tal qual a borboleta.

Importante!

Segundo a tradição das primeiras comunidades, o cristão não morre. São os pagãos que morrem, porque morrer é estar longe do Senhor. Isso não acontece com o cristão nem agora nem depois da morte, na vida plena.

2.2.4 Direitos de Paulo

Um tema não perguntado nem denunciado é apresentado no capítulo nono da carta. Ele parece deslocado, cortando o assunto das carnes sacrificadas aos ídolos, que começa no capítulo oitavo e prossegue no décimo. Contudo, conforme explica Barbaglio (2017a), ele está aí intencionalmente, dando continuidade lógica ao assunto tratado até então. Trata-se da capacidade de abrir mão dos próprios direitos, da liberdade adquirida pelo conhecimento em favor do bem dos irmãos que não chegaram a tal conhecimento ou liberdade. Essa renúncia é verdadeira prova de liberdade, pois edifica a comunidade toda e não apenas os que detêm um conhecimento elevado (cf. 1Cor 8,13). Portanto, a renúncia de Paulo aos seus direitos do apostolado explicita na prática o entendimento cristão da liberdade. Foi o que Cristo fez em nosso favor (cf. Fl 2,6-11; Ef 2,4-10). Nisso os coríntios têm ainda muito o que aprender.

Conforme comenta Barbaglio (2017a, p. 269-270), o capítulo nono "mostra, com sutileza, a contestação contra Paulo agindo na Igreja de Corinto. Quem e quantos a promoviam, não sabemos. No entanto, a apologia paulina nos permite fazer uma ideia bastante precisa do objeto da crítica [...]. Havia aí críticos que duvidavam ou negavam seu ser apostólico". De fato, nesse capítulo Paulo defende seus direitos (1Cor 9,1-14), mas deixa claro que advoga também pelo direito de não fazer uso deles (1Cor 9,15-18), e conclui mostrando que seu apostolado não tem outro objetivo senão o de levar o Evangelho ao maior número possível de pessoas (1Cor 9,19-23). Esta é a verdadeira liberdade: abrir mão da própria liberdade pelo bem comum: "Livre em relação a todos, eu me fiz escravo de todos, para ganhar o maior número deles" (1Cor 9,19).

2.2.5 Desordens nas celebrações

A questão diz respeito às mulheres que, nas reuniões da comunidade e nas celebrações da Palavra, eram muito liberais para os costumes da época (1Cor 11,2-16). Diz-se que cabeça descoberta e cabelo cortado eram uso das prostitutas. Trata-se de um problema de costumes, de tradição, segundo Paulo (11,2); não é algo muito sério, mas está criando conflitos na comunidade. Na verdade, o que existe é uma competição entre homens e mulheres que buscam posição de destaque nas celebrações. A tradição judaica dá precedência aos homens e a grega, à pessoa capacitada, seja homem, seja mulher. Não se diz como, mas a questão chega aos ouvidos de Paulo. Segundo o princípio dos judeus, "a mulher é para o marido: nasceu para ser submissa a ele e deve carregar o sinal da submissão". O apóstolo não pode proibir as mulheres de pregarem e profetizarem, porque isso vai contra o Espírito Santo; por isso, estabelece uma norma (não é lei de Deus, mas um costume) que deve ser respeitada para haver a paz.

Paulo diz que o homem deve pregar com a cabeça descoberta e a mulher, com a cabeça coberta, porque o homem é a glória de Deus e a mulher, a glória do homem. Mas o problema não é esse, e sim a submissão. O pregador – homem ou mulher – está submisso ao Espírito Santo, que o inspira. Se Paulo fosse lógico, diria: "O homem deve cobrir a cabeça e a mulher não deve ir de cabelos curtos às reuniões; se a mulher cortar os cabelos, então deve usar véu". Ele não teve uma razão forte para obrigar a mulher a usar véu nas celebrações. Isso fica claro na seguinte passagem: "Se apesar disso, alguém tem a pretensão de contestar, nós não temos tal costume nem tampouco as igrejas de Deus" (1Cor 11,16). Que costume? De as mulheres pregarem e profetizarem sem véu. Que igrejas? As do Oriente, de onde Paulo vem.

Ainda hoje existem igrejas que obrigam as mulheres a usarem cabelos compridos e véu nas celebrações por causa do que Paulo disse. Na Igreja Católica ocidental, o véu foi obrigatoriamente usado até o Concílio Ecumênico Vaticano II (1965); nas igrejas cristãs orientais, o uso ainda continua. Está claro que essa foi uma recomendação para restabelecer a ordem na comunidade de Corinto e, assim, voltar à paz.

O que isso tem a nos dizer hoje? Que é preciso ter cautela para mudar os costumes, a fim de não gerar desordens e divisões na comunidade. Um costume pode ser contestado e mudado, desde que favoreça ainda mais a vivência do Evangelho.

2.2.6 Desordens na Ceia

Para entender melhor esse assunto, é preciso esclarecer que na ceia havia primeiro o momento da partilha dos alimentos e refeições, e depois a partilha do corpo e sangue de Cristo. Para essa celebração, cada um levava de casa uma porção de comida e bebida e colocava tudo junto sobre a mesa, de maneira que todos pudessem se servir um pouco daquilo que estava disposto ali. É mais ou menos como se faz hoje em muitos encontros nos quais cada um leva sua marmita de casa e depois se coloca tudo junto para o almoço. Havia primeiro a partilha da comida e, na sequência, a instrução e a comunhão do pão e do sangue abençoados. Essa prática continua ainda em igrejas orientais, servindo-se, porém, a refeição fraterna, depois da eucaristia.

Paulo fica sabendo de desordens na celebração (1Cor 11,17-18). Está realmente muito difícil para os coríntios passar dos antigos costumes à nova prática. A reunião para a comunhão escancara a divisão. Por isso, o apóstolo diz que, nesse quesito, não tem por que felicitá-los. Na comunidade de Corinto, há gente de todas as camadas sociais, já sabemos disso. Acontece que alguns que têm mais condições levam para a ceia comidas e bebidas melhores; os que têm menos condições, levam comidas e bebidas mais pobres; e os que não têm condições, nada levam.

Repartir e comer juntos é parte muito importante da ceia, por isso o que está acontecendo é muito grave. A ceia deve provar que na fraternidade existe igualdade. Um sinal é a comida para todos. Nesse sentido, Paulo escreve: "Em resumo, meus irmãos, quando reunirdes para comer, esperai uns pelos outros. Se alguém tiver fome, que coma em sua casa, a fim de que não vos reunais para a condenação. O resto, eu o disporei quando chegar" (cf. 1Cor 11,33-34).

A eucaristia é o centro, o ponto mais alto da comunhão e da fraternidade. Nela desaparecem todos os grupos, todas as classes, todos os poderes, todos os cargos, tudo o que divide; ficam só irmãos no corpo e no sangue de Cristo. Ninguém é superior, ninguém é inferior. Todos são irmãos. Diferentes, mas irmãos. A eucaristia não é possível para aqueles que querem tudo em função de si.

2.3 Segunda Carta aos Coríntios

A respeito da cidade e da fundação da comunidade, já vimos na primeira carta. Esclareceremos agora por que Paulo escreveu novamente aos coríntios e o que ele disse. Para começo de conversa, manter a comunidade de Corinto em paz e harmonia não foi tarefa fácil – conhecemos anteriormente os "tipos" que faziam parte dela. Os problemas eram muitos: alguns simples, outros mais complicados; às vezes, quando Paulo acabava de resolver um, aparecia outro. Nessa carta, ele encara adversários que se apresentam entre os cristãos de Corinto como os verdadeiros apóstolos, que o acusam de falso e desvirtuam o Evangelho de Jesus Cristo.

2.3.1 A carta

Observando o que se diz na Segunda Carta aos Coríntios (6,11), parece ser esta a mais personalizada de todas as que foram escritas por Paulo. Ela possui um objetivo maior que a primeira, pois se estende a todos os santos que se encontram na Acaia (2Cor 1,1). Corinto é uma cidade, a capital da região da Acaia. A primeira carta é endereçada apenas aos coríntios (1Cor 1,1). Também o motivo que o levou a escrever é mais desafiador. Paulo e seu apostolado estão sendo contestados e desqualificados por gente estranha à comunidade, que acabou conseguindo colocar um considerável número de pessoas contra ele.

A unidade temática da carta é, indiscutivelmente, o apostolado cristão. A unidade histórica centra-se no esforço de Paulo em defender o apostolado e a si mesmo das acusações. A unidade literária, porém, dá margem a muitas discussões. Barbaglio (2017a, p. 389) explicita: "O único ponto a favor da unidade da carta é a tradição textual dos manuscritos". Barbaglio (2017a), depois de apresentar o resultado do trabalho de vários estudiosos sobre o assunto, também apresenta a própria tese. Segundo ele, a Segunda Carta aos Coríntios pode ter a seguinte sequência: depois da chegada da Primeira Carta em Corinto e da visita de Timóteo, a Igreja foi visitada por missionários judeu-cristãos, que se colocaram em concorrência com Paulo, procurando comprometer sua autoridade apostólica. Um elemento particular dessa crise pode estar no fato registrado nos capítulos 2 e 7 (2Cor 2,5-10; 7,11-12).

Paulo tenta uma solução, mas as dificuldades aumentam; então, ele escreve na seguinte ordem: (1) um texto em defesa do seu apostolado (2Cor 2,14-7,4); (2) uma carta em lágrimas, em dura resposta às ofensas recebidas, cujo conteúdo foi perdido (2Cor 2,1-4); (3) um texto em separado, mais assertivo, nascido no ápice de sua crise (2Cor 10,1-13,10); e (4) alguns textos de reconciliação (2Cor 1,1-2.3; 7,5-16). Por fim, para tratar da coleta, ele enviou duas credenciais: uma aos coríntios (2Cor 8) e outra às demais igrejas da Acaia (2Cor 9).

José Comblin (1991), por exemplo, diz que são cinco cartas numa só. Segundo ele, as passagens 2Cor 1,1-2,13 e 2Cor 7,5-16 formam a chamada *Carta da Reconciliação de Paulo com a Comunidade de Corinto*; a carta da defesa do apostolado autêntico começa em 2Cor 2,14 e termina em 2Cor 7,4; os capítulos 8 e 9 são duas cartas de orientação no serviço aos pobres; e os capítulos 10 a 13 formam a carta da loucura do apóstolo.

Schnelle (2010, p. 301-304) vê como possível a unidade literária da Segunda Carta aos Coríntios, considerando a tese de uma situação modificada entre o que se trata em 2Cor 1-9 e o que se escreve em 2Cor 10-13. A modificação consiste em: os capítulos 1 a 9 foram dirigidos aos cristãos de Corinto e da Acaia, ao passo que os capítulos de 10 a 13 foram direcionados aos adversários de Paulo.

Acusação

Paulo foi duramente acusado de falso apóstolo (2Cor 11,5-6) e pregador de um falso Cristo (2Cor 11,3-4). De acordo com a crítica, ele não era apóstolo porque não apresentou carta de recomendação, por isso não tinha coragem de pedir que a comunidade o sustentasse (2Cor 11,7-9). Os acusadores chegaram a Corinto com cartas de recomendação (2 Cor 3,1). Viviam às custas da comunidade, fazendo da Palavra de Deus um negócio (2Cor 2,17). Vangloriavam-se com as aparências (2Cor 5,12). Paulo se defende afirmando que eles é que eram falsos apóstolos, operários desonestos, disfarçados de apóstolos de Cristo. Eram ministros de Satanás disfarçados de ministros da justiça (2Cor 11,12-15).

Paulo escreve buscando a reconciliação, não com os acusadores, mas com a comunidade (2Cor 1,1-2,13; 7,5-16). Ele não traz aqui ensinamento novo, mas mostra como lidar com os velhos problemas da comunidade. Usa de autoridade para resolver os erros na Igreja de Corinto, mas não quer se impor; quer corrigir sem machucar e sem humilhar os rebeldes, por isso fala de tristeza, consolação e alegria, em vez de dever, justiça e direito. Trabalha na linha humana das relações de autoridade, e não na linha puramente institucional, pois seu objetivo não é vencer, mas convencer. Paulo não quer servos, mas irmãos.

O apóstolo queria repartir com os cristãos de Corinto e de toda a região os sofrimentos que teve em Éfeso. Foi terrível. Se saiu de lá com vida foi por pura graça de Deus. Vale lembrar também que o fato de ele ter sobrevivido era um bem para os coríntios, sinal de que Deus os amava, pois eles precisavam muito ainda do esclarecimento que Paulo tinha condição de oferecer. Alguém na comunidade o acusou de não saber, de não ter autoridade de apóstolo e de ser medroso. Ele responde dizendo que não se apresenta com a sabedoria da carne, mas com a santidade e a sinceridade que vêm de Deus. Ser simples e claro não é sinal de ignorância; por outro lado, falar difícil não é sinal de sabedoria (2Cor 1,13-14).

2.3.2 O ministro de Cristo e seu trabalho

O texto de 2Cor 2,14-6,12 é, de fato, o mais claro sobre o apóstolo cristão e sua tarefa. Paulo começa dizendo que o apóstolo participa do triunfo de Cristo (2Cor 2,14). É claro, quem participa do sofrimento tem direito à alegria, e quem quer a alegria tem o dever do sofrimento. Não há vitória verdadeira sem cruz.

É pelo apóstolo que Deus esparrama o perfume do seu conhecimento (2Cor 2,14-15). Era costume no tempo queimar incenso durante a chegada de cortejos triunfais, tanto os civis quanto os militares. O incenso era queimado, a fumaça se esparramava pela vizinhança e todos eram atingidos pelo perfume. Pois bem, o apóstolo é o perfume que avisa, comunica e contagia a vizinhança com a vitória de Cristo sobre o pecado e a morte. O perfume é um convite ou uma provocação (depende da pessoa que o recebe). Assim também o apóstolo de Cristo é motivo de alegria, de divisão ou de revolta, conforme a reação de cada pessoa. Para os que o aceitam, a presença do apóstolo é vida; para os que o rejeitam, é morte. No entanto, é preciso cuidado e clareza, pois existem apóstolos verdadeiros e falsos.

Como saber se um apóstolo é verdadeiro ou falso?

Paulo trata do assunto com cuidado porque a comunidade de Corinto não pode se confundir. Há aproveitadores passando por lá, criando conflitos. Ele escreve, então, dando seis pontos de orientação, apresentados a seguir.

1. **O verdadeiro apóstolo não faz negócios com a Palavra de Deus (2Cor 2,17) nem a falsifica (2Cor 4,2)**: fazer negócios é usar a Palavra de Deus como fonte de renda para adquirir dinheiro, fama e poder. Falsificar é esvaziar o poder da Palavra pregando de um jeito que favoreça sempre os interesses do pregador. Assim já faziam alguns profetas condenados por Amós (cf. Am 2,1 1-12).

2. **O apóstolo de Cristo não precisa de carta de apresentação, pois ela está concretizada nos frutos do seu trabalho (2Cor 3,1-3)**: depois de quase dois anos de trabalho em Corinto, exigiram de Paulo carta de recomendação da Igreja de Jerusalém. A Igreja fundada e cuidada por Paulo começa a desconfiar dele. Cuntudo, a própria existência da comunidade é prova de sua seriedade. Será necessário provar o que é evidente? Cuidado! Quando há muita burocracia, é sinal de que há pouca confiança e de que o Espírito Santo não está ali (2Cor 3,17).

3. **O verdadeiro apóstolo não prega a si mesmo, mas prega o Cristo Senhor (2Cor 4,5-6)**: pregar a si mesmo é se elogiar, se apresentar

como modelo, querer que todos o sigam, fazer um grande clube de fãs. Pregar Cristo é apresentar Cristo e seu Evangelho, tornar-se servidor dele pelo bem da comunidade. É preciso deixar claro que o importante não é seguir o apóstolo, mas a Cristo, de quem ele, o apóstolo, também é discípulo.

4. **O verdadeiro apóstolo não desanima (2Cor 4,1) nem desfalece (2Cor 4,16)**: mesmo que se desgaste, ele sabe que os sofrimentos que enfrenta são coisas muito pequenas se comparadas com a glória, a alegria e a felicidade que irá receber. O sofrimento é passageiro, mas a felicidade é eterna.

5. **O apóstolo de Cristo não deposita sua esperança em coisas passageiras, mas naquilo que nunca acaba (2Cor 4,18)**: ele não despreza nem ignora as coisas passageiras, pois elas são necessárias, fazem bem e ajudam, se bem usadas; mas elas não garantem a felicidade eterna. A pessoa que põe a esperança só nas coisas que passam, morre e se acaba junto com elas. No meio das coisas que passam existe a semente da eternidade.

6. **O verdadeiro apóstolo não dá motivo de escândalo por causa do apostolado**: em todos os ambientes, em todas as situações, ele se apresenta como ministro de Deus, seja a situação favorável, seja ela desfavorável (2Cor 6,3-10). O apóstolo é uma pessoa de uma só cara, uma só palavra e um só coração; é amoroso com o povo, para o qual é mandado por Cristo, e também amoroso com Cristo, que o envia, o acompanha e o assiste.

2.3.3 O que o verdadeiro apóstolo faz? Como vive?

Aqui a lista é bem maior porque existem bem mais virtudes que defeitos. As ações positivas em favor do bem comum prevalecem.

1. O apóstolo vive e faz tudo com o rosto descoberto (2Cor 3,18). Não tem motivo para se esconder nem de esconder o que faz; ele reflete a glória de Deus como um espelho reflete a imagem de quem se coloca diante dele – isso é fidelidade. O espelho não se transforma na imagem que está refletindo, mas o apóstolo se transforma em Cristo (2Cor 3,12-18). Por intermédio do apóstolo, os outros têm uma visão clara e transparente da glória de Deus.
2. O apóstolo é servo do evangelizado por amor a Jesus Cristo (2Cor 4,5). Isso é profundamente coerente com o ensinamento de Jesus no Evangelho Segundo João (2Cor 13,1-17). O verdadeiro motivo do apostulado é servir, e não ser servido; é dar, e não receber; é sofrer se necessário for, em favor da paz, da justiça e da felicidade dos outros. Ser apóstolo é entregar-se a Cristo para servi-lo nas pessoas. O apóstolo também tem satisfação, também é amado e servido, mas isso acontece em consequência do seu trabalho e doação. Vale o princípio: "Buscai, pois, em primeiro lugar o reino de Deus [...] e todas estas coisas vos serão dadas por acréscimo" (Mt 6,33). Deus nunca se deixa vencer em generosidade.
3. O apóstolo é capacitado por Deus, pelo Espírito, não pela lei (2Cor 3,4-11). Torna-se ministro da "nova aliança", não mais apresentada e selada em pedras, como aconteceu com Moisés e o Povo de Deus no deserto, mas na carne de Jesus Cristo e selada no coração da humanidade. Ninguém salva ninguém se Deus não dá esse

poder, mas é preciso se preparar, favorecer e desenvolver a graça que Deus oferece.

4. O apóstolo é um vaso de barro que carrega um tesouro precioso (2Cor 4,7-15). Faz parte do vaso de barro (humano) sentir opressão, ficar em dúvida, sem saber o que fazer, ser perseguido, ter sinais de morte e destruição no corpo, sentir cansaço e fadigas no trabalho apostólico etc. São da natureza do tesouro (Espírito de Deus) o ânimo, a serenidade, o equilíbrio, a proteção, a esperança, a vitalidade, carregar marcas de vida e doar-se. Fica claro, na fraqueza do apóstolo, o que é dele e o que vem do poder de Deus.

5. O apóstolo tem e manifesta viva esperança na ressurreição de Jesus e dos cristãos (2Cor 5,1-10). Quem não crê não manifesta isso; é um apóstolo de morte, falso e enganador. Não nascemos para acabar na morte, mas para superá-la e chegar à plenitude da comunhão com Deus, que ressuscita os mortos e transforma os vivos para que participem da plenitude.

6. O apóstolo é um reconciliado que se torna ministro da reconciliação (2Cor 5,11-15.18-21). Ele procura, com humildade, convencer as pessoas a seguirem o mesmo caminho de Cristo. Não tem ilusão nem engana; faz a proposta, mas respeita a liberdade e a consciência das pessoas. Torna conhecidas as razões do seu agir. Ninguém é cristão obrigado. Jesus não quer discípulos obrigados, forçados; ele quer gente livre, convencida, feliz. Nenhum apóstolo de Cristo está autorizado a obrigar alguém a ser cristão.

7. O apóstolo é um convertido que converte (2Cor 5,14-15). Fala aos outros a partir da própria experiência de transformação em Cristo. Ele morreu para nos dar vida. Agora lhe damos a resposta. Morremos para que a vida dele se sobressaia em nós. Não vivemos para nós nem por nós, mas para Cristo e por ele.

8. O apóstolo tem um jeito novo de ver as pessoas e o mundo (2Cor 5,16-17). Não é mais segundo a carne, mas segundo o espírito, pois quem se faz cristão nasce de novo. É novo, diferente. Antes era um dividido, brigado; agora é um reconciliado.
9. O apóstolo é um exortador. Ele exorta as pessoas a não receberem a graça de Deus em vão (2 Cor 6,1-2). Alerta a consciência do cristão parado, que não pratica e não publica a vida cristã, pois este é um ladrão da graça de Deus. O apóstolo é sempre alguém que ama muito a comunidade, mesmo sem ser correspondido (2Cor 6,11-13). Ama de graça porque assim foi amado por Cristo.

Concluindo, podemos perceber nesse tratado (capítulos 3 a 6) três tipos de apostolado (que Paulo chama de *ministérios*), dois positivos e um negativo. O ministério negativo é o da **condenação**, que está apoiado na letra e na lei que mata. Esse serviço que muitos falsos apóstolos andam fazendo não é cristão (2Cor 3,9). Os ministérios nos quais Paulo atua são os da **justiça** e da **reconciliação**. Um completa o outro. Não há justiça sem reconciliação, e não há reconciliação sem justiça. O ministério da justiça é o da nova aliança (2Cor 3,6), fundamentado na misericórdia (2Cor 4,1) para que seja realizado no Espírito. O ministério da reconciliação (2Cor 5,18-20) também é dado por Deus em Jesus Cristo para ser passado adiante. Quem é reconciliado, perdoado, recebe a missão de perdoar; quem é perdoado e não perdoa, anula o perdão que recebeu.

Conforme Barbaglio (2017a), a Segunda Carta aos Coríntios converge num ponto preciso: a defesa que Paulo faz de si mesmo e o ataque dos opositores. Tal defesa não tem caráter personalista, mas funcional, porque o interesse dele não está centrado em si mesmo, mas no fato de ser apóstolo de Cristo. Ao fazê-lo, defende a causa de Cristo e o ministério que lhe foi confiado por Ele. Portanto, a defesa de Paulo tem valor teológico. Está claro que não se trata de uma teologia de gabinete, mas do encontro dramático que contrapôs Paulo aos pregadores itinerantes judeu-cristãos, infiltrados na Igreja de Corinto durante os anos 50.

"Os opositores apresentavam-se aos fiéis de Corinto e aos não cristãos como personalidades religiosas de primeiro plano, fortalecidos por títulos jurídicos e institucionais" (Barbaglio, 2017a, p. 391) e, ao mesmo tempo, como sobre-humanos transfigurados pelo esplendor divino visível em seus rostos. Introduzia-se, assim, o culto à personalidade nas comunidades cristãs, com todas as suas sequelas.

Em Paulo, porém, o apostolado tinha outra face. Ele fazia questão de destacar que a força da missão era de Deus e não do enviado por Ele: "Não é a nós que pregamos, mas a Jesus Cristo Senhor que nós proclamamos. Quanto a nós, proclamamo-nos vossos servos [...] Mas este tesouro nós o carregamos em vasos de argila, para que esse poder incomparável seja de Deus e não nosso" (2Cor 4,5.7). A existência da Igreja de Corinto é evidente prova da ação de Deus em Paulo – isso é o que importa. "Não é por causa de uma capacidade pessoal, que poderíamos atribuir a nós mesmos, é de Deus que vem essa capacidade" (2Cor 3,4).

2.3.4 Ministério/diaconia/serviço

As três palavras são sinônimas e usadas em nossa língua, embora *serviço* seja a mais popular – *ministério* é usado nas instituições de governo e *diaconia*, na linguagem litúrgica e cultual. O ministério apostólico de Paulo pode ser definido como diaconal, como serviço. Afinal, não é sem razão que a palavra *diaconia* está presente nessa carta 12 das 33 vezes que aparece em todo o Novo Testamento. A segunda maior frequência está em Atos dos Apóstolos, livro voltado para a pregação do Evangelho. Nele, ela ocorre oito vezes. Em 2Cor 3,7-9, Paulo busca fazer a comunidade perceber a enorme diferença entre a diaconia do Antigo Testamento, baseada na lei de Moisés, e a da nova aliança, baseada no Espírito. Paulo aproveita para chamar a primeira de *diaconia da condenação* e a segunda, de *diaconia da justiça*. Podemos ver o ministério dos opositores na primeira e o de Paulo, na segunda. Em 2Cor 4,1 ele afirma que tal diaconia lhe foi concedida por misericórdia. Mais adiante, volta a afirmar: "tudo vem de Deus, que nos reconciliou consigo pelo Cristo e nos confiou a diaconia/ministério da reconciliação" (2Cor 5,18). Um pouco mais adiante, explicitando o significado cristão da coleta, ele afirma: "A diaconia/serviço/ministério desta coleta não deve somente satisfazer as necessidades dos santos, mas multiplicar, com abundância, as ações de graças para com Deus" (2Cor 9,13).

Assim não fica difícil entender a chamada *loucura de Paulo*, que acentua sua fragilidade no exercício do apostolado e, ao mesmo tempo (e por isso mesmo), sublinha a ação de Deus na vida dele. Ali está a prova da autenticidade do apostolado (cf. 2Cor 11,1-12,21).

O confronto com os opositores não foi uma briga pessoal nem disputa de poder na Igreja de Corinto, mas um confronto entre o verdadeiro e o falso cristianismo. Afinal, a aceitação da cruz de Cristo representa o verdadeiro cristianismo, ao passo que a rejeição caracteriza o falso. O Evangelho pregado por Paulo e o modo de pregá-lo contemplam a cruz, que continua fazendo parte do verdadeiro Cristo na história.

2.3.5 A coleta e seu significado

De acordo com a Segunda Carta aos Coríntios e Atos dos Apóstolos, a Igreja de Jerusalém estava passando grandes necessidades em decorrência de uma grande fome, provocada pela seca e carestia (2Cor 8,1-9.15; At 11,27-30). As comunidades fundadas por Paulo ficaram sabendo disso e resolveram fazer uma coleta (cf. 1Cor 16,1-4). Cada um doou o que podia para socorrer os irmãos da Judeia. A comunidade de Corinto foi a primeira e deu a ideia de fazer uma campanha de donativos (2Cor 9,2), mas não levou adiante os trabalhos (1Cor 16,2) e precisou ser alertada por Paulo para continuar (2Cor 8,10) – ele já havia orientado sobre como fazer isso (cf. 1Cor 16,1).

Nos capítulos 8 e 9 da carta, o apóstolo apresenta a **fundamentação cristã ao ato de solidariedade humana**. Conforme Barbaglio (2017a), não se tratava apenas de uma ajuda material aos irmãos necessitados, mas de expressar que a graça da salvação do Pai de Jesus parte Cristo havia chegado também aos pagãos. Essas comunidades agora faziam parte, para todos os efeitos, do único povo de Deus. A coleta nada tinha a ver com o tributo pago ao Templo de Jerusalém, uma instituição anual; não estava a serviço do culto, mas da fraternidade, e expressava o universalismo da teologia de Paulo. Nasceu de uma livre iniciativa de doação, não da obrigação.

2.3.6 Trabalho e remuneração

Paulo evangelizava de graça e trabalhava com as próprias mãos para se sustentar, pois não queria causar despesas a ninguém e porque, para ele, evangelizar era uma forma de agradecer a salvação que Deus lhe deu por intermédio de Jesus Cristo (2Cor 11,7-10; At 18,3; 1Cor 9,12-18).

Em Corinto, bem como nas demais pólis gregas, o trabalho manual era visto com desprezo. Os que se dedicavam a esse tipo de atividade eram vistos como indivíduos de segunda categoria, visto que exerciam funções destinadas a escravos e pobres. Por isso, quando Paulo recomendou esse tipo de trabalho a todos os cristãos (1Ts 4,11), isso constituiu uma afronta aos mais ricos e instruídos (embora não tenha mudado em nada o cotidiano dos escravos e pobres, já habituados a esse tipo de tarefa). Será que para ser cristão era preciso baixar de categoria? Isso levou essas classes a preferirem outros apóstolos, que pregavam um evangelho de acordo com seu sistema de discriminação. Esse continua sendo problema presente na Igreja atual.

Paulo reconhecia que o evangelizador tinha direito a viver do Evangelho (1Cor 9,1-12), mas sabia também que havia pessoas na comunidade de Corinto se aproveitando disso para calar apóstolos que denunciavam alguma injustiça. Paulo estava tão ciente disso que, quando tinha necessidade, preferia aceitar ajuda de outras comunidades mais maduras nesse aspecto (2Cor 11,7-11).

2.4 Carta aos Gálatas

Essa carta apresenta algo atípico à escrita paulina: começa com uma repreensão (Gl 1,6-10), o que não é comum em Paulo, e continua com palavras duras no terceiro capítulo. O apóstolo está impacientado com a brusca mudança de comportamento dos cristãos da Galácia. Depois de terem acolhido belamente o Evangelho da liberdade, voltam à escravidão da lei. Essa atitude surpreende e irrita Paulo, que explica à comunidades a imensa diferença que existe entre a vida segundo a lei e a vida segundo a graça proveniente do Evangelho por ele pregado.

2.4.1 A comunidade

Gálata era o povo que habitava o planalto central da Anatólia, na Ásia Menor. A região tinha como cidade mais importante Ancira (atual Ancara, centro-norte da atual Turquia). Eram chamados *gálatas* por serem descendentes de imigrantes celtas oriundos da França. Segundo

Schnelle (2010,), eram gentio-cristãos em sua maioria e pertenciam a uma população urbana helenizada (cf. Gl 4,8; 5,2-3; 6,12-16). Eles precisavam de uma instrução acerca da liberdade cristã, e é disso que se ocupa Paulo em boa parte da carta: "É para sermos verdadeiramente livres que Cristo nos libertou" (Gl 5,1); "Vós, irmãos, é para a liberdade que fostes chamados. Contanto que a liberdade não dê nenhuma oportunidade à carne. Mas pelo amor ponde-vos a serviço uns dos outros" (Gl 5,13). Nessa última passagem, Paulo deixa claro de que liberdade está falando e quais são as consequências práticas àqueles que a vivenciam.

Paulo passou por essa região durante sua segunda viagem missionária e converteu muitos gálatas ao cristianismo. Ele ficou poucos meses lá, apenas o tempo necessário para se restabelecer de uma doença (Gl 4,13-14), depois seguiu viagem, rumo à Macedônia. Essa é a única carta que escreveu para um povo, e não para uma comunidade específica, pois existiam várias comunidades cristãs formadas pelos gálatas naquela região. A mesma carta servia a todas essas comunidades e, portanto, também deveria ser lida em todas elas.

Durante a terceira viagem missionária (At 18,23), o apóstolo visitou mais uma vez as comunidades ali fundadas para confirmar e fortalecer os discípulos. Tudo ia bem, mas algum tempo depois da segunda viagem passaram por aquela região os tradicionais inimigos dele, que vinham criando problemas em todas as comunidades por onde pregava. Eram judeus que tinham se convertido ao cristianismo, com estreitas ligações com os mais radicalizados de Jerusalém, e que só aceitavam alguém como cristão depois de ter cumprido todas as normas do judaísmo. Conforme informa Barbaglio (2017b, p. 18), eles pareciam "empenhados numa espécie de restauração do judaísmo teológico e prática do judaísmo no interior da fé em Cristo". De acordo com esse autor, a insistência sobre a circuncisão demonstra nitidamente que esses perturbadores não pertenciam ao mesmo grupo de opositores relatados na Segunda Carta aos Coríntios.

2.4.2 Por que Paulo escreveu?

Conforme a carta, os perturbadores lançam dúvidas entre os cristãos da Galácia para transtornar o Evangelho de Cristo (cf. Gl 1,7): usam estratégias enganadoras e enfeitiçam os gálatas (cf. Gl 3,1); impõem um calendário deliberativo (cf. Gl 4,10); tentam impor obstáculos, impedindo-os de se deixarem conduzir pela verdade (cf. Gl 5,7); querem forçá-los à circuncisão (cf. Gl 5,12); e procuram todo jeito de separar os gálatas de Paulo (cf Gl 4,17). Barbaglio (2017b, p. 17) elucida que os opositores de Paulo "eram perturbadores das Igrejas e mensageiros de um evangelho compatível com as necessidades da circuncisão e da lei mosaica. Mas caracterizavam-se também por uma obra difamatória em relação a Paulo".

Qual era a linha teológica deles? Isso pode ser deduzido da argumentação e do posicionamento de Paulo na carta. Eles recorriam à autoridade dos apóstolos de Jerusalém: "os notáveis" e "as colunas" (cf. Gl 2,2.9). Argumentavam a eleição divina do povo judeu (cf. Gl 2,15) e buscavam na Bíblia sua fundamentação (cf. Gl 3,6-22) – por isso, Paulo também toma das Sagradas Escrituras os argumentos para uma nova leitura.

Então Paulo, surpreso com a notícia e nervoso com a situação, já no final do ano 56, escreve da Macedônia a Carta aos Gálatas. Essa foi a quarta carta do apóstolo escrita aos cristãos evangelizados por ele. O estado em que se encontrava transparece no escrito. Essa é a epístola que tem a introdução mais curta. Sem elogios, ele vai direto ao problema, apresentando-se como "Paulo, apóstolo, não por parte dos homens, nem por parte de um homem, mas por Jesus Cristo e Deus Pai que o ressuscitou dos mortos" (Gl 1,1). Ele usa palavras duras, sem rodeios (cf. 3,1-5), e trata da sua autoridade de apóstolo, da impossibilidade da salvação pela lei de Moisés e da liberdade cristã.

2.4.3 O apostolado

Paulo responde que não é apóstolo por escolha dos homens, mas pelo chamado direto de Deus (Gl 1,1). Sua pregação não se baseia em "picuinhas", mas na revelação do próprio Cristo (Gl 1,10-12). Mesmo sendo baseada na Revelação, sua pregação concorda com a de Pedro e dos outros apóstolos. Paulo esteve pessoalmente em Jerusalém conversando com eles sobre o assunto (Gl 2,9). Ainda assim, sua pregação é mais coerente que a do próprio Pedro, pois em Antioquia, quando chegaram os membros do grupo de Tiago, Pedro mudou seu comportamento (cf. Gl 2,11-14). Antes comia com os cristãos que não eram circuncidados, mas com a chegada dos companheiros de Tiago, que não aceitavam esse tipo de coisa, deixou de estar junto daquele pessoal. Paulo percebeu essa incoerência e chamou a atenção dele em público.

O foco do problema

O homem se salva pela prática da lei ou pela fé em Jesus Cristo? Qual é a mediação eficaz? O grupo dos judaizantes dizia que a fé em Jesus Cristo era importante, mas que sem cumprir as obras da lei não se chegaria à salvação. Paulo advogava o papel da lei como uma prisão (cf. Gl 3,23-24). Ela é intermediária, não determinante. Então, qual é o papel da lei? Ela serve apenas para evidenciar os pecados cometidos, sem que haja forma de reparação. Até quando? Até a chegada da descendência à qual era destinada a promessa (cf. Gl 3,19-22). Em Cristo, as coisas mudaram; a fé começou a prevalecer

Segundo Barbaglio (2017b, p. 27),

> O pai ressuscitou Jesus do reino dos mortos (1,1), revelando-o como filho no qual se realiza a salvação definitiva do mundo e não só dos judeus (1,16s); e Jesus de Nazaré morreu para expiar os pecados dos homens (1,4). Se isso é verdade [...], não se pode logicamente atribuir peso salvífico à circuncisão e à lei mosaica.

Se é pela lei que se obtém a justiça, então Cristo morreu em vão (Gl 2,21). Portanto, é preciso fazer uma escolha: submeter-se à lei e à circuncisão, rompendo com Cristo (Gl 5,4); ou abandonar a lei e assumir Cristo, pois Ele é o fim da lei (Gl 2,18-20; cf. Rm 10,4). Uma leitura mais alargada das Escrituras pode fundamentar a novidade que Paulo está trazendo (Gl 3,6-14).

2.4.4 Salvação pelas obras da lei ou pela fé?

A questão pode ser guiada por esta pergunta: O homem compra a salvação ou ela vem de graça? São as boas coisas feitas que garantem o céu ou este é dado gratuitamente? É a graça de Deus que converte as pessoas ou é cumprindo as obrigações da lei que elas se convertem?

Para responder isso, Paulo relata primeiro a própria experiência. Ele era um judeu piedoso e muito sério no cumprimento da lei. Quanto mais procurava ser fiel à lei, mais se angustiava porque não conseguia nunca ser perfeito. Ele se sentia assim porque a lei ensinava que só tinha salvação quem a cumprisse completamente, sem falhar em nada. Paulo se esforçou muito e não conseguiu; entendeu que apenas o esforço humano era incapaz de conduzir à salvação. A lei é feita pelo homem e evidencia seus erros, mas não é capaz de dar-lhe a condição para não errar. A única que pode fazer isso é a graça de Deus, revelada em Jesus Cristo, à qual se adere pela fé. Ele não mais nos nivela no pecado, mas pela graça que nos oferece para a grande comunhão (cf. Gl 3,26-28).

Essa é a parte mais bonita e importante do evangelho de Jesus Cristo: a justificação (graça) não se compra nem se conquista, se ganha. É totalmente grátis. Deus não perguntou se nós queremos ou não; também não fez discriminação de pessoas. Deu, por Cristo, a graça da salvação a todos, sem que se fizesse coisa alguma para merecê-la.

A justificação que vem por meio de Cristo não é algo que se recebe no fim da vida, dependendo da quantidade de coisas boas que se fez; trata-se de uma graça que se recebe no começo da vida e que se pode aceitar ou rejeitar. Quem a aceita, segue o caminho de Jesus Cristo; quem a rejeita, segue outra coisa. Portanto, a questão não é conquistar a justificação, mas aceitá-la. Isso significa que não fazemos obras boas porque a lei manda nem para ganhar o céu, mas para agradecer e assegurar o céu que já ganhamos.

Jesus Cristo veio para salvar a todos (Ele não quer perder ninguém). Deus não se alegra com o mal – tanto que sempre responde ao mal com o bem –, mas respeita a liberdade das pessoas. Se a gente não quer e não aceita a graça, Deus não entra na vida da gente. Ele não impõe nem obriga, mas a oferece sempre como um presente. Esse presente vem por Jesus Cristo. A nossa salvação do pecado e da morte se dá por meio dele.

Alguém poderá pensar: "Então não precisamos fazer mais nada porque estamos salvos". Quem entende a graça assim está enganado, porque pensa de um jeito egoísta. Para compreender bem, basta lembrarmos o que geralmente ocorre quando ganhamos um presente: se não o usamos, a pessoa que o deu fica chateada, pois esse é um sinal de que não gostamos dele ou que ele não nos serviu. Ora, a salvação é o presente que Deus nos deu. Quem a usa, prova que a aceitou; quem não usa, indica o contrário. Usar a salvação significa assumir, praticar e ajudar mais pessoas a encontrarem a salvação, a paz, a felicidade. Usar a salvação diz respeito a trabalhar pela justiça e pelo bem de todos e do mundo. Quem faz isso está agradecendo a Deus o presente que recebeu e confirmando que aceita a salvação. Deus nunca pede sem antes ter dado (o que Ele cobra é a resposta).

Para concluir essa parte, é bom lembrar que a fé não é feita só de palavras – o mesmo vale para o amor. Tanto quem ama quanto quem crê prova isso pela vida que leva e por aquilo que faz. É isso o que Paulo evidencia quando diz que a justificação não vem pelas obras da lei, mas pela fé em Jesus Cristo (Gl 3,1-5,12).

2.4.5 A liberdade cristã

Paulo escreve sobre a liberdade cristã em Gl 5,13-6,10. Ninguém é capaz de viver por conta própria, sem depender de alguém ou de alguma coisa. Todos precisam de um ponto de apoio, o qual exige um ato de fé. A pessoa precisa acreditar nele para organizar e encaminhar a vida.

A vida da pessoa que se apoia em Jesus Cristo só tem sentido enquanto é guiada no caminho dele. A pessoa faz tudo para ser fiel ao seu amigo Jesus; Ele é a medida de todas as coisas. Essa pessoa tem muita vantagem sobre todas as outras porque, para ela, o dinheiro não é o mais importante; a beleza pode acabar, pois isso não a assusta; o poder é relativo; e o prazer tem lugar medido. Tudo isso pode existir, mas se acabar, a vida continua cheia de sentido e de esperança.

Outra vantagem é que essa pessoa vê os outros como irmãos, com direitos e deveres iguais aos dela; enxerga o mundo como lugar onde se começa a construir a felicidade, onde ninguém tem o direito de ser feliz sozinho e, por isso, se ocupa do outro. Para o cristão, não pode existir rival nem competidor, porque ele não é rival de ninguém.

Por isso, ser cristão não é algo pronto, como uma roupa (basta vestir e pronto). Ser cristão se constitui em uma longa caminhada que começa em Deus (por meio de nossos pais) e termina em Deus (quando vamos entregar tudo a Ele depois da morte). Batismo, crisma, confissão, eucaristia, ordem, unção e matrimônio são grandes acontecimentos da nossa vida. São o alimento que nos fortifica no caminho de Cristo.

O verdadeiro cristão não é aquele que só foi batizado, mas o que vive o batismo. De igual modo, o verdadeiro cantor não é aquele que só tem uma boa voz, mas não canta; cantor é aquele que canta. É cantando que se faz o cantor. Cristão é aquele que vive em Cristo, pois é vivendo o Evangelho a cada dia que se faz o cristão.

O que é liberdade cristã?

Paulo afirma: "É para a liberdade que Cristo nos libertou" (Gl 5,1). É, portanto, uma estupidez um cristão se submeter à escravidão da lei. Cristo nos libertou dessa escravidão, da morte e do pecado (cf. Rm 8,1; Gl 3,13; 5,1-12). Assim, nem a lei, nem o pecado, nem a morte tem poder sobre o cristão. A pessoa verdadeiramente livre em Cristo é capaz de enfrentar e vencer tudo isso.

O cristão é livre porque não vive mais perturbado pelo medo da morte, do pecado, da lei e de ofender a Deus – tudo isso já está superado. Ele vive na confiança de quem está unido a Jesus Cristo e não se afasta dele, custe o que custar, aconteça o que acontecer. A liberdade é cristã não quando se torna pretexto para os desejos da carne (cf. Gl 5,19-21), mas quando, pelo amor, se coloca a serviço do bem comum (Gl 5,13). Então acontecem as obras do Espírito (cf. Gl 5,22-23).

O cristão é livre porque vive orientado pelo amor. A lei existe como cerca para aqueles que não sabem como se controlar, a fim de que não atrapalhem a vida dos outros. Em síntese, só é necessária para quem não se orienta pelo amor de Deus mostrado por Cristo. Onde o amor de Cristo prevalece, não há necessidade de lei, nem de polícia, nem de juiz, nem de advogados, nem de cadeias.

Existe lei para impedir que eu tire do outro o que a ele pertence. A lei exige que eu respeite o direito do outro, mas não existe lei que obrigue a dar ao outro o que é meu. Se faço isso, sou movido pelo amor. Mas atenção: às vezes eu posso dar do que é meu ao outro porque estou interessado em obter favores dele mais tarde. Nesse caso, não faço pelo amor de Deus nem de Cristo, mas pelo meu amor egoísta.

2.5 Carta aos Romanos

Roma era a capital do império e, por isso mesmo, a cidade mais importante do mundo à época. Nela chegavam riquezas e imigrantes de todo o mundo conhecido. Era um verdadeiro formigueiro humano. Chegou a ter, nessa época, um milhão de habitantes. Havia lá muita gente de fora, a maioria imigrantes, escravos, prisioneiros de guerra e gente da baixa escala social a serviço dos nobres, do Senado e do Império.

2.5.1 A comunidade

A formação da comunidade cristã em Roma tem a ver com a presença dos judeus, algo já mencionado no ano 139 a.C. O escritor judeu Flavio Josefo nos dá notícia de que oito mil judeus romanos teriam formado o cortejo da embaixada que chegou a Roma depois da morte de Herodes (Schnelle, 2010). O Imperador Augusto respeitava os costumes deles e sancionou a legalidade de suas comunidades. Entretanto, por duas vezes foram expulsos de Roma: no ano 19, por Tibério; e no ano 49, por Cláudio.

Da segunda vez, Suetônio explicou que Cláudio os expulsou por criarem perturbação na cidade por conta de um tal de *Chrestus* (Cristo), defendido por alguns e acusado por outros. Isso mostra as dificuldades de relação dentro da sinagoga entre os que se tornaram cristãos e os que não aderiram ao cristianismo. Ora, se Cristo morreu no ano 30 e já em 49 havia adeptos de Cristo em Roma, com significativa força e bom número de seguidores, é razoável pensar que o início do cristianismo em Roma se deu logo após o acontecimento de Jerusalém.

Em Atos dos Apóstolos (28,13-14), é relatado o encontro de Paulo com uma comunidade cristã no Porto de Pozzuoli, que se situava no

Golfo de Nápoles, por ocasião de sua viagem a Roma. Esse pode ser um indicativo do caminho que o cristianismo fez para chegar a essa cidade – isto é, por vias comerciais.

O Edito de Cláudio só fez acentuar a disputa que ocorria na sinagoga, levando à separação entre judeus ortodoxos e judeus cristãos. Assim, só permaneceram em Roma os cristãos romanos e de outras etnias – os judeu-cristãos tiveram que sair. Lucas confirma a expulsão e dá o nome de um casal judeu-cristão que fazia parte da igreja de Roma antes do ano 49 (At 18,1-3).

Com o Edito de Cláudio, houve mudança na comunidade cristã, pois antes dele os judeu-cristãos eram provavelmente maioria; depois, só permaneceram os gentio-cristãos. É possível que judeus com cidadania romana também fizessem parte da comunidade, conforme se pode perceber nos capítulos de 9 a 11 da Carta aos Romanos. Na época da redação da carta, os gentio-cristãos eram maioria (cf. Rm 1,5.13-15; 10,1-3; 11,13.17-32). Na época da perseguição de Nero (64 d.C.), porém, as autoridades romanas sabiam distinguir muito bem quem era cristão e quem era judeu.

Os membros da Igreja cristã de Roma

Segundo Schnelle (2010), a estratificação social dos membros era bem variada. Prisca e Áquila eram pequenos empresários autônomos (cf. Rm 16,3-4). Os cristãos que se reuniam na casa de Aristóbulo e Narciso eram escravos ou libertos da escravidão que trabalhavam na casa de um senhor não cristão (cf. Rm 16,10-11). Pela análise epigráfica das formas, dos 26 nomes que constam em Rm 16,3-16, 13 indicam uma origem livre e 9, uma escrava. Entre essas pessoas, 12 vieram do Oriente para Roma e conheceram pessoalmente Paulo.

Segundo Paulo, havia em Roma comunidades cristãs domésticas que se reuniam na casa de Prisca e Áquila (cf. Rm 16,5); e outros dois grupos que se reuniam em diferentes casas, ao que parece, coletivas (cf. Rm 16,14.15). O próprio apóstolo, ao chegar a Roma, passou a reunir cristãos em sua moradia (cf. At 28,23-25). Essa realidade pode explicar o modo de saudação feita por ele à Igreja no início da carta, direcionada aos cristãos dispersos pela grande cidade: "A vós todos amados de Deus que estais em Roma e [são] chamados à santidade, graça e paz, da parte de Deus nosso Pai e do Senhor Jesus Cristo" (Rm 1,7).

Na época da redação da carta, os cristãos em Roma deviam ser numerosos, já que Paulo esperava apoio dessas pessoas para a missão no Extremo Ocidente/Espanha[3] (cf. Rm 15,24.28). Ele não diz o que foi que o impediu de ter visitado a cidade antes (cf. Rm 15,22), mas é possível que tenha sido o Edito de Cláudio ou a extrema prioridade da evangelização.

Quando o imperador morreu, os judeus cristãos voltaram para Roma e se engajaram na comunidade. Só que a situação ficou mais difícil por conta das diferenças de costumes entre os que estavam ali e os que chegavam. Esse foi um dos motivos por que Paulo escreveu.

2.5.2 A carta

Quando Paulo ditou a carta, em 57, a Tércio, seu secretário (Rm 16,22), a comunidade era conhecida em todo o império. Isso aconteceu um pouco antes de Pedro chegar a Roma, provavelmente no ano 60. É bem provável que a carta tenha sido escrita em Corinto (cf. At 20,2-3), na casa de Gaio (cf. Rm 16,23), logo antes de ele viajar levando a coleta para os irmãos da Judeia em Jerusalém (cf. Rm 15,25-30). Paulo confiou a Febe, diaconisa da comunidade de Cencreia, em Corinto, a missão de fazer a carta chegar até os romanos (cf. Rm 16,1-2).

---

[3] No tempo do apóstolo Paulo, a Espanha compreendia tudo o que hoje é conhecido como *Península Ibérica*.

Essa é única carta que Paulo escreve para uma comunidade que não o conhece pessoalmente e que não foi fundada por ele. É também a mais longa de todas, e há três motivos para isso: (1) ele quer apaziguar os desentendimentos que existem entre os cristãos de origem judaica e os gentios por conta do ensinamento sobre a salvação da pessoa humana; (2) ele deseja expor à comunidade romana o tipo de evangelho que prega, preparando-a para entendê-lo e conhecê-lo em sua passagem por ali; e (3) ele visa fazer da comunidade de Roma o ponto de apoio para as missões que pretende realizar na Espanha. Da mesma forma que a comunidade cristã de Corinto foi apoio para as missões na Grécia e a de Éfeso foi apoio para as missões na Ásia Menor, a comunidade de Roma serveria de apoio para as missões do Ocidente.

Essa também é a carta mais elaborada que Paulo escreveu. Nela, ele deixa transparecer uma reflexão mais aprofundada, focada num tema específico, fundamentada em muitos textos da Escritura. Conforme elucida Schnelle (2010), na Carta aos Romanos, o Antigo Testamento é citado 65 vezes – de um total de 113 citações em todas as suas cartas. Isso também confirma um trabalho mais demorado e pesquisado. Paulo precisa trabalhar mais as Escrituras em sua evangelização por duas razões: para apresentar aos cristãos de origem judaica a nova leitura das Escrituras, feita a partir do evento Cristo; e para instruir os cristãos de origem gentia sobre as referências dos judeus.

2.5.3 A justificação pela fé[4]

O tema da justificação pela fé ocupa os primeiros quatro capítulos da carta (Rm 1-4). Paulo parte do princípio de que "todos pecaram, estão

---

4 Por longo tempo houve confronto entre luteranos e católicos no entendimento da justificação pregada Paulo em suas cartas. Em 1999, as duas Igrejas chegaram a uma reconciliação sobre o assunto com o documento chamado *Declaração Conjunta* (DC), referente à doutrina da justificação.

privados da glória de Deus" (Rm 3,23); e de que todos são culpados dos pecados cometidos. Os pagãos se incluem nesse grupo porque conheceram a verdade de Deus presente na criação e não a praticaram. Para entender a justiça e a verdade, não há necessidade de ser cristão, basta ser humano e usar a inteligência (cf. Rm 1,18-32). Essa gente, pela própria ciência e sabedoria humana e pelas leis da natureza, sabe o que é bom e o que não se deve fazer. Mesmo tendo esse conhecimento, no entanto, pratica o mal, por isso é culpada e vai responder por sua culpa diante de Deus.

Os judeus são culpados porque, sendo eleitos por Deus e tendo o conhecimento de Deus, não cumpriram sua lei: "Orgulhas-te da lei e desonras a Deus, transgredindo a lei" (Rm 2,23). A situação dos judeus ainda é pior porque eles sabem que os pagãos estão errados, condenam-lhes o comportamento, mas fazem a mesma coisa. De nada adianta se fazerem circuncidar e se chamarem de povo eleito; é necessário circuncidar o coração, limpar as sujeiras que estão lá dentro e se comportar como povo eleito (cf. Rm 2,1-24).

Portanto, ninguém pode contar vantagem – nem pagãos nem judeus – porque não fez aquilo que esteve ao seu alcance (Rm 3,1-20). "Todos os que pecaram sem a lei perecerão também sem a lei; todos os que pecaram sob o regime da lei serão julgados pela lei" (Rm 2,12). Paulo é judeu e sabe, por experiência própria, que só pela prática da lei é impossível evitar o pecado.

O que fazer, então, para sair dessa situação? Crer, pois a justificação só vem pela fé, responde Paulo. E ele mostra o motivo: Se, por um lado, todos pecaram e ficaram privados da glória de Deus, por outro lado, todos são gratuitamente justificados pela libertação realizada por Jesus Cristo (cf. Rm 3,22-24). No Antigo Testamento temos o exemplo de Abraão, chamado de *nosso pai na fé*. De fato, ele é nosso pai na fé porque acreditou nas promessas de Deus e empenhou toda a sua vida nelas, antes mesmo de vê-las realizadas. As promessas não foram feitas por merecimento de Abraão; não foi ele que tomou a iniciativa, foi Deus. Deus o chamou e fez-lhe a promessa de uma numerosa descendência, de uma terra boa e de uma aliança que oferecia proteção a ele; chamou-o para que fosse bênção de Deus no meio do povo (Gn 12,2-3). Assim, a fé de Abraão lhe foi creditada como justiça (cf. Gn 15,6).

Com essa afirmação escriturística, Paulo entra no assunto espinhoso da circuncisão, tido como prioritário e obrigatório pelos judaizantes. O que Abraão fez primeiro: Foi circuncidado ou acreditou? Acreditou, é claro! Então a circuncisão lhe é dada como sinete da justiça recebida pela fé. Assim, pela fé ele se tornou pai dos incircuncisos e também dos circuncisos (cf. Rm 4,10-12). Além disso, Paulo recorre também à proclamação de Davi no Sl 32,1-2 diante da misericórdia de Deus (Rm 4,6-8).

E Abraão, o que fez? "Esperando contra toda esperança, ele acreditou e assim se tornou pai de um grande número de povos segundo a palavra: assim será a tua posteridade" (Rm 4,18). A prova da fé apresentada aqui é a de crer que ele e Sara, em seus corpos atingidos pela morte, poderiam ainda gerar descendência (cf. Rm 4,19-22). A circuncisão de Abraão foi um sinal que ele carregou em seu corpo e que indicava que pertencia a Deus, mas esse sinal não é instrumento de salvação; ela vem depois do ato de fé. O que salvou e deu força para Abraão não foi um sinal físico, mas sua fé.

Hoje também é assim. Não adianta dar todas as condições a uma pessoa para fazer uma coisa se ela não acredita, pois, nesse caso, ela não se empenha, não assume e, por quaisquer motivos, desanima e abandona a tarefa. Contudo, se crê naquilo que vai fazer, mesmo sem condições, vai conseguir. Ela persiste, luta, vai em frente, teima, busca ajuda, cai e se levanta de novo e segue em frente rumo à meta.

O que é justificação? É a declaração de que alguém é justo. Isso não pode ser feito pela própria pessoa, mas pela autoridade competente. Para os homens, justo é aquele que cumpre a lei. Na revelação em que Paulo está especificando a justificação, ele a define como a graça que Deus dá no início da nossa vida para que sejamos capazes de praticar o bem. A justificação não é um prêmio pela vitória, mas um dom recebido que, ao ser desenvolvido, permite a vitória. Deus não dá a graça no fim, mas no começo, para que ao final sejamos transformados em graça. A pessoa justificada recebe de Deus, por meio de Jesus Cristo, a graça de poder não pecar, fica livre da lei e é libertada da morte. A união com Cristo nos dá a certeza de sermos filhos adotivos de Deus, é garantia de vitória e de glória e ultrapassa as barreiras da morte.

Assim, justo é aquele que não precisa da lei porque sua lei é o amor. O amor não tem limites, é para todos, assim como Deus é para todos. Só Deus pode declarar justa uma pessoa. Pessoa justa é aquela que vence o pecado, a morte e a lei. Foi isso que Jesus Cristo fez.

2.5.4 A vida prevalece sobre a morte

A vitória da vida sobre a morte é tema dos capítulos de 5 a 8. Em Cristo, o pecado e a morte foram vencidos. A vida prevalece pela nova situação dada pela graça e pela salvação definitiva desejada e esperada. Paulo usa com frequência expressões que destacam a incomparável diferença da nova situação. Se a afirmação dos primeiros capítulos era "todos pecaram e estão privados da glória de Deus", agora é "a vida que prevalece sobre a morte". "Com efeito, se quando éramos inimigos de Deus, fomos reconciliados com ele pela morte de seu Filho, com muito maior razão, reconciliados, seremos salvos por sua vida" (Rm 5,10). Está claro que isso acontece em e por Cristo. "Se por um só homem, pela falta de um só reinou a morte, com muito mais razão, pelo único Jesus Cristo, reinarão na vida aqueles que recebem a abundância da graça e o dom da justiça" (Rm 5,17). Aqui Adão é colocado em comparação com Cristo; na lógica, prevalece a vida em abundância. Paulo continua a contraposição nos versículos seguintes (Rm 5,18-21).

Com a pergunta retórica "Será preciso permanecer no pecado para que a graça de Deus se torne abundante?" (Rm 6,1), Paulo, no capítulo 6, investe na teologia batismal: "Pelo batismo, nós fomos sepultados com ele em sua morte, a fim de que, assim como Cristo ressuscitou dos mortos pela glória do Pai, também nós levemos uma vida nova" (Rm 6,4). Desse modo, o pecado não reina mais no corpo mortal dos batizados fazendo obedecer às concupiscências. Pelo batismo, os cristãos morreram ao pecado e ressuscitaram para a vida (cf. Rm 6,12-14). "Agora, libertados do pecado e feitos escravos de Deus, produzis os frutos que conduzem à santificação cujo fim é a vida eterna" (Rm 6,22).

No final do capítulo 7, o apóstolo encara o dilema do divórcio entre o desejo/querer e a prática/fazer. Querer o bem e não fazê-lo caracteriza o domínio do pecado. Quem assim age não é pessoa livre e só tem uma saída: deixar-se conduzir pelo Ressuscitado (cf. Rm 7,25).

No capítulo 8, Paulo nos introduz no caminho da isenção da lei pela vida no Espírito, chegando, assim, ao ápice de sua instrução: "A lei do Espírito, que dá a vida em Jesus Cristo, libertou-me da lei do pecado e da morte" (Rm 8,2). Isso aconteceu pela encarnação do Filho de Deus. Ele assumiu a condição da nossa carne de pecado e condenou o pecado na carne para que, pelo Espírito, prevaleça a vida e a paz (cf. Rm 8,3-6). A transformação operada pela encarnação de Cristo nos deu a vida no Espírito, a qual nos oferece a condição de filhos adotivos que podem proclamar "Abba" como o Filho Jesus. Paulo acentua a centralidade da adoção filial em Cristo. É por ele, com ele e nele que a salvação é operada.

Segundo Barbaglio (2017b), o texto de Rm 8,19-25 forma uma página apocalíptico-escatológica de particular importância no epistolário paulino. O tema central aí é a espera do fim, não apenas dos fiéis (Rm 8,23-25), mas também do mundo (Rm 8,19). Paulo associa o cosmos à atitude subjetiva das pessoas, pois, no seu entender, existe uma real solidariedade entre as criaturas, o universo/cosmos e os fiéis. Aqui está a originalidade: em outras cartas (1Cor 1,7; Fl 3,20) se espera a manifestação do Senhor Jesus, mas em Rm 8,19-25 se esperam a manifestação dos filhos de Deus, a adoção filial dos fiéis e o resgate de seus corpos mortais. A abordagem é antropológica. Curiosamente, Paulo não aborda o tema eminentemente apocalíptico de novos céus e nova terra. Também é importante acentuar o modo dessa espera. Quando o apóstolo fala que "De fato, fomos salvos sob o signo da esperança" (Rm 8,24), ele evidencia que a salvação é, ao mesmo tempo, evento e promessa. Esperamos exercitando a confiança pela constância, pela perseverança. Os versículos 26-30 desse capítulo reforçam e completam os motivos da confiança na glorificação final.

2.5.5 Podemos desfazer a história?

Nos capítulos de 9 a 11 da Carta aos Romanos, Paulo trata de outro assunto muito delicado, pelo qual explicita sua relação com o povo judeu (Rm 9,1-5). Nesse sentido, ele procura encontrar o lugar que Israel ocupa no desígnio salvífico de Deus (Rm 9,6-11,32) e entoa um canto de louvor a Deus (Rm 11,33-36). Qual é o problema? O problema é: O que vai acontecer com o povo de Israel, que insistentemente disse não ao Evangelho de Cristo? Esse é um dilema teológico que Paulo encara com a Bíblia na mão, fato comprovado pela intensa citação das Escrituras: 30 das 65 vezes em que a Bíblia aparece na Carta aos Romanos estão nesse texto. A questão não é importante só para Paulo, mas para a compreensão e o cumprimento da promessa. De fato, os judeus "são os israelitas a quem pertencem a adoção, a glória, as alianças, a lei, o culto, as promessas e os patriarcas dos quais, segundo a carne, descende o Cristo, que está acima de tudo" (Rm 9,4-5). O apóstolo está sofrendo muito com isso (Rm 9,1-3), mas a questão vai muito além dele.

Para esclarecer o que aconteceu, ele apresenta dois importantes argumentos. O primeiro é que nem todos os que descendem de Israel são Israel; o segundo é que nem todos os descendentes de Abraão são filhos dele. O que Paulo está querendo nos ensinar com isso? Ele mostra que ser filho segundo a carne/genética não é a mesma coisa que ser filho da "promessa". Para isso, ele apresenta como prova escriturística os dois filhos de Abraão: Ismael, segundo a carne; e Isaac, segundo a promessa (cf. Gn 21,12; Rm 9,7-9). Ele enriquece a exposição ainda mais tomando como exemplo os filhos de Isaac: Esaú e Jacó. Esaú, o mais velho e a quem cabe a bênção da primogenitura, é, na verdade, filho segundo a carne; ao passo que Jacó, o mais novo, é o filho da promessa (cf. Gn 29,31; Rm 9,10-13).

Não satisfeito, Paulo ainda cita o fato da ação de Deus sobre o Faraó (Rm 9,17). O caso é muito significativo para afirmar a absoluta liberdade de Deus, mas o acontecimento pode iluminar as coisas. Assim como Deus endureceu o coração do Faraó e, com isso, instruiu o povo, expressando o seu poder (Ex 9,16; Rm 9,15), agora Ele endureceu o coração dos israelitas. Desse modo, a rejeição do Messias por parte deles acaba sendo benéfica para outros povos. Assim, Israel, que é o primeiro chamado, se tornará o último chegado. Com isso, "os pagãos que não procuravam a justiça obtiveram-na – falo da justiça que vem da fé –, enquanto Israel, que procurava uma lei que lhe pudesse alcançar a justiça, não a conseguiu" (Rm 9,30). O mistério de Deus, portanto, é insondável. Necessário se faz alargar os horizontes de leitura da história da salvação.

Na sequência, Paulo deixa claro que o culpado do que está acontecendo é Israel. Não foi Deus que rejeitou o povo de Israel; Ele fez a parte dele, enviando Jesus, mas o povo o rejeitou. A culpa é de quem rejeita. Os judeus se enganaram pensando conseguir a salvação só à custa do suor e do esforço pessoal, sem contar com a graça de Deus – e pior ainda, desprezando-a (Rm 9,30-33). Israel não tem desculpas porque ouviu a mensagem da vida, mas estava muito agarrado às suas leis e se rebelou contra o Messias (Rm 10,18-21).

Assim, os cristãos de origem pagã não devem e não têm o direito de desprezar os judeus; pelo contrário, devem ficar com muita dó deles porque chegaram até a porta e não quiseram entrar. É certo que eles são culpados, mas o sentimento do cristão em relação ao culpado não pode ser de desprezo nem de vingança, e sim de compaixão. Desprezo e vingança são sentimentos que só moram nos egoístas, e egoístas não são cristãos (Rm 11,11-24).

Finalmente, Paulo diz que não vai ser sempre assim. Depois que todos os pagãos se converterem, antes da segunda vinda de Cristo, o povo de Israel também vai fazer o mesmo. Assim, os primeiros chamados serão os últimos chegados. Deus não quer perder ninguém, e nem os judeus vão descansar enquanto não estiverem em Cristo (Rm 11,25-36).

2.5.6 Como vivem os cristãos?

A partir do capítulo 12, Paulo começa a exortar os cristãos para um comportamento que os identifique como tais, quer na comunidade, quer na sociedade. O assunto se estende até o versículo 13 do capítulo 15. Nessa parte, o apóstolo é incisivo e usa com frequência o imperativo. Conforme expressa Barbaglio (2017b), ele fundamenta a exortação no anúncio da graça da salvação, pois a liberdade de ação é tornada possível pela libertação. No caso dos romanos, depois de ter-lhes anunciado o Evangelho da justiça salvífica de Deus, que se realiza por meio da fé (Rm 1,16-17), Paulo os exorta a serem consequentes e comportarem-se como justos, praticando na vida o relacionamento digno de Cristo. O cristão adquire em Cristo uma vida nova. Nela, cada um se oferece a Deus constantemente no corpo que lhe foi dado, pois o cristão não se orienta mais pelas normas do mundo, mas pelo espírito de Deus, o que exige constante transformação.

Na comunidade de Roma, como acontece praticamente em todas as outras, a diversidade de pessoas, de culturas e de costumes também dificulta a comunhão cristã. Nesse cenário, um grupo começa ser chamado de fraco e outro, de forte. Os fortes passaram a ser modelo para os fracos, mas quando estes viam um forte desrespeitar certas normas, às vezes muito bobas, ficavam tremendamente escandalizados, chegando até a perder a fé ou a abandonar a comunidade – daí as orientações de Paulo. Ele mostra que nas relações com os fracos na fé deve haver muita bondade e pouca discussão. As pessoas incapazes de entender e discutir ideias entendem muito bem a linguagem do amor, do carinho e do respeito. É assim que se fala com elas (Rm 14,1).

Paulo termina a carta apresentando à comunidade de Roma seu plano de viagem para evangelizar a Espanha e espera contar com a ajuda e o apoio dessa comunidade (Rm 15,22-33). Ao ver cumprida sua tarefa no Oriente, prepara-se para evangelizar o Ocidente. No entanto, Paulo primeiro leva a Jerusalém a coleta feita na campanha em favor daquela comunidade que estava passando por grandes dificuldades, mas em seguida viaja a Roma. No capítulo 16 (Rm,16,1-16), vemos que Paulo já conhecia muita gente da comunidade romana quando escreveu a carta, embora nunca tivesse estado lá.

2.6 Carta aos Filipenses

Essa carta é o mais afetuoso escrito de Paulo. Ela está recheada de expressões de carinho, de acolhida e instrução filial, demonstrando a satisfação do missionário para com seus evangelizados. Traz ainda um dos mais ricos hinos cristológicos do Novo Testamento, no qual todo o cristão, não somente os de Filipos, deve se espelhar. Trataremos da cidade, da comunidade e das razões do escrito a seguir.

2.6.1 A cidade e a comunidade

Filipos foi fundada pelo Rei Filipe II, pai de Alexandre Magno, em 358 a.C. A cidade ficava a 16 quilômetros do mar, situada sobre a Via Inácia, estrada que ligava Roma ao Oriente, facilitando muito o comércio nessa cidade. Em 168 a.C., os romanos a tomaram e, em 128 a.C., ela passou a gozar do título de cidade livre, com a proteção do imperador, adotando a língua e os costumes romanos. Uma cidade livre pode acolher de tudo – muitas religiões, filosofias e comércio de todo tipo.

Paulo chegou ali entre os anos 49 e 50. Fundou a primeira comunidade-igreja cristã da Europa e entregou a coordenação a Lídia, uma mulher da Ásia Menor que trabalhava no comércio local (cf. At 16,11-15). O apóstolo ficou pouco tempo nessa comunidade porque, em seguida, foi preso e teve que abandonar a cidade – ele mesmo nos informa sobre o acontecimento (cf. 1Ts 2,2; Fl 1,27-30). Ainda assim, Paulo continuou muito ligado a essa comunidade, à qual devotava um grande afeto. Mais tarde, Paulo voltou a visitá-la duas vezes (cf. At 20,1-6).

Lucas afirma que a comunidade começou com um grupo de mulheres tementes a Deus (At 16,13-14) e com a conversão e batismo da família do carcereiro da cidade, um gentio (cf. At 16,28-34). Era composta por maioria de gentio-cristãos. A comunidade permaneceu sempre unida a Paulo e demonstrou expressiva generosidade por ocasião da coleta para os cristãos da Judeia (cf. 2Cor 8,1-5). Prestou-lhe boas ajudas, tanto financeiras quanto de caráter pessoal, especialmente durante a prisão, algo que o apóstolo registra com gratidão (cf. Fl 4,10-19; 2Cor 11,9). A comunidade anda no caminho do Senhor (cf. Fl 1,27-30), mas há uma dificuldade de comunhão entre lideranças (cf. Fl 4,2-3). Também nessa comunidade, como em todas as demais igrejas fundadas por Paulo, os rivais dele, os zelosos pela circuncisão, aparecem (cf. Fl 3,2-3.18-19).

2.6.2 A carta

Paulo escreve aos filipenses para expressar apreciação (cf. Fl 1,3-11), informar algumas situações particulares (cf. Fl 1,12-26; 2,19-30), fortalecer a fé (cf. Fl 1,27-2,18), alertar para o perigo (cf. Fl 3,1-3.18-20), exortar a unidade (cf. Fl 4,2-3) e agradecer a ajuda e a assistência que recebeu dos filipenses enquanto estava preso (cf. Fl 4,10-20). Nisso tudo aproveita para aprofundar o ensinamento sobre o seguimento de Jesus Cristo (cf. Fl 2,5-11).

Os filipenses ficaram sabendo que Paulo estava preso e resolveram expressar concretamente solidariedade; por isso, fizeram uma coleta e mandaram Epafrodito levar a ajuda e ficar à disposição de Paulo (Fl 4,14.18). Epafrodito chegou até o apóstolo, mas caiu gravemente enfermo. A comunidade soube disso e se preocupou ainda mais. Então Paulo tranquiliza a comunidade, agradece a ajuda e a visita, dá notícia da visita de Timóteo a Filipos em breve e do retorno de Epafrodito à comunidade.

A unidade da carta

Ninguém tem dúvidas quanto à autoria da carta ser de Paulo, mas há muitos questionamentos a respeito da unidade da epístola. Na visão de Barbaglio (2017b), a Carta aos Filipenses, do jeito que a temos hoje, é composta de três escritos, os quais foram compostos em diferentes momentos: o primeiro seria o agradecimento (Fl 4,10-20) escrito em Éfeso, no início da prisão, no ano 56; o segundo, composto dos textos Fl 1,1-3,1 e Fl 4,2-7.21-23, também teria sido escrito durante a prisão, algum tempo depois; e o terceiro, que o autor chama de *carta polêmica*, teria sido escrito depois que Paulo foi libertado e visitou Filipos, no ano 57. Já Schnelle (2010) nem discute a questão; para ele, a unidade da carta é tranquila.

O lugar em que foi escrita

Há controvérsias também com relação ao lugar e, consequentemente, à data em que a carta foi escrita. Para Barbaglio (2017b, p. 357-358), ela foi escrita em etapas, sempre em Éfeso. As razões aduzidas são os muitos contatos entre Paulo e os filipenses, de modo que a proximidade de Éfeso com Filipos justificaria essa facilidade.

Schnelle (2010), por sua vez, defende que a carta tenha sido escrita durante o tempo em que Paulo esteve preso em Roma, por volta do ano 60. Ele justifica sua tese com cinco argumentos: (1) a falta de notícias sobre a coleta para Jerusalém indica que a carta já havia sido escrita; (2) a carta supõe um período demorado de prisão – não é possível que Lucas tenha se calado sobre uma prisão tão demorada em Atos dos Apóstolos; (3) o fato de não falar do lugar da prisão é indício de que ali a comunidade não foi fundada pelo apóstolo; (4) o termo *epíscopos* (bispos), presente em Fl 1,1, pressupõe proximidade com as cartas pastorais; e (5) a distância entre Filipos e Roma não é problema para a comunicação – as viagens marítimas entre essas cidades duravam cerca de duas semanas, e, por terra, cerca de quatro semanas.

O que Paulo diz?

Primeiro ele se mostra contente com a Igreja pelo carinho, compreensão e compromisso com os evangelizadores e com o Evangelho (Fl 1,1-11) e, em seguida, dá notícias dele (Fl 1,12-26). Paulo exorta os filipenses a seguirem o exemplo de Jesus Cristo (Fl 2,1-11) – essa parte é o centro de ensinamento dele. Talvez mais que um ensinamento, seja uma chamada de atenção para o principal comportamento do seguidor de Jesus Cristo, tanto na vida particular quanto na comunidade (Fl 1,27-2,18). Na sequência, o apóstolo avisa os filipenses que enviou Timóteo para lá, além de informar também que Epafrodito está curado e em breve voltará para junto deles (Fl 2,19-30).

No capítulo 3, Paulo recomenda aos cristãos de Filipos que fiquem atentos aos cães/adversários que chegaram para difamá-lo; e pede que sejam sempre fiéis ao Evangelho que ele prega (Fl 3,1-3.18-20). O apóstolo se coloca para eles como exemplo (Fl 3,17). No quarto capítulo, exorta os líderes da comunidade (Fl 4,2-9) e termina agradecendo mais uma vez o carinho e a ajuda que a comunidade prestou com o envio de Epafrodito à prisão (Fl 4,10-20).

2.6.3 O hino cristão

O hino cristão (Fl 2,6-11) está inserido em um contexto maior, que vai de Fl 1,27 até Fl 2,18, e tem como objetivo exortar a comunidade. Paulo começa dizendo: "Vivei a vida digna do Evangelho de Cristo" (Fl 1,27). Na sequência, demonstra que tal vivência é exigente, implica o enfrentamento de adversidades que trazem sofrimento (cf. Fl 1,28).

Ora, para que o enfrentamento seja possível e o sofrimento não leve a esmorecer o ânimo, é necessário que a comunidade esteja coesa, verdadeiramente unida; por isso, o apóstolo recomenda: "Cumulai a minha alegria vivendo em pleno acordo. Tende um mesmo amor, um mesmo coração e procurai a unidade" (Fl 3,2).

Esse apelo não é um conselho inventado por Paulo, um desejo dele, mas um pedido fundamentado no próprio Deus. Foi Ele que deu aos filipenses a graça não somente de crer em Cristo, mas também de sofrer por Ele – algo que Paulo está fazendo (cf. Fl 1,29-30). Assim, o apóstolo não está chamando à imitação de Cristo, mas à inserção na vida de Cristo, pois o caminho da salvação implica que cada cristão (e a comunidade como um todo) se engaje na prática de Cristo. E como é a prática dele? Para explicar essa questão, é apresentado um hino que se encaixa perfeitamente naquilo que Paulo quer expressar.

O caminho aberto por Cristo começa pelo despojamento

Eis Jesus Cristo, o modelo, o exemplo, a prova de que a graça é possível para todo ser humano. O que Ele fez? Sendo Deus, estando na forma de Deus, não usou o direito de ser tratado como tal. Abriu mão de si e desde o interior de si mesmo se despojou, se esvaziou, tomando a forma de servo, semelhante aos homens e reconhecido em seu aspecto, em suas feições, como tal (Fl 2,6-7). Isso é expresso no mistério da encarnação. O próprio Cristo coloca o despojamento como condição de todo o discipulado: "Se alguém quiser me seguir, negue-se a si mesmo, tome a sua cruz e me siga" (Mt 16,24). Na verdade, aqui não se trata de seguimento, mas de inserção na própria vida de Cristo. Sim, além de Paulo, essa é também a exortação de Pedro: "Humilhai-vos sob a poderosa mão de Deus a fim de que Ele vos exalte no tempo oportuno" (1Pd 5,6).

A humildade, pregada aqui por Paulo, nada tem a ver com sentimentos de inferioridade e de incapacidade, mas com o reconhecimento de igualdade, irmandade e de mútua pertença à comunidade e a vivência nela. As nossas relações são afetadas por aquilo que nos habita tanto positiva quanto negativamente. Sanando o que nos habita – sentimentos, pensamentos, afetos, movimentos interiores –, teremos relações saudáveis e com elas poderemos viver, neste mundo, o Reino de Deus.

Despojamento que chega à humilhação extrema (até a morte)

O versículo 8 do capítulo 2 da carta é escandaloso porque nos mostra que o abaixamento, esvaziamento ou humilhação, a minoridade de Jesus Cristo chega até a "desumanidade" pela obediência e vai até a morte. E não se trata de qualquer morte, mas da morte de Cristo na cruz – é dela que Paulo está falando. É a morte única, modelo de salvação (cf. Mt 26,39). Em Cristo, a obediência até a morte, aprendida por meio do sofrimento (Hb 5,8), é exatamente o caminho que leva a dominá-la. É uma submissão que se impõe sobre a rebeldia. A obediência a Deus, à sua vontade (até entregar-se totalmente a Ele), sem nada reservar para si, constitui força de resgate, ressurreição e plenitude. A humilhação não vem em prejuízo do humilhado, mas daquele que humilha. Ela não esgota a graça do humilhado, mas daquele que humilha.

Exaltação acima de tudo

Se os versículos 6-8 do capítulo 2 apresentam a decisão e a ação do Filho que se tornou caminho para todo cristão e para toda comunidade cristã, os versículos 9-11 apresentam a decisão e a ação do Pai em correspondência à do Filho. Isso deixa claro que a missão de todo cristão segue a decisão e a prática do Filho. Nossa vivência prática é o despojamento, a desapropriação, a minoridade, a obediência até a morte, isso tudo em função da convivência, das relações fraternas, da criação e do cultivo da fraternidade aberta, ampla, universal. Não existe trono consistente e poderoso para quem não quer colocar os pés no chão e não se dispõe a servir, especialmente, os mais necessitados. Os evangelistas não se cansam de insistir: "a quem se abaixa Deus eleva, a quem se eleva Deus abaixa" (Mt 23,12; Lc 14,11).

À prostração de Cristo, toda a criação responde com a própria prostração (Fl 2,7.10). Prostrar-se não é só colocar os joelhos no chão, mas todo o corpo debruçado sobre a terra, sobre a cinza ou sobre o pó. Esse gesto continua ainda como excelência de humilhação e, ao mesmo tempo, de adoração. O esvaziamento de mim mesmo é a decisão de abrir espaço para a habitação do "outro" em mim. Antes que alguém se prostre diante de Jesus, Ele mesmo o faz em favor de toda a humanidade, toda a criação, em solidariedade a ela. Por isso, a prostração da criação diante de Jesus é o reconhecimento, bem como a gratidão, por tamanha solidariedade. Contudo, isso não é suficiente: é necessária a continuidade da prostração dele em nós (que nos fizemos seus discípulos), a qual é solidária com tudo o que ainda está preso, oprimido, negligenciado e desprezado. É diante dessa realidade que nos curvamos com Jesus e como Jesus para resgatar.

O nome excelente

O nome que está acima de todos os demais é "Senhor" (Fl 2,9), e o que está abaixo de todos é "servo". É no serviço ao Senhor que se adquire a dignidade dele. A ação de passar do senhorio para a servidão é do Filho, mas a de passar da servidão para o senhorio é do Pai. Assim como Ele se fez servo de toda criatura, o Pai o faz senhor de toda a criação; diante dele, todo joelho se dobra. Trata-se da resposta da criação, por meio do Pai, à ação salvadora do Filho, que implicou a entrega total de si mesmo em favor das criaturas.

2.7 Carta a Filêmon

Esta é, com certeza, uma carta escrita inteiramente por Paulo, de próprio punho. Na verdade, é um bilhete endereçado a um membro da liderança da igreja em Colossos. Filêmon tinha um escravo chamado Onésimo, o qual fugiu ao encontro de Paulo, que estava preso em Roma. Paulo o acolheu (precisava dele) e o batizou, mas não quis mantê-lo sem o consentimento do patrão. Este também conheceu Paulo, devendo-lhe o ingresso na vida cristã, pois também foi batizado por ele.

Da prisão de Roma, por volta do ano 61, Paulo escreveu essa carta, levada por Onésimo em seu retorno ao patrão. Nela, ele chama a atenção para a nova relação que se estabelece entre um senhor e um escravo cristãos. O apóstolo não faz estardalhaços, mas é categórico no ensinamento: o escravo Onésimo se tornou cristão, assim como o patrão. Por esse motivo, Filêmon deveria recebê-lo como irmão – se não quisesse fazer desse modo, deveria ao menos acolhê-lo, como o próprio Paulo o fez. Isso marca o fim da relação senhor-escravo, visto que, como irmãos, um deveria estar a serviço do outro: Onésimo deveria servir Filêmon e vice-versa.

A mensagem de Paulo mostra que não existe patrão, chefe ou empregado; o que existe são pessoas com serviços diferentes, ajudando-se mutuamente para o próprio bem e o bem de todos. A carta ainda é importante para orientar as relações de trabalho entre os cristãos.

Síntese

Guiados pelos conteúdos destas cartas, tivemos a oportunidade de adentrar o pensamento e o comportamento do insígne apóstolo em sua resposta incansavelmente doada e criativa ao Senhor. Percebemos que nelas prevalece a ocupação pastoral, isto é, a necessidade de responder aos desafios sofridos pelas comunidades diante das adversidades, das provocações externas e dos desvios internos. Por isso, sua teologia é contextualizada, adequada às necessidades e à capacidade de entendimento de cada comunidade.

Em Tessalônica, diante das perseguições, há a necessidade do aprofundamento sobre a ressurreição dos mortos. Entre os gálatas, há o desvio do verdadeiro Evangelho, por conta da intromissão de pseudoevangelizadores. É preciso enfrentar o retrocesso e desenvolver a compreensão do que consiste a verdadeira liberdade cristã.

Em Corinto, o desafio da diversidade de origem religiosa e cultural, associado às variadas condições econômicas e sociais, exige de Paulo grande aplicação para fazer compreender que a novidade cristã não é apenas uma informação a mais. Conduzido pelo Espírito Santo, o apóstolo responde aos desafios presentes e nos oferece um legado ainda luminoso para o mundo em que vivemos. Os cristãos não formam grupos de simpatia nem clubes de lazer, mas comunidades de fé nas quais prevalece a caridade fraterna para o estabelecimento do Reino de Deus. O liberalismo grego não corresponde à liberdade do Evangelho, pois o cristão não deve fazer o que quer, mas o que convém à nova identidade assumida, devendo estar em conformidade com ela. A relação entre os membros da comunidade precisa evoluir da reciprocidade para a gratuidade, tendo sempre em vista o bem de todos. Nisso o mistério de Cristo tem prioridade.

Para a comunidade de Roma, única que recebe uma carta de Paulo antes de receber sua visita, é desenvolvida a teologia da justificação, o modo como ele mesmo experimentou a misericórdia no encontro com o Ressuscitado. É Deus que justifica, sem mérito algum de nossa parte, por pura graça. Pela justificação, Ele nos fornece condições para sairmos da escravidão do pecado e da morte para a plenitude da vida.

Entre os filipenses, Paulo é reconhecido pela experiência de amor fraterno e colaborativo vivido em relação a eles. Ele apresenta ainda um caminho de excelência: a *kenosis* (esvaziamento) de Jesus Cristo.

Por fim, Paulo recorda a Filêmon o que significa, na prática do dia a dia, viver como batizado em Cristo. O batismo implica (e obriga a) novas relações, nas quais não há mais superior nem inferior, mas irmãos.

Atividades de autoavaliação

1. Qual foi a motivação de Paulo para escrever a Primeira Carta aos Tessalonicenses? Assinale a alternativa correta.
   a) Encorajá-los a permanecerem firmes na fé abraçada.
   b) Agradecer e fortalecer a perseverança no Espírito Santo.
   c) Oferecer orientações práticas para o bom andamento da comunidade.
   d) Instruir sobre a morte do cristão e a segunda vinda de Cristo.
   e) Todas as alternativas anteriores.

2. As questões tratadas na Primeira Carta aos Coríntios são:
   a) de enfrentamento dos adversários.
   b) teológicas, éticas e sociais.
   c) de ordenamento interno da comunidade.
   d) relativas ao trabalho de Paulo.
   e) de denúncia contra as injustiças cometidas pelo império.

3. O tema central da Segunda Carta aos Coríntios é:
   a) o enfrentamento dos adversários de Paulo.
   b) o testemunho de Paulo.
   c) o verdadeiro apostolado cristão e a solidariedade das igrejas.
   d) a correção fraterna.
   e) o amor como dom supremo.

4. O motivo principal que levou Paulo a escrever aos gálatas foi:
   a) enfrentar os opositores de sua pregação que transtornaram os gálatas.
   b) esclarecer e fundamentar a dimensão libertadora do Evangelho de Jesus Cristo.
   c) exortar os gálatas.
   d) manter os gálatas sob seu domínio.
   e) relatar a respeito das viagens missionárias dele.

5. O tema principal da Carta aos Romanos é:
   a) a justificação vem pela fé, e não pela prática da lei.
   b) a explicação do mistério da rejeição de Jesus por Israel.
   c) a ajuda que a comunidade de Roma deve dar à missão de Paulo.
   d) o favorecimento do entendimento entre cristãos judeus e gentios em Roma.
   e) a exortação contra a idolatria ao império.

Atividades de aprendizagem

Questões para reflexão

1. Com base no texto da Primeira Carta aos Coríntios (17-31), explique a diferença entre o que Paulo diz da sabedoria deste mundo e o que significa a loucura da cruz.

2. Segundo o Capítulo 8 de Romanos, viver de acordo com o Espírito é viver na liberdade. Já segundo o Capítulo 5 de Gálatas, livre é a pessoa que cultiva sentimentos construtivos. Tendo em vista esses dois capítulos, elabore um texto sobre a identidade da liberdade cristã.

Atividades aplicadas: prática

1. Assista ao filme *Paulo, o apóstolo de Cristo*. Trata-se de um drama que mistura história e ficção. Compare os desafios enfrentados por Paulo com os desafios atuais para proclamar o Evangelho. Elabore um texto com as conclusões.

    PAULO, o apóstolo de Cristo. Direção: Andrew Hyatt. EUA: Sony Pictures Home Entertainment, 2018. 108 min.

2. Escolha um grupo de sete pessoas e, com base na Primeira Carta aos Coríntios (12,1-27), organize uma lista que contemple os dons de todos os membros. Analise em que pontos um completa o outro e considere como eles formariam o "corpo de Cristo". Em seguida, elabore um texto.

3
Os principais aspectos das cartas de Paulo[1]

---

[1] Todas as passagens bíblicas indicadas neste capítulo são citações de Bíblia (1994).

Os escritos de Paulo são a única fonte da teologia, da antropologia e da espiritualidade paulina. Eles não surgiram de um planejamento pessoal para produzir literatura. Nasceram das necessidades pastorais imediatas de comunidades concretas e sobre pontos específicos. O missionário evangelizador ora precisava dar uma resposta pastoral, fundamentada nos princípios do anúncio feito, ora precisava corrigir distorções ou interpretações domesticadas por visões não coerentes com a novidade do Evangelho pregado.

Paulo teve que conhecer o conteúdo cristão para saber o que combatia e justificar o combate. Ele precisava cuidar da perseverança das comunidades e aprofundar e explicitar a fundamentação. Os acontecimentos de Tessalônica, da Galácia e de Corinto obrigaram a adoção de um posicionamento de emergência, o qual podemos perceber nas cartas dirigidas a essas comunidades. A teologia e a espiritualidade foram construídas de acordo com os desafios, com as perguntas imediatas dos pastoreados e com os perigos sempre iminentes de retrocessos.

Neste capítulo, aprofundaremos o modo paulino de tratar os temas da evangelização. Começando pela teologia, destacaremos a imensurável graça de Deus. Na sequência, demonstraremos a cristologia, que conjuga a realidade do Cristo crucificado com o ressuscitado. Em seguida, analisaremos a antropologia paulina em sua dimensão tridimensional (carne, alma e espírito), que forma um único corpo, no qual a dimensão do espírito se destaca. Por fim, examinaremos a eclesiologia, que é a formação coletiva do "corpo de Cristo".

3.1 O estilo paulino

As cartas paulinas apresentam um esquema semelhante ao costume da época, mas com expressivas particularidades. As introduções com a qualificação teológica religiosa do remetente e do destinatário não têm paralelos. Vejamos a introdução da Carta aos Romanos: "Paulo, servo de Cristo Jesus, chamado para ser apóstolo, escolhido para anunciar o evangelho de Deus que ele já tinha prometido por meio de seus profetas nas Sagradas Escrituras [...] A vós todos que estais em Roma, amados de Deus e chamados à santidade" (Rm 1,1-2.7). Da mesma forma são iniciadas as demais cartas.

As fórmulas litúrgicas que aparecem no endereço e na conclusão das cartas também não apresentam paralelos. Tomemos como exemplos a introdução e a conclusão da Segunda Carta aos Coríntios: "Bendito seja o Deus e Pai de nosso Senhor Jesus Cristo, o Pai das misericórdias e Deus de toda consolação! Ele nos consola em todas as nossas tribulações [...]" (2Cor 1,3-7); e "A graça de nosso Senhor Jesus Cristo, o amor de Deus e a comunhão do Espírito Santo estejam com todos vós" (2Cor 13,13).

Há, em geral, uma introdução agradecida pelo crescimento da comunidade destinatária, como o exemplo da carta à comunidade de Tessalônica: "Vós vos tornastes imitadores nossos e do Senhor, acolhendo a Palavra com a alegria do Espírito Santo, apesar das numerosas tribulações; de sorte que vos tornastes modelo para todos os fiéis da Macedônia e da Acaia. Propagou-se por toda a parte a fé que tendes em Deus" (1Ts 1,6-7). Isso é o que também podemos verificar em outras cartas (Fl 1,3-11; 1Cor 1,4-9; Rm 1,8-15).

Temos, além disso, as doxologias, como a da Carta aos Filipenses (4,20): "A Deus nosso Pai seja a glória pelos séculos! Amém!". Temos também a do final da Carta aos Romanos (16,25-27), a mais longa e bem elaborada, talvez um acréscimo tardio.

Há expressões de juramento invocando o testemunho de Deus, como na Primeira Carta aos Tessalonicenses (2,5): "Eu não me apresentei com adulações, como sabeis; nem com secreta ganância, Deus é testemunha!". Isso também pode-se constatar na Carta aos Filipenses (1,8): "Deus é testemunha de que vos amo a todos com a ternura de Cristo Jesus".

Há também a presença de hinos, como em Fl 2,6-11, mesmo daqueles pré-cristãos. Há o hino ao amor, em 1Cor 13; o hino ao amor de Deus, em Rm 8,31-39; e o hino à riqueza da sabedoria de Deus, em Rm 11,33-35.

São frequentes os trechos autobiográficos nos quais Paulo põe as comunidades a par do que lhe aconteceu na jornada missionária de outras terras (1Ts 2,1-16; 2Cor 7,5-16) ou no tempo vivido com os destinatários (Gl 4,12-14). O objetivo de Paulo, mesmo quando fala de sua vida, é a evangelização (cf. Fl 1,13-14).

Nos escritos de Paulo, encontramos ainda apologias (2Cor 2,14-7,4) em que ele encara os adversários do verdadeiro apostolado cristão. Em 2Cor 10,1-13.13, o apóstolo faz questão de acentuar os títulos que verdadeiramente correspondem ao apóstolo cristão.

São frequentes os textos exortativos ou parenéticos (alguns contendo exortações motivadoras), como ocorre na relação com as autoridades em Rm 13,1-7. Em outros, há uma série de imperativos, como quando Paulo trata das relações na comunidade e do testemunho exterior a ela (Rm 12,9-21). Outros, ainda, apresentam a questão das virtudes e dos vícios, como na Carta aos Gálatas (5,13-26).

Outra importante característica do estilo paulino é o recurso à Sagrada Escritura. Segundo Schnelle (2010), a Bíblia usada por Paulo era a Septuaginta, tradução grega do Antigo Testamento. Nas cartas, aceitas por todos como autênticas de Paulo, encontramos 89 citações do Antigo Testamento, a maioria centrada no profeta Isaías, nos Salmos e em textos do Pentateuco. Em sua interpretação, Paulo serve-se de métodos do seu tempo, como a alegoria, no caso de Agar e Sara (Gl 4,21-31); a tipologia na relação Abraão-Cristo (Rm 5,14); e o *midrash*[2] na relação entre Abraão e o crente (Rm 4).

Segundo Barbaglio (2017b), são três as características do estilo paulino que saltam aos olhos do leitor mais atento: o frequente uso de antíteses, da diatribe cínico-estoica da época e de anacolutos que interrompem o curso do pensamento.

---

2 *Midrash* era um modo de interpretar a Bíblia adotado pelos rabinos. Essa palavra hebraica pode ser traduzida por "busca do caminho". A interpretação era uma busca do caminho apontado por Deus.

A teologia de Paulo se sustenta na **antítese**, herdada do judaísmo, dos seguintes polos: morte × vida ou morte × ressurreição (Rm 5-6;8); lei de Moisés × fé ou lei de Moisés × graça (Rm 3,21-4,25; Gl 3,1-29); carne × Espírito (Rm 8; Gl 5,16-26); perdição × salvação (1Cor 1,18; 2Cor 2,15; Fl 1,28); desobediência × obediência (Rm 5,19; 11,30-32); pecado × justiça ou graça (Rm 5-8); fraqueza × força (2Cor 10,13); e noite × dia (1Ts 5,1-10; Rm 13,11-14).

Ela também é feita em forma de **diatribe**, isto é, discurso impetuoso de caráter moralista feito pelos filósofos estoicos e cínicos da época. Os filósofos introduziam um interlocutor ou opositor fictício com o qual dialogavam na base de perguntas e respostas. Essas características aparecem nos seguintes textos: 1Cor 9,1-27; Rm 2,1-11; 6,1-4.15-23; 7,7-8; 11.1-15.

Por fim, os **anacolutos** são uma figura de linguagem que se caracteriza pela quebra de uma frase. Estes podem ser verificados, por exemplo, na Carta aos Romanos (2,17-24), na qual Paulo, falando de um assunto geral, vai para outro particular, que é o do judeu não observante da lei. Também em Romanos (5,12-21), o apóstolo dá uma pausa no tema da justificação para comparar Adão e Cristo. O mesmo ocorre ainda em Rm 9,22-24, ao ele falar da justiça de Deus, a fim de confrontá-la com a longanimidade.

3.2 A teologia paulina

A teologia é definida como o discurso sobre Deus, mas, no caso de Paulo, tal explicação é insuficiente, pois a teologia paulina não se resume a um discurso. Ela é totalmente contextualizada, endereçada, determinada. O apóstolo escreve para as pessoas de seu tempo, dando instruções absolutamente necessárias à vivência da fé no presente da história. Ele escreve para pessoas específicas em circunstâncias específicas, tratando de pontos pertinentes da fé cristã: "Na perspectiva das gerações posteriores, Paulo é sem dúvida o primeiro teólogo cristão" (Dunn, 2003, p. 25).

3.2.1 Uma teologia específica

A teologia de Paulo foi construída em diálogo com as igrejas que precisavam de uma fundamentação mais consistente da fé cristã. Trata-se de um diálogo particularmente em confronto entre duas compreensões básicas (de um lado, os judeus; e do outro, os gentios – ver Fl 3,1-1-3), o qual recomeçou com uma avaliação radical da herança judaica (cf. Fl 3,4-16). Muitos elementos (motivos de orgulho) vividos por Paulo só serviam de empecilho para a verdadeira vivência em Deus, por isso ele passou a declarar: "Todas essas coisas que para mim eram ganhos, eu as considero como perda por causa de Cristo" (Fl 3,7). Ele chegou a afirmações ainda mais radicais, tais como chamar o conhecimento adquirido antes de Cristo de lixo ou esterco (cf. Fl 3,8).

Paulo, de fato, foi o primeiro cristão a dedicar-se à tarefa de articular sua fé, por escrito, em função da instrução das comunidades cristãs. "Ele, mais que qualquer outra pessoa, contribuiu para que o movimento originário de Jesus se tornasse religião realmente internacional e intelectualmente coerente" (Dunn, 2003, p. 26). Não se trata aqui de se estabelecerem comparações para se dizer quem é maior ou melhor; trata-se de reconhecer efetivamente a contribuição do apóstolo para a explicitação da fé cristã. Nisso é preciso reconhecer que a teologia de Paulo "fornece fundamento indispensável e serve de fonte que ainda continua a jorrar para a corrente contínua da teologização cristã" (Dunn, 2003, p. 28).

No primeiro nível, a teologia de Paulo pressupõe os padrões tradicionais herdados por ele das histórias de Deus e de Israel. Num segundo nível, considera-se a experiência da própria conversão de Paulo e sua confrontação com Pedro em Antioquia (Gl 2,11-18). O terceiro nível tem a ver com a reflexão sobre questões específicas tratadas por Paulo e com seus objetivos em cada uma de suas cartas. Ele escrevia como teólogo, pastor e missionário, não como acadêmico.

A teologia de Paulo é "relacional". Ele não está preocupado com Deus em si mesmo nem com a humanidade por si mesma, mas com as relações entre Deus e a humanidade e vice-versa. Assim, os seres humanos são como são, em virtude do seu relacionamento com Deus e com o seu mundo (Dunn, 2003).

A esse respeito, Schnelle (2010, p. 497) comenta: "A base e o centro do pensamento paulino é a presença escatológica da salvação de Deus em Jesus Cristo". O encontro de Paulo com o Ressuscitado foi um surpreendente acontecimento que mudou completamente sua vida (cf. 1Cor 9,1; 15,8; 2Cor 4,6; 12,1-10; Gl 1,12-16; Fl 3,4-11). O Messias que ele ainda esperava já tinha vindo, pregado o Evangelho, sido morto e ressuscitado: "A teologia paulina em sua totalidade está marcada pelo pensamento da presença da salvação" (Schnelle, 2010, p. 498).

A Paulo não interessa especular sobre a essência de Deus; interessa, isso sim, o engajamento de cada pessoa na ação salvadora dele. O que crê em Deus se engaja num processo de transformação universal iniciado com a ressurreição de Jesus, que continua atuando, pelo Espírito, na história, até a transformação de toda a criação na gloriosa liberdade dos filhos de Deus (cf. Rm 8,18-23).

3.2.2 Importância do tema

A palavra *Deus* ocorre 430 vezes nas sete cartas consideradas de autoria paulina, e mais 118 vezes nas chamadas *cartas deuteropaulinas*, somando 41,70% de todas as ocorrências do Novo Testamento (1.314 vezes). "Em sua teologia, Paulo está em continuidade com sentenças básicas judaicas: Deus é um e uno, ele é o Criador, o Senhor e o plenificador do mundo" (Schnelle, 2010, p. 501). Isso corresponde à confissão de fé do povo fiel: "Escuta, Israel! O Senhor, nosso Deus, é o Senhor que é Um" (Dt 6,4). O monoteísmo judaico é a base de sua teologia. São de Deus a eleição e a condução de Israel (cf. Dt 32). Foi por graça unicamente dele que Israel saiu do exílio (cf. Is 43). Paulo, como fariseu, compartilhava a intolerância de toda depravação da imagem de Deus; tal posição continua, mas na ótica cristã (cf. Rm 1,22-23).

O Evangelho veio a Paulo por meio de uma revelação (cf. Gl 1,12.16). Ele partilha com os coríntios a profundidade da experiência feita. Partindo da promessa "Ensinamos a sabedoria de Deus, misteriosa e oculta, que Deus, antes dos séculos, de antemão destinou para a sua glória" (1Cor 2, 7), ele esclarece que, naquela época, "Deus o revelou pelo Espírito. Pois o Espírito sonda todas as coisas, até mesmo as profundidades de Deus" (1Cor 2,10). Fundamentando a capacitação para o que está realizando, ele afirma: "Quanto a nós, não recebemos o espírito do mundo, mas o Espírito que vem de Deus, a fim de que conheçamos os dons da graça de Deus" (cf. 1Cor 2,12).

Paulo volta ao assunto por ocasião da Segunda Carta aos Coríntios (12,1-7), lembrando-os das visões e revelações extraordinárias que teve do Senhor. Em sua carta, porém, deixa claro que não faz questão de se vangloriar por tais experiências (cf. 2Cor 12,5-6). Enquanto outros agiam dessa maneira, Paulo via essa experiência como uma mediação para a missão.

Assim, a evangelização não foca a experiência de Deus que o evangelizador teve, mas a missão que ele tem para com a humanidade e o mundo mediante sua experiência em Deus. Isso confirma e explicita a famosa proclamação: "Ai de mim se eu não anunciar o Evangelho" (1Cor 9,16b).

3.2.3 A graça

Merece destaque a experiência da graça e da força de Deus transformando sua vida. Paulo assim declara aos coríntios: "Pois, sou o menor dos apóstolos, nem sou digno de ser chamado apóstolo, porque persegui a Igreja de Deus" (1Cor 15,9). Deus, porém, não atua por méritos, por isso continua Paulo: "Mas pela graça de Deus sou o que sou: e sua graça a mim dispensada não foi estéril. Ao contrário, trabalhei mais do que todos eles; não eu, mas a graça de Deus que está comigo" (1Cor 15,10).

Outro texto que expressa essa compreensão é o que diz respeito à vitória sobre o pecado: "Onde abundou o pecado superabundou a graça, a fim de que, assim como o pecado reinara para a morte, assim, pela justiça, a graça reine para a vida eterna por Jesus Cristo, nosso Senhor" (Rm 5,20b-21).

Se a experiência da graça de Deus marca a vida de Paulo, marca também seu apostolado, sua produção literária e pastoral. Encontramos a palavra *graça* – dom oferecido a quem não tem o mínimo de merecimento – 66 vezes nas sete cartas de sua autoria e mais 34 vezes nas chamadas *cartas deuteropaulinas*, o que soma o total de 100 vezes de 155 ocorrências em todo o Novo Testamento. Os dados estatísticos por si só revelam o foco de sua teologia. O termo aparece na Carta aos Romanos 24 vezes, na qual Paulo enfrenta a temática da justificação pela adesão de fé e não pelas obras da lei; em outros termos, a salvação vem pela graça de Deus e não pelos merecimentos do ser humano. Na Segunda Carta aos Coríntios, na qual encontramos a teologia das ofertas e a defesa do seu apostolado, o termo *graça* aparece 18 vezes, seguida da Primeira Carta aos Coríntios, com 10 ocorrências.

A graça abre e fecha todas as cartas do conjunto da obra paulina. Nas saudações de todas as cartas, *graça* e *paz* sempre provêm da parte de "Deus nosso Pai e do Senhor Jesus Cristo" (Rm 1,7; 1Cor 1,3; 2Cor 1,2; Gl 1,3; Fl 1,2; 1Ts 1,1; Fm 3). Também, com pequenas variações, seguem nas saudações das outras cartas do *Corpus Paulinum* (Ef 1,2; Cl 1,2; 2Ts 1,2; 1Tm 1,2; 2Tm 1,2-3; Tt 1,4). É interessante observar que, se no início a saudação é feita em Deus nosso Pai e no Senhor Jesus Cristo, no final prevalece a graça de nosso Senhor Jesus Cristo: "Que a graça de nosso Senhor Jesus Cristo esteja convosco" (Rm 16,20; 1Cor 16,23; 2Cor 8,9 e 13,13; Gl 6,18; Fl 4,23; 1Ts 5,28; Fm 25; Ef 6,24; 2Ts 3,18).

Deus é a fonte da graça (Rm 5,15; 1Cor 1,4; 3,10;15,10.57; 2Cor 1,12; 6,1; 8,1; 9,14; 12,9; Gl 1,6.15; 2,21; Ef 1,6.7; 2,7; 3,2.7; Cl 1,6; 2Ts 1,12; 1Tm 1,14; Tg 2,11; 3,7), que transborda na mediação de Jesus Cristo (Rm 16,20; 1Cor 1,4; 15,57; Gl 1,6; Ef 2,7). Foi por graça de Deus que Paulo se tornou apóstolo de Jesus Cristo e tal graça atuou poderosamente nele (cf. Gl 1,15-23; 2,21). A graça de Deus é a explicação para o vigor missionário de Paulo (cf. Rm 15,15-20; 1Cor 3,10-11; Gl 2,9-10).

3.2.4 Conhecimento de Deus

Tratando com os coríntios a respeito das carnes sacrificadas aos vários deuses cultuados na cidade, conhecidos de membros novatos na Igreja, Paulo aplica seu conceito judaico, que continua sendo sua profissão de fé, e diz: "Embora haja pretensos deuses no céu e na terra [...] para nós, só há um Deus, o Pai, de quem tudo procede, e para o qual nós vamos, e um só Senhor, Jesus Cristo, pelo qual tudo existe e pelo qual nós existimos" (1Cor 8,5-6). Assim ele orienta os cristãos e desfaz toda a confusão. Ele volta ao assunto mais adiante (1Cor 10,20), assegurando aos coríntios que os tais deuses não são Deus, mas demônios. O verdadeiro Deus é o que cria e sustenta a criação; é aquele pelo qual se explicitam a nossa existência e a razão dela (cf. 2Cor 4,6). "Ele faz viver os mortos e chama à existência o que não existe" (Rm 4,17b). O verdadeiro Deus é vivo (1Ts 1,9; Rm 9,26); Ele ressuscitou seu Filho, Jesus, que nos livra de toda ira (cf. 1Ts 1,9-10).

Escrevendo aos gálatas, Paulo mostra que a questão é desafiadora. Quando eles não conheciam o Deus verdadeiro, eram escravizados por deuses falsos, mas depois de o conhecerem, voltam novamente a se escravizar com elementos fracos e pobres (cf. Gl 4,8-11). O verdadeiro Deus não escraviza, mas coloca em nossos corações a liberdade do Espírito de seu Filho (cf. Gl 4,6).

Aos romanos, Paulo deixa claro que Deus pode ser conhecido pela aplicação da inteligência humana ao que existe na natureza. Pelas criaturas, pode-se chegar ao criador, pois o que se pode conhecer de Deus está manifesto na criação (cf. 1,18-23).

3.2.5 Deus é o Senhor da história

Deus determina o tempo da salvação: "Quando chegou a plenitude do tempo, Deus enviou seu Filho, nascido de mulher, nascido sob a Lei, para resgatar os que estavam sob a Lei a fim de que recebêssemos a adoção filial" (Gl 4,4). Ele está na origem e no fim (cf. Rm 8,18-30); Ele tem a última palavra sobre o destino da humanidade, pois retribuirá a cada indivíduo segundo suas obras, não importando a que etnia, língua ou nação ele pertença, "porque Deus não faz acepção de pessoas" (cf. Rm 2,5-11). O fim, porém, é meta-histórico. "Se o Espírito Daquele que ressuscitou Jesus dentre os mortos habita em vós, Aquele que ressuscitou Jesus Cristo dentre os mortos dará também a vida a vossos corpos mortais, por seu Espírito que habita em vós" (Rm 8,11).

Segundo Dunn (2003, p. 80), Deus, que era a rocha e o fundamento da teologia de Paulo, o sustentou diante do politeísmo característico do mundo greco-romano: "A integração entre a criação e a salvação, na teologia de Paulo, deriva diretamente do seu modo de entender Deus. [...] É a integração entre o rigor intelectual, a realização missionária e pastoral, e a experiência pessoal que torna tão persuasivo o discurso de Paulo sobre Deus".

A fé de Paulo permaneceu, em muitos aspectos, a mesma da de seus pais. A sua adesão a Jesus Cristo não se caracterizou como abandono da fé antiga, mas como cumprimento dela. Afinal, o Deus de Israel continua sendo a rocha e o fundamento de sua teologia, agora visto como o Deus de todos os povos. Quando Jesus foi exaltado como único Senhor, Deus Pai continuou sendo professado como único (cf. 1Cor 8,6). Quando todo joelho devia dobrar-se a Jesus Cristo como Senhor, a glória continua pertencendo a Deus Pai (cf. Fl 2,10-11). Assim, o monoteísmo continua definido em referência a Jesus.

A experiência que Paulo tinha de Deus como Espírito estava intimamente ligada à da *Ruah* atestada por Moisés (2Cor 3,16-17) e pelos demais profetas. Ela pode ser claramente reconhecida como referência ao Espírito de Cristo. Do mesmo modo, é possível tratar do tema da justiça. Para o apóstolo, a justiça é sempre de Deus, e nunca de Cristo. Em Romanos (11,33-36), podemos observar que a fé no Deus único continua intacta: "A teologia de Paulo, [...] do começo ao fim era uma tentativa de dar sentido ao evangelho como a chave de vida do dia-a-dia e tornar possível uma vida cotidiana que fosse totalmente cristã" (Dunn, 2003, p. 830).

3.3 A cristologia paulina

Sobre a cristologia em Paulo, Schnelle (2010, p. 504-505) oferece a seguinte ponderação:

> Em Paulo, a cristologia não substitui a teologia, mas é a partir da ação de Deus que se responde sobre quem é Jesus Cristo. A atuação de Deus "em" e "por" Jesus Cristo é a base da cristologia. [...] O fato de que Deus ressuscitou Jesus Cristo dentre os mortos é o critério por excelência do Deus anunciado por Paulo.

Para Paulo, o Evangelho era eminentemente o Evangelho de Cristo. Foi a morte de Cristo que deu à sua proclamação o caráter de "boa notícia", isto é, Evangelho. "Foi a obediência de Cristo até a morte e morte de cruz" (Fl 2,8) que reverteu a desobediência de Adão, causadora da morte (cf. Rm 5,19). Assim, Deus acabou com o poder do pecado, condenando-o na carne, isto é, na morte de Cristo (cf. Rm 8,3). "Assim como para a tradição cristã primitiva, também para Paulo a convicção de que Deus ressuscitou Jesus de Nazaré dos mortos é fundamental (1Ts 1,10; 2Cor 4,14; Rm 8,11). Deus e Jesus Cristo são pensados em conjunto; o Filho participa abrangentemente da divindade do Pai" (Schnelle, 2010, p. 524-525).

Em Paulo, o nome simples *Jesus* aparece apenas 16 vezes, e em 10 delas (1Ts 1,10; 4,14; 2Cor 4,1-11.14; Fl 6,17; Rm 8,11) se refere à morte e à ressurreição. Por isso, o fato de Paulo usar pouco essa formulação não significa, de modo algum, depreciação do nome. Percorrendo os escritos percebemos que são abundantes três formulações do nome de Jesus combinado.

Em primeiro lugar, *Senhor Jesus Cristo*, que é o mais completo, coloca o nome *Jesus* entre dois títulos. Essa formulação ocorre 52 vezes. Cabe destacar que o título de *Senhor*, segundo Paulo (Fl 2,11), é o nome que está acima de todo nome, dado por Deus Pai ao seu Filho Jesus. "Este é o título próprio de Deus. Assim, Jesus é constituído Senhor do universo e recebe a homenagem de seus súditos, que se ajoelham diante dele e o aclamam, reconhecendo seu senhorio universal" (Barbaglio, 2017b, p. 379). Glorificar o Jesus ressuscitado pelo Pai é glorificar o Pai (cf. Fl 2,11).

Ligada a isso temos a declaração de Paulo aos romanos: "Se, com tua boca, confessares que Jesus é Senhor e se, em teu coração, crês que Deus o ressuscitou dos mortos, serás salvo" (Rm 10,9). O Pai, ressuscitando o Filho, confirma o senhorio de seu Filho como o Dele próprio. O título de Senhor, dado a Jesus, está na introdução de todas as cartas paulinas (cf. 1Ts 1,1; 2Ts 1,1; Rm 1,4; 1Cor 1,2; 2Cor 1,2; Gl 1,3; Ef 1,2; Cl 1,3; Fl 1,2; Fm 3).

Em segundo lugar, encontramos a formulação *Cristo Jesus*, que ocorre 48 vezes, acentuando, pelo modo em que está colocada, a messianidade de Jesus. O Messias, aguardado há muito tempo por Israel e anunciado pelos profetas, está presente na pessoa humana de Jesus. Pela grande diferença de ocorrência com relação a *Jesus Cristo*, podemos considerar que, por meio de *Cristo Jesus*, Paulo sente que expressa melhor o entendimento de Jesus para a história da salvação.

Por fim, a formulação *Jesus Cristo* aparece 23 vezes. Colocando o título para o final, Paulo acentua a pessoa humana de Jesus. Assim, o enviado por Deus na plenitude dos tempos, nascido da mulher (cf. Gl 4,4), é esse humano Jesus.

3.3.1 Jesus é o Cristo

Para Paulo, Jesus é o Cristo e o Cristo é Jesus. Estão, nos escritos paulinos, 71,64% das ocorrências da palavra *Cristo* do Novo Testamento. Ela aparece 266 vezes nas cartas de Paulo e 113 nas cartas atribuídas a ele, perfazendo um total de 379 ocorrências, quando o total do Novo Testamento é de 529.

Sim, Jesus é o Cristo e se revela na cruz. São muitas as passagens das cartas que afirmam e sublinham esse aspecto. Paulo tem, na parte mais escandalosa desse anúncio, uma missão específica: revelar que o crucificado é o Cristo. "Pois Cristo não me enviou para batizar, mas para anunciar o Evangelho sem se recorrer à sabedoria do discurso para não reduzir a nada a cruz de Cristo" (1Cor 1,17).

Continua na Carta aos Gálatas: "Eu, por mim, nunca vou querer outro título de glória que a cruz de nosso Senhor Jesus Cristo; por ela o mundo está crucificado para mim, como eu para o mundo" (Gl 6,14). Afinal, o que importa é a nova criação (cf. Gl 6,15). E prossegue: "Doravante, que ninguém me atormente; pois trago em meu corpo as marcas de Jesus" (Gl 6,17).

Os objetivos dos opositores são a autoglorificação e a fuga da perseguição, o que resulta, por fim, na incoerência com a própria pregação, visto que não cumprem as leis que defendem. O seguimento de Jesus é somente pela via da cruz. Paulo, "aderindo, na fé, ao crucificado, libertou-se da lógica da autoexaltação orgulhosa, de caráter religioso. A cruz o lançou totalmente nos braços do Deus da graça, que se revelou um dom gratuito na crucificação de Jesus" (Barbaglio, 2017b, p. 113). De fato, Cristo se rebaixou, tornando-se obediente até a morte numa cruz: "Por isso Deus o exaltou soberanamente" (Fl 2,9).

Encontrar-se com Cristo, ser agraciado por Ele, não é privilégio nem motivo de orgulho pessoal, mas motivo de gratidão que se revela no compromisso com sua causa. Contudo, nem todos têm essa consciência. "Muitos, com efeito, eu vo-lo dizia muitas vezes e agora repito chorando, comportam-se como inimigos da cruz de Cristo" (Fl 3,18). Tal comportamento se reverte em prejuízo de quem o pratica, pois "O seu fim será a perdição; o seu Deus é o ventre; e sua glória, eles a põem na própria ignomínia, já que só levam a peito as coisas da terra" (Fl 3,19).

3.3.2 O preexistente

O tema da preexistência de Cristo, embora não seja o principal, também é conhecido e abordado por Paulo em algumas passagens. Em 1Cor 8,6 ele diz: "Para nós só há um Deus, o Pai, de quem tudo procede e para o qual nós vamos, e um só Senhor, Jesus Cristo, pelo qual tudo existe e pelo qual nós existimos".

No hino da Carta aos Colossenses (1,13-20), isso também é explicitado: "Ele é o Primogênito de toda criatura [...]. Tudo foi criado por ele e para ele, e ele existe antes de tudo, tudo nele se mantém" (Cl 1,15-17). A preexistência também se destaca no hino de Filipenses (2,6-11).

3.3.3 O encarnado

O conceito de *encarnação* está presente na cristologia de Paulo. Escrevendo aos gálatas, ele diz: "Ao chegar à plenitude dos tempos, Deus enviou o seu Filho, nascido de mulher, sujeito a lei, para libertar aqueles que estão sujeitos à lei, para que possam ser filhos adotivos" (Gl 4,4-5). Aos romanos, ele afirma: "O que era impossível à lei, porque a carne a votava à impotência, Deus o fez; por causa do pecado, enviando o seu próprio Filho na condição de nossa carne de pecado, ele condenou o pecado na carne" (Rm 8,3).

Quando Paulo diz que "em Cristo habita corporalmente toda a plenitude da divindade" (Cl 2,9), e continua falando do despojamento do corpo carnal, está tratando da realidade humana, histórica, de Jesus. Em Cristo, a divindade não se esconde, mas se revela até o último desafio da condição histórica da criatura humana. Ele já havia afirmado em Fl 1,9 que "aprouve a Deus fazer habitar em Cristo toda a plenitude". Isso quer dizer que Cristo, em seu corpo humano, histórico, continua a focalizar a divindade. Conforme veio dizer mais tarde o Papa Leão Magno (440-461), "Jesus foi tão humano, que somente Deus poderia ser tão humano assim".

Paulo considerava a continuidade entre o ensinamento de Jesus e o seu próprio Evangelho como algo notório. Nessa continuidade, o lado judeu de Jesus era afirmado e celebrado, pois por ele se realiza a esperança do Messias de seu povo. Assim, reafirma-se e reforça-se a continuidade entre o Israel antigo e o novo movimento que tomou seu nome do Messias de Israel. Por isso, o Evangelho que se originou desse Jesus e nele se concentrou podia falar não apenas do antigo Israel, mas do mundo em geral. Isso significa que, para Paulo, a salvação devia cumprir o desígnio da criação (Dunn, 2003).

3.3.4 Morte sacrificial

Segundo Dunn (2003, p. 257), "uma das mais poderosas imagens que Paulo usa para explicar o sentido da morte de Cristo é a do sacrifício cúltico, ou mais precisamente, o sacrifício pelo pecado". Essa ideia de sacrifício sangrento foi fortemente problematizada, principalmente pela cultura pós-iluminista. Alguns alegavam que essa teologia, baseada no sofrimento e na violência, estava fundamentalmente errada. Porém, não parece possível negar a centralidade das imagens sacrificiais no evangelho paulino (Dunn, 2003). É disso que Paulo trata quando afirma aos romanos: "todos pecaram e, portanto, estão privados da glória de Deus" (cf. Rm 3,22-23). Por outro lado, ele mostra que a saída existe e foi atuada por Cristo em seu sangue, como expiação. "Foi ele [Cristo] que Deus destinou para servir de 'expiação' por seu sangue, por meio da fé, para mostrar o que era a justiça pelo pecado" (Rm 3,25). Ele ainda afirma que tal justiça se dá no tempo presente.

A morte de Cristo na cruz aconteceu no passado, num tempo determinado, mas a ação libertadora dela continua agora e pelos séculos (cf. Rm 3,26).

Dunn (2003) esclarece que há uma diferença entre a compreensão grega e a hebraica do sacrifício expiatório. No entendimento grego, a ideia que prevalece é a de apaziguar Deus, ao passo que no hebraico o objetivo da expiação é eliminar o pecado. Na verdade, a solução definitiva não vem quando se acalma o ofendido, mas quando se erradica aquilo que levou a pessoa a ofender. Acalmar o ofendido é um ato paliativo que deve ser sempre ativado novamente. Erradicar o que faz a pessoa um ofensor é cortar o mal pela raiz. Um culto paliativo era o do sangue de touros e carneiros sacrificados oferecidos pelos sacerdotes. O culto definitivo é o sangue de Jesus oferecido por ele mesmo sobre o altar da cruz.

A ligação da morte de Jesus com o cordeiro pascal e, portanto, com o sangue sacrificial, está na Primeira Carta aos Coríntios: "Purificai-vos do fermento velho para serdes uma massa nova, visto que sois sem fermento, pois o Cristo, nossa páscoa, foi imolado" (1Cor 5,7). Na Segunda Carta aos Coríntios, ele acentua a função do sacrifício de Cristo (cf. 2Cor 5,14-6,2).

3.3.5 O Crucificado-Ressuscitado

Paulo é a última testemunha da ressurreição, isto é, da transformação de Jesus de Nazaré em Cristo glorioso. É disso que ele trata em 1Cor 15,8. O homem de Nazaré, que foi crucificado como criminoso em Jerusalém, lhe apareceu ressuscitado no caminho de Damasco. A partir do Ressuscitado, Paulo começa a entender a pessoa do crucificado. "Por isso, é preciso tratar primeiramente a compreensão paulina da ressurreição, antes que a cruz possa ser abordada como lugar histórico, tópico, teológico e simbólico" (Schnelle, 2010, p. 527).

Para Paulo, a ressurreição de Cristo é fundamento da fé: "Se Cristo não ressuscitou nossa pregação é vazia e vazia é também a nossa fé" (1Cor 15,14); "Se depositamos confiança em Cristo somente para esta vida somos os mais miseráveis de todos os homens" (1Cor 15,19). Paulo é testemunha, mas não se vale só disso. Ele recorre à tradição recebida: "Cristo morreu por nossos pecados, segundo as Escrituras. Foi sepultado, ressuscitou ao terceiro dia, segundo as Escrituras. Apareceu a Cefas [Pedro] e depois aos Doze" (1Cor 15,3-4). Paulo continua o relato citando ainda mais três aparições, altamente significativas, antes de colocar o próprio testemunho: o aparecimento a mais de 500 irmãos, depois a Tiago e, em seguida, a todos os apóstolos (cf. 1Cor 15,6-9). O encontro do Ressuscitado com Paulo mudou totalmente sua vida, que prosseguiu numa convicção inarredável.

A dificuldade de aceitar a ressurreição é a exigência da historicidade moderna. Para ela, é história o que pode ser comprovado com repetição. A ressurreição de Cristo, porém, é acontecimento único. No anúncio do querigma, a cruz e a ressurreição formam uma unidade. A ressurreição exalta o significado da cruz, que é a prova material da transformação. O crucificado ressuscitou. João narra Jesus apresentando aos discípulos as marcas dos pregos (cf. Jo 20,27). Assim se declara Pedro diante da multidão em Jerusalém: "Vós matastes o Santo e Justo e reclamastes para vós o agraciamento de um assassino. Mas o Príncipe da vida que vós havíeis matado, Deus o ressuscitou dos mortos – disso nós somos testemunhas" (At 3,14-15).

A ressurreição é compreendida tanto em Paulo quanto em todos os escritos do Novo Testamento, sempre e estritamente, como ato exclusivo de Deus. Ele é o verdadeiro sujeito da ressurreição de Jesus Cristo (Schnelle, 2010). Para Paulo, esse ato exclusivo de Deus tem implicações imediatas para quem crê na ação de Deus. Podemos verificar isso em várias passagens de seus escritos: "Se nós cremos que Jesus morreu e ressuscitou, assim também, aqueles que morreram, Deus, por causa deste Jesus, com Jesus reunirá" (1Ts 4,14); "Deus que ressuscitou o Senhor, nos ressuscitará também pelo seu poder" (1Cor 6,14). Também aos gálatas Paulo se declara apóstolo de Jesus Cristo e de Deus Pai, que ressuscitou Jesus entre os mortos (cf. Gl 1,1).

3.3.6 O Ressuscitado-Crucificado

Para Paulo, o Ressuscitado é o Crucificado (cf. 2Cor 13,4). Há um efeito mútuo entre morte e ressurreição. A ressurreição fundamenta o significado da morte, mas também após ela Jesus permanece crucificado. O uso do verbo *crucificar*, no particípio passado do grego, na Primeira Carta aos Coríntios (1,23; 2,2) e em Gálatas (3,1), traz esse entendimento. A experiência vivida por Paulo lhe deu essa convicção teológica. Primeiro ele perseguiu os que proclamavam a ressurreição do Crucificado (cf. Gl 3,13; Dt 21,22-23); depois, ele aderiu a Ele fazendo sua essa proclamação: "Nós, porém, anunciamos Cristo crucificado [...]" (cf. 1Cor 1,23).

Assim, Paulo se posiciona na Igreja de Corinto diante de judeus e gregos: "Os judeus pedem sinais, os gregos procuram a sabedoria, nós, porém, pregamos um Messias crucificado, escândalo para os judeus, loucura para os gregos, mas para os que são chamados, tanto judeus quanto gregos, ele é o Cristo, poder de Deus e sabedoria de Deus" (1Cor 1,22-23). Exatamente no escândalo e na loucura estão a salvação, a excelência da criação. Mas Paulo aplica isso a si próprio: "Eu, por mim, nunca vou querer outro título de glória que a cruz de nosso Senhor Jesus Cristo; por ela o mundo está crucificado para mim, como eu para o mundo, pois o que importa [...] é a nova criação [...] trago em meu corpo as marcas de Jesus" (Gl 6,14-17).

Conforme assinala Schnelle (2010, p. 553), Paulo mantém a cruz como lugar histórico do amor de Deus. O caráter singular e inconfundível da salvação é indispensável para a fé cristã – isso se verifica por sua morte na cruz. É um acontecimento histórico que registra, no tempo, uma ação que vai muito além dele, pois é transcendente. A presença da cruz na proclamação tem por objetivo mostrar que o Crucificado é o mesmo Ressuscitado; assim, a cruz não é miragem: ela é histórica, tem um lugar na história e vai além dela, no caminho da ressurreição.

A cruz simboliza a atuação surpreendente de Deus, que anula todos os paradigmas humanos. Ela questiona radicalmente qualquer autoafirmação humana e qualquer busca individualista de salvação. Essa loucura da cruz não pode ser apropriada nem instrumentalizada porque se baseia exclusivamente no amor de Deus, que é capaz de sofrer e, por isso mesmo, de se renovar (Schnelle, 2010).

3.3.7 Reconciliação

A reconciliação de todos em Cristo acontece por meio da cruz. Aos colossenses, na finalização do hino cristológico, é dito explicitamente: "Aprouve a Deus fazer habitar nele toda a plenitude e tudo reconciliar por meio dele e para ele, na terra e nos céus, tendo estabelecido a paz pelo sangue de sua cruz" (Cl 1,19-20). A centralidade da salvação em Cristo e, unicamente nele, continua acompanhada de importante exortação (cf. Cl 2,6-19): "Sepultados com Cristo no batismo, com ele ressuscitastes, visto que crestes na força de Deus que o ressuscitou dos mortos" (Cl 2,12). Pelo sangue de Cristo o ódio morreu, o amor venceu e a reconciliação aconteceu (cf. Ef 2,11-22).

3.4 A antropologia paulina

A antropologia de Paulo está entrelaçada com a teologia. Isso pode ser constatado no uso que ele faz dos termos *corpo* e *carne*. Paulo fala do corpo de pecado, do corpo de morte (cf. Rm 6,6; 7,24), do corpo carnal de Cristo (Cl 1,22; 2,11), do corpo ressuscitado (1Cor 15,44), do pão de comunhão com o corpo de Cristo (1Cor 10,16-17) e da Igreja corpo de Cristo (1Cor 12,12-27; Ef 4,12-16). O termo *carne*, no entanto, descreve um campo de força oposta ao Espírito de Deus. Viver segundo a carne é contrário à vida cristã (Gl 5,13-23; Rm 8,4-13).

3.4.1 O corpo

Corpo é uma expressão muito importante na teologia e na antropologia paulina. A palavra aparece mais de 50 vezes nas sete cartas de Paulo e 17 vezes nas demais cartas a ele atribuídas, perfazendo um total de 67 vezes, isto é, 47,18% de todo o Novo Testamento (142 vezes no total).

Segundo Schnelle (2010), a palavra *corpo*, nos escritos de Paulo, ocorre em três diferentes contextos temáticos. No primeiro, ela aparece como designação neutra e significa a constituição corpórea do ser humano, como quando o apóstolo fala do corpo morto de Abraão (cf. Rm 4,19), significando a velhice e a impossibilidade de gerar filhos. É sobre o corpo que, no casamento, os cônjuges têm direito um sobre o outro (cf.1Cor 7,4). É o corpo do missionário que foi submetido à flagelação (cf. 2Cor 11,24-25). No segundo, *corpo* tem um sentido negativo. É o corpo de pecado do velho homem, que será destruído (cf. Rm 6,6; 7,24). Nessa dimensão, o termo está relacionado a outro da antropologia, que é a *carne* (cf. Rm 8,12-13; 2Cor 4,10-1). Corpo é o próprio ser humano; carne, porém, é um poder alheio que quer dominá-lo.

Podemos ver isso claramente em Gálatas (5,13-25), em que Paulo trata das obras da carne e das obras do Espírito no mesmo corpo. No terceiro contexto, *corpo* é entendido como uma expressão abrangente do ser humano, isto é, tudo o que ele pode ser, fazer e expressar, algo que Schnelle (2010, p. 637) chama de "*self* humano". Nesse contexto, o corpo aparece como o lugar onde a fé ganha forma visível (cf. 1Cor 6,19-20). Esse corpo, o ser humano num todo, é destinado à glorificação. É no próprio corpo que cada um oferece um sacrifício vivo, santo e agradável a Deus (cf. Rm 12,1).

No entender de Schnelle (2010, p. 638), "para Paulo não há identidade humana sem corporeidade, de modo que ele pensa também a realidade da ressurreição e, assim, a existência pós-morte, de modo corpóreo e corporal". O corpo é uma realidade de possibilidades que depende do modo como é acionado e conduzido. Ele, o corpo, é a interseção entre a situação condicionada do ser humano no mundo e a atuação de Deus nele. É no corpo que se encontram os poderes do mundo passageiro e a vontade salvífica de Deus. Assim, "para Paulo, corpo designa, da mesma forma, a existência física, a autocompreensão e a integração do ser humano, na atuação salvífica de Deus" (Schnelle, 2010, p. 639).

3.4.2 A carne

Carne é outra palavra significativa na antropologia paulina. Ela ocorre 91 vezes nas sete cartas paulinas, sendo 26 vezes só em Romanos; e mais 19 vezes nas cartas deuteropaulinas, perfazendo um total de 45 ocorrências. Isso significa 74,82% de todo o Novo Testamento (147 no total). Como se pode ver, é um assunto predominantemente paulino.

Segundo Dunn (2003, p. 93), em Paulo, a ideia de carne como corpo material reflete o típico sentido hebraico de "basar"; já a ideia de carne como contrária a Deus é de natureza helenística. Em Paulo, podemos perceber uma diferença entre *na carne*, que significa simplesmente vida terrena (1Cor 15,39; 2Cor 7,1; Rm 11.14), e *segundo a carne*, cujo sentido está voltado à orientação espiritual consciente, da vida, no nível terreno (Gl 5,15-21; Rm 8,4). A carne "só se torna má quando o ser humano constrói sua vida sobre ela" (Dunn, 2003, p. 94).

Paulo, em Romanos (7,1-8,30), aborda a relação entre carne e pecado esclarecendo dois aspectos. O primeiro é que o "eu" pecador não pode distanciar-se da carne. Isso significa que a carne não é separável da pessoa, de forma que se pode dizer "eu sou corpo" em vez de "eu tenho um corpo". Da mesma forma, pode-se dizer "eu sou carnal" em vez de "eu tenho carne". O segundo aspecto que ele esclarece, no texto de Romanos, é que a culpa não é nem da lei nem do "eu" (Rm 7,17.20). A carne não é pecaminosa em si, mas é vulnerável (cf. Rm 7,7-8.11).

Viver segundo a carne é simplesmente viver no nível da materialidade, colocando como objetivo supremo a satisfação do desejo humano (cf. Fl 3,18-21). No entanto, também é possível viver a fé na carne: "Minha vida presente na carne, vivo-a pela fé no Filho de Deus" (Gl 2.20); "Para mim viver é Cristo e morrer é um ganho. Mas se viver na carne me permite um trabalho fecundo, não sei o que escolher" (Fl 1,21-22).

O batizado pode, ainda na carne, viver nova condição em relação à carne e à lei (cf. Rm 7,5-6). "Em resumo, *corpo* denota um ser no mundo, enquanto *carne* denota um pertencer ao mundo" (Dunn, 2003, p. 104).

3.4.3 O coração

Coração é uma palavra presente 52 vezes nos escritos de Paulo – um terço do total do Novo Testamento (156 vezes) –, sendo 15 vezes só na Carta aos Romanos. O coração caracteriza a parte mais íntima da pessoa, e, como tal, significa o ser humano inteiro. Ele é o centro da decisão deliberada, tanto no lado positivo quanto no negativo. Coração é a sede das emoções, mas também do pensamento e da vontade. O coração conhece a vontade de Deus (cf. Rm 2,15). Ele pode estar firme ou ceder diante das paixões (cf. 1Cor 7,37). Pode também estar pronto para gestos de solidariedade, como ajudar os necessitados (cf. 2Cor 9,7).

Entretanto, o coração também pode ser insensato, presa das trevas e embotar o bom senso (cf. Rm 1,21-22). Um véu sobre o coração não deixa os judeus entenderem o Antigo Testamento (cf. 2Cor 3,15). O coração endurecido e impenitente atrai o juízo (cf. Rm 2,5). O coração é também o lugar do amor (cf. 2Cor 7,2-3), do desejo sincero (cf. Rm 10,1), mas igualmente da fragilidade (cf. 2Cor 6,11-12) e do medo (cf. 2Cor 2,4). É ainda símbolo da verdadeira escolha do ser humano: "Onde está teu tesouro aí está teu coração" (Mt 6,21). O alcance desse termo é muito amplo: o amor de Deus é derramado em nossos corações (cf. Rm 5,5); a paz de Deus guarda os corações (cf. Fl 4,7; Cl 3,15); o coração é o órgão da tomada de decisões (cf. 1Cor 7,37; 2Cor 9,7); é sondado, perscrutado, por Deus (cf. Rm 8,27); e também é o espaço onde moram o desejo (cf. Rm 10,1) e a angústia (cf. 2Cor 2,4).

Segundo Schnelle (2010, p. 690), com a palavra *coração* "Paulo refere-se ao mais íntimo do ser humano, a sede da inteligência, emoção e vontade, o lugar onde as decisões da vida são efetivamente tomadas e onde começa a atuação de Deus por meio do Espírito".

3.4.4 O pecado e a morte

Paulo não dá atenção à questão da origem do pecado; a ele interessa tratar da experiência humana do pecado. Conforme Dunn (2003), no enfoque do pecado em Paulo, dois aspectos precisam ser destacados. O primeiro é a grande concentração do termo na Carta aos Romanos, pois 48 das 64 vezes que a palavra ocorre nos escritos de Paulo estão nessa carta (75%). Mas não é só isso: 41 vezes o termo é encontrado no texto Rm 5,12-8,3. De fato, aí está concentrado o tema do pecado trabalhado por Paulo. O segundo aspecto é que a personalização do pecado (no singular) também está quase toda centrada nesse texto. Fora dele, ela ocorre apenas em 1Cor 15,16, Gl 2,17 e Gl 3,22. O pecado aparece no plural em 13 passagens (Rm 3,25; 4,7; 7,5; 11,27; 1Cor 15,3.17; Gl 1,4; Ef 2,1; Cl 1,14; 1Ts 2,16; 1Tm 5,22.24; 2Tm 3,6).

O que evidencia o texto em que se concentra o termo *pecado*? Que o pecado entrou no mundo por meio de um só homem e, com ele, veio a morte (cf. Rm 5,12). Assim o pecado reinou na morte ou por meio dela (cf. Rm 5,21). A morte é o salário do pecado (cf. Rm 6,23), que escraviza (cf. Rm 6,6; 7,23.25; 8,3.10) e, servindo-se do que é bom, causa a morte (cf. Rm 7,13). Paulo provavelmente faz uma alusão a Gênesis (4,7), em que o pecado é apresentado como um animal feroz à espreita de sua caça. Podemos constatar que ele entendeu o pecado como um poder que atinge a todos: "Todos pecaram e estão privados da glória de Deus" (Rm 3,23). O pecado é a força que impede a humanidade de reconhecer sua verdadeira natureza. É o poder que faz a humanidade girar em torno de si mesma, ocupada em satisfazer as próprias necessidades e compensar as fraquezas como ser carnal (Dunn, 2003).

Conforme indicam os três primeiros capítulos da Carta aos Romanos, o poder do pecado se manifestou na religião mal orientada, que tinha, por um lado, a idolatria dos pagãos e, por outro, a confiança idolátrica desvirtuada de Israel em seu *status* perante Deus. O orgulho de ser povo eleito e o desprezo em relação aos pagãos são pecados comparáveis aos dos pagãos.

Em Romanos (1,24), Paulo chama o pecado de *epithymia*, que se traduz por "concupiscência", isto é, um desejo desenfreado que arrasta para a satisfação, como podemos verificar em Rm 6,12, em que ele roga que o pecado não reine para fazer obedecer às concupiscências do corpo mortal. É necessário e possível sair do domínio do pecado. O homem velho, que se corrompe sob o efeito das concupiscências enganosas, precisa ser renovado pela transformação espiritual da inteligência (cf. Ef 4,22-23). Alguns desejos que afastam a humanidade de Deus, deixando-a à própria sorte, são listados em Romanos (1,18-32). Listas desse tipo aparecem também em Coríntios (1Cor 5,10-11; 6,9-10) e em Gálatas (5,19-21).

Notamos que a maior parte dos vícios listados são de caráter social, portanto, evidenciam a quebra ou perturbação das relações. Muitos desses vícios são caracterizados pela mesquinhez, para alimentar caprichos inúteis, em favor da própria pessoa que os cultiva, com prejuízo para o conjunto da comunidade e da sociedade como um todo.

Paulo usa o termo *desejo* também no sentido neutro quando diz aos tessalonicenses que possui um desejo ardente de vê-los (cf. 1Ts 2,17) ou quando diz aos filipenses que sente um desejo intenso de partir para estar com Cristo (cf. Fl 1,23). Isso mostra que a questão não é o desejo em si, mas a meta de sua realização ou satisfação.

Para Paulo, o pecado não é somente uma questão individual; ele tem a ver com todas as relações, pois as afeta. Isso pode ser verificado, por exemplo, na Primeira Carta aos Coríntios, em que o apóstolo enfrenta o problema da divisão interna, que ocorre de vários modos (cf. 1Cor 1,26-29). Os coríntios que se tornaram cristãos vinham de um mundo organizado com valores sociais que não reconheciam Deus. É o que podemos verificar especialmente nos capítulos 5 e 6 e 8 a 11. Mas o pecado não tem a última palavra, porque "onde abundou o pecado superabundou a graça" (Rm 5,20).

Paulo fala sempre da morte relacionada à carne em duas dimensões: uma no sentido natural e outra como perda do verdadeiro sentido dela (Rm 1,32; 7,5.10; 2Cor 1,9). O pecado é como um veneno que dá à morte seu efeito final (cf. 1Cor 15,56). Ainda assim, a morte tem um poder semelhante ao do pecado. Ela domina como um rei (cf. Rm 5,14.17) e é o último inimigo a ser derrotado. Contudo, será derrotada (cf. 1Cor 15,26).

3.4.5 A superação da força da carne pelo Espírito

Paulo quer mostrar aos leitores que o Espírito é força decisiva no processo da salvação.

> Seu pensamento está profundamente marcado pela percepção de que, com e desde a ressurreição de Jesus Cristo dentre os mortos, o espírito de Deus voltou a atuar. Com o poder da autorrevelação de Deus em Jesus Cristo, o espírito é o elemento decisivo do processo universal de transformação que está em andamento. (Schnelle, 2010, p. 625)

Os crentes e batizados experimentam, por meio do dom do Espírito de Deus e de Cristo, uma nova existência. Assim, Paulo, depois de ter feito uma lista de comportamentos desviados, da vida antiga dos membros da comunidade de Corinto, diz: "É isso que vocês eram, pelo menos alguns. Mas vocês foram lavados, santificados e justificados em nome do Senhor Jesus Cristo e pelo Espírito do nosso Deus" (1Cor 6,11). O antigo procedimento caracterizava a vida na carne, mas agora eles estão num novo modo de vida que se caracteriza pelo Espírito. Mais adiante, ele reforça: "Todos nós fomos batizados em um só corpo, judeus ou gregos, escravos ou livres, e todos bebemos de um único Espírito" (1Cor 12,13).

A instrução se aprofunda na Segunda Carta aos Coríntios (1,22-23): "Aquele que nos consolida convosco em Cristo e nos dá a unção é Deus, ele que nos marcou com o seu selo e colocou em nossos corações o penhor do Espírito". Também aos gálatas (Gl 4,6) ele confirma: "Deus enviou em nossos corações o Espírito do seu Filho, que clama: Abbá – Pai". Assim se verifica a nova condição: "Portanto, já não és mais escravo, mas filho e, como filho, também és herdeiro: isto é, obra de Deus" (Gl 4,7). Paulo retoma em Romanos (8,14) o que disse aos gálatas: "Os que são conduzidos pelo Espírito de Deus [...] são filhos de Deus". Está em andamento a transformação de uma condição para outra. Ela teve começo no batismo: "Se Cristo está em vós, o vosso corpo, sem dúvida, está destinado à morte por causa do pecado, mas o Espírito é vossa vida por causa da justiça" (Rm 8,10). A luta ainda continua, mas o caminho da vitória está estabelecido e aberto (cf. Rm 8,11).

3.4.6 A fé

Segundo Paulo, a fé não se baseia em decisão do ser humano, mas é um dom de Deus. Esse conceito paulino pode ser conferido em Filipenses (1,29). Foi Deus quem deu a eles a graça de crer em Cristo e, além disso, de sofrer por Ele. Assim, o dom da adesão inclui o da perseverança. O caráter gratuito da fé determina também a estreita relação com o anúncio: "A fé vem da pregação e a pregação é o anúncio da palavra de Cristo" (Rm 10,17). Isso pode ser verificado também na Primeira Carta aos Coríntios (1,21b): "É pela loucura da pregação que aprouve a Deus salvar os que creem"; e em Romanos (1,17): "De fato, é nele

[Evangelho] que a justiça de Deus se revela, pela fé e para a fé, segundo o que está escrito: o justo viverá pela fé".

"É Deus que opera em vós o querer e o fazer segundo o seu desígnio benevolente" (Fl 2,13). Essa exortação de Paulo não está tratando de um protagonismo de iniciativa pessoal autônoma de cada crente, nem da iniciativa de uma comunidade simplesmente humana. Trata-se de uma resposta à iniciativa de Deus. Os filipenses podem agir porque neles opera a benevolência de Deus. Deus está lhes oferecendo a graça, e eles devem, portanto, abraçá-la, entregar-se a ela, a fim de que ela opere neles com todo o vigor.

A fé nasce da iniciativa salvadora de Deus, que chama para o serviço da pregação. Ela entra pelo ouvido e só pode ser realizada no caminho da obediência (cf. Rm 10,13-18). Deus é o doador; o ser humano, o receptor. Diante dela, o ser humano só tem duas opções: aceitá-la ou rejeitá-la. Não há como ficar neutro. Nisso também se acentua a absoluta liberdade de Deus. Na Carta aos Romanos, Paulo está diante de uma forte dificuldade: a fé que Israel cultiva por meio da lei, a qual impede de chegar a Cristo.

A fé se estabelece na confissão (cf. Rm 10,8-11). Nesse contexto, a pessoa aponta para além de si mesma, para o ato de Deus salvador. Aquele que crê se abre ao que ele crê. Conforme Schnelle (2010), Paulo sempre lembra às comunidades que o conteúdo da fé está intimamente ligado aos conhecimentos referentes aos mortos (cf. 1Ts 4,13); ao próprio projeto missionário (cf. Rm 1,13); à condição do corpo batizado (cf. 1Cor 3,16; 6,15-16.19); aos antepassados (cf. 1Cor 10,1); às manifestações do Espírito (cf. 1Cor 12,1); à condição do corpo terrestre (cf. 2Cor 5,1); ao caminho da justificação (cf. Gl 2,16); e ao mistério da recusa de Israel em relação a Jesus como Messias (cf. Rm 11,25).

Contudo, a fé precisa da adesão dos crentes. A fé da Igreja de Tessalônica, por exemplo, repercutiu em toda a Macedônia e Acaia (cf. 1Ts 1,8). Paulo envia Timóteo a Tessalônica para fortalecer e encorajar a fé deles, da qual ansiava por notícias (cf. 1Ts 3,2-7). Ele quer completar o que falta na fé dessa igreja (cf. 1Ts 3,10). Paulo exorta os coríntios para que a fé deles não seja fundada na sabedoria humana, mas no poder de Deus (cf. 1Cor 2,1-5). Na segunda carta (2Cor 1,24), o apóstolo reconhece a firmeza da fé dos coríntios, mas exorta à alegria. Elogia também a fé dos romanos (cf. Rm 1,8), reconhecendo-a e os alertando para os diferentes níveis de fé (cf. Rm 14,1-2). Convoca coríntios e romanos a caminharem na fé (cf. 1Cor 16,13; 2Cor 1,24; Rm 11,20). As comunidades crescem e se fortalecem na fé operosa. É válido ressaltar também que Paulo está a serviço da fé dos filipenses (cf. Fl 2,17).

Segundo Schnelle (2010, p. 679), "para Paulo, a fé é sempre a fé naquele Deus que ressuscitou Jesus Cristo dentre os mortos" (cf. Rm 4,17.24; 8,11); "Pelo batismo fomos sepultados com ele na morte para que, como Cristo foi ressuscitado dentre os mortos pela glória do Pai, assim também nós vivamos vida nova" (Rm 6,4). Jesus Cristo é tanto o desencadeador quanto o conteúdo da fé. Portanto, o centro da fé não é o crente, mas o acreditado: "É para a liberdade que Cristo vos libertou. Permanecei, portanto, firmes e não vos deixeis sujeitar de novo ao jugo da escravidão" (Gl 5,1). A fé é uma resposta da qual cada pessoa é protagonista; os outros podem ajudá-la ou atrapalhá-la na resposta, mas nunca substituí-la.

3.4.7 A liberdade

Conforme destaca Schnelle (2010, p. 695), "a liberdade é o resultado de um evento de libertação. A liberdade cristã resulta da libertação das forças do pecado e da morte, adquirida por Deus, em Jesus Cristo, e dada aos seres humanos no batismo". A sensação da liberdade individual não garante que ela seja, de fato, o que pretende ser. Só em Cristo a liberdade é realmente verificada. Paulo aborda a temática em várias vertentes, conforme destacamos a seguir.

- A liberdade como amor no compromisso com Cristo: "Tudo me é permitido, mas nem tudo me convém. Tudo me é permitido, mas não me deixarei escravizar por coisa alguma" (1Cor 6,12). Isso também é retratado em muitas outras passagens (cf. 1Cor 8,1-13; 9,12.15-16.19; 10, 23.33; Gl 5,13; Fl 2,6ss).

- A relação entre liberdade e escravidão: Em vista da realidade social das comunidades, Paulo deveria tratar do assunto, isto é, da relação entre liberdade político-social e liberdade teológica. O que ele diz sobre isso pode ser verificado nas cartas aos coríntios (cf. 1Cor 7,21; 12,3; 2Cor 5,17) e aos gálatas (cf. Gl 3,26-28; 5,6; 6,15). Na carta a Filêmon, Paulo não exclui a opção de liberdade para um escravo cristão, mas também não considera a liberdade social como a mais importante.

- A liberdade do mundo que passa: Nesse aspecto, Paulo instrui os cristãos de Corinto (cf. 1Cor 7,1-40) a respeito de como viverem suas relações no casamento, no celibato e na virgindade. O foco, para eles, não é o tempo presente, mas o futuro. É no presente que se constrói o futuro. Não se trata, porém, de um futuro histórico, mas escatológico, definitivo, eterno, porque a condição desse tempo e desse mundo é passageira. É possível viver agora a liberdade da nova condição, embora não seja algo tão simples assim.

- A liberdade buscada por toda a criação: Esse tema está particularmente centrado no capítulo 8 da Carta aos Romanos (cf. 8,18-30): "A criação espera, com impaciência, a revelação dos filhos de Deus [...] Pois também a criação será libertada da escravidão da corrupção, para participar da liberdade e da glória dos filhos de Deus" (Rm 8,19-21).

- A liberdade das consequências desastrosas do espírito da lei: Causada pelo pecado, ela é trabalhada de modo específico na Carta aos Gálatas (cf. 2,19ss; 3,1-13; 4,21.28.31; 5,1.13.18; 6,1.2.15), estendendo-se também à Carta aos Romanos (cf. 6,14.18.22 e 8,2).

3.5 A eclesiologia paulina

Para Paulo, ser cristão e viver em comunidade são a mesma coisa. Sua missão é fundar comunidades; e suas cartas buscam orientar, corrigir e exortar as comunidades na fidelidade ao Evangelho. O lugar comum dos crentes e batizados, em sua relação com Deus e com Jesus Cristo, é a **comunidade** (Schnelle, 2010). A eclesiologia paulina tem um jeito próprio que pode ser verificado em suas várias expressões.

3.5.1 A Igreja de Deus

Igreja é um termo de preferência paulino. Está presente em seus escritos 69 das 114 vezes que ocorre no Novo Testamento (60,52%). Quase um terço das ocorrências (22 vezes) está na Primeira Carta aos Coríntios, pois foi em Corinto que o entendimento da eclesiologia de Paulo foi mais desafiado. Segundo Dunn (2003), é plausível a ideia de que Paulo tenha tirado o termo *ekklesia* diretamente da autoidentificação de Israel, pois a palavra ocorre cerca de 100 vezes na Septuaginta, quando se traduz a palavra hebraica *qahal*, que significa "assembleia". Como Paulo fala frequentemente da "igreja de Deus", é muito provável que tenha em mente esse fundo veterotestamentário.

Eis algumas ocorrências que podemos verificar. Paulo, escrevendo às igrejas da Galácia, diz: "Ouvistes falar do meu procedimento de outrora [...] eu persegui a Igreja de Deus" (Gl 1,13). Paulo começa suas cartas aos coríntios dirigindo-se "À igreja de Deus que está em Corinto" (1Cor 1,2; 2Cor 1,1). Ele corrige energicamente um comportamento indigno dessa comunidade ao questionar: "ou desprezais a Igreja de Deus, e quereis afrontar os que não têm nada?" (1Cor 11,22). Para fundamentar aos coríntios a fé na ressurreição, Paulo diz ser testemunha dela: "[Cristo ressuscitado] em último lugar apareceu também a mim, o aborto. Pois eu sou o menor dos apóstolos, que que não sou digno de ser chamado apóstolo porque persegui a Igreja de Deus" (1Cor 15,9). Aos pastores das igrejas da Ásia, exorta: "Cuidai de vós mesmos e de todo o rebanho de cuja guarda o Espírito Santo vos constituiu responsáveis, apascentai a Igreja de Deus que ele adquiriu para si com seu próprio sangue" (At 20,28).

A expressão aparece tanto no singular – *Igreja de Deus* (cf. 1Cor 1,2; 2Cor 1,1; Gl 1,13) – quanto no plural – *Igrejas de Deus* (cf. Gl 1,2; 1Ts 2,14; 1Cor 10,16). Isso demonstra que, para Paulo, a Igreja universal está presente na comunidade local e esta, por sua vez, é parte da Igreja universal, de modo que não há muitas igrejas, mas uma só, a Igreja de Cristo, presente concretamente em muitas comunidades/assembleias (Schnelle, 2010). Outros termos próprios de Paulo para falar da Igreja são *os santos* (cf. 1Cor 1,2; 2Cor 1,1; Rm 1,7; Fl 1,1) e *os chamados*, vocacionados, eleitos (cf. 1Ts 1,4; 1Cor 1,26; Gl 1,6; Rm 1,6).

Preste atenção!

O chamado (ou eleição) e a santidade se completam. Na visão de Paulo, *chamado* e *santificação* formam uma unidade: "Chamados a ser santos com todos os que invocam, em todo lugar, o nome de nosso Senhor Jesus Cristo, senhor deles e nosso" (1Cor 1,2); "A todos os diletos de Deus que estão em Roma, aos santos pelo chamado de Deus, a vós, graça e paz da parte de Deus nosso Pai e do Senhor nosso Jesus Cristo" (Rm 1,7).

É preciso notar que encontramos também, por vezes, a expressão *Igreja de Cristo* (cf. Gl 1,22; Rm 16,16; Ef 5,23; Cl 1,18).

3.5.2 Metáforas usadas por Paulo para se referir à Igreja

São três as principais metáforas paulinas referentes à igreja: ela é constituída dos que vivem *em Cristo*, dos que formam o *corpo de Cristo* e dos que formam o *povo de Deus*. Elucidaremos brevemente o que cada uma significa.

Com a expressão *em Cristo*

Paulo designa a comunhão íntima e salvífica de cada cristão e de todos juntos com Jesus Cristo (Schnelle, 2010): "Se alguém está em Cristo, é uma nova criatura. O mundo antigo passou, eis que aí está uma realidade nova" (2Cor 5,17). O que é que revela que nós estamos em Cristo? Segundo Paulo, é a convivência concorde, explicitada nesta prática: um mesmo amor, um mesmo coração, tudo feito em busca da unidade, sem rivalidade, sem vanglória, mas com humildade, considerando-se os outros superiores, assim como fez Cristo em sua *kenosis* (cf. Fl 2,1-11).

Merece destaque o caminho do "estar em Cristo", apresentado em Gálatas (3,26-28). Nessa carta, Paulo trata do batismo como inserção em Cristo, a qual é comparada a um revestimento que coloca os batizados numa nova condição, a qual implica, como consequência, a prática de novas relações. Os revestidos de Cristo têm todos a mesma dignidade, de tal forma que se tornam unos em Jesus Cristo. Os elementos de discriminação dão lugar aos de comunhão, favorecendo a prevalência da irmandade universal.

A expressão corpo de Cristo

A cristologia prevalece sobre a eclesiologia (Schnelle, 2010). A Igreja nasce do corpo de Cristo entregue na cruz, em favor dos que agora se reúnem nele (cf. 1Cor 10,14-17). A convergência da comunidade com esse corpo, entregue por ela, é fundamental em todas as relações. A Igreja é e precisa ser o corpo do qual Cristo é a cabeça, constituído por Deus Pai (cf. Ef 1,22-23; 4.15-16; 5.23-24; Cl 1,18). Paulo ocupa quase um capítulo inteiro na Primeira Carta aos Coríntios para fundamentar a necessidade de comunhão: "Façamos uma comparação: o corpo é um e, no entanto, tem vários membros; mas todos os membros do corpo, não obstante o seu número, formam um só corpo; o mesmo acontece com o corpo de Cristo" (1Cor 12,12). A unidade dos membros só acontece em sua ligação obediente a Cristo, no qual todas as necessidades, de cada membro, são supridas. Um membro não supre o outro por si só, mas somente em Cristo, o qual pode dar a plenitude da realização. O exemplo do corpo humano explicitado por Paulo é fantástico, pois nenhum ser humano pode dizer que não tem a experiência de ser corpo e alegar desconhecimento de seu funcionamento. "Ora, vós sois o corpo de Cristo, e sois os seus membros, cada um no que lhe cabe" (1Cor 12,27). A metáfora é importante para fundamentar a unidade na diversidade, necessária para formar o corpo de Cristo e correspondê-lo.

A ligação entre as expressões *em Cristo* e *corpo de Cristo* se verifica na comunhão harmoniosa dos membros, isto é, da Igreja. Aí está o grande desafio enfrentado por Paulo para estabelecer relações dignas do corpo de Cristo na Igreja de Corinto (cf. 1Cor 1,13; 6,15-20; 10,17).

A esse respeito, Schnelle (2010, p. 727) comenta: "O corpo de Cristo é preexistente em relação a seus membros. Ele não é formado por decisões e associações humanas, mas é preestabelecido". Afinal, ser membro do corpo de Cristo não depende somente de um querer humano, mas de um chamado e da obediência a ele. Não nos tornamos membros da Igreja por iniciativa própria, mas de Deus. Nossa resposta foi positiva, o que resultou num engajamento. Para muitos de nós, a resposta foi de nossos pais ou familiares, que a deram em nosso nome.

O cristão é integrado a esse corpo que já existe por meio do batismo, que é o lugar histórico da admissão a esse corpo e expressão real da comunidade que se fundamenta em Cristo (Schnelle, 2010). A Igreja é o corpo do Cristo exaltado, e seus membros precisam viver já, nesse momento, tal dimensão (cf. 1Cor 6,15). Para Paulo, nem o Crucificado (cf. Rm 7,4) nem o Exaltado (cf. Fl 3,20-21) existem sem corpo. Esse corpo visível é a Igreja.

A expressão povo de Deus

Essa expressão tem a ver com a relação de continuidade e descontinuidade que Paulo estabelece entre o povo eleito do Antigo Testamento e os cristãos. Provavelmente por isso, o termo ocorre quase exclusivamente na Carta aos Romanos, em que Paulo mostra, mediante as palavras do profeta Oseias (2,25), o anúncio do que está acontecendo: "Aquele que não era meu povo, eu o chamarei Meu Povo e a que não era amada, a chamarei Amada". Em seguida, ele recorre ao profeta Isaías (10,22), no qual se declara: "Mesmo que o teu povo, ó Israel, fosse como a areia do mar, só um resto retornará" (cf. Rm 9,25-33). Deus não rejeitou Israel, seu povo, mas não veio só para Israel (cf. Rm 11,1-24). O Povo de Deus do Antigo Testamento seguia Moisés e estava fundamentado na lei. O novo Povo de Deus segue Cristo e está fundamentado no Espírito (cf. 2Cor 3,1-18; Rm 11,1-24).

Ser Igreja, para Paulo, é participar do evento Cristo, que toma sua forma na comunidade, pois ela está construída sobre o único fundamento: Jesus Cristo (cf. 1Cor 3,11). A diversidade dos membros da comunidade encontra convergência na base, que é para todos a mesma:

Cristo Jesus. A Igreja edificada em Cristo é preservada, permanece e chega à plenitude por Cristo e com Cristo. Assim, "o comportamento de Jesus torna-se, para Paulo, o princípio estrutural de sua eclesiologia" (Schnelle, 2010, p. 732).

O que Cristo faz? Coloca-nos no caminho da salvação, "porque Deus não nos destinou a experimentar a sua ira, mas a possuir a salvação" (1Ts 5,9). Jesus nos reconciliou com Deus (cf. 2Cor 5,18-21 e Rm 5). Como Paulo esclarece aos romanos: "Assim como pela desobediência de um só homem (Adão) a multidão se tornou pecadora, assim também, pela obediência de um só (Cristo), a multidão se tornará justa" (Rm 5,19). Afinal, onde o pecado foi abundante, a graça é superabundante. Não há comparação entre graça e pecado. Pela justiça, a graça reina para a vida eterna (cf. Rm 5,20-21).

3.5.3 O pecado superado, mas não aniquilado

A Igreja é a comunidade dos que superaram o pecado. No entanto, isso não é o bastante: é necessário manter ativa a superação – daí a insistência de Paulo sobre as práticas dos cristãos. É o que ele faz em todas as suas cartas. Aos filipenses, pede que tomem como modelo Cristo servidor (cf. Fl 2,1-11). Aos tessalonicenses, faz, pelo menos, dez exortações (1Ts 5,11-22), pela comunhão entre os membros e, consequentemente, a perseverança em Cristo por ocasião de sua vinda (cf. 1Ts 5,23).

Os membros das igrejas, não só de Tessalônica, precisam exercitar a corresponsabilidade tanto quando erram quanto quando sofrem (cf. 1Ts 5,14; Gl 6,1-2; Rm 15,4-6). Preserva a identidade cristã quem não busca satisfazer os próprios interesses (cf. 1Ts 4,6; 1Cor 10,24.33; 2Cor 5,15; Rm 15,2-3; Fl 2,4). O interesse dos membros da Igreja de

Cristo precisa estar centrado nele. E isso não só dentro de uma mesma comunidade, mas também entre elas (cf. 2Cor 8,13-14). O amor é a via excelente da vida da Igreja. Ele é por todos, para todos; e identifica e qualifica os fiéis em Cristo (1Cor 12,31-13,8a).

3.5.4 Um novo culto

O novo culto sacrificial acontece agora de um jeito novo, conforme Paulo exorta os diletos de Deus que estão em Roma (cf. Rm 12,1-2). O objetivo do apóstolo é, antes de tudo, chamar a atenção sobre o que deve ser sacrificado no novo culto: os corpos. Está claro que alguém não vai se debruçar e se matar sobre o altar. O que ele pede é que nas relações diárias tenhamos atitude ofertante. Enquanto nos relacionamos, damos um pouco de nós mesmos, do nosso ser, mais especificamente de nossos corpos, que é nossa realidade palpável. Se antes o sacrifício devia ser oferecido em lugar santo, separado do cotidiano e com material purificado, em Cristo o lugar santo se torna o cotidiano. Se antes, como fariseu, Paulo queria estender a observância da lei para todo o judeu, após a Revelação ele procura estender a consagração, expressa na santidade do culto, às relações do dia a dia (Dunn, 2003).

3.5.5 A Igreja, templo de Deus

Tratando do significado do ministério apostólico no seio da Igreja cristã, Paulo apela pela unidade. Por que isso? Porque a divisão é prova de ignorância e sinaliza a continuidade no mundo pagão. Na Igreja de Cristo, cada um exerce sua função para o bem comum, isto é, o bem de todos. Mesmo a ação individual precisa ser edificadora do corpo como um todo. Se antes o templo era um lugar de reunião, agora ele é a própria reunião.

O que é o Templo de Deus? "Acaso não sabeis que sois o templo de Deus e que o Espírito Santo de Deus habita em vós? Se alguém destrói o templo de Deus, Deus o destruirá. Pois o templo de Deus é santo e esse templo sois vós" (1Cor 3,16-17). Paulo não trata aqui de cada indivíduo cristão, mas da comunhão dos indivíduos que, infelizmente, não está acontecendo. A divisão destrói o templo de Deus. Sagradas e/ou consagradas são as pessoas que se entregam a Cristo. O apóstolo conclui essa parte com categórica afirmação, indicando a meta da Igreja: "Ninguém fundamente seu orgulho em homens, pois tudo vos pertence: Paulo, Apolo, Cefas, o mundo, a vida, a morte, as coisas presentes e futuras. Tudo é vosso, mas vós sois de Cristo e Cristo é de Deus" (1Cor 3,21-23).

Em novo contexto, Paulo aborda a realidade do corpo pessoal de cada cristão. No capítulo 3 da Primeira Carta aos Coríntios, ele resolveu o problema dos grupos que geravam divisões no conjunto da Igreja. Agora, no capítulo 6 (1Cor 6,12-20), ele retoma o problema da imoralidade enfrentado no capítulo anterior (1Cor 5,1-13), dando fundamentação eclesiológica. A liberdade cristã referente às relações sexuais tem um alicerce muito diferente da liberdade grega, porque o cristão, pelo batismo, recebeu o Espírito Santo e é, portanto, habitado pelo Espírito (não se pertence mais). O corpo humano já foi resgatado. Fornicação e prostituição são condições decaídas (cf. 1Cor 6,12-19). Nesse sentido, a liberdade do indivíduo cristão é a liberdade em Cristo, e não a liberdade em si mesmo.

Mais adiante, na Segunda Carta aos Coríntios, Paulo aborda novamente a questão da **identidade cristã**. Não há como o cristão fazer média com a vida pagã. A Igreja não pode ser, ao mesmo tempo, do Deus vivo e do deus morto (ídolo). Ele convoca a assumir a identidade cristã, pois Deus não habita uma edificação feita para si, e sim o corpo humano, em cada pessoa (cf. 2Cor 6,16). O nosso fim está além:

"A nossa pátria está nos céus, onde esperamos como Salvador o Senhor Jesus Cristo que há de transfigurar nosso corpo humilhado, para torná-lo semelhante ao seu corpo glorioso [...]" (Fl 3,20-21).

Também o sacerdócio na Igreja tem outra forma: "Vos escrevi, e em parte com certa ousadia, mais no sentido de avivar a vossa memória, em virtude da graça que me foi concedida por Deus, de ser ministro de Cristo junto às nações, a serviço do evangelho de Deus, a fim de que as nações se tornem oferta agradável, santificada pelo Espírito Santo" (Rm 15,15-16).

Por meio da pregação, o apóstolo conduz os pagãos à obediência da fé (cf. Rm 15,18), já anunciada e consolidada em Romanos (1,5; 16,19), e assim fez deles um dom agradável oferecido a Deus (cf. Rm 15,19). Paulo é, numa palavra, o sacerdote de uma nova liturgia.

Vale ainda ressaltar a importância das igrejas domésticas na eclesiologia paulina – aquelas que se reúnem na casa de Áquila e Priscila, Filólogo e Júlia, Gaio etc. (cf. 1Cor 16,19; Rm 16,5.16.23). Paulo também fala da reunião de toda a Igreja, que pode se tratar de uma grande assembleia em que comparecem as várias igrejas domésticas (1Cor 14,23; Rm 16,23).

Síntese

Neste capítulo, abordamos os aspectos inovadores da teologia de Paulo, que, mediante o diálogo com as igrejas, foi moldada pela interação das histórias de Israel e de Cristo. Nesse sentido, ressaltamos o uso de palavras-chaves introduzidas por Paulo, tais como *evangelho*, *graça* e *amor*, as quais permanecem até hoje com todo o vigor.

Conforme esclarecemos, o termo *Evangelho* é visto como sinônimo da boa nova de Jesus Cristo – referente à sua morte e ressurreição. O termo *graça*, por sua vez, refere-se ao caráter da ação de Deus em favor da humanidade. A graça é a iniciativa absolutamente gratuita de

Deus, sem mérito algum por parte do ser humano. Já o termo *amor* é visto como motivador da doação divina e, portanto, um aspecto importante da vida humana: "A esperança não engana, pois o amor de Deus foi derramado em nossos corações pelo Espírito Santo que nos foi dado" (Rm 5,4). Portanto, estamos capacitados para amar, mesmo com todos os desafios que devemos enfrentar, pois só o amor permanece (cf. 1Cor 13,1-8).

Na sequência, demonstramos que a teologia de Paulo enfrenta todas as realidades humanas, inclusive no sentido profundamente negativo do pecado e da morte, fazendo prevalecer sempre o lado positivo. Paulo procura colocar a pessoa relacionada a Deus em todas as situações de sua existência. Ele trabalhou cuidadosamente a distinção entre as realidades corporal e carnal do ser humano para não colocar em prejuízo a criação, em que se destaca o sentido positivo do corpo físico, mesmo com sua fragilidade; entretanto, isso foi alterado ao longo dos tempos. Essa falta de perseverança na fonte veio em prejuízo de uma boa antropologia cristã.

Por fim, examinamos a imagem do corpo de Cristo na eclesiologia paulina, que ainda continua forte na atualidade, mostrando que os membros da Igreja, como todos os membros de um corpo humano, recebem a graça específica para contribuir em benefício do todo, realizando a unidade na diversidade. A diferença não é problema, é graça. Paulo é incansável no esforço para desfazer todo o fanatismo que vem em prejuízo da comunhão e da universalidade.

Atividades de autoavaliação

1. As principais características do estilo paulino são:
   a) a preocupação com os destinatários.
   b) a positividade em relação à salvação.
   c) a qualificação teológica e religiosa do remetente e do destinatário das cartas, as fórmulas litúrgicas apresentadas no endereço

e na conclusão das cartas, as apologias e o recurso à Sagrada Escritura.
d) a insistência sobre o tema tratado.
e) a necessidade de se vangloriar pela condição de apóstolo.

2. A teologia paulina é identificada como:
   a) um diálogo que recomeçou com uma avaliação radical da herança judaica.
   b) um confronto entre a compreensão da fé judaica e a compreensão cristã.
   c) uma purificação do panteísmo do mundo pagão.
   d) uma teologia construída em diálogo com as igrejas necessitadas de uma fundamentação mais consistente da fé cristã.
   e) uma teologia mais preocupada com Deus em si mesmo e menos focada nas relações entre Deus e a humanidade (e vice-versa).

3. O elemento mais central da cristologia paulina é:
   a) a experiência do Ressuscitado feita por Paulo e a convicção de que o Crucificado foi ressuscitado por Deus.
   b) o senhorio universal de Jesus.
   c) a salvação operada por meio de sua morte.
   d) o anúncio do Evangelho aos pagãos.
   e) a não preexistência de Cristo.

4. A principal característica da antropologia de Paulo é:
   a) a distinção entre as várias dimensões do ser humano.
   b) a estreita relação entrelaçada com a teologia.
   c) a superação dos instintos egoístas.
   d) a libertação operada no corpo de Cristo.
   e) a impossibilidade de os crentes experimentarem uma nova existência por causa do pecado.

5. A principal figura de identificação da Igreja usada por Paulo é:
   a) templo de Deus.
   b) edifício espiritual.
   c) corpo de Cristo.
   d) povo de Deus.
   e) raça eleita e sacerdócio santo.

Atividades de aprendizagem

Questões para reflexão

1. Levando em conta o tema da graça de Deus, tratado na Seção 3.2.3, responda: Podemos considerar que essa graça é experimentada nos dias de hoje? De que modo ela se torna concreta? Recorra aos textos bíblicos citados na seção indicada para elaborar um texto reflexivo.

2. Com base no tema do pecado e da morte (tratado especialmente na Seção 3.4.2) e no tema do espírito (Seção 3.4.3), quais são os efeitos do pecado na atualidade e os desafios de superação no cultivo do Espírito? Elabore um texto reflexivo para responder à questão.

Atividade aplicada: prática

1. Assista ao filme *Pedro e Paulo, coragem e fé* e compare-o à história de, pelo menos, três pessoas que, em nosso tempo, têm dado sua vida por causas humanitárias e para pregar o Evangelho. Elabore um relato.

   PEDRO e Paulo, coragem e fé. Direção: Robert Day. EUA: Vision Video, 1981. 198 min.

4 As cartas atribuídas a Paulo[1]

---
[1] Todas as passagens bíblicas indicadas neste capítulo são citações de Bíblia (1994).

Neste capítulo, trataremos das demais cartas que aparecem no *Corpus Paulinum*, as quais são encaradas pela maioria dos estudiosos como inspiradas em Paulo, e não como de sua autoria. Também abordaremos as situações das comunidades e as motivações e os conteúdos desses escritos.

Fazem parte deste capítulo sete cartas: (1) a Carta aos Efésios, (2) a Carta aos Colossenses, (3) a Segunda Carta aos Tessalonicenses, (4) a primeira e (5) a segunda cartas dirigidas a Timóteo, (6) a carta endereçada a Tito e (7) a Carta aos Hebreus. No caso das três primeiras, a discussão referente à autoria de Paulo ainda continua. As cartas dirigidas a Timóteo e a Tito (chamadas *cartas pastorais*), por sua vez, já são admitidas como deuteropaulinas. A Carta aos Hebreus, embora continue entre os escritos paulinos, certamente é de outro autor.

Segundo Reinaldo Fabris (1992), é possível que, no final do século I, o epistolário paulino fosse conhecido e utilizado pelas igrejas da Ásia Menor, ambiente onde provavelmente se desenvolveu a tradição ou escola paulina. Para conservar vivos os ensinamentos de Paulo, seus discípulos recorreram à **pseudonímia** ou **pseudoepigrafia**, isto é, falar ou escrever às comunidades em nome de Paulo, aproveitando para aplicar às novas situações das Igreja ensinamentos que derivavam dele.

No meio desses escritos, encontramos continuidade e também novidades em relação às cartas próprias de Paulo. Nessas cartas, a Igreja local tende a se tornar universal, assim como as soluções específicas de organização de uma comunidade tendem a tomar forma de disciplina e instituição eclesial. Há um deslocamento da relação polêmica entre Evangelho e lei para novos problemas de sincretismo religioso e desvios que ameaçam a unidade e a credibilidade da Igreja.

Assim, pela indiscutível autoridade e estima de Paulo, as cartas aos efésios, aos colossenses, a Timóteo e a Tito, embora sejam de um período mais tardio, trazem o nome do apóstolo em sua introdução, praticamente do mesmo modo que em seus escritos: "Paulo, apóstolo de Jesus Cristo pela vontade de Deus..." (Ef 1,1; Cl 1,1; 1Tm 1,1; 2Tm 1,1; Tt 1,1). As introduções das outras cartas são mais criativas (cf. 1Ts 1,1; 2Ts 1,1-2; 1Cor 1,1-3; 2Cor 1,1-2; Gl 1,1-5; Rm 1,1-7; Fl 1,1-2; Fm 1-3).

Nas cartas aos efésios e aos colossenses, a figura de Paulo é idealizada nos modelos de ministro do Evangelho (cf. Ef 3,7; Cl 1,23.25) ou de prisioneiro de Cristo/Senhor (cf. Ef 3,1; 4,1; 6,19-20; Cl 4,3.18). A figura dele, o mártir do Evangelho, dá autoridade às instruções transmitidas em seu nome.

Já nas três cartas pastorais, a autoridade do apóstolo é invocada para estabelecer a organização social e para desmascarar os dissidentes que ameaçavam a integridade da fé e da práxis cristã (cf. 1Tm 1,3-7.18-20; 6,3-10; 2Tm 3,1-17; Tt 1,10-16).

Para Barbaglio (2017b), as cartas aos efésios, aos colossenses, (segunda) aos tessalonicenses e as pastorais foram escritas por outras pessoas que, para divulgar os escritos, as colocaram sob o prestigioso nome de Paulo. Isso, porém, não diminui de modo algum o seu valor inspirador. As cartas permanecem sendo Palavra de Deus para todos os cristãos.

As cartas perdidas

Algumas notícias encontradas nas cartas que temos hoje nos levam a crer que outras foram escritas e não se encontram na literatura conhecida. Na Primeira Carta aos Coríntios (5,9), Paulo nos dá notícias de ter escrito à comunidade antes. Sendo assim, a primeira carta que temos não é realmente a primeira. Onde se encontra a outra? Até agora é um mistério. Na Segunda Carta aos Coríntios (2,4), o apóstolo diz ter escrito uma carta em lágrimas para que eles soubessem do amor transbordante que tinha por eles. Onde está essa carta? Não temos resposta. Na Carta aos Colossenses (4,16), o autor pede que, após lerem a carta, passem-na aos cristãos de Laodiceia e tomem também conhecimento da carta endereçada a essa comunidade. Onde se encontra a carta aos laodicenses? Ninguém sabe.

4.1 Carta aos Efésios

A Carta aos Efésios foi admitida sem questionamentos no cânon bíblico até o ano de 1792, quando E. Evanson duvidou de que ela tivesse sido escrita por Paulo. Num primeiro momento, a discussão sobre a autoria se dividiu entre a maioria dos estudiosos católicos, que afirmava a autoria paulina, e os estudiosos protestantes, que a negavam (Fabris, 1992). A não autoria de Paulo, porém, em nada afetou a inspiração escriturística. A carta é canonicamente admitida como inspirada por Deus.

Depois de Romanos, a Carta aos Efésios é a escrita paulina que apresenta maior unidade interna, com assunto bem organizado e em sequência. Por outro lado, é a menos apegada a situações particulares de pessoas ou comunidades. Isso criou muita discussão entre os estudiosos. Eles não estão de acordo sobre dois pontos básicos: (1) Para quem a carta foi escrita? e (2) Quem a escreveu?

4.1.1 Para quem a carta foi escrita?

É difícil saber exatamente para que comunidade a carta foi escrita, visto que nas cópias mais antigas se diz simplesmente "aos santos e fiéis em Jesus Cristo". Mais tarde, no século II, encontramos o seguinte: "aos santos e fiéis em Jesus Cristo que estão em Éfeso". Marcion (85-160) afirma que encontrou essa carta com o seguinte endereço: "aos santos e fiéis em Jesus Cristo que estão em Laodiceia". Ninguém duvida de que a carta seja para cristãos, mas é difícil saber de que comunidade.

Atualmente, a explicação mais aceita pelos estudiosos é de que essa não seja uma simples carta, mas um documento para ensinar a doutrina cristã, escrito a todas as comunidades da região do Vale do Rio Lico, na Ásia Menor. Ali existiam comunidades em Colossos, Laodiceia, Hierápolis, Éfeso e outras – a carta seria para todas elas. Além disso, em Colossenses (4,16) se diz: "depois que esta carta tiver sido lida entre vós, fazei-a ler também na Igreja de Laodiceia. Lede também vós a que escrevi aos de Laodiceia". Essa informação mostra o intercâmbio de cartas que pode valer também para os cristãos de Éfeso. Por isso, a carta pode ter sido escrita sem um endereço definido, assim como pode ter sido multiplicada com espaço para se colocar o nome da comunidade que recebesse (Fabris, 1992; Dacquino, 1984).

4.1.2 Quem escreveu, onde e quando?

Este é outro ponto que já rendeu boas discussões. A carta começa assim: "Paulo, apóstolo de Jesus Cristo pela vontade de Deus, aos santos e fiéis em Jesus Cristo" (Ef 1,1). No entanto, o estudo literário da carta tem levantado dúvidas considerando particularmente três pontos: o **estilo de Paulo**, as **novas terminologias** e os **semitismos**.

Paulo, do jeito espontâneo que era, não teria aguentado escrever de maneira tão professoral, sem descer a particularidades de sua vida e da vida da comunidade. Nessa carta, parece que ele está falando para desconhecidos. Sabe-se, porém, que ele viveu em Éfeso vários anos. Com relação à terminologia, a carta contém um bom número de palavras novas que não se encontram nas cartas sabidamente escritas por Paulo. São palavras usadas muito mais tarde, depois dos anos 80. A carta está cheia de semitismos, isto é, o jeito hebraico de escrever, embora esteja em grego. Nas outras cartas de Paulo, isso aparece bem menos. Por essas razões, Kasemann, Kümmel, Genilka, Barth e outros estudiosos afirmam que não foi Paulo o autor da Carta aos Efésios (Dacquino, 1984).

Já estudiosos como Schlier, Dacquino, Dibelus e Percy, que seguem a tradição, afirmam que o autor é Paulo, apóstolo, prisioneiro de Cristo, conforme se apresenta em Ef 1,1, Ef 3,1 e Ef 4,1. De acordo com essa vertente, ele escreveu a carta às comunidades da região de Éfeso, por onde Tíquico devia passar, quando estava preso em Roma, no anos 61 ou 63. Ele escreveu para dar notícias suas e orientar as comunidades sobre a vida com Cristo e a união da comunidade cristã (que é a Igreja).

Segundo Fabris (1992), o escrito aos efésios não é de Paulo. Ele considera a carta em si mesma e a compara com as demais, especialmente na dimensão teológica, observando a evolução bastante radical de alguns temas centrais na reflexão paulina, como a salvação e a justificação por meio da fé, a visão da Igreja e a relação salvífica entre Israel e os gentios.

Considerando-se que a carta não faz menção alguma a perseguições, coisa que aconteceu em Éfeso e toda a região no tempo de Domiciano (81-96), especialmente nos últimos anos de seu governo, pode-se datar o escrito na década de 80 do século I, tendo como local também Éfeso ou alguma comunidade dos arredores.

4.1.3 Características literárias

Tirando o endereço e a saudação final, o texto nada tem de gênero epistolar – mais parece um discurso ou uma homilia dirigida a ouvintes hipotéticos. Nos primeiros três capítulos prevalece um estilo expositivo, no qual predominam os verbos no indicativo; e nos últimos três, a exortação, com os verbos no imperativo (Fabris, 1992). Assim, a carta pode claramente ser repartida em duas partes: a primeira dentro de uma estrutura litúrgica, na qual foram inseridas reflexões teológicas e espirituais (cf. Ef 1,3-3,21); e a segunda, numa estrutura catequética, com uma articulação mais descontinuada em que predominam exortações práticas (cf. Ef 4,1-6.25-32;5,3-5.8; 5,21-6,9; 6,10-17).

Entre as particularidades estilísticas de Efésios, segundo Fabris (1992), podemos destacar seis pontos:

1. a repetição mediante a junção de sinônimos (Ef 1,3-14.19; 2,19);
2. o acúmulo de genitivos nominais (cerca de 15 – cf. Ef 6,10);

3. a grande frequência do adjetivo *tudo/todo* (cerca de 50 vezes – Ef 1,11.21.22; 2,3.21; 3,8.15.18 etc.);
4. a busca de efeito mediante a assonância de vocábulos com consoantes iguais ("a plenitude daquele que plenifica" – Ef 1,23; "plenificados em toda a plenitude" – Ef 3,19);
5. o paralelismo e o ritmo lógico pelo qual o mesmo vocábulo ou tema retorna mais vezes (*pro* – Ef 1,4.5.11; *paz* – Ef 2,14-18; *luz/trevas* – Ef 5,8-13);
6. a ausência de perguntas retóricas ou de diálogos.

Efésios tem cerca de 40 vocábulos novos, os quais só encontramos nesse escrito do Novo Testamento. Muitos deles, porém, podem ser vistos na tradução grega do Antigo Testamento, a Septuaginta.

Na Carta aos Efésios, diferentemente de Gálatas e Romanos, há somente uma citação explícita do Antigo Testamento (Ef 4,8 = Sl 68,19), mas o uso de terminologias e imagens bíblicas é mais frequente. Por exemplo, em Éfesos (1,22) está o Salmo (8,7); em Éfesos (2,17) aparece o profeta Isaías (57,19); em Éfesos (4,25) se sobressai o profeta Zacarias (8,16); em Éfesos (4,26) está o Salmo (4,5); em Éfesos (5,31) se encontra Gênesis (2,24); em Éfesos (6,2) há Provérbios (5,20); e em Éfesos (6,14) está Isaías (59,17).

O ambiente cultural e religioso da carta

Esse é também um tema bastante discutido. Conforme Fabris (1992), para alguns estudiosos a chave hermenêutica da Carta aos Efésios deve ser buscada em ambiente gnóstico; para outros, na filosofia estoica; para outros, ainda, o escrito se insere no veio da tradição judaica, nesse tempo articulada em diversas correntes – farisaica da Palestina, apocalíptica de Qumran, helenista relacionada a Fílon de Alexandria. No entanto, a carta só pode ser entendida no ambiente da tradição cristã, pois os grandes temas do escrito estão em harmonia com o núcleo da fé cristã (Fabris, 1992). O grande tema da Igreja como "corpo de Cristo", presente aqui, tem antecedentes nos escritos de Paulo, especialmente na Primeira Carta aos Coríntios (capítulos 10 a 14). Assim, as novidades linguísticas da Carta aos Efésios e as correspondentes concepções podem ser explicadas pela influência de um contexto religioso e cultural que se desenvolve no limite entre o ambiente bíblico judaico, de um lado, e o helenista estoico, de outro (Fabris, 1992).

4.1.4 Por que a carta foi escrita?

Não é tarefa fácil estabelecer o objetivo da carta, mas uma leitura atenta pode ajudar a descobrir a intenção do autor. Nisso, três temas se destacam: a preocupação com a paz, o papel do Ressuscitado e a práxis cristã cotidiana.

O **desejo de paz** faz parte da saudação inicial (Ef 1,2). No segundo capítulo, o autor explicita que a paz é Cristo. É nele que a unidade acontece. Aqui, paz e unidade se entrelaçam: onde há unidade, há paz e vice-versa (cf. Ef 2,14.15.17.18). A paz e a unidade são frutos da reconciliação atuada no sangue de Cristo que, em seu corpo, uniu os povos separados, matando a inimizade por meio da cruz. Mas Cristo não é o único protagonista da paz constituída pela unidade. Os cristãos precisam coparticipar, por isso a exortação: "procurai conservar a unidade do Espírito pelo vínculo da paz" (Ef 4,3).

Um sério inimigo da verdade é a mentira, que é um instrumento de perturbação, pois um corpo dividido é um corpo doente – daí a exortação: "Abandonai a mentira e falai a verdade cada um a seu próximo, porque somos membros uns dos outros" (Ef 4,25). O zelo pela paz convoca os fiéis a assumirem a condição de soldados, revestidos com a armadura de Deus (cf. Ef 6,11.13). As armaduras para se defenderem nessa luta são: a couraça da justiça (cf. Ef 6,14), a sandália do zelo (cf. Ef 6,15) e o capacete da salvação aliado à espada do Espírito, que é a Palavra de Deus (cf. Ef 6,17). Munidos desses instrumentos, a unidade e a paz estão garantidas. Finalmente, o autor conclui o escrito desejando a paz (cf. Ef 6,23). Ora, o que poderia estar por trás dessa vigorosa insistência? Certamente tensões e conflitos entre as diferentes procedências dos membros que compunham a Igreja: os de origem judaica e os de origem pagã, conforme explicitado em Ef 4,18.

Outro elemento que merece destaque é a **insistência sobre o papel de Cristo ressuscitado como único Senhor**. Segundo Fabris (1992), isso levanta a suspeita de que as comunidades ou membros dela estavam correndo risco de influências místicas e esotéricas, algo que estava criando um clima favorável ao sincretismo religioso, conforme a exortação de Ef 4,14-17.

A terceira preocupação do autor, que emerge no escrito aos efésios, diz respeito à **práxis cristã cotidiana**, em vista do amadurecimento da comunidade. O desafio está na perseverança nos compromissos batismais, que precisam ser vividos nas relações familiares e sociais (cf. 5,21-6,9). Considerando a exortação em Ef 6,10-17, é bem possível que os fiéis estivessem numa ilusão de tipo triunfalista, isto é, pensando que pela iniciação feita já estivessem seguros da vitória em Cristo e na vida eterna (Fabris, 1992).

4.1.5 Tema

O eixo em torno do qual gravita o interesse da Carta aos Efésios é Jesus Cristo e a Igreja, em que ele é a "cabeça" e ela, o "corpo". Encontramos 46 vezes o termo *Cristo* nessa carta: 20 vezes sozinho e 26 vezes associado a Jesus ou Senhor. A palavra aparece 529 vezes em todo o Novo Testamento, o que significa que temos um percentual de 8,69% num escrito de apenas seis capítulos. As maiores incidências estão no primeiro capítulo, introdução do tema; e no quinto capítulo, que trata da aplicação exortativa. Por sua vez, a palavra *corpo*, termo caracteristicamente paulino – pois 53,52% das ocorrências dessa palavra está nos escritos de sua autoria –, aparece em Efésios 9 vezes, distribuído ao longo de cinco capítulos (cf. Ef 1,23; 2,16; 3,6; 4,4.12.16; 5,23.28.30), com predominância na parte exortativa. O mesmo número de vezes ocorre o termo *igreja*, correspondendo a quase 8% das ocorrências no Novo Testamento (cf. Ef 1,22; 3,10.21; 5,23.24.25.27.29), com grande concentração na parte exortativa, isto é, no comportamento eclesial.

A Igreja é o Corpo de Cristo

Cristo é a cabeça da Igreja, que é seu corpo. Paulo ensina que Deus nos fez conhecer o mistério da sua vontade por intermédio de Jesus Cristo. A vontade de Deus é esta: "Unir sob uma cabeça todas as coisas em Cristo, tanto as que estão no céu quanto as que estão na terra" (Ef 1,10).

Por que Deus revelou isso? Porque Ele nos ama. Não é porque merecemos nem por causa das nossas obras. Por melhor e mais perfeitas que sejam, as coisas que fazemos não obrigam Deus a nada, porque Ele nos deu, antes, a capacidade de fazer e, fazendo, só estamos reconhecendo e agradecendo a capacidade que Ele nos ofereceu. O tema já havia sido abordado nos capítulos 3 e 6 da Carta aos Romanos. Por Jesus Cristo e pelo seu Evangelho, Deus nos fez sua propriedade e sua herança (cf. Ef 1,11-14); passamos, agora, a fazer parte da família divina.

A essa altura, o autor faz uma pausa para uma prece a Deus pelos destinatários da carta (cf. Ef 1,15-19). Ele pede ao Pai de Jesus Cristo que dê sabedoria e ilumine os olhos do coração para que eles consigam compreender a qual esperança foram chamados. Que esperança? A de ressuscitar como Jesus ressuscitou e de sentar ao lado do Pai, nos céus, como Cristo sentou. Paulo reza para que os cristãos possam entender isso, pois é algo tão grande, tão profundo e tão diferente do pensamento humano, que se torna até difícil imaginar, mas é a grande verdade.

Jesus Cristo veio trazer a todos a possibilidade de ressuscitar e participar de seu reinado na glória do Pai. O autor insiste mostrando que só por Cristo, na comunhão com ele, é possível ressuscitar e reinar. Esse assunto já havia sido abordado no capítulo 12 da Primeira Carta aos Coríntios. Ali está bem explicado o que se entende quando se diz que a Igreja é um corpo. Em Efésios, insiste-se na dimensão capital da Igreja: Cristo é a cabeça desse corpo. Os dois textos se complementam muito bem. Assim como o corpo não funciona nem vive sem cabeça, também a Igreja (comunidade) não funciona nem existe sem Jesus Cristo. É puro engano e perda de tempo querer reunir o povo e estabelecer uma igreja com outra cabeça que não seja o Cristo morto e ressuscitado.

Não é possível falar de Igreja sem tratar da unidade (cf. Ef 2,11-22), tema também abordado nas cartas dirigidas aos gálatas, aos coríntios e aos romanos. Jesus Cristo derrubou o muro que separava os judeus dos pagãos; Ele veio para todos, deu chance a todos. Ninguém pode impedir alguém de se tornar membro da Igreja e se fazer cristão. É em Jesus Cristo que o povo se une, a comunidade cresce e a Igreja faz acontecer o Reino de Deus.

Essa história de os pagãos terem o mesmo direito que os judeus de herdar o Reino de Deus é mistério revelado a Paulo pelo próprio Cristo. O mistério é este: "Que os pagãos são também herdeiros conosco e membros de um mesmo corpo, coparticipantes das promessas em Cristo Jesus mediante o Evangelho" (Ef 3,6).

Da parte de Deus está tudo encaminhado, mas falta a parte humana. Deus fez a pessoa livre, colocou tudo à disposição como uma grande proposta; agora, é preciso que cada um responda. O autor trata disso na segunda parte da carta.

O comportamento de quem acolheu Jesus Cristo

Nesse aspecto, o autor mostra o que diferencia os cristãos das outras pessoas. Qual é o comportamento de quem leva Deus a sério? Não se trata do comportamento individual, pessoal, mas, acima de tudo, do comportamento em comunidade. Ele exorta à paciência, humildade, caridade e mansidão de uns para com os outros. Ele pede a unidade de espírito na paz e também que sejam um só corpo e um só espírito. Tudo isso tem uma razão. É porque só existe um Deus, Pai e Senhor de tudo, um só Cristo, uma só fé e um só batismo (cf. Ef 4,1-8). Portanto, a unidade necessária é perfeitamente possível.

O autor deixa mais claro o que quer dizer quando chama a atenção sobre a vida passada daqueles que agora são cristãos. Antes eles estavam cheios de vícios (prostituição, impureza, vaidade, mentira, roubo, palavras maldosas, dureza, briga, raiva, gritaria e todo tipo de malícia), os quais não os deixavam viver em paz e união. Eles abandonam essas práticas para viver cheios de virtudes, passando a ter condições de viver em paz e união. Quem não é capaz de perdoar, de ser humilde, de ter paciência com os outros, não é pessoa de paz, não se comporta como membro do corpo de Cristo. Quem vive "saltando como macaco" de um deus para outro, de uma fé para outra, de um batismo para outro, não é digno de ser chamado *cristão*.

A união que precisamos cultivar na comunidade cristã não se manifesta pelo tipo de roupa que se veste, nem pelo corte de cabelo que se usa, nem pelo tipo de cantos ou festas que se faz. A união que prova que somos de Cristo e somos sérios é expressada pelo amor, pelo carinho, pela paciência e pelo compromisso que temos com os outros. A Igreja não é um clube dos que gostam das mesmas coisas, mas dos que se entregam ao mesmo Deus; é uma comunidade de fé.

A família

Da grande comunidade, o autor passa à pequena, que é a família (Ef 5,21-6,9). Ela é a primeira Igreja. É ali, nas relações entre esposos, pais e filhos e irmãos, que se aprendem os princípios da vida em comunidade. O segredo é o amor e a obediência entre todos. Não se trata de qualquer amor e obediência, mas daqueles vividos por Jesus Cristo e por Ele fecundados.

Às vezes, não aceitamos o jeito de um irmão, por exemplo, mas ele não é nosso irmão por acaso. Ele foi dado por Deus, e Deus não dá presente para estragar a vida de ninguém, mas para fazer o indivíduo crescer e ser feliz. Portanto, deve existir um jeito de viver bem com ele.

A instrução sobre a relação marido e mulher, passada aos cristãos da região de Éfeso, também é muito importante para os casais de hoje. Ali está claro que o marido deve buscar o bem e a felicidade da esposa, e ela, por sua vez, procurar fazer o marido feliz.

A carta termina recomendando seriedade na vida cristã e a união com Deus, pois, se a luta é dura, a vitória é certa, mas não será fácil de modo algum. Por isso, será necessário vestir o cinto da verdade, a couraça da justiça e calçar os pés com o zelo do evangelho da paz. A vitória é para quem tem, numa mão, o escudo da fé e, na outra, a espada do Espírito, que é a Palavra de Deus. A vitória é para quem carrega na cabeça o capacete da esperança (Ef 6,14-18).

4.2 Carta aos Colossenses e Segunda Carta aos Tessalonicenses

A Carta aos Colossenses e a Segunda Carta aos Tessalonicenses fazem parte do grupo em que a autoria de Paulo ainda é discutida. Vamos descrever brevemente a seguir o contexto em que essas cartas foram escritas, suas principais ênfases, entre outros aspectos.

4.2.1 Carta aos Colossenses

Essa carta tem um tom de universalidade em relação a Cristo. Poderíamos dizer que ela trata do Cristo cósmico enfrentando certa heresia que existe na cidade e daquelas forças agindo no universo. O autor exorta a Igreja ao discernimento dando um fundamento doutrinal e aplicando-o à vida cotidiana.

A Igreja de Colossos

A comunidade cristã de Colossos era relativamente pequena. A cidade era importante por estar situada na estrada militar e comercial que ligava Éfeso à Antioquia da Síria. Ali, havia uma famosa tinturaria da lã. Localizada a quase 200 quilômetros ao leste de Éfeso, Colossos perdeu importância quando Laodiceia, que ficava a 15 quilômetros, começou a crescer e se tornou importante, especialmente pelo comércio e pela fabricação de remédios. A mensagem à Igreja de Laodiceia em Ap 3,14-22 ajuda a perceber isso. Nos anos 60 e 61, a cidade foi destruída por um terremoto (Fabris, 1992).

Não foi Paulo quem fundou a Igreja de Colossos, mas um discípulo chamado Epafras (Cl 2,1; 1,7; 4,12-13), que também se empenhara pelos cristãos de Laodiceia e de Hierápolis. Os cristãos de Colossos eram, em sua maioria, de origem pagã (cf. Cl 1,21; 2,13). As reuniões litúrgicas aconteciam em residências, como a de Ninfas (cf. Cl 4,15) e de Filêmon (cf. Fm 2). Destacavam-se nelas alguns ministérios como o de Arquipo (cf. Cl 4,17), o de Epafras (cf. Cl 1,7; 4,12-13) e o de Tíquico (cf. Cl 4,7-8). O autor escreve a carta com base nas informações que recebeu de Epafras, que, ao que tudo indica, foi companheiro de serviço (cf. Cl 1,7-8). É Tíquico, outro ministro fiel companheiro de serviço, que, acompanhado de Onésimo, era o encarregado de levar a carta aos colossenses e acrescentar outras informações que se fizessem necessárias (cf. Cl 4,7-9).

Por que a carta foi escrita?

Segundo o autor da carta, há um perigo na comunidade: "Digo isto para que ninguém vos engane com argumentos capciosos" (Cl 2,4). "Tomai cuidado para que ninguém vos escravize por vãs e enganosas especulações da filosofia, segundo a tradição dos homens, segundo os elementos do mundo, e não segundo Cristo" (Cl 2,8). Essa chamada *filosofia* vem revestida "com engodo de humildade, de culto dos anjos indagando de coisas que viu, inchado de vão orgulho em sua mente carnal, ignorando a Cabeça, pela qual todo o Corpo, alimentado e coeso pelas juntas e ligamentos, realiza seu crescimento em Deus" (Cl 2,18-18). Filosofia, no mundo grego, designa realmente sistemas especulativos que dão a própria interpretação de mundo, mas entre os judeus helenistas pode designar também movimentos religiosos (Fabris, 1992).

Pela insistência do autor no papel único e insubstituível e plenificador de Cristo, percebemos que tal filosofia tinha pretensões supletivas ou complementares que iam contra o princípio basilar da fé cristã (cf. Cl 2,19). A insistência no papel irreversível da experiência cristã batismal (cf. Cl 2,13; 3,13) leva a pensar que os falsos mestres duvidavam da eficácia salvadora de tal experiência. Segundo Fabris (1992), a heresia acusada na Carta aos Colossenses deve-se mais a um resultado sincretista de vários ambientes do que a um sistema definido de matriz helenista ou judaica.

Autor, local e data de composição

A atribuição da autoria a Paulo perseverou até o século XX, quando E. T. Mayerhoff (1838) questionou sua autenticidade. Para ele, a carta tem um pensamento não paulino, mas totalmente dependente da Carta aos Efésios. Até hoje, a questão continua sendo discutida com argumentos e defensores tanto da autoria de Paulo quanto da não autoria. De fato, ela tem afinidade linguística com Efésios. Vários conceitos, típicos de Paulo, expressos pelos termos *lei, justiça, liberdade* e *pecado*, não se encontram em Colossenses (Fabris, 1992).

Conforme assinala Fabris (1992), a Carta aos Colossenses se distingue em relação às outras tidas como autênticas de Paulo pela evolução de alguns conceitos relativos à figura de Cristo, da Igreja, ao papel dos apóstolos e à esperança cristã, acentuando, em geral, a realização da salvação no presente. Cristo já exerce seu senhorio universal (cf. Cl 1,18-20; 2,9-10). A salvação pertence ao cristão desde o batismo, embora ainda não se revele plena (cf. Cl 1,13-14). A carta teria sido escrita por um secretário, possivelmente o mesmo Epafras, que passara a limpo o projeto de Paulo pelos anos 80, próximo da data da escrita da Carta aos Efésios e, provavelmente, na mesma cidade (Fabris, 1992).

Estrutura literária

Colossenses também pode ser dividida em duas partes, antecedidas por uma evoluída introdução (Cl 1,1-14) e seguidas de uma ampla seção conclusiva (Cl 4,2-18). Os dois primeiros capítulos são de caráter mais doutrinário e expositivo; e os dois últimos, de caráter prático e exortativo. Segundo Fabris (1992), há na carta uma unidade estrutural bem pensada. O pensamento é antecipado e depois retomado por temas, numa construção concêntrica e com paralelismos de todo o tipo. É um escrito rigorosamente pensado tanto em nível teológico e doutrinário quanto no plano formal literário.

O escrito deve sua fama ao hino que proclama Cristo primogênito de toda a criação, princípio dos ressuscitados entre os mortos (cf. Cl 1,15.18). Esse hino oferece aos cristãos fundamento para exprimir a fé na dignidade única e incontestável de Cristo. Ele também foi usado por Ário[2] e companheiros para sustentar que Cristo não era Deus, mas a primeira das criaturas. Outros grupos, como nestorianos[3] e gnósticos[4], tropeçaram no hino ao longo da história. A fé em Jesus Senhor, proclamada na comunidade reunida em seu nome, abraça todo o universo e toda a história humana.

Encontramos aí concentradas quatro imagens-símbolo que condensaram a formulação da fé cristã. Cristo é:

- a "imagem" do Deus invisível (Cl 1,15);
- o "primogênito" de toda criatura (Cl 1,15);
- a "cabeça" da Igreja (Cl 1,18);
- o "princípio", o primogênito dentre os mortos (Cl 1,18).

Por um lado, a imagem se refere ao sujeito do hino, o Filho amado, e, por outro, é posta em relação a Deus invisível. Ele nos faz conhecer e

---

2 Ário (256-336) era um presbítero cristão de Alexandria (Egito) que negava a divindade de Jesus Cristo. Daí o arianismo.

3 Nestorianos eram os seguidores de Nestório (380-451), patriarca de Constantinopla que em 428 declarou haver em Jesus duas pessoas, uma humana e outra divina, ensinamento declarado herético.

4 Gnósticos são os que acreditam que a libertação e a salvação vêm por meio do conhecimento. Chegaram a entrar no cristianismo, conforme podemos perceber especialmente na Primeira Carta de João, mas não foram considerados compatíveis com o Evangelho de Jesus Cristo.

ver Deus porque com sua presença e ação o torna histórico. Cristo é o Deus invisível (cf. Jo 14,9).

É provável que o confronto com as teorias dos mestres de Colossos tenha obrigado essa reflexão cristã de tão amplo alcance. Se as potências e os anjos das filosofias eram expressões da plenitude divina, Cristo tem o primado dessa plenitude. Ele dispensa qualquer outra expressão. Portanto, o conteúdo essencial do "mistério" é Cristo mesmo, lugar definitivo da revelação de Deus e fonte da salvação para todos os homens (Fabris, 1992).

> Intimamente ligada a essa visão cristológica está a Igreja. Ela é apresentada como o "corpo de Cristo", que é sua cabeça, que está na origem da sua unidade e do seu progresso espiritual (cf. 2,19). A experiência cristã centra-se essencialmente na participação efetiva no destino de Cristo, morto e ressuscitado, mediante o sacramento do batismo. (Fabris, 1992, p. 45)

A pequena carta endereçada aos colossenses tem lugar próprio no cânon bíblico como **documento do otimismo cristão**. Nele, Teilhard de Chardin encontrou um estímulo para sua visão cristocêntrica de mundo. A carta continua um bom antídoto contra os medos das pseudopotências mundanas que produzem estruturas opressivas. O único senhorio de Cristo garante a todos os cristãos dignidade e liberdade, as quais devem ser testemunhadas com força e entusiasmo. Afinal, em Cristo somos mais que vencedores (cf. Rm 8,37).

4.2.2 Segunda Carta aos Tessalonicenses

Comparando a Segunda Carta aos Tessalonicenses com a anteriormente enviada a essa comunidade, encontramos significativas diferenças. A segunda carta é mais fria e impessoal; nem parece que Paulo conhecia a comunidade. O autor faz sua intervenção para corrigir um desvio, porém, de maneira mais professoral. Outra questão é: Como explicar ou interpretar a presença do texto apocalíptico (cf. 2Ts 2,1-12) nela? A lembrança do que já havia sido escrito, citada em algumas passagens (cf. 2Ts 2,15; 3,4.6.10), não resolve a dúvida.

Autor da carta

Na comparação entre as duas cartas, segundo Barbaglio (2017b), é muito frequente o retorno de frases e expressões da primeira carta, às vezes literais, o que leva a suspeitar de um hábil processo de transcrição de temas da primeira carta para inserir o ensinamento apocalíptico de 1Ts 2,1-12, tema que não aparece em nenhuma carta considerada autenticamente paulina. Outra grande diferença é o trato com a vinda final de Cristo: na primeira carta, ela é esperada para breve, para vivos e mortos (cf. 1Ts 4,13-18); e na segunda, destaca-se sua demora, a espera (2Ts 2,1-12). O assunto está presente também na segunda carta dirigida a Timóteo (2Tm 2,18). Por isso tudo é muito difícil ter Paulo como autor.

A Segunda Carta aos Tessalonicenses, conforme aponta Barbaglio (2017b), deve ser atribuída a um anônimo discípulo de Paulo, que intervém depois da morte do mestre contra posições entusiásticas de cristãos a respeito da vinda do Senhor para pôr fim a essa condição histórica e inaugurar o mundo dos ressuscitados. Isso em nada diminui o valor de inspiração canônica da carta, que exprime uma realidade com a qual os cristãos são chamados a confrontar-se sempre.

Para quem foi escrita

Os dados disponíveis são os da carta e são poucos. Duas situações são mais bem identificadas. A primeira se refere à agitação causada pelo alarme de que o último dia já tinha acontecido (cf. 2Ts 2,2). Isso era mais frequente durante as perseguições violentas, acontecidas nas últimas décadas do século primeiro. A segunda é a indicação de que alguns fiéis viviam na ociosidade, intrometendo-se em todas as coisas (cf. 2Ts 3,6-15). Na carta, a segunda situação parece decorrente da primeira.

Os cristãos, por conta da vinda já acontecida, não se ocupam mais em zelar com esmero pela espera; além disso, ficam perturbando os que continuam com fidelidade na missão. Portanto, se foi endereçada à Igreja de Tessalônica, foi num período bem posterior à missão de Paulo, possivelmente depois do ano 80.

Estrutura e conteúdo

A carta tem uma introdução bastante desenvolvida que ocupa todo o primeiro capítulo (2Ts 1,1-12), composta de saudação (2Ts 1,1-2), agradecimento (2Ts 1,3-10) e uma súplica (2Ts 1,11-12). A novidade está no segundo capítulo (2Ts 2,1-12), no texto apocalíptico que trata da vinda do Senhor e dos sinais que o precederão.

Segue-se uma exortação à perseverança (2Ts 2,13-17). O terceiro capítulo aborda vários assuntos, mas traz como questão central a preocupação com o trabalho. A exortação (2Ts 3,6-15) caminha nessa linha; os versos de 16 a 18 constituem a conclusão.

Sobre a segunda vinda de Cristo

O tema central do texto é a parusia, isto é, a vinda do Senhor Jesus Cristo manifestando todo o poder (2Ts 2,1-12). Todavia, a atenção do autor se volta principalmente para os sinais indicativos da proximidade do acontecimento. Ele esclarece que não falou nem escreveu que a vinda estava para acontecer de uma hora para outra (cf. 2Ts 2,1-2), que essa é uma invenção que não ajuda em nada (cf. 2Ts 2,3). Ele também evidencia que antes dessa vinda de Cristo muita coisa deve acontecer.

No momento, o mistério do mal está agindo, mas está em ação também um ser que impede o ímpio de se manifestar totalmente (cf. 2Ts 2,7).

Na sequência virá a apostasia, que é a deserção daqueles que, na verdade, não estão realmente em Cristo (cf. 2Ts 2,3). Esta será causada por um ser que tem as seguintes características: homem ímpio, filho da perdição, adversário que se levantará contra tudo o que se chama *Deus* e que pretende tomar o lugar dele no templo, onde irá se apresentar como Deus (cf. 2Ts 2,3-4). Na tradição cristã, reportando-se ao Livro de Daniel (11,21-39), a esse personagem, historicamente chamado de *Antíoco IV Epifanes*, foi dado o nome de *Anticristo* (cf. 1Jo 2,18-22). O autor da carta o chama de *filho da perdição*, isto é, determinado à ruína (2Ts 2,8).

Por enquanto, o mistério do mal está agindo, mas algum poder o impede de se manifestar com toda a sua força. A ação é dissimulada, pois o mal está revestido de bem – por isso a necessidade de um fino discernimento, já que há uma tentativa de sedução por meio de milagres, portentos e prodígios. Os que não estiverem afinados com o Espírito de Deus passarão despercebidos. A questão maior não está naquilo que se apresenta, mas em como o indivíduo se encontra para encará-la e discerni-la. Escandalosamente o autor chega a afirmar que é Deus quem manda a sedução (cf. 2Ts 2,11). A sedução é sempre uma oferta de facilidades e vantagens, que tem por trás algum tipo de injustiça. As pessoas seduzidas consentem na injustiça, o que significa que gostam dela (cf. 2Ts 2,12). A fé em Deus e a obediência a sua Palavra são a verdadeira fortaleza nessa batalha dissimulada até que o ímpio seja desmascarado.

Apostasia é a perda da fé no Deus verdadeiro, é a confiança em bases falsas, que levam à perversão e à perversidade, chamando o bem de mal e o mal de bem. Ímpio é o contrário de pio, é o que faz o mal. Pio é o que pratica a piedade, faz o verdadeiro bem.

Conforme ressalta Barbaglio (2017b), a perspectiva apocalíptica do trecho (cf. 2Ts 2,1-12) não é concluída com a explosão satânica do anticristo, pois a última palavra é de Jesus. Assim, Satanás e todos aqueles por ele liderados serão anulados. Jesus, com os que estão do lado dele, permanecerá para sempre. Não há comparação. "Então, aparecerá o ímpio, aquele que o Senhor destruirá com o sopro de sua boca, e o suprimirá pela manifestação de sua vinda" (2Ts 2,8).

O problema da ociosidade e da intromissão

Em relação aos que não trabalham e atrapalham os que trabalham (2Ts 3,6-15), o autor ordena à comunidade uma tomada de atitude bem definida: "Em nome do Senhor Jesus Cristo afastai-vos de todo irmão que leva vida desordenada e contrária à tradição que recebestes" (2Ts 3,6). Mais adiante (2Ts 3,14), ele ordena que cortem toda a comunicação com os desordeiros. Tal atitude, porém, não é de exclusão, mas de correção, "para que ele fique envergonhado". Não existe justificativa para usufruir sem contribuir. Não se deve comer de graça o pão de ninguém. Cada um deve trabalhar para ganhar o pão com o próprio esforço (cf. 2Ts 3,12). Ninguém tem o direito de ser sustentado, de ser peso para a comunidade: "Que ninguém se canse de praticar o bem" (2Ts 3,13).

4.3 As cartas pastorais

São chamadas *pastorais* as cartas que fazem parte dos escritos paulinos que levam os nomes de Timóteo e Tito. São dirigidas a pastores com o objetivo de orientá-los no trabalho das comunidades cristãs, na organização e governo da Igreja. Há entre elas muita semelhança: no vocabulário, no estilo e na orientação espiritual. Por isso é possível abordá-las conjuntamente. O termo *pastoral*, segundo Fabris (1992, p. 211), deve ser entendido num sentido amplo, mais próximo a *eclesial* ou *comunitário* do que *clerical-eclesiástico*, pois as instruções propostas aos pastores abarcam a todos da comunidade. Essas três cartas nos dão uma visão da organização das primeiras comunidades cristãs e nos transmitem uma preciosa catequese.

4.3.1 Características literárias

As cartas pastorais apresentam uma estrutura mais próxima do discurso exortativo do que do de carta. Parece prevalecer aí uma coleção de normas para a organização e funcionamento da comunidade cristã. Esse material (normas) também está presente nas cartas que têm autoria comprovada de Paulo, mas naquelas há também orientações teológicas, espirituais e eclesiológicas específicas para cada Igreja. Nas pastorais, porém, as instruções e normas tomam um tom generalizante.

As cartas pastorais revelam um estilo próprio e característico, mais próximo ao do grego literário que do grego popular. Segundo Fabris (1992), há nelas uma presença relativamente alta de palavras que não aparecem em outros textos do Novo Testamento. Dos 900 termos presentes nas três cartas, 175 (algo em torno de 20%) são únicos delas.

4.3.2 Quem escreveu

Esta é a questão mais discutida e difícil de ser resolvida. Dela depende também a definição da data e do lugar onde as cartas foram escritas. São muitas as opiniões, cada uma com suas razões.

Muitos estudiosos antigos dizem que as cartas foram escritas por Paulo, entre eles destacamos Santo Irineu, Clemente de Alexandria (século III) e Eusébio de Cesareia (século IV). Segundo esses escritores antigos, as cartas pastorais, já no primeiro século, faziam parte do grupo das cartas paulinas. Essa afirmação é a mais tradicional e aceita por todos até o século XIX. Para os defensores dessa visão, é impossível que alguém tenha falsificado tantas informações pessoais, que revelam grande intimidade entre o escritor e os destinatários das cartas.

No entanto, encontramos voz dissonante com dissidentes gnósticos como Marcião (85-160), que as ignora. Conforme destaca Fabris (1992), no século XIX alguns autores de língua alemã, como G. E. Schmidt e J. E. Eichorn, começaram a duvidar da autenticidade paulina das cartas pastorais, argumentando dificuldades em três dimensões. Na dimensão histórica, assinalaram que os deslocamentos missionários de Paulo não coincidiam com a narrativa de Atos dos Apóstolos, e que, portanto, deviam ser posteriores ao período que Paulo ficou preso em Roma (61-63).

A segunda dificuldade é de ordem teológica, pois, para eles, a Igreja parecia, nas cartas, se tornar uma instituição salvífica como Cristo ou até no lugar de Cristo. Ora, isso não parece corresponder ao pensamento paulino. A terceira dificuldade está na dimensão linguística. Comparando-se com as cartas de Paulo, as pastorais trazem 305 termos novos, o que impressiona. Os termos, porém, não são novos na versão grega bíblica do Antigo Testamento. Outro dado importante é a ausência de termos caros a Paulo, como *justificação, liberdade, corpo* e *carne*.

Diante de tantas dificuldades para admitir a autoria de Paulo, a solução mais aceitável para a autoria das cartas pastorais, segundo Fabris (1992), é a de que um discípulo de Paulo tenha posto sob a autoridade dele essas orientações, em vista da organização da comunidade cristã; para isso, endereçou idealmente as cartas a dois dos mais importantes colaboradores – Timóteo (cf. At 16,1-3;19,22; 1Cor 4,17) e Tito (cf. 2Cor 7,6-14; Gl 2,1-3) –, apelando para informações conservadas em documentos da tradição paulina. Esse artifício literário, também chamado de *pseudoepigrafia*, faz parte da literatura bíblica do Antigo Testamento, como nos livros de Eclesiastes, atribuído a Salomão, e de Daniel, que também não corresponde com o tempo do personagem. São também desse gênero a Segunda Carta de Pedro e a Carta de Judas, no Novo Testamento.

Pode-se dizer que as cartas pastorais são uma interpretação atualizada da genuína tradição paulina, mantida viva na Igreja desse autor anônimo (Fabris, 1992). Uma confirmação disso são os mais de 70 pontos de contatos literários entre os escritos certamente de Paulo e as cartas pastorais, especialmente na polêmica contra os hereges (1Tm 1,3-10.18-20: 4,1-12; 6,3-10.20-21; 2Tm 2,14-18; Tt 1,10-16; 3,9-11) e na organização das comunidades locais. Basta ver as várias dimensões da organização sobre os bispos (1Tm 3,1-7), sobre os presbíteros (1Tm 5,17-25; Tt 1,5-9), sobre os diáconos (1Tm 3,8-13), sobre a organização das viúvas (1Tm 5,3-16), sobre os escravos (1Tm 6,1-2), sobre as mulheres (1Tm 2,9-15) e sobre os fiéis em geral (Tt 2,1-10; 3,1-7).

4.3.3 Local e data dos escritos

Segundo Fabris (1992, p. 223), aproveitando-se da informação de Atos dos Apóstolos (20,17-28), em que Paulo se despede das lideranças da Igreja de Éfeso, podemos perceber uma organização eclesial. Sabendo que Éfeso se constitui numa encruzilhada entre o Oriente e o Ocidente, podemos dizer que o autor das cartas pastorais foi um discípulo de Paulo que escreveu às comunidades da Ásia Menor para promover a fidelidade à tradição paulina nos últimos decênios do primeiro século.

4.3.4 Para quem foram escritas

Os endereços são claros. Timóteo é destinatário de duas e Tito, de uma. Mas quem são eles? Timóteo é nascido em Listra, na Ásia Menor, atual Turquia. A mãe era de origem judia e o pai, grego. A mãe se converteu a Cristo (At 16,1), e o filho a seguiu. Ele tornou-se companheiro de Paulo durante a segunda viagem missionária e permaneceu em comunhão com ele até a morte (Fl 2,19-23). Paulo circuncidou Timóteo para facilitar seu trabalho e evitar problemas com os judeus (At 16,3). Confiou a ele tarefas importantes e difíceis, como: fortalecer e encorajar na fé a comunidade de Tessalônica, recém-fundada, de onde Paulo teve de fugir para não ser morto (cf. 1Ts 3,1-6); serenar os ânimos dos rebeldes ao ensinamento de Paulo na comunidade de Corinto (cf. 1Cor 4,17); e cuidar das Igrejas novas da Macedônia, como Tessalônica e Filipos (cf. At 19, 21-22). Timóteo é associado a Paulo como remetente de seis cartas: Segunda Carta aos Coríntios (1,1), Filipenses (1,1), Colossenses (1,1), Primeira Carta aos Tessalonicenses (1,1), Segunda Carta aos Tessalonicenses (1,1) e Filêmon. Finalmente, Timóteo foi estabelecido o principal responsável pela Igreja de Éfeso.

Tito é grego de pai e mãe, convertido por Paulo, mas não circuncidado. Acompanhou o apóstolo a Jerusalém para ser testemunha viva da liberdade dos cristãos diante da lei judaica (cf. Gl 2,1-5). Ele é homem de paz. Reconciliou os coríntios com Paulo (cf. 2Cor 7, 6-16); ajudou na realização da grande coleta para a Igreja de Jerusalém, que passava por dificuldades (2Cor 8,6); e aceitou missões difíceis (cf. 2Cor 12,17-18). Paulo confiou-lhe a organização da Igreja na Ilha de Creta. Morreu com 94 anos.

Mas as cartas são para eles mesmos? Difícil afirmar. A instrução é realmente feita para lideranças, escritas para igrejas daquela região da Ásia Menor, onde Éfeso e Creta estão localizadas.

4.3.5 Estrutura temática e literária das três cartas em conjunto

Conforme o quadro sinótico de Fabris (1992), todas as cartas contam com uma introdução contendo endereço e saudação, seguidas de instruções e normas, concluídas por lembretes e saudações finais. O corpo delas é composto, basicamente, por quatro assuntos, nem sempre tratados na mesma ordem. O primeiro aborda a polêmica contra os heréticos, a qual aparece na Primeira Carta a Timóteo em três ocasiões (cf. 1Tm 1,3-11; 4,1-5; 6,3-10.19-19), na Segunda Carta a Timóteo (cf. 2Tm 2,14-3,9) e em Tito (cf. Tt 1,10-16).

O segundo assunto diz respeito à organização das comunidades. Ele está presente em Tito em três vezes (cf. Tt 1,5-9; 2,1-10; 3,1-2), na Primeira Carta a Timóteo duas vezes (cf. 1Tm 2,1-3,13; 5,1-6,2) e nenhuma vez na Segunda Carta a Timóteo. A novidade, presente somente na Segunda Carta a Timóteo, é o exemplo de Paulo quase que em forma de testamento (cf. 2Tm 1,11-18 e 4,6-8).

O terceiro tema se refere às motivações teológicas e está presente nos três escritos (cf. 1Tm 1,12-27; 3,14-16; 2Tm 1,9-10; 2,8-13; Tt 2,11-15; 3,3-7). Por fim, o quarto tema aborda o modelo de pastor, também tratado nas três cartas (cf. 1Tm 1,18-20; 4,6-16; 6.11-16; 2Tm 1,6-8; 2,1-7; 3,10-4,5; Tt 3,8-11).

A Primeira Carta a Timóteo se aproxima mais de Tito, especialmente em relação à linguagem teológico-espiritual. Já a Segunda Carta a Timóteo tem caráter mais testamentário.

4.3.6 Como é a Igreja dessas cartas pastorais

A Igreja dessas cartas pastorais é de caráter doméstico. Os responsáveis providenciam os serviços essenciais que asseguram a vida e a ordem da comunidade, com prioridade ao serviço da Palavra em suas variadas formas, como podemos perceber nas citações que se seguem: "Sê para os fiéis modelo na palavra, na conduta, na caridade, na fé e na pureza" (1Tm 4,12); "Os presbíteros que exercem bem a presidência são dignos de dupla remuneração, sobretudo os que trabalham no ministério da Palavra e da instrução" (1Tm 5,17); "Procura apresentar-te a Deus como homem aprovado, trabalhador que não tem de que se envergonhar, que prega com retidão a Palavra da verdade" (2Tm 3,15); "Proclama a Palavra, insiste, oportuna e inoportunamente, refuta, ameaça, exorta com toda paciência e doutrina" (2Tm 4,2); "Sê tu mesmo modelo de belas obras, íntegro e grave na exposição da verdade, exprimindo-te numa palavra digna e irrepreensível [...]" (Tt 2,7-8).

A autoridade do ensinamento da sã doutrina é fundamentado na tradição, isto é, no Evangelho de Jesus Cristo, do qual Paulo é testemunha autorizada (cf. 1Tm 1,12-19; 6,11-16; Tt 3,8-11; 2Tm 1,6-8).

Uma cuidadosa leitura das cartas também mostra que a Igreja retratada não é uma substituta de Cristo, como foi preconizado por alguns autores do século passado, já referidos neste capítulo. Ela é, sim, espaço ideal, no qual, mediante o conhecimento da verdade, se realiza a caminhada da salvação (Fabris, 1992).

4.3.7 A missão do pastor (líder)

O pastor precisa cultivar-se perseverando na graça recebida; o cuidado se torna ainda mais necessário diante das adversidades (cf. 1Tm 4,6-16; 2Tm 1,6-2,13; Tt 3,8-11). As propostas do mundo, os convites ao redor dele, são muitos, assim como os exemplos de gente bem-sucedida com a corrupção e a maldade.

A orientação para o exercício do pastoreio é particularmente forte. São onze imperativos somente na Primeira Carta a Timóteo (1Tm 4,6-16); não são conselhos, mas firmes exortações. Trata-se do que o pastor tem que fazer: "Rejeite as fábulas [...]. Exercite-se na prática da religião" (1Tm 4,7); "É isso que deves recomendar e ensinar" (1Tm 4,11); "Sê para os fiéis modelo" (1Tm 4,12); "Aplica-te à leitura" (1Tm 4,13); "Não descuides o dom da graça que há em ti" (1Tm 4,14); "Desvela-te por estas coisas, nelas persevera" (1Tm 4,15); "Vigia a ti mesmo e a doutrina. Persevera nestas disposições" (1Tm 4,16).

São cinco os setores nos quais ele precisa ser exemplo: a palavra, a conduta, a caridade, a fé e a pureza: "Sê para os fiéis modelo na palavra, na conduta, na caridade, na fé e na pureza" (1Tm 4,12). Três são as funções que ele precisa desenvolver: "Aplica-te à leitura, à exortação e à instrução" (1Tm 4,13). Isso vai oferecer as condições para que o pastor (líder) possa ensinar e guiar fielmente o povo no caminho do Senhor. Ele precisa testemunhar o que ensina (cf. 1Tm 3,1-7). A prática é a melhor propaganda daquilo que se oferece.

O líder também necessita da orientação de alguém mais experiente, mais maduro na fé, que veja de longe as pedras de tropeço e as ilusões que arrastam multidões para a perdição. Isso aponta para o constante exercício da humildade e para a colegialidade. Ninguém é autossuficiente. O caminho de Cristo, ninguém faz sem Ele.

Por isso, pede-se ao líder que guarde o "depósito da fé" a ele confiado (cf. 2Tm 3,14-17). O *depósito da fé* são os ensinamentos e as verdades de Cristo que o cristão precisa saber e seguir; e *guardar* é cuidar para não se extraviar, abusar, estragar, corromper ou perder. O líder não deve seguir as tendências, pois há muita gente ensinando coisas interessantes, bonitas, gostosas, atraentes, coisas da moda, mas que podem ser um engodo, uma arapuca.

4.3.8 Uma particularidade da Segunda Carta a Timóteo

Essa carta tem a forma de testamento espiritual do apóstolo Paulo, escrito às vésperas de sua morte (cf. 2Tm 4,6-8). Ele está a ponto de ser derramado como o vinho, o óleo ou a água são derramados sobre os sacrifícios. O escrito se desenvolve deixando aflorar a dimensão afetiva, sentimental, no sentido de despedida, mas também no sentido de dever cumprido (cf. 2Tm 1,4-5; 4,6-7). O destinatário aqui é chamado de *filho caríssimo*, o que significa ser ele o continuador da herança espiritual de Paulo. A Timóteo são confiados o depósito da fé, a sã doutrina e o testemunho pastoral (cf. 2Tm 3,1-17).

O líder (pai) espiritual está partindo deste mundo, mas a missão que assumiu precisa continuar. Ele a confia ao filho caríssimo, mas deixa claro o caminho que ele precisa fazer para que a herança continue também depois dele. O autor, usando os nomes de *Paulo mestre* e *Timóteo discípulo*, dá orientação para a continuidade da missão de Cristo na Igreja. Alerta para os constantes desafios e tribulações que deverão ser encarados cada dia e afirma a certeza da vitória.

4.4 Hebreus

Hebreus é um livro diferente de todos os outros do Novo Testamento. É o único que tem como tema principal Jesus Cristo sacerdote. Até algumas décadas atrás, afirmava-se que era também uma carta escrita por Paulo aos hebreus. Atualmente, temos certeza de que não foi escrita pelo apóstolo, mas por um discípulo dele – provavelmente Apolo, filho de imigrantes judeus nascido em Alexandria, no Egito, homem culto e falante que encantava a todos com a beleza dos seus discursos. Apolo foi catequizado pelo casal Áquila e Priscila, na Igreja de Éfeso. Tornando-se cristão, dali passou a ser missionário (cf. At 18,24-28).

O livro também não é uma carta, mas um belíssimo sermão pronunciado e depois escrito ou vice-versa. É o único sermão conservado inteiro no Novo Testamento (Vanhoye, 1983); ele não foi feito nem escrito para hebreus, mas para cristãos. Pode até ser que houvesse cristãos de origem hebraica na comunidade, mas não foi especialmente para eles que o autor escreveu.

Não sabemos exatamente para qual comunidade nem onde foi escrito, mas é certo que isso aconteceu por volta do ano 70. A maioria dos que estudam o tema pensa que foi escrito em Antioquia da Síria.

4.4.1 Por que foi escrito?

Porque os cristãos estavam diante de um problema muito sério. Eles aprenderam que Jesus Cristo veio cumprir todas as profecias. Ora, no Antigo Testamento, o sacerdócio tem um lugar central e se fala de um sacerdócio eterno (cf. Gn 14,17-20; Sl 110,4). Onde está o sacerdote no Novo Testamento? Jesus foi sacerdote também ou o cristianismo é uma religião sem sacerdote? Alguma coisa parece estar errada: ou

Jesus foi sacerdote ou ele não cumpriu as profecias. Pelo que se sabe, Jesus não é filho de sacerdote e também nunca foi presidir cerimônias ou abençoar no templo. Portanto, não há provas externas visíveis de que Ele foi sacerdote.

A originalidade de Hebreus está em tratar o tema com clareza (Vanhoye 1983). Para isso, o autor tomou primeiro a tarefa principal dos sacerdotes e depois tratou, ponto por ponto, das funções dos sacerdotes no Antigo Testamento, comparando-os com Jesus Cristo. O resultado foi surpreendente e ele conseguiu provar, pela Escritura, que Jesus é o verdadeiro e único sacerdote.

A organização do discurso

Segundo Vanhoye (1983), o sermão obedece ao seguinte esquema: depois de uma breve introdução (Hb 1,1-4), começa pelo nome de Cristo (Hb 1,5-2,18). Segue tratando das qualidades do sumo sacerdócio em Jesus: fiel (Hb 3,1-4,14) e misericordioso (Hb 4,15-5,10). Insere então uma exortação (Hb 5,11-6,20). Vai ao Antigo Tratamento, encontra um modelo de sacerdote não trabalhado, que é Melquisedec. Aplica a Jesus. Jesus, sumo sacerdote segundo a ordem de Melquisedec (Hb 7,1-28). Ele é tornado perfeito (Hb 8,1-9,28) e é o princípio de salvação eterna (Hb 10,1-18). Aqui está o centro de interesse de todo o texto. Atingido o objetivo, vem mais uma exortação (Hb 10,19-39), seguida da memória da fé dos antepassados (Hb 11,1-40), um chamado de atenção sobre a perseverança necessária (Hb 12,1-13) e muitas recomendações (Hb 12,13-13,19). Vêm então os votos finais (Hb 13,20-25).

4.4.2 Sacerdote para quê?

O sacerdote existe para ser mediador entre o homem e Deus. O sacerdote é como uma ponte que liga os dois lados do rio. Ele deve fazer chegar os pedidos e os agradecimentos das pessoas até Deus. Mas isso não basta. Ele precisa fazer chegar os recados, as mensagens de Deus, até as pessoas. Se as coisas só vão de cá para lá, sem vir resposta, ou só vêm de lá pra cá, sem ter resposta, o sacerdócio não está funcionando. O diálogo e o inter-relacionamento são necessários.

Ser sacerdote não depende da vontade humana, é graça de Deus. Não é sacerdote quem quer, mas quem Deus chama para isso (cf. Hb 5,1-6). Para ser sacerdote, portanto, são demandadas duas qualidades fundamentais: ser acreditado por Deus; e ser misericordioso com o povo, como Deus é (cf. Hb 2,14-18).

O sacerdote precisa ser digno, ter a confiança de Deus, que o constituiu como tal (cf. Hb 3,1-6); e misericordioso com os humanos, a serviço dos quais foi constituído por Deus (cf. Hb 4,14-5,10). Não pode distorcer as coisas em favor de um ou de outro. Ser digno é ser pessoa que confia e oferece confiança, ou seja, alguém em quem Deus pode confiar e que confia em Deus. Isso é ser fiel.

O sacerdote precisa ser misericordioso, não somente ver os miseráveis e se compadecer, dando uns trocados e deixando tudo como está. Ser misericordioso é colocar o coração naquela pessoa que está na miséria, necessitada. Colocar o coração significa colocar-se todo, inteiro, pois para onde pende o coração, pende tudo o mais da nossa vida. O próprio Jesus disse: "Pois onde estiver o teu tesouro, aí estará o coração" (Mt 6,21). Também o inverso é verdade: "Onde está o teu coração aí está o teu tesouro".

Como ser confiável e misericordioso? Os sacerdotes do Antigo Testamento pensavam que isso só se pudesse conseguir separando-se da humanidade e do mundo, pois para se encontrar com Deus e para Deus ouvir os pedidos era necessário que a pessoa estivesse limpa, purificada, sem manchas e sem pecado; por isso, tomavam banho todo dia, rezavam e ofereciam sacrifícios de bodes, cordeiros e pombas, óleo, farinha e outras coisas queimadas para Deus se acalmar, perdoar os pecados e ouvir os pedidos feitos. Entretanto, não davam conta porque se tratava de um culto na base de ritos: tomar banho, colocar veste branca, queimar carneiros etc. Estavam focados só em fazer as coisas (cf. Hb 8,1-7 e 9,1-10; Lv 8-10). A santidade e a pureza de Deus, porém, não dependem disso; a santidade precisa atingir o âmago das pessoas.

Para ser misericordioso e digno de confiança é preciso mudar por dentro. A dignidade não se compra, nem se vende, se constrói a partir do interior da pessoa que se confia totalmente à graça de Deus. É impossível ao ser humano em que não se confia e não se entrega totalmente a Deus ser digno de confiança: "Feliz o homem que confia no Senhor" (Jr 17,7). A misericórdia se verifica no exercício dela. Rezar por alguém é uma coisa, entregar a vida em favor da mudança da situação de alguém é outra. O certificado da misericórdia está no segundo aspecto. Foi o que Jesus conseguiu por seu ato salvífico, por sua entrega.

O que Cristo fez? "Durante sua vida terrena, ofereceu orações e súplicas com grande clamor e lágrimas àquele que podia salvá-lo da morte, e foi atendido por causa de sua submissão" (Hb 5,7). Conforme Vanhoye (1983, p. 63), Cristo foi atendido de modo paradoxal: "Foi morrendo que Cristo triunfou sobre a morte (cf. 2,14). O acontecimento não foi modificado de fora, por uma intervenção miraculosa, mas sim de dentro, graças à adesão de Cristo à ação transformadora de Deus". É ainda Vanhoye (1983, p. 64) que nos faz ver: "O autor de Hebreus expressa esse mistério descrevendo a Paixão de dois modos diferentes, que, à primeira vista, podem parecer incompatíveis, mas que, na realidade, são complementares: ele a descreve ao mesmo tempo como uma súplica atendida e como uma obediência dolorosa" (Hb 5,7-8).

Os sacerdotes do Antigo Testamento não conseguem comunicação com Deus porque fazem seus cultos e tudo continua do mesmo jeito (cf. Hb 10,1-4). Mas Jesus Cristo consegue estabelecer comunicação direta das pessoas com Deus e de Deus com as pessoas. A prova está em que Deus o chama de Filho (Mt 3,17; Sl 2,7; At 13,33) e que Jesus está sentado à direita do Pai (Sl 110,1; At 2,33-35; Mc 16,19). Deus confia nele. As pessoas também podem confiar. Ele teve misericórdia da humanidade, não a rejeitou nem desprezou, por isso todos agora têm chances diante de Deus. Em vista disso, o verdadeiro sacerdote foi mesmo Jesus Cristo.

4.4.3 Por que os outros sacerdotes não conseguiram a meta?

Por vários motivos. A questão não é o jeito de fazer ou o material usado, mas atingir a meta. O modo de constituir os sacerdotes do Antigo Testamento não se chamava de *consagração* nem de *ordenação*, mas de *aperfeiçoamento*. O termo grego que define essa função é *teleiosis*, isto é, "ação de tornar perfeito". A questão é essa mesmo: transformar profundamente aquele que recebe, de modo que nada nele possa desgostar a Deus. Essa é a condição exigida para que o sacerdote possa exercer eficazmente seu papel de mediador. A ação precisa tornar realidade o que ela quer significar. Em Cristo se realizou (Vanhoye, 1983).

O sacrifício

Os outros sacerdotes ofereciam muitos tipos de sacrifícios todos os dias. Tinham que repeti-los sempre porque ofereciam coisas. Jesus ofereceu um só sacrifício uma única vez e foi atendido por Deus, porque ofereceu a si mesmo. Ele não colocou bodes e cordeiros sobre o altar, mas a si mesmo. A vida inteira, dele mesmo, é a sua oferta, entregue a Deus em favor de toda a humanidade (cf. Hb 9-10). Atualmente, toda vez que celebra a missa, o padre deve se oferecer inteiro, juntamente com o vinho e o pão. Aliás, não só o padre, mas todos os que estão na celebração. A oferta, o sacrifício eucarístico, não é de coisas, mas de vida. Jesus, antes de morrer na cruz, se ofereceu inteiro na última ceia (cf. Lc 22,14-20).

Por que há tantas missas hoje se Cristo rezou uma só? O sacerdote não está repetindo; ele está atualizando o sacrifício de Jesus Cristo. Não é por estar defasado, é a continuidade da entrega de Jesus Cristo por nós, pela nossa salvação. O sacerdote se entrega e o faz por ordem do próprio Jesus Cristo, que na última ceia disse: "Fazei isto em minha memória" (Lc 22,19). Celebrar a missa é diferente de celebrar aniversário. No aniversário, a gente recorda o dia do nascimento, mas celebra um ano a mais, isto é, fica um ano mais velho. Na missa, a gente torna presente aquele momento de Jesus Cristo com os discípulos, e isso faz o acontecimento se renovar. No aniversário se fica mais velho; na missa se fica mais novo. A ceia de Cristo é o segredo da vida nova.

O ofertante

No Antigo Testamento, eram muitos os que faziam ofertas. Faziam ofertas todos os dias, e quando uns ficavam velhos e morriam, vinham outros. Não conseguiam mudar a condição de pecadores nem apagar os pecados, pois não atingiam em si as condições necessárias. Jesus uma vez só fez uma oferta única e resolveu tudo, por isso é o único e verdadeiro sacerdote.

Por que então hoje temos muitos sacerdotes? O sacerdote de hoje é a atualização de Jesus Cristo sacerdote; prova disso é que ele celebra a missa, "por Cristo, com Cristo e em Cristo". O padre, nas suas funções de sacerdote, se deixa tomar pelo próprio Cristo, daí a necessidade da profunda união com ele.

O santuário

Os antigos sacerdotes iam todos os dias ao templo fazer sacrifícios. O templo era feito por mãos humanas. Jesus Cristo não vai ao templo, Ele celebra num santuário que não é feito por mãos humanas; celebra no céu (cf. Hb 8,1-5). No Templo de Jerusalém havia muitos lugares reservados: o santo era só para os sacerdotes; o santo dos santos só para o sumo sacerdote; havia lugar só para os judeus praticantes; e outro só para as mulheres judias. Os que não eram judeus não podiam entrar, tinham de ficar no pátio. O novo santuário, aquele que Jesus Cristo celebrou, tem lugar para todo mundo. Jesus conseguiu isso para todos nós. Agora, o que precisamos é querer entrar para assumir a nossa parte.

Depois de esclarecer tudo isso, que é muito bonito, mas também muito difícil de ser entendido, o autor do texto em questão chamou a atenção para um ponto que alguém pensou ser um assunto novo, mas que, na verdade, trata-se da força necessária para entender e assumir o que acabou de ser dito: a **fé**.

4.4.4 A adesão de fé faz toda a diferença

Muita gente fez história que parecia impossível aos olhos humanos, mas que se realizou pela adesão a Deus. É difícil falar de fé só na teoria, bem como falar de amor só nas ideias, porque nem o amor nem a fé existem à toa, soltos no ar. O que existe é a pessoa que crê e a que ama, por isso o autor parte logo para falar das pessoas de fé e o que elas conseguiram por meio disso. Ele começa pela criação do mundo, vai nomeando os personagens bíblicos mais importantes e mostra qual foi o fruto colhido pela fé; com isso, prova a necessidade e o valor da fé para as pessoas do seu tempo e também do nosso.

Vejamos mais de perto a definição de fé que o autor nos dá: "Fé é a posse antecipada daquilo que se espera" (Hb 11,1). Hoje em dia tem muita gente dizendo: "querer é poder". Se seguíssemos o mesmo raciocínio, deveríamos dizer: "crer é possuir". Isso é verdade, porque eu só luto pela causa em que acredito. Muitas coisas que não passavam de um sonho para os antigos são comuns hoje. Por exemplo: 200 anos atrás, falar que uma pessoa poderia voar era sonho maluco; atualmente, com os modernos aviões, se voa a uma velocidade incrível. Esse sonho passou a ser realidade porque alguém acreditou, investiu, pesquisou, lutou, não desistiu e conseguiu.

Prestando bem atenção, vemos que nossa vida é um constante ato de fé. Só quem crê vive. Só quem crê luta, não entrega os pontos. Só quem crê transforma e se transforma. Só quem crê arrisca, e só quem arrisca encontra o novo.

A fé é também "um meio de mostrar as realidades que não vemos" (Hb 11,1b). Tem gente que diz: "só acredito no que vejo com os próprios olhos". Um tipo assim se encontra, a todo instante, diante de duas opções: crer ou regredir. Existem realidades maravilhosas que não são vistas. Já dizia S. Exupéry em seu livro *O Pequeno Príncipe*: "O essencial é invisível aos olhos". Assim é o amor. Quem vê o amor? Nem por isso ele deixa de existir. Ele existe, é importante e tem força para transformar o mundo. Só é visto pelos olhos da fé. Só é demonstrado por quem crê e confia.

4.4.5 Por que tantas testemunhas da fé?

Para incentivar a perseverança. Os capítulos 12 e 13 de Hebreus deixam isso claro. Alguns estão desanimados com as trapalhadas que os outros fazem no caminho deles. Outros estão desanimados porque não conseguem corrigir os vícios. Quando pensam que já venceram, caem de novo. São pessoas enfraquecidas, não têm domínio nem garra para lutar. O autor deixa claro que só vence quem luta até o fim, quem persevera e não entrega os pontos no meio do caminho. Quem busca tem que investir nisso. O sacrifício da luta vale a pena porque lutamos por uma grande causa. Jesus assumiu a cruz, desprezou a vergonha de ser crucificado como bandido e conseguiu se assentar à direita do trono de Deus (cf. Hb 12,2).

As pessoas suportam um dia na fila, esperando a hora da consulta, porque acreditam que irão ser atendidas, saber o que têm, tratar o problema e sarar. Assim, para se encontrar a saída, enfrentam-se muitas dificuldades.

O texto continua mostrando que os destinatários fizeram muito pouco, se comparados ao que fez Jesus; eles ainda não chegaram a derramar sangue na luta contra o pecado (cf. Hb 12,4). Em seguida, o autor evidencia o valor educativo do sofrimento. Deus também corrige e ensina por meio do sofrimento. Deus é pai, e o pai corrige o filho que ama (cf. Hb 12,5-12).

Muita gente diz que sofrimento ensina. Trata-se de uma grande verdade. Quem já sofreu, muito aprendeu, a não ser os que têm cabeça tão dura que não aprendem nem dessa forma. Há aqueles que trilharam esse caminho e provaram que só vence quem persevera. Temos uma história. Muitas vidas provam isso. O que mais é preciso?

4.5 O crescimento da Palavra

Paulo tem a missão de levar o Evangelho aos gentios. As ditas *viagens missionárias* mostram o engajamento dele no compromisso assumido. Por esse motivo, aproveitando a narrativa de Lucas, estabelecemos um texto com este título: "O crescimento da Palavra". Paulo não está presente por ocasião da ascensão de Jesus, mas é com ele que o mandato toma significativo impulso.

O autor de Atos dos Apóstolos procura mostrar como a Palavra de Deus segue seu caminho desde Jerusalém para todos os povos, conforme o mandato de Jesus, por ocasião da ascensão (At 1,8). Esse caminho não é trilhado pela capacidade humana, mas pelo poder de Deus na colaboração humana. Foi o próprio Jesus quem mandou os apóstolos testemunharem o Evangelho em toda a terra; por isso, mesmo com as muitas limitações humanas e dificuldades, a Palavra segue seu caminho. É no caminho da Palavra que os apóstolos, missionários e pregadores estão inseridos.

4.5.1 O mandato

O mandato se constitui de uma promessa e de um envio progressivo. A promessa é de que as pessoas receberão em breve uma força, que é o Espírito Santo (At 1,8a), e com essa força cumprirão a missão progressiva em quatro passos: primeiro em Jerusalém, em seguida por toda a Judeia, depois pela Samaria e, por fim, em todas as nações (At 1,8b). A promessa se realizou em seguida (cf. At 2,1-13), mas a caminhada do testemunho demorou bem mais tempo. Prova disso é que até o sétimo capítulo de Atos dos Apóstolos não temos notícias da ação dos apóstolos fora de Jerusalém. Só no oitavo capítulo recebemos a notícia da evangelização de Samaria e, pelo que parece, ela não foi motivada pelo desejo de ir aos outros, mas para fugir da perseguição (cf. At 8,1-4). Ela também não é iniciativa dos apóstolos, mas de Filipe, um dos sete diáconos eleitos para servir a Igreja de Jerusalém (At 8,5-40).

Lucas não está interessado em escrever tudo o que os apóstolos fizeram, disseram ou escreveram. Prova disso é que ele só se refere ao trabalho de Pedro (cf. At 9,32-11,18), diz alguma coisa de João (At 8,11) e de Tiago (cf. At 15,13-21) e nada sobre os outros. A saída de Jerusalém e a pregação da Palavra, que acontecem por conta da perseguição, são atribuídas a alguns perseguidos (At 8,4), entre eles o diácono Filipe, que, enquanto salva a própria pele, oferece a Palavra aos samaritanos (At 8,5-8). Foi assim também que nasceu a Igreja de Antioquia na Síria (At 11,19-21).

Paulo não fazia parte do grupo dos Doze nem era imaginado pela Igreja de Jerusalém. Ele vem de fora, vem da diáspora, das nações, agarrado pelo Ressuscitado (cf. At 9,3-9), e leva ao cumprimento o mandato: "ir até as extremidades da terra" (At 1,8b) ou, melhor dizendo, até Roma, centro da comunicação para o mundo daquele tempo. O relato de Lucas se ocupa de Paulo nos capítulos 9 e 11, e dos capítulos 13 a 28; portanto, mais da metade do livro está centrado na ida para as nações, tendo Paulo como personagem principal. Com a inserção de Paulo na Igreja de Cristo, finalmente a missão progride (At 11,25; 13,1-4).

Segundo Lucas, importa que a Palavra de Deus esteja sendo pregada e que as obras de Jesus continuem se realizando no trabalho e na missão da Igreja. Ele quer mostrar ainda, de maneira muito clara, que é o Espírito Santo, prometido por Jesus aos apóstolos (Lc 12,12; 24,48-49; e At 2), que dirige a Igreja em sua missão, que ilumina e abre caminho para o Evangelho.

O pregador da Palavra precisa estar aberto aos sinais do Espírito Santo e deixar-se dirigir por ele (cf. At 1,21-26; 4,8; 5,32; 6,1-6.8-10;

8,26-40; 10; 11,12; 13,2.4). O Espírito Santo, às vezes, indica caminhos contrários à vontade dos que estão pregando (cf. At 10,9-20; 16,6-10). Para serem fiéis ao Evangelho, essas pessoas têm que abandonar suas opiniões, suas certezas, e seguir um caminho duro, difícil e sofrido (cf. At 15,6-12; 20,22-23; 21,4.11-12). No entanto, a missão produz frutos, pois o próprio Jesus acompanha os evangelizadores (cf. At 7,54-56; 9,4-19; e 23,11).

4.5.2 Paulo

Paulo surge no contexto de perseguição à Igreja de Jerusalém, que, além de obrigada a sair, apresenta muita dificuldade em se adaptar aos não judeus. O feroz perseguidor dos cristãos passa a ser o grande apóstolo do Evangelho e defensor de seus seguidores. A mudança na vida dele é apresentada como um fato providencial para a missão da Igreja. Ele é uma prova de que Jesus, mesmo partindo, não deixou os discípulos sozinhos (Mt 28,20). O próprio Paulo, segundo Lucas (At 22,6-11), afirma que foi Jesus em pessoa que lhe apareceu e o chamou (cf.1Cor 9,1; 15,8; 2Cor 12,1-10).

Paulo agiu com grande desenvoltura e difundiu o Evangelho com força e graça entre os não judeus. Aquilo que Pedro estava começando a fazer, com muita dificuldade (porque tinha outros costumes e cultura, porque a comunidade de Jerusalém tinha dificuldade de aceitar e porque esta tinha muito preconceito e pouca formação sobre os não judeus), Paulo continuou com desenvoltura. Ele fez distinção entre o Evangelho de Jesus Cristo e a cultura judaica nos pontos essenciais, o que facilitou o nascer e o florescer de muitas comunidades em todo o mundo conhecido.

4.5.3 O caminho da Palavra

As dificuldades relativas ao cumprimento da missão confiada por Jesus ressuscitado são sinalizadas pelo autor de Atos dos Apóstolos em toda a sua narrativa. A Igreja em oração diz explicitamente: "E agora, Senhor, sê atento às suas ameaças, e concede aos teus servos que anunciem a tua Palavra com inteira segurança" (At 4,29). O pedido foi atendido e a missão, confirmada, mas estamos só no começo. "No fim da oração, o local em que estavam reunidos foi abalado; todos ficaram repletos do Espírito Santo, e proclamavam com firmeza a Palavra de Deus" (At 4,31).

A proclamação da Palavra é prioridade entre as muitas necessidades da Igreja nascente. "Os Doze convocaram então a assembleia plenária dos discípulos e disseram: Não convém que nos descuidemos da Palavra de Deus por causa do serviço das mesas" (At 6,2). Esse princípio elevou o serviço da mesa das viúvas à categoria de ministério, ressaltando a importância do ministério da Palavra para iluminar e instruir os demais. Quando os evangelistas Mateus e Lucas se referem à resposta de Jesus à primeira tentação, dizem: "Não só de pão vive o homem, mas de toda a Palavra que sai da boca de Deus" (Mt 4,4 e Lc 4,4). A decisão dos apóstolos foi acertada. "A palavra de Deus crescia e o número dos discípulos aumentava consideravelmente em Jerusalém; uma multidão de sacerdotes obedecia à fé" (At 6,7).

A Palavra se antecipa aos enviados. Ela é a verdadeira protagonista da novidade de Deus. Na Palavra, é Deus mesmo quem age. "Quando souberam que a Samaria acolhera a Palavra de Deus, os apóstolos que estavam em Jerusalém enviaram para lá Pedro e João" (At 8,14). Esses apóstolos constataram a ação de Deus presente na Palavra e deram continuidade à obra ali iniciada: "Pedro e João, depois de terem dado testemunho e anunciado a palavra do Senhor, voltaram para Jerusalém; eles anunciavam o Evangelho a numerosas aldeias samaritanas" (At 8,25).

Aquilo que aconteceu com a Samaria não é obra do acaso; é, sim, sinal do cumprimento da missão de Jesus em seus discípulos. O mandato de Jesus não é restritivo a uma etnia, a um povo ou a um lugar; é inclusivo, é para todos os povos e nações: "Os apóstolos e os irmãos estabelecidos na Judeia tinham ouvido dizer que as nações pagãs acabavam de receber, por sua vez, a Palavra de Deus" (At 11,1).

Os rumores foram confirmados. Não se tratava de pessoas estabelecidas para esse fim, isto é, para a pregação, mas daquelas que, fugindo para salvar a pele, testemunharam suas convicções em outras regiões: "Aqueles que haviam sido dispersos desde a tribulação que sobreviera por causa de Estêvão, espalharam-se até a Fenícia, Chipre e Antioquia, não anunciando a Palavra, senão somente a judeus" (At 11,19); "A palavra de Deus, entretanto, crescia e se multiplicava" (At 12,24).

Pelo que se pode perceber, na primeira viagem promovida pela Igreja de Antioquia, mesmo com a presença de Paulo na equipe, a prioridade da pregação aos judeus prevalecia: "Chegados a Salamina, anunciavam a Palavra de Deus nas sinagogas dos judeus" (At 13,5). Mas os desígnios de Deus operam também na incompreensão humana, tanto de quem prega quanto de quem ouve. O procônsul Sérgio Paulo, um cidadão romano, homem inteligente, convidou Barnabé e Saulo e manifestou o desejo de ouvir a Palavra de Deus (cf. At 13,7). Nesse caso, a pregação dos missionários se abre para os que de fora buscam o Deus vivo. Disse Saulo: "Irmãos, quer sejais filhos da linhagem de Abraão, quer pertençais os que entre vós temem a Deus, é a nós que esta palavra de salvação foi destinada" (At 13,26).

A difícil passagem de ir aos seus para ir aos outros

Paulo e Barnabé ainda não entenderam que o mandato de Jesus não se restringe a acolher os que vêm, mas tem a ver com a ida aos pagãos, a fim de lhes ofertar a Palavra de Deus: "Quando chegou o sábado, quase toda a cidade se reunira para escutar a palavra do Senhor" (At 13,44). Só diante da rejeição dos judeus eles despertaram para uma atitude positiva da oferta direta aos outros povos: "Paulo e Barnabé então falaram com intrepidez: é a vós que por primeiro devia ser dirigida a palavra de Deus. Mas visto que a rejeitais [...] nos voltamos para os pagãos" (At 13,46); "A essas palavras, os pagãos, cheios de alegria, glorificavam a palavra do Senhor e todos os que estavam destinados a vida eterna abraçaram a fé. A palavra do Senhor difundia-se por toda a região" (At 13,48-49). Note também aqui o protagonismo da Palavra; é ela quem puxa os anunciadores: "Atravessando então a Psídia, foram à Panfília, anunciaram a palavra de Deus em Perge, depois desceram à Atália" (At 14,25).

Uma pedra no caminho da Palavra

A entrada dos não judeus na Igreja de Cristo ofendeu os que se consideravam privilegiados; a elite dos eleitos ficou despeitada. Não se trata aqui de fazer julgamento, mas de uma constatação. A convocação do Concílio em Jerusalém é, certamente, um caminho luminoso, ainda hoje aceso para o trabalho de evangelização. O Deus de todos não pode ser cooptado nem pelo zelo nem pela vaidade de alguns que se acham no direito ou no dever de julgar e decidir sobre os demais: "Pedro interveio para declarar: vós sabeis, irmãos, foi por escolha de Deus que, desde os primeiros dias entre vós, as nações pagãs ouviram de minha boca a palavra do Evangelho e abraçaram a fé" (At 15,7). Tiago também fez suas observações (cf. At 15,13-21) e, assim, o empecilho cultural da circuncisão foi removido do caminho da fé: "O Espírito Santo e nós decidimos não vos impor nenhuma outra obrigação a não ser estas exigências [...]" (cf. At 15,28-29).

A Igreja de Antioquia, composta por maioria de origem pagã, retorna à paz. Paulo e Barnabé continuam nela seu ministério, confirmando a Igreja. Em companhia de outros muitos, ensinam e anunciam a boa nova da Palavra do Senhor (cf. At 15,35). Contudo, a questão que surge lá não se limita a um lugar ou comunidade. Outras comunidades foram fundadas no meio dessa tempestade. É necessário visitá-las e confirmá-las. Paulo convida Barnabé, o qual quer levar Marcos. Paulo não aceita e a dupla se separa (cf. At 15,16-40). Isso mostra que as feridas das relações não cicatrizam tão facilmente. Só o tempo e a paciência podem levar a uma saudável mudança.

Com a equipe reformulada, a missão é continuada. Na obediência ao Espírito e na entrega à missão, à Palavra, Paulo continua abrindo caminho: "Paulo e Silas percorreram a Frígia e a Galácia, pois o Espírito Santo os impedira de anunciar a Palavra de Deus na Ásia" (At 16,6). As dificuldades não cessam de surgir, mas a Palavra faz caminho, inclusive, na contrariedade. Presos, Paulo e Barnabé louvam a Deus. Impressionam o carcereiro, anunciam-lhe então a Palavra do Senhor, bem como a todos os que viviam em sua casa (cf. At 16,32).

4.5.4 Novas jornadas, novos lugares e mais dificuldades

As dificuldades, porém, não são razão para se desistir nem para mudar o rumo da missão: "Mas apenas os judeus de Tessalônica souberam que também em Bereia Paulo anunciava a palavra de Deus, sobrevieram, para agitar e perturbar também aí as multidões" (At 17,13). Paulo continua o caminho; impedido em um lugar, segue para outro. Quem disse que as coisas devem ser do jeito que planejamos? No caminho do Senhor, quem dá as cartas é Ele. Em cada rejeição há uma nova opção, e a Palavra não para de crescer: "Paulo passou aí [Corinto] um ano e seis meses ensinando a Palavra de Deus" (At 18,11), e nasceram várias comunidades de uma Igreja promissora para a qual Paulo dedicou vários escritos, alguns ainda bem conservados, outros perdidos.

Na terceira viagem missionária o apóstolo se deteve na Ásia, mais precisamente em Éfeso, de onde podia atingir toda a região: "Esta situação [em Éfeso] durou dois anos, de modo que toda a população da Ásia, judeus e gregos, pôde ouvir a palavra do Senhor" (At 19,10). Ali, na atuação dos missionários, a Palavra crescia: "Assim, pela força do Senhor, a Palavra crescia e aumentava em poder" (At 19,20). Dessa Igreja, Paulo, sentindo que não mais voltaria, se despede com a seguinte exortação: "Em tudo vos mostrei como devemos ajudar os fracos, tendo presentes as palavras do Senhor Jesus, que disse: Há mais felicidade em dar que em receber" (At 20,35).

Na verdade, ele revelou isso à Igreja de Corinto. Evangelizar é uma graça que ele faz questão de fornecer gratuitamente (cf. 1Cor 9,13-18). Também aos filipenses Paulo informa que a prisão sofrida resultou em benefício do Evangelho (cf. Fl 1,12-18). Os primeiros evangelizadores passam, outros surgem, e a Palavra continua o seu caminho até os confins do mundo, até o fim dos tempos.

Síntese

Neste capítulo, demonstramos como o movimento missionário de evangelização e fundação de comunidades cristãs realizado por Paulo deu origem a uma tradição paulina. Seus companheiros de jornada, bem como seus colaboradores, continuaram sua obra procurando corresponder aos desafios de cada comunidade e de cada povo. Conforme evidenciamos, a autoridade indiscutível de Paulo levou a colocar sob seu patrocínio outros escritos, as chamadas *cartas deuteropaulinas*, que continuam inspirando respostas aos desafios atuais.

Primeiramente, elucidamos que em Éfeso, num intenso trabalho de tradução do Evangelho em organização comunitária e vivência prática, Paulo dedicou o maior tempo já noticiado na formação e organização de uma igreja. A Carta aos Efésios revela esse esforço pela fundamentação cristológica e pelas exortações a respeito das mútuas relações. Nela encontramos o aprofundamento da eclesiologia do corpo de Cristo já iniciada em Corinto.

Na sequência, indicamos que a Carta aos Colossenses apresenta a evolução de alguns conceitos referentes à figura de Cristo, à Igreja, ao papel dos apóstolos e à esperança cristã. Nesse contexto, Cristo passa a exercer seu senhorio universal.

Em seguida, esclarecemos que a Segunda Carta aos Tessalonicenses está centrada no tema da parusia. Essa questão está relacionada, principalmente, aos sinais que indicam a proximidade desse acontecimento, a fim de se corrigir as expectativas exacerbadas a respeito do assunto que estão tirando a paz da comunidade.

Posteriormente, apresentamos as cartas pastorais, nas quais prevalece a instrução aos pastores para que as lideranças das comunidades tenham direcionamento na busca de soluções apropriadas no desempenho do serviço na seara do Senhor. Timóteo e Tito são a liderança servidora, sempre em busca da sintonia com o Espírito de Cristo para servi-lo evangelicamente no povo.

Por fim, demonstramos que Hebreus responde com maestria ao desafio da dimensão sacerdotal de Cristo no mistério da salvação.

Atividades de autoavaliação

1. As cartas deuteropaulinas são:
   a) as cartas da chamada *escola paulina*, escritas por outras pessoas depois da morte de Paulo e divulgadas em nome dele.
   b) as cartas publicadas depois da morte de Paulo.
   c) as cartas que completam assuntos que Paulo não pôde tratar.
   d) as cartas que atualizam as orientações de Paulo.
   e) as cartas que se baseiam nos livros do Antigo Testamento, especialmente o de Deuteronômio.

2. O(s) assunto(s) principal(is) da Carta aos Efésios é(são):
   a) a paz na comunidade, a unidade em Cristo e a prática correspondente.
   b) a preservação da Igreja de desvios vindos de outros grupos.
   c) o aprofundamento da eclesiologia.
   d) a centralidade de Jesus Cristo como cabeça da Igreja, a qual é o seu corpo.
   e) o amor como dom supremo.

3. O tema mais específico da Segunda Carta aos Tessalonicenses é:
   a) acalmar os ânimos da comunidade.
   b) instruir a comunidade sobre a parusia e os verdadeiros sinais de sua proximidade.
   c) corrigir os aproveitadores.
   d) relembrar a instrução primeira.
   e) informar à Igreja de Tessalônica a respeito da perseguição imposta ao povo.

4. Podemos dizer que a principal característica das cartas pastorais é:
   a) advertir os pastores sobre a responsabilidade de sua missão.
   b) passar o bastão da liderança para a próxima geração.
   c) instruir os pastores no aperfeiçoamento de seu serviço de liderança na organização da comunidade.
   d) oferecer um bom discernimento sobre o perigo de heresias.
   e) denunciar os desmandos das autoridades políticas.

5. A(s) novidade(s) da Carta aos Hebreus em relação aos demais escritos paulinos é(são):
   a) o sacerdócio de Jesus Cristo.
   b) a realização da oferenda agradável a Deus.
   c) a substituição do Templo.
   d) o confronto com o sacerdócio do Antigo Testamento.
   e) todas as alternativas anteriores.

Atividades de aprendizagem

Questões para reflexão

1. Pesquise os trechos 1Tm 2,1-3,13, 1Tm 5,1-6,2 e Tt 2,1-10. Verifique os elementos necessários para organizar bem uma comunidade cristã e compare-os com a organização de duas comunidades que você conhece. Elabore um texto relatando suas conclusões.

2. A partir do capítulo 10 de Hebreus (10,1-39), analise as novidades do sacerdócio de Cristo e suas consequências para a vida do cristão, pontuando tanto as novidades quanto as consequências.

Atividade aplicada: prática

1. Assista ao filme *Apóstolo Pedro e a última ceia* e pontue os elementos mais significativos apresentados nele e os desafios que precisam ser enfrentados pela igreja de hoje. Busque algumas pessoas para auxiliá-lo na reflexão e, em seguida, elabore um texto com o resultado.

   APÓSTOLO Pedro e a última ceia. Direção: Gabriel Sabloff. EUA: Virgil Films & Entertainment, 2012. 88 min.

5
Introdução às cartas católicas[1]

---
[1] Todas as passagens bíblicas indicadas neste capítulo são citações de Bíblia (1994).

São chamadas *católicas* as cartas do Novo Testamento escritas sem um destinatário específico, ao contrário das elaboradas por Paulo, que sempre se dirigem a uma comunidade, a uma pessoa ou a uma etnia. Os escritos de Tiago, Pedro e Judas, bem como a Primeira Carta de João, são abertos, universais, podem ser aplicados a todos os cristãos.

Quem por primeiro chamou-as assim foi Eusébio de Cesareia (263-339) em sua *História Eclesiástica* (Tuñí; Alegre, 2007). Um dado comum das cartas católicas é que todas elas estão situadas entre as duas últimas décadas do primeiro século e as duas primeiras do segundo século da nossa era. Nelas podemos verificar como a segunda e a terceira geração de cristãos entenderam e levaram avante a fé em Jesus Cristo.

Neste capítulo, apresentaremos as cartas de Pedro, Tiago e Judas e abordaremos mais sinteticamente as de João, que também foram incluídas nos escritos joaninos.

5.1 O contexto histórico, político e religioso das cartas

À medida que se aprofunda o estudo das cartas católicas, descobrem-se formulações mais primitivas na doutrina, no culto e na hierarquia, elementos relacionados aos discursos de Pedro e Estevão em Atos dos Apóstolos (cf. At 2,14-36; 3,11-26; 7,1-54). A originalidade dessas cartas em relação aos demais escritos do Novo Testamento pode ser constatada em alguns pontos, como a **unção dos enfermos** (cf. Tg 5,13-18), a **descida de Cristo aos infernos** (cf. 1Pd 3,18-22) e a **consumação definitiva dos elementos** (cf. 2Pd 3,3-7). Há também muitas alusões ao Antigo Testamento (mais de 50 em Tiago, mais de 40 na Primeira Carta de Pedro, mais de 20 na Segunda Carta de Pedro e na Primeira Carta de João e 13 vezes em Judas). Isso se deve, possivelmente, aos confrontos com novas situações religiosas e com os desafios nascidos de situações sociorreligiosas.

5.1.1 Sobre as cartas

Conforme Tosatto (1978, p. 455), por causa da grande influência e dos destaques das cartas paulinas, aliados à dedicação dos estudiosos a tais escritos, as cartas católicas (*corpus catholicum*) ficaram quase em segundo plano. Isso, porém, não faz justiça aos escritos, pois eles contêm elementos doutrinais de primeiro plano. Elas nos oferecem, especialmente na dimensão parenética, ensinamentos de vida importantes.

A maioria dessas cartas pertencem à chamada *corrente petrina*, que conta, além das duas cartas que trazem o nome do apóstolo Pedro, com as cartas de Tiago e de Judas. Cinco são deuterocanônicas, isto é, só foram admitidas no cânon do Novo Testamento em um segundo momento.

Além dos questionamentos gerais, havia questões particulares alegadas a cada uma. Para a Segunda Carta de Pedro, alegavam-se a falta de uma doutrina característica e a presença de questões já em desuso. Para a Carta de Tiago, havia dificuldade de identificação do autor, suspeitando-se que fosse um falsário valorizando um apócrifo. Para a Carta de Judas, suspeitava-se da dependência do apócrifo de Henoc. Para a segunda e terceira cartas de João, alegavam-se a brevidade dos escritos, o conteúdo doutrinal quase nulo e a falta de atestação mais antiga (Tosatto, 1978).

5.1.2 Sobre a história

Consideramos aqui o período que vai dos anos 70, data da queda de Jerusalém, ao ano 117, final do império de Trajano. Praticamente todas as cartas católicas estão englobadas nesse contexto. Depois da perseguição aos cristãos ordenada por Nero, em Roma (64-68), houve tolerância com Vespasiano (69-79). Isso nos é reportado por escritores cristãos, como Hegesipo (110-180), do segundo século. Ele era um judeu que se tornou cristão, bem instruído nas letras, que viajou de Jerusalém a Roma, visitando e escrevendo sobre as igrejas cristãs pelo caminho e levando notícias ao Papa Aniceto (156-180) em Roma. Do trabalho dele temos fragmentos reportados pelo historiador Eusébio de Cesareia (263-339).

Tertuliano (160-220), nascido em Cartago, na Tunísia, foi o primeiro cristão a escrever uma obra em latim. Em seus escritos, defendeu veementemente a Igreja tanto dos ataques provenientes de pagãos quanto das políticas injustas das autoridades. Embora o governo do Imperador Vespasiano tenha sido anterior a seu nascimento, Tertuliano se admirava de ele não ter aplicado, contra os cristãos, a lei romana que proibia as associações – medida que o Imperador Trajano (97-117) tomou.

De acordo com Reicke (1996), foi com Domiciano, nos últimos quatro anos de seu governo (93-96), que a perseguição dos cristãos se tornou violenta. No início (81-92), ele combateu impiedosamente os senadores e filósofos críticos, mas, seguindo a política de seu pai, favoreceu a classe média e os mais simples (*humiliores*). Os cristãos, em sua maioria, pertenciam a esses grupos. A perseguição tomou corpo quando Domiciano centrou sua política no fortalecimento da sua autoridade interna. Começou a exigir o culto à deusa Roma e também a sua pessoa.

O Papa Clemente governou a Igreja de 88 a 97. Em sua primeira epístola, escrita no ano 95, temos a seguinte notícia: "A comunidade cristã de Roma comunica à comunidade de Corinto que recentemente, isto é, em trono de 94 d.C., sobrevieram tribulações sobre ela e que eram esperados martírios de circo semelhantes aos da perseguição de Pedro e Paulo" (Reicke, 1996, p. 323).

Eusébio de Cesareia informa que, em 93, Domiciano perseguiu nobres romanos e que, em 94, atingiu os cristãos, período em que João foi exilado em Pátmos. No ano seguinte, novamente expulsou de Roma filósofos e astrólogos.

Por sua vez, Plínio, estabelecido por Trajano como governador da Bitínia (111-113), província imperial romana que hoje faz parte da Turquia, escreve a Trajano para saber como proceder nos processos contra os cristãos. Em seu escrito diz ter interrogado pessoas que afirmavam ter abjurado a fé cristã havia 20 anos, o que retrocederia ao ano 93, nos tempos de Domiciano.

Qual era o mal? Conforme Reicke (1996), era que a formação de comunidades violava a proibição romana de associações. Em razão da fé em Deus, os cristãos também se negavam a participar dos cultos oficiais do império. Plínio, porém, notifica que não encontrou nas associações cristãs da Bitínia a anarquia que se dava nas associações gregas.

Reicke (1996) também explica que Hegesipo tinha informações de que Domiciano mandou prender alguns netos de Judas, irmão ou primo de Jesus, por conta de sua popularidade como descendentes do Rei Davi. Os processos de Domiciano atingiram o auge com as execuções de Acílio Glábrio, da alta nobreza romana, e de Flavio Clemente, primo dele, assim como com o desterro de Flávia Domitila, esposa de Clemente e sobrinha do imperador, pelo ano 95. Flávia Domitila fez doação de terras para sepultar membros da família onde hoje se encontram, em Roma, as catacumbas de Santa Domitila. Provavelmente esses nobres romanos protegiam os cristãos. Ora, que havia presença de cristãos no seio do governo romano podemos constatar na Carta aos Filipenses (4,22), na qual Paulo envia saudações dos membros da casa de César.

5.1.3 O crescimento da Igreja

Mesmo diante das perseguições, os cristãos não pararam de crescer no seio do Império Romano. Calcula-se que, até o final do ano 66, começo da revolta judaica na Palestina, existiam cerca de 40 mil cristãos em todo o império, dos quais 25 mil eram da região da Palestina, Transjordânia e Síria (Reicke, 1996).

Depois da destruição de Jerusalém, a condição de judeus e cristãos ficou praticamente igualada no Império Romano: as duas comunidades se tornaram peregrinas, dispersas, tomadas por igual pelos governos e pelo povo em geral. "Muitos judeus agora sem pátria passaram para o cristianismo, a tal ponto que Gamaliel II mandou escrever na oração das 18 bênçãos uma maldição aos judeu-cristãos" (Reicke, 1996, p. 336).

A entrada de muitos judeus na Igreja cristã acarretou alguns problemas que se refletem nas cartas apostólicas mais tardias, como a **insistência legalista** (1Tm 1,7; Tt 1,14), o **desprezo gnóstico do mundo** (1Tm 6,20; Tt 1,16) e a **agitação social** (2Tm 2,22; Tt 1,10.16). Certamente entraram nas comunidades cristãs mais gentios que judeus.

Na Ásia Menor, os gentios eram maioria. Isso pode ser percebido pelos problemas sociais e morais confrontados nas epístolas pastorais e católicas. Entraram muitos pobres e trabalhadores (Ef 6,5; 1Pd 2,18; Tg 2,5.15; 2Pd 2,19; 1Jo 3,17). Parece ter havido entre eles uma pressa na realização material da esperança escatológica, por isso os autores reagiram com firmeza. É o que podemos ver em algumas passagens (1Tm 2,2; 2Tm 3,1-11; Tg 1,3; 3,13; 4,10; 2Pd 1,6; 3,3). Segundo Reicke (1996, p. 338):

> Para o amplo trabalho social da Igreja o apoio no sistema associativo grego, constitutivo do helenismo, era em parte prático e útil. Mas isso tinha também o seu lado negativo, porque as associações e organizações gregas sempre promoveram o patriotismo, o gosto pela crítica, a ambição e a vida social de modo a causar dificuldades disciplinares tanto para o Estado como para a Igreja.

A infiltração de pessoas com outros interesses nas comunidades cristãs também causava dificuldades, como podemos ver na questão política (2Pd 2,15; Jd 11), na questão das celebrações (1Pd 4,3-4; Jd 8-15) e na questão da liberdade (1Pd 2,16).

A adesão da Igreja às associações e aos costumes de refeições helenistas facilitou a evangelização das massas e favoreceu a caridade entre os pobres, mas também contribuiu para a materialização da escatologia e para a mobilização da resistência pagã. O próprio sucesso da missão despertava a inveja e a difamação.

A filosofia grega oferecia tanto aspectos positivos quanto negativos à evangelização. Por um lado, facilitou a divulgação do Evangelho em virtude de sua linguagem; por outro, incitava confrontos sociais que, muitas vezes, causavam conflitos e discórdia. (Tg 1,5.20.26; 3,8-9.13-19; 4,2; 2Pd 1,16; 2,15.19). Tiago, Pedro e Judas queriam manter a Igreja afastada dessas discussões, visto que elas apenas favoreciam interesses egoístas de uma escatologia materialista (Reicke, 1996).

No ano 113, Plínio, governador romano da Bitínia, revela alastramento do cristianismo naqueles lados do Império. Segundo ele, "esta pestífera superstição espalha-se não só nas cidades, mas também nas aldeias e na zona rural. Talvez o seu desenvolvimento ainda possa ser contido e restrito" (Reicke, 1996, p. 333). Calcula-se que nesse período havia, no mínimo, 80 mil cristãos na Ásia Menor e cerca de 320 mil em todo o Império Romano. Isso significa um crescimento multiplicado por oito, desde os anos 60. Tal crescimento não passou despercebido e não ficou sem confronto.

Em vários escritos do Novo Testamento, encontramos elementos especificados posteriormente por Plinio, governador da Bitínia. Basta conferir as cartas pastorais (a primeira e segunda cartas de Paulo a Timóteo e a Carta a Tito, as duas cartas de Pedro, a de Tiago, a de Judas, as três cartas de João, bem como o Apocalipse de João).

No final da época do Novo Testamento, como João previra profeticamente, o culto do Estado de Domiciano constituiu o pano de fundo do tempo dos mártires com Trajano (98-117) e Adriano (117-138), sendo prolongado por mais de 200 anos, atingindo o auge com Diocleciano (284-305) e chegando ao fim com Constantino (306-337).

5.2 A Carta de Tiago

Essa carta apresenta o desafio da passagem do judaísmo para o cristianismo. Suscitou polêmica entre os biblistas, especialmente com o surgimento da Reforma Protestante, no tema da fé *versus* obras. Segundo Paulo, a salvação vem pela fé, mas Tiago diz que a fé sem obras é morta – assunto hoje esclarecido e superado.

A seguir trataremos da situação da comunidade, da razão do escrito e das implicações para a época, bem como para a atualidade.

5.2.1 O autor da carta

Há muita discussão sobre o assunto. Difícil dizer qual Tiago a escreveu, mas a maioria dos estudiosos antigos, como Clemente de Alexandria (150-215), Orígenes de Alexandria (184-253), Crisóstomo (348-407) e Jerônimo (347-420), atribuem a Tiago irmão do Senhor, líder da Igreja de Jerusalém, martirizado no ano 62, a autoria da carta. Ele foi apóstolo de Jesus e tornou-se bispo da Igreja de Jerusalém depois que Pedro começou as viagens para confirmar as novas igrejas que surgiram. Sobre esse Tiago se fala em Atos dos Apóstolos (12,17). Quando Pedro foi libertado da prisão em Jerusalém, pediu para comunicar o fato a Tiago. Mais adiante (At 15,13-21), revela-se que ele concluiu o assunto do Concílio de Jerusalém, o primeiro da história da Igreja. Paulo se encontrou com Tiago algumas vezes em Jerusalém (Gl 1,19; 2,9-12; 1Cor 15,7). Tiago foi morto a espada por um movimento encabeçado pelo sumo sacerdote Anás II no ano 62.

Tuñí e Alegre (2007) elencam seis sérias razões que colocam em dúvida que o autor do escrito seja Tiago irmão do Senhor. A primeira razão é que a carta está escrita em bom grego, com bom conhecimento do helenismo e da ética estoica. A segunda é que, até a morte de Tiago em 62, a convivência entre judeu-cristãos e gentio-cristãos foi muito problemática, e a Carta de Tiago não aborda o assunto. A terceira razão é a referência a Abraão, Raab, Jó e os profetas, mas nenhuma referência a Jesus. A quarta é não haver como justificar que uma carta de Tiago não fosse conhecida, até o final do segundo século, no mundo cristão. A quinta razão é que a fé dos destinatários da carta corria perigo de não se tornar vivência, problema que apareceu mais para o final do primeiro século. A última é que o escrito tem mais parentesco com escritos tardios, como a Primeira Carta de Clemente e a Didaque.

O autor seria um judeu-cristão culto que dominava a retórica helenista e estava familiarizado com a Septuaginta, pois cita os textos sempre dessa tradução. Ele fala na autoridade de Tiago (Tuñí; Alegre, 2007).

Local, data e canonicidade

Os partidários da autoria de Tiago irmão do Senhor defendem Jerusalém como local de origem da carta; outros, em vista do bom grego, defendem Antioquia da Síria ou Alexandria do Egito. Quanto à data, prevalece o final do primeiro século e o início do segundo século (Tuñí; Alegre, 2007).

A autoridade da carta de Tiago nunca foi contestada na Igreja antiga. Reconhecida logo na Igreja do Oriente, demorou para ser acolhida no mundo latino. Ela foi inscrita no Cânon do Concílio de Roma, em 382.

Linguagem, estilo e gênero literário

Tiago utiliza o grego koinê, isto é, a linguagem popular, mas de muito boa qualidade – é superado apenas por Hebreus nos escritos do Novo Testamento. Tem um vocabulário rico, com muitas palavras novas.

Trabalha num tom dialogal (cf. Tg 2,4-8.18-22; 3,11-13; 4,1-7) e com muitas interpelações aos ouvintes. Em seus 108 versículos, traz nada menos que 50 imperativos, proporção de um para cada dois versículos. Embora o escrito de Tiago se chame *carta*, se deixarmos de lado a saudação inicial (Tg 1,1) e a convocação do autor (Tg 3,1), ela só contém exortações morais – nem a finalização é de carta (cf. Tg 5,19-20).

5.2.2 Destinatários e razão do escrito

A questão dos destinatários que aparece na introdução da carta "às doze tribos que vivem na diáspora" (Tg 1,1) carece de maior precisão, a qual é buscada no interior do texto. Há uma aproximação com a Primeira Carta de Pedro, que, entretanto, limita mais o alcance dos destinatários: "Aos eleitos que vivem como estrangeiros no Ponto, Galácia, Capadócia, Ásia e Bitínia" (1Pd 1,1); em Tiago, o lugar dos destinatários é ilimitado.

Segundo Vouga (1996, p. 27), os destinatários da carta de Tiago são pessoas que vivem em situações precárias, mas são livres. São pobres (Tg 2,6) e têm de prover sua subsistência (Tg 2,15-17); são tentados pelo conforto dos ricos (Tg 2,1-13; 5,1-6), mas, ao mesmo tempo, se acham vulneráveis diante do poder destes (Tg 2,1-13); são pessoas humildes que se recrutam entre os pequenos lavradores ou, nas cidades, entre os pequenos comerciantes e artesãos. Vivem sem fortuna, à margem da vida pública e do poder, mas invejam os que ao seu redor possuem fortuna, poder e honrarias (cf. Tg 1,5-11; 4,13-17; 5,1-6).

Na carta o autor chama constantemente os destinatários de irmãos da seguinte forma: "irmãos bem-amados" (cf. Tg 1,16.19; 2,5), "meus irmãos" (cf. Tg 2,1.14; 3,1-10.12; 5,12.19) e simplesmente "irmãos" (cf. Tg 4,11; 5,7.9.10).

Por que Tiago escreveu? Para orientar os destinatários, isto é, os cristãos nas situações descritas anteriormente. O lugar e o papel da fé na vida do cristão perpassam todo o escrito, embora estejam particularmente centrados no segundo capítulo, o mais extenso da carta. O texto que declara a fé sem obras como morta é destacadamente importante para a teologia desse autor (cf. Tg 2,14-26).

Tiago não está contrapondo o ensinamento de Paulo, que insiste na prioridade da fé em relação às obras (cf. Rm 10,9-21), mas insistindo que a fé é comprovada nas obras. O desafio está na expressão vivencial da fé no conjunto do tecido social. A fé se traduz em prática, mas também ilumina a prática. O espírito da obra é a motivação, a razão que levou a realizá-la. A fé em Deus que não ativa no crente uma relação com as criaturas, correspondente aos desígnios dele, para nada serve.

A espiritualidade helenista pregava um recolhimento da fé sobre a piedade pessoal, deixando as questões econômicas e sociais ao mundo profano. As criaturas têm origem em Deus, mas estão à disposição do ser humano em sua ligação com o mundo. O autor da carta reage a essa ideologia, mostrando que o Criador não é apenas origem do espírito eterno e celeste, mas também Senhor da realidade e do corpo. Deus não está aí só para ser contemplado, mas para ser obedecido.

A fé se realiza no enfrentamento fiel e perseverante da precariedade (pobreza) e do sofrimento. Ela é testemunhada num combate que liberta do fascínio dos poderes deste mundo (cf. Tg 4,1-10).

5.2.3 Plano e conteúdo

Não é fácil encontrar na carta um plano comungado por uma maioria de estudiosos. Depois de analisar planos estabelecidos por F. O. Francis e C. B. Amphoux, François Vouga (1996) traça seu modo de perceber a carta. Seu traçado está baseado no estudo histórico-crítico das tradições teológicas que organizam a epístola, na situação de Tiago no cristianismo primitivo e nas indicações do texto sobre debates. Ele divide a carta em três partes.

A primeira parte tem como tema a **vida cristã edificada na resistência às provações e na perseverança** (Tg 1,2-18). Consiste na provação da fé (Tg 1,2-4), na resistência à dispersão (Tg 1,5-8) e ao fascínio das riquezas (Tg 1,9-11), em crer na bem-aventurança da provação (Tg 1,12) e em resistir aos determinismos/concupiscências dos instintos (Tg 1,13-19a).

A segunda parte tem como tema a **vida cristã como prática da Palavra e como lugar de resistência** (Tg 1,19b-3,18). Consiste em exercitar a obediência da fé (Tg 1,19b-27), resistir às forças da discriminação (Tg 2,1-13), arriscar a fé (Tg 2,14-26), vigiar a linguagem (Tg 3,1-13) e colocar-se a serviço do domínio da sabedoria (Tg 3,14-18).

A terceira parte tem como tema **testemunhar a providência de Deus diante do fascínio do poder** (Tg 4,1-5,20). Consiste em cultivar a fidelidade à fé abraçada (Tg 4,1-10), em falar com respeito, sem julgamento (Tg 4,11-12); na exortação aos homens de negócios (Tg 4,13-17), aos ricos (Tg 5,1-6) e aos crentes (Tg 5,7-11); em viver na verdade e na clareza (Tg 5,12); e em acompanhar os doentes, curar os pecadores (Tg 5,13-18) e reconduzir os extraviados (Tg 5,19-20).

A Carta de Tiago tem grande afinidade com o sermão inaugural da missão de Jesus, proferido na montanha, segundo o evangelista Mateus (Tg 5,1-7,29). São 21 pontos convergentes entre os dois escritos, conforme esclarece Becquet et al. (1991).

Percorrendo a carta

O autor fala primeiro da necessidade de encarar as provações (Tg 1,2-18). Deixa claro que neste mundo existem provações e que todos passarão por elas. Ele afirma, ainda, que nas provações não existem só coisas más, pois a provação produz a paciência. A paciência é uma virtude muito importante para que a pessoa conquiste a coroa da vida que Deus prometeu a quem Ele ama. E a grande verdade é que muitas das brigas e desentendimentos vêm da falta de paciência do indivíduo com os outros e consigo mesmo. Além disso, a provação mostra a nossa perseverança e a seriedade com que se assume uma coisa e uma causa.

O autor termina essa primeira parte chamando a atenção para dois pontos muito importantes. O primeiro é: "Ninguém tentado diga: é Deus que me tenta". Deus não pode ser tentado para o mal e nem tenta ninguém" (Tg 1,13). O segundo é que o verdadeiro dom, a dádiva perfeita, desce do alto, vem do Pai das luzes, vem de Deus (cf. Tg 1,17-18). Ele nos gerou pela **palavra da verdade**.

A tentação é o desencaminhamento, algo que não vem de Deus. Ninguém que tem tendência para o mal pode dizer que isso vem de Deus, pois é de Deus a iniciativa para enfrentar o mal, agindo para que o bem prevaleça em tudo. Disso Ele nos deu o exemplo por meio de Jesus. Assim, todos que seguem Jesus Cristo terão também de enfrentar muitas adversidades para permanecer no caminho dele.

A Carta de Tiago mostra ainda que a tentação começa pela concupiscência, que é o desejo desenfreado, intenso, que tira a pessoa do próprio controle e do equilíbrio em relação a todos os bens deste mundo. Ela está focada no prazer mundano, de modo que só isso interessa. Por concupiscência somos capazes de abandonar as coisas espirituais e, assim, cair no pecado, que é a fonte de todos os males. Nisso não há lugar para culpar Deus.

O assunto continua mostrando que é a prática da Palavra que identifica o verdadeiro cristão (Tg 1,19-3,18). Aqui Tiago deixa claro: a pessoa que só fala de Deus ou que ouve a Palavra de Deus e não a pratica não é cristã. Ele chama a atenção mais uma vez para a necessidade de se ter paciência, de não se irritar, porque a irritação, o nervosismo, põe tudo a perder.

Está claro: aquele que ouve a Palavra de Deus e não a pratica não conhece sua verdadeira identidade (cf. Tg 1,22-25); é como uma pessoa que não sabe o tipo de cara que tem. O cristão que ouve e não pratica a palavra de Deus é um "insensato". A prática da Palavra tem comprovação clara: "A religião pura e sem mancha diante de Deus-Pai é visitar os órfãos e as viúvas em suas tribulações, e conservar-se puro da contaminação deste mundo" (Tg 1,27).

A verdadeira religião está ligada à justiça, à ajuda aos necessitados. Não se pratica a religião só quando se vai à missa ou se põe de joelhos a rezar. Pratica-se a religião quando se ajudam o órfão, a viúva, os necessitados, isto é, as pessoas que não têm condições de sair sozinhas das dificuldades e sofrimentos em que se encontram. Ajudar esses irmãos revela se estamos ou não praticando a verdadeira religião. Tiago volta a falar desses dois assuntos nos capítulos seguintes.

5.2.4 O lugar de cada um na assembleia

A "fé em nosso glorioso Senhor Jesus Cristo" (Tg 2,1) se demonstra na prática da fraternidade, no modo como as pessoas são acolhidas na comunidade. Os lugares na assembleia não são para privilégios, mas para serviço. Dar lugar de destaque na assembleia, fora do serviço necessário, é proclamar que a fraternidade não existe. É chamar Jesus de mentiroso.

A liturgia e a assembleia não são lugares de exibição, mas de comunhão. Fazer discriminação na assembleia, segundo a carta, é ser juiz de princípios perversos (cf. Tg 2,4). Deus não olha as roupas, os anéis, os títulos, a beleza, a inteligência e a capacidade de falar de cada um;

Ele olha o coração, a sinceridade da pessoa e a qualidade de sua entrega. A assembleia precisa corrigir os vícios e exercitar a fraternidade.

O cristão não pode ser cristão pela metade. Não basta só não cometer adultério, é preciso também não matar. Tiago coloca um exemplo que merece ser mais bem explicado, porque essa é a intenção dele. Em geral, os que sabem mais e têm mais são muito moralistas e exigentes nos direitos, mas falta-lhes a misericórdia. Tiago afirma que seremos julgados conforme o amor que praticamos, o perdão que damos e a misericórdia que oferecemos.

Em Tg 2,14-26, está claro que a fé sem obras é morta. Isso não quer dizer que bastam as obras e não se precisa da fé. Isso é impossível. O autor esclarece que as obras comprovam a fé. Em outros termos, é preciso ter coerência entre o que se diz e o que se faz. Falar que Deus é poderoso até os demônios falam. Saber que Deus é poderoso até os demônios sabem. No entanto, eles não praticam as obras que mostram o poder, o amor e a misericórdia de Deus. O problema da distância entre a palavra e a prática é sempre grave para a Igreja.

Preste atenção!

Em Tg 3,1-12, Tiago trata do autodomínio, do cuidado com a linguagem. Ele começa exemplificando que os cavalos são dominados e governados por um freio na boca; e que os navios, embora grandes, são controlados por um pequeno leme. Em seguida, ele esclarece que também o homem é governado pela língua, e, por isso mesmo, precisa saber controlá-la. A língua não funciona sozinha, mas é comandada pela inteligência e pela sabedoria que vêm de Deus. Ele nos deu a palavra e a sabedoria não para ferir, destruir ou machucar os outros, mas para construir, edificar e plantar.

5.2.5 Advertência geral

O autor começa o quarto capítulo com uma advertência para todos (Tg 4,1-12); em seguida, dirige-se especificamente aos ricos (Tg 4,13-5,6), usando praticamente o mesmo número de versículos que ocupou com a advertência geral. A exortação feita a todos é a seguinte: toda espécie de conflito, briga e morte entre os cristãos vem das paixões, das invejas e dos desejos descontrolados. Muita coisa que os cristãos pedem a Deus não conseguem porque não pedem com o coração puro. Portanto, é preciso rever os motivos que os levam a fazer os pedidos. Deus resiste aos soberbos e aos mentirosos, mas aos humildes e sinceros dá a sua graça. Aos ricos, Tiago cobra humildade, visto que eles colocam toda confiança e segurança nos bens que possuem e se enganam, porque a riqueza passa.

Os ricos plantam campos, constroem armazéns, enchem-nos de frutos. Contratam operários para plantar, construir e colher, mas pagam mal. Colhem muito e pagam pouco. Aos que colhem, fazem trabalhar só pela comida. Os trabalhadores gritam, chamam a Deus, que ouve os gritos. Ele faz justiça. O enfrentamento dos ricos é um tema muito caro a Lucas (cf. Lc 1,53; 6,24; 12,16,21; 14,12; 16,1-22; 18,25;19,2; 21,1) e a Tiago (cf. Tg 1,10.11; 2,5.6; 5,1). De fato, são esses evangelizadores os que mais chamam a atenção dos cristãos para a idolatria da autossuficiência, do apego aos bens e do sentimento de superioridade.

Tiago conclui essa parte convidando-nos ao exercício da paciência na espera da vinda do Senhor, colocando o agricultor como exemplo da espera paciente e recorrendo, em seguida, à história de Jó (5,7-12).

A carta termina apresentando aquilo que é a base do sacramento da unção dos enfermos (Tg 5,13-15): se alguém está alegre, deve expressar alegria; se alguém está doente e não pode se alegrar, chame o presbítero para ungi-lo com óleo para que seja curado da doença e libertado do pecado, se tiver. Isso deixa claro que a vida do cristão precisa ser vivida na alegria. Segundo a carta, a unção dos enfermos é para todos os que estão nessa condição, e não só para aquele que está em perigo de morte, como antigamente se pensava; chamar o presbítero na hora da morte já não é o caminho.

Por fim, o autor nos convida a confessar o pecado uns aos outros e a rezar uns pelos outros para que sejamos curados, pois a oração tem grande poder. O pecado faz mal, pode trazer doença para pessoa que peca e também para a pessoa que foi ofendida pelo pecado, daí confessar para curar. Isso já está em Mateus (18,15-20).

5.3 A Primeira Carta de Pedro

O tema mais expressivo dessa carta é a esperança cristã que, segundo o autor, está fundamentada na vida de Cristo, pedra viva, base da construção da comunidade. A esperança cristã dá condições para que os cristãos vivam como peregrinos e forasteiros neste mundo: sóbrios, obedientes à verdade, impulsionados pelo amor ágape. Verificaremos as razões que levaram ao escrito, bem como o objetivo dele, a seguir.

5.3.1 O autor é mesmo Pedro?

A autoria de Pedro, o apóstolo, estabelecido por Cristo à frente da Igreja (cf. Mt 16,18-19), foi defendida pela tradição por muito tempo. Irineu, bispo de Lion (130-202), Clemente de Alexandria (150-215) e Tertuliano (160-220) estão entre os que o apontaram como autor. Assim começa a carta: "Pedro, apóstolo de Jesus Cristo" (1Pd 1,1);

e assim ela é finalizada: "Aos presbíteros que estão entre vós, exorto, eu também, presbítero com eles e testemunha dos sofrimentos de Cristo, eu, participante da glória que se há de revelar" (1Pd 5,1). Por fim, o autor anuncia que escreveu a carta com a ajuda de Silvano, o qual considera um irmão de confiança (cf. 1Pd 5,12).

Com o surgimento da crítica literária no estudo bíblico, uma análise interna do texto pôs em dúvida a autoria do apóstolo. Os pontos considerados para a dúvida são: a carta está escrita num grego de boa qualidade, e Pedro era judeu (falava aramaico); contém alusões à perseguição do Imperador Domiciano, o que só aconteceu nos anos 90; e contém expressões próprias de Paulo (Cantinat, 1981).

Segundo Cothenet (1986, p. 15), o autor "é um discípulo de Pedro, de língua grega, também presbítero que teria retomado os ensinamentos do apóstolo para exortar os fiéis cristãos da Ásia Menor a se manterem firmes na provação". Assim sendo, o escrito pode ser datado entre os anos 75 e 80 de nossa era. Por outro lado, para Tuñí e Alegre (2007), a questão do autor da Primeira Carta de Pedro continua totalmente em aberto.

5.3.2 Destinatários e local do escrito

A introdução não deixa dúvidas quanto aos destinatários: "Aos eleitos que vivem como estrangeiros e peregrinos [diáspora] no Ponto, Galácia, Capadócia, Ásia e Bitínia" (1Pd 1,1), regiões situadas na Ásia Menor, atual Turquia.

O autor também especifica aqui a condição dos destinatários. Eles são "eleitos segundo os desígnios de Deus Pai, pela santificação do Espírito, para obedecer a Jesus Cristo e ter parte na aspersão do seu sangue" (1Pd 1,2). A eleição se constitui numa missão de expressão trinitária, num mundo em transição. Eles têm parte na aspersão do sangue de Cristo (1Pd 1,2), o que os leva a renascer para uma esperança viva (1Pd 1,3) e uma herança que não se pode corromper, nem manchar ou murchar (1Pd 1,4), cultivando-se uma fé guardada para a salvação prestes a se revelar (1Pd 1,5). Isso implica manter a alegria, mesmo nas aflições e nas provações, pois a realização dos cristãos é certa, como foi a de Cristo, da qual o autor é testemunha (1Pd 5,12).

Segundo o autor, as dificuldades que os destinatários da carta enfrentam vêm de seus antigos aliados no paganismo: "Já é bastante, sem dúvida, ter feito no passado a vontade dos pagãos vivendo na devassidão, nas concupiscências, na embriaguez, nas orgias, bebedeiras e idolatrias infames. Agora eles acham estranho que já não mais os acompanheis na mesma devassidão desenfreada, e vos cobrem de injúrias" (1Pd 4,3-4).

Para Tuñí e Alegre (2007), chamar os destinatários da carta de *estrangeiros* e *peregrinos* tem a ver com sua condição social. Eram pessoas simples e humildes, sem *status* reconhecido, que viviam distanciadas dos cidadãos romanos da região, provavelmente em áreas rurais ou pequenas vilas.

O autor escreve de uma comunidade de eleitos que está na Babilônia. Há comunidades de eleitos espalhadas por todo o império, mas ele escreve da Babilônia para as comunidades da Ásia Menor. Para o autor do Apocalipse de São João, a Babilônia agora é Roma, a capital do império (cf. Ap 14,8 e 17,5); afinal, a Babilônia havia se tornado um lugar insignificante. Ele está acompanhado de Silvano (Silas – At 15,40), de seu secretário e de Marcos (At 12,12; 15,37), o evangelista ao qual chama de filho (cf. 5,12-13).

5.3.3 Características literárias

A carta foi escrita num grego correto e elegante e apresenta 62 palavras únicas no Novo Testamento – se bem que 35 delas estão na tradução grega do Antigo Testamento, a Septuaginta. Nela são utilizados diversos textos do Antigo Testamento, os quais fundamentam seu desenvolvimento (Lv 19,2 em 1Pd 1,16; Ex 19,5 em 1Pd 2,5.9; Sl 118,22 em 1Pd 2,7; Is 52,3-12 em 1Pd 2,22-25). Em alguns casos, o autor utiliza apenas imagens, como as de Noé (1Pd 3,20), Sara e Abraão (1Pd 3,6); em outros, refere-se ao texto sem citá-lo realmente, como ocorre em 1Pd 3,10-12 (cf. Sl 34,12-17).

Segundo Tuñí e Alegre (2007), os possíveis contatos da Carta Primeira de Pedro com outros textos do Novo Testamento são tantos que alguns exegetas chegam a classificá-la como livro da tradição.

Comparando com a Carta aos Romanos, são nove os textos relacionados: a não conformação com o mundo (1Pd 1,14; Rm 12,2); a prática do amor fraterno com a sinceridade (1Pd 1,22; Rm 12,9); as pedras vivas com o sacrifício vivo (1Pd 2,5; Rm 12,1); Deus como garantia da esperança (1Pd 2,4-10; Rm 9,25.32.33); a submissão às autoridades (1Pd 2,13-17; Rm 13,1.3.4.7); a não retribuição do mal com o mal – não se deve nivelar pelos erros (1Pd 3,9; Rm 12,17); o sofrimento libertador que acontece na carne (1Pd 4,1; Rm 6,7); o dom que deve ser colocado a serviço do outro (1Pd 4,10-11; Rm 12,6); e a nossa participação no sofrimento de Cristo e também em sua glória (1Pd 4,13 e 5,1; Rm 8,17).

A Primeira Carta de Pedro se relaciona com Efésios em sete passagens, além de outras. "A impressão deste conjunto, no nível estritamente literário, é a de que estamos diante de um escrito que poderia ser como que a confluência de múltiplas tradições e influxos de textos tanto do Antigo Testamento como do Novo Testamento" (Tuñí; Alegre, 2007, p. 299).

5.3.4 Estrutura ou plano

Conforme destaca Cothenet (1986), a carta apresenta uma introdução, quatro séries de exortações e uma conclusão. Na introdução, além do endereço e da saudação, temos o pronunciamento da bênção como cumprimento de profecia (1Pd 1,1-12).

A primeira série gira em torno da construção da casa de Deus (1Pd 1,13-2,10) e destaca três pontos: o êxodo, a vida fraterna e Cristo como pedra fundamental. A segunda série (1Pd 2,11-3,12) insiste na submissão responsável do cristão, a exemplo de Cristo, destacando cinco pontos: o testemunho diário, a submissão às autoridades, o exemplo de Cristo, a relação do casal e a bênção aos misericordiosos. A terceira série (1Pd 3,13-4,11) orienta para a atitude a ser tomada diante das perseguições em quatro itens: dar razão à esperança, à vitória universal de Cristo, ao rompimento com o pecado e ao serviço mútuo. A quarta série (1Pd 4,12-5,11) foca a vigilância, destacando três pontos: a felicidade prometida aos perseguidos, os deveres pastorais dos presbíteros e a humildade e firmeza na fé. Por fim, há conclusão e a saudação (1Pd 5,12-14).

A esperança cristã

O autor começa dizendo que, pela misericórdia de Jesus, o cristão é um regenerado, isto é, nascido outra vez. Nascido para quê? Para uma esperança viva. Essa esperança viva é a ressurreição. Morta é toda a esperança que acaba no túmulo. Viva é aquela que nos leva para além da morte, para a vida eterna. A esperança de que um dia vou ficar rico é morta. A riqueza ninguém leva consigo depois da morte, mas a esperança de um dia conseguir a justiça é viva, porque a morte não é capaz de trancar seu caminho.

A esperança é o sinal distintivo da pessoa que crê. Nela ingressamos pelo batismo. O batismo é um novo nascimento, a nós concedido por pura misericórdia do Pai em seu Filho, Jesus. Por meio dele, recebemos uma herança garantida, para além da história, na qual ingressamos pela fé para permanecer eternamente.

Segundo a carta, está claro que os sofrimentos dos cristãos, por causa da fé abraçada, não têm comparação com a alegria que irão ter se perseverarem nela. O autor diz ainda que o sofrimento é uma maneira de provar a fé, isto é, ver se o cristão crê para valer ou só fala que crê. É também uma forma de purificar e amadurecer a fé (cf. 1Pd 1,6-9). A pessoa que passa pelo sofrimento sempre cresce, amadurece, fica mais aberta às necessidades dos outros e menos cheia de si mesma.

O autor também deixa claro que a esperança cristã não é coisa inventada para se fugir de responsabilidades; ela já tem uma longa caminhada na história. Os profetas, muitos anos antes dele, já haviam falado nela, e muitos sábios, enviados de Deus, a procuraram. Jesus Cristo veio anunciá-la e torná-la presente no meio da humanidade, com sua pessoa e sua vida. O Espírito Santo garante essa esperança (cf. 1Pd 1,10-12).

É importante frisar que o cristão não sofre por gostar de sofrer nem por ser covarde, por medo de enfrentar os mais injustos e corruptos. Ele sofre por causa das verdades que diz, por causa da justiça que exige e faz. O cristão sofre porque é um rebelde contra as maldades do mundo, porque luta para mudar, acredita na mudança e, por isso, não se cala e não se acomoda. O cristão sofre porque aposta tudo num futuro de paz, justiça e fraternidade. Para ele essa aposta está ganha, por isso é capaz de morrer por ela.

O que a esperança exige?

O texto da Primeira Carta de Pedro (1-13,2,3) fala de **cinco exigências da esperança cristã**:

1. **Sobriedade:** Sóbrio é o contrário de bêbado, é o homem que sabe governar-se.
2. **Viver com temor:** O temor aqui não significa medo, mas respeito. O filho teme o pai não por medo, mas pelo amor e confiança que os une; assim o cristão teme a Deus. Parece incrível, mas um amor sério e verdadeiro exige temor. O amor sem temor degenera.
3. **Obediência à verdade:** É preciso obediência mesmo que a verdade esteja contra a ordem da autoridade ou contra si mesmo. A verdade que vem de Deus e só a Deus o cristão deve obediência. É nessa obediência que se pratica o amor fraterno, que é muito diferente do amor interesseiro.
4. **Cultivar o amor ágape:** É o amor ardente e profundo que devemos ter uns pelos outros. Isso significa que ele não é só falado, mas sentido e vivido.
5. **Despojamento da malícia e falsidade (cultivar o coração puro):** O cristão precisa se livrar da malícia e da falsidade. Isso não significa ser ingênuo, e sim ser justo e verdadeiro, ser de uma só palavra. Sim é sim, não é não (cf. Mt 5,37; Tg 5,12). Deus é "sim", fora dele é "não" (cf. 2Cor 1,20).

Pedra viva

O autor afirma que Jesus Cristo é a pedra viva (1Pd 2,4-8) e, mais ainda, que é a pedra fundamental que os homens rejeitaram, mas Deus escolheu para sua construção, por isso convida os cristãos a se achegarem a Cristo. Ele diz ainda que Cristo é pedra que edifica os que obedecem à Palavra e na qual tropeçam os que lhe desobedecem. Diz, por fim, que aproximando-se dessa pedra viva as pessoas se tornam também pedras vivas, aptas para construir uma casa espiritual.

Por que ele diz isso? Evidentemente, está falando de pessoas, de um edifício espiritual. Nele cada pessoa é uma unidade para compor o conjunto. Nenhuma pedra sozinha faz o edifício, nenhuma pessoa sozinha faz a comunidade. Aceitar fazer parte de um conjunto é aceitar limites na liberdade individual, mas é também potencializar a realidade individual. Unidos, integrados e alinhados com foco em Deus, sempre somos mais.

É bom lembrar que Jesus mudou o nome de Simão para Cefas, que significa "pedra" (cf. Jo 1,42). Pedro se chamava Cefas, mas Jesus deu a ele o nome de Pedro, porque: "sobre esta pedra construirei a minha Igreja" (Mt 16,17-18). O autor não esqueceu disso. Jesus quer construir sua Igreja com pedras vivas. A ele não interessam os templos de pedra, cimento, areia, tijolos, madeira etc., mas os templos espirituais, que são verdadeiras igrejas e só se constroem com pessoas vivas, que creem em Jesus Cristo e amam seus irmãos. Para ser pedra viva não basta ser pessoa, é preciso crer em Jesus Cristo, pois é a fé que vivifica.

Tropeçam na pedra viva todos aqueles que pensam construir comunidade sem Jesus Cristo ou até seguindo normas contrárias às dele. A obra dessas pessoas é sem fundamento, desmorona fácil, não tem futuro. O egoísta é um tropeçador, o descrente e o orgulhoso também são.

Antes de ser uma organização religiosa, uma estrutura social ou cultural, a Igreja é a comunidade das pessoas que participam e prolongam a vida e a caminhada do Jesus de carne e osso, rejeitado e desqualificado pelos grandes construtores de sistemas ideológicos, políticos e econômicos daquele tempo, mas acolhido e promovido por Deus.

Sacerdócio santo

Para abordar o sacerdócio santo (1Pd 2,8-10), o autor usa muitas palavras importantes para a grande novidade do cristão. A pessoa que aderiu a Jesus Cristo faz parte de uma nova raça, chamada *raça eleita*. Deus chama a todos, mas nem todos atendem ao chamado; os que o fazem, tornam-se cristãos. Eles são os eleitos. A pessoa que aderiu a Jesus Cristo faz parte de uma nova nação, chamada *Nação Santa*. Não é santa por conta própria, nem por conta dos seus esforços e sacrifícios, mas é santa pela graça de Deus. Quando deixamos Deus trabalhar conosco e trabalhamos com Ele, fazemos maravilhas.

A pessoa que adere a Jesus Cristo faz parte de um novo povo, chamado *povo adquirido*. Trata-se do povo que foi comprado a preço de sangue, comprado pelo sangue de Jesus Cristo pregado na cruz. É um preço alto. É o povo mais caro que existe no mundo.

A pessoa que adere a Jesus Cristo faz parte de um sacerdócio real, isto é, participa da dignidade do rei Messias e do Sacerdote para orientar as pessoas, oferecer culto e sacrifícios espirituais a Deus. Isso significa que o cristão é da mais alta dignidade. A situação dele é incomparavelmente melhor que a de todos, embora seja ignorado e desprezado por muitos. Daí, não há razão para se envergonhar, chorar, temer ou fraquejar; ele tem mais é que fazer valer a sua posição, conquistar seu lugar e seu espaço, usando sempre e somente os instrumentos que Jesus Cristo usou.

Como se faz isso? Quando eu renuncio aos bens que possuo para seguir Jesus Cristo, estou sendo sacerdote porque estou fazendo e oferecendo um sacrifício agradável a Deus. Quando eu chego a morrer para não renunciar a minha fé, estou sendo sacerdote ao oferecer a minha vida a Deus. Quando eu sofro calúnias, difamação e perseguição por causa da justiça e da verdade, estou sendo sacerdote. Quando por amor às pessoas e em favor delas eu arrisco ou perco a vida, estou sendo sacerdote e fazendo sacrifícios agradáveis a Deus. Quando me esforço para vencer as tentações do sexo, da cobiça, do dinheiro, do poder corruptor, do orgulho, da vaidade e da ira e não me deixo dominar por elas, estou sendo sacerdote. Quando procuro viver e trabalhar com seriedade e dignidade o meu dia a dia, estou sendo sacerdote e oferecendo sacrifício espiritual agradável a Deus.

É importante salientar que os sacrifícios espirituais são a luta, o trabalho duro, a persistência diária nas coisas de Deus. Nesse sentido, somos Igreja e a nossa vida é uma contínua celebração. Para isso, é necessário estarmos sempre ligados a Jesus Cristo e aos irmãos.

Sofrimento do justo

A respeito do sofrimento do justo (1Pd 2,13-25), o autor diz algumas coisas que parecem muito estranhas. Submeter-se às autoridades humanas, respeitar o imperador, obedecer aos senhores e suportar injustiças. Por que está falando assim? Para se manter no único referencial necessário: o comportamento de Jesus Cristo. Duas são as razões dessa orientação. A primeira é esta: "É uma graça suportar, por respeito para com Deus, sofrimentos que se padecem injustamente" (1Pd 2,19). A segunda é o exemplo de Cristo (1Pd 2,21-24), pois, do comportamento dele, também os outros cristãos estão sendo beneficiados. Sofrer com paciência e suportar calúnias é graça para os que sofrem e oferta de conversão para os que infligem.

A submissão não é uma entrega à maldade da autoridade, mas uma expressão de respeito ao que não sabe respeitar. Oferecer o bem a quem pratica o mal. Amar os que o consideram inimigo (cf. Mt 5,43.47).

Comunhão conjugal

Aquilo que foi dito para a comunidade eclesial e para a sociedade em geral, aqui se diz para a comunidade conjugal, a família (1Pd 3,1-7).

É preciso considerar todo o texto e não ficar só em parte dele para não criar mal-entendido. Em síntese, o autor mostra que aquilo que vale mesmo é a prática da fé. É o que cada pessoa cultiva no íntimo de si mesma, aquilo que orienta suas ações. As palavras voam. Os enfeites se desfazem. A beleza desaparece. Os presentes acabam. As paixões morrem. Só o amor permanece.

Amor e paixão têm diferenças significativas. O amor (ágape) permanece sempre (cf. 1Cor 13,13). O tempo se encarrega de revelar a verdade de tudo. Paciência, misericórdia, humildade e estima fazem bem para todo mundo em qualquer tempo e em todo lugar.

O autor continua com suas orientações e instruções aos cristãos, sempre no sentido de edificar e manter a comunhão, a união da Igreja e das testemunhas da fé em Jesus Cristo (1Pd 3,8-5,11).

Basicamente, sua mensagem é a seguinte: "Não se preocupem com as críticas e acusações dos velhos amigos do tempo de pecado. Agora vocês se converteram a Cristo. É natural que eles estranhem a mudança, pois a vida deles continua no pecado. É natural que eles não entendam vocês. A maioria das amizades que temos não são por nós, mas pelas escolhas que fazemos que estão em conformidade com as escolhas deles. Assim, normalmente quando mudamos de escolha, perdemos os amigos".

O autor lembra ainda que uma das grandes felicidades proclamadas por Jesus foi esta: "Felizes sereis vós se pelo nome de Cristo forem ultrajados, porque o Espírito da glória, que é o Espírito de Deus, repousa sobre vós" (1Pd 4,14). É o que está acontecendo naquele momento, por isso, não há motivo para tristeza, mas para alegria. Pedro diz ainda que o fim de todas as coisas está próximo, mas que é para continuar trabalhando, praticar as boas obras e multiplicar os dons recebidos de Deus.

Como últimas recomendações (1Pd 5,1-14), a carta aponta forte exortação aos presbíteros, principais responsáveis das comunidades, para que:

- cuidem das pessoas que Deus confiou a eles – não como uma imposição, mas de livre e espontânea vontade;
- aprendam a gostar de cuidar delas com amor, não como um peso ou como duro sacrifício;
- esse cuidado não seja feito para buscar vantagens pessoais, mas por amor e generosidade; e
- cuidem das pessoas não como donos delas, mas sendo exemplos para elas.

Então, quando o supremo Pastor aparecer, estes vão receber a coroa da glória que permanece sempre. Por fim, o autor recomenda a todos os cristãos a resistirem e vencerem o diabo, pois é a Deus que pertence todo o poder para sempre.

5.4 A Segunda Carta de Pedro e a Carta de Judas

Essas duas cartas têm mais de dez pontos em comum, um dos motivos para elas estarem na mesma seção. Tratam de Jesus Cristo mais na dimensão da segunda vinda que da revelação. O foco se desloca para a preparação vigilante e a perseverança na espera da parusia.

5.4.1 Segunda Carta de Pedro em relação à primeira

Embora na segunda carta (2Pd 3,1) o autor queira mostrar uma continuidade com a primeira carta, a relação entre as duas é muito escassa.

A Segunda Carta de Pedro é bem mais doutrinal que a primeira. Jerônimo (347-420), estudioso da Bíblia, afirma que o segundo escrito era negado pela maior parte dos estudiosos, por conta de sua diferença com relação ao primeiro.

Conforme salienta Cothenet (1986), a Primeira Carta de Pedro contém todo um quadro de vida cristã na linha da imitação de Cristo; já a segunda contém fórmulas complicadas, polêmicas e menos acessíveis. O tema da provação e da perseguição, bem como a espera da parusia, presentes na primeira, estão ausentes na segunda. A diferença entre as duas é tão acentuada que elas não podem ser atribuídas ao mesmo autor.

Semelhança com a Carta de Judas

A Segunda Carta de Pedro tem, sim, uma surpreendente semelhança com a Carta de Judas (2Pd 2,1-18; 3,1-3), somando doze pontos de convergência (Tuñí; Alegre, 2007). Esses mesmos estudiosos apontam quatro argumentos para afirmar haver razões suficientes para se estabelecer a prioridade da Carta de Judas sobre a Segunda Carta de Pedro.

1. A Carta de Judas está no meio da Segunda Carta de Pedro, onde é usada para rebater os erros dos falsos mestres.
2. Ela cita outros documentos, ao passo que a Segunda Carta de Pedro engloba Judas.
3. Existem textos na Segunda Carta de Pedro que só podem ser entendidos considerando-se a Carta de Judas (por exemplo, 2Pd 2,4 com Jd 6 e 2Pd 2,10-11 com Jd 9).
4. A Segunda Carta de Pedro segue um gênero mais definido, em forma de testamento, ao passo que em Judas o gênero é indeterminado, o que supõe o texto de Pedro mais amadurecido.

Além desses quartro aspectos, a Segunda Carta de Pedro usa o Evangelho Segundo Mateus, ao qual faz referência sobre a transfiguração de Jesus (2Pd 1,17-18; Mt 17,1-5). Mateus foi escrito pela década de 80. Conforme Cothenet (1986), essa carta é, sem dúvida, o último escrito do Novo Testamento.

Quem escreveu essa carta, quando e onde?

É certo que a Segunda Carta de Pedro usa a Carta de Judas. Ela é, portanto, posterior, o que significa que a autoria de Pedro apóstolo está descartada. Quem escreveu então? Um discípulo do final do primeiro século ou início do segundo abrigando-se sob a autoridade de Pedro. Dessa forma, se fez porta-voz da "tradição apostólica", conforme diz: "Lembrai-vos das palavras ditas de antemão pelos profetas e do mandamento dos vossos apóstolos" (2Pd 3,2). Além disso, ele menciona as cartas de Paulo (2Pd 3,15) e ainda se inspira em Judas, do qual corrige alguns exageros (Cothenet, 1986).

O lugar também é bastante incerto, porém, segundo Tuñí e Alegre (2007), a Segunda Carta de Pedro começa a fazer parte do cânon dos livros inspirados com sua utilização em Alexandria, no Egito.

Características

A Segunda Carta de Pedro mostra certa familiaridade com termos tirados do helenismo, como a importância dada ao conhecimento, aqui proporcionalmente maior do que todos os escritos do Novo Testamento. A palavra *conhecimento* aparece cerca de 50 vezes em todo o Novo Testamento: 12 vezes em Atos dos Apóstolos, que tem 28 capítulos; 6 vezes em Romanos, que tem 16 capítulos; e 7 vezes nessa carta (2Pd 1,2.3.5.6.8; 2,20; 3,18), que tem somente três capítulos. Também o tema da participação da natureza divina vem do helenismo (2Pd 2,4; At 17,28).

Essa carta se coloca na categoria do gênero literário chamado *testamento*, presente no Antigo Testamento – por exemplo, no capítulo 49 do Gênesis, na bênção que Jacó dá aos doze filhos, inspirador da literatura apócrifa chamada *Testamento dos Doze Patriarcas*; e na despedida de Moisés (Dt 30-32), que deu origem ao apócrifo Testamento de Moisés. Também está presente no discurso da despedida de Jesus em João (2Pd 13-17) e no discurso de Paulo aos anciãos de Éfeso (At 20,17-35). Nessa carta, segundo Cothenet (1986), Pedro anuncia sua morte próxima (2Pd 1,14), a visão gloriosa do Filho amado (2Pd 1,17), esforça-se por reavivar as recordações da comunidade (2Pd 1,12-15) e a previne contra a infestação de falsos doutores (2Pd 2,1-2). Convoca, por fim, fidelidade à tradição (2Pd 3,1-2).

Por que foi escrita?

A carta foi escrita para insistir em que os cristãos sejam firmes na fé e que a fé seja cheia de frutos, baseada em certezas e não em fantasias ou estórias sem sentido. A fé do cristão tem fundamento sólido: a vida de Jesus Cristo. Foi escrita para dar ânimo aos cristãos e chamar a atenção deles para os falsos profetas, os falsos sábios, os que ensinam falsamente sobre a Bíblia e sobre Jesus Cristo. Estão lendo a Bíblia, desviados da verdade e dos ensinamentos dos apóstolos. Gente inteligente está manipulando a Bíblia, lendo-a com mau espírito, usando-a em favor de si mesmo e de seus interesses egoístas.

Primeiro o autor deseja a todos a graça e a paz de Deus em abundância. Depois deixa claro que Deus não pede da gente mais do que a gente pode dar. Antes de pedir que se faça alguma coisa, Deus capacita; por isso, pede de nós uma vida cheia de virtude, força e garra para fazer o bem e enfrentar o mal. O autor explica isso e faz um belo convite. Vejamos e texto: "Por estes motivos esforçai-vos quanto possível para unir à fé a virtude e à virtude a ciência, à ciência a temperança, à temperança a paciência, à paciência a piedade, à piedade o amor fraterno e ao amor fraterno a caridade" (2Pd 1,5-7). Em seguida, dá a razão da exortação: "Pois se estas estiverem entre vós e crescerem, não vos deixarão ociosos nem estéreis no conhecimento de Nosso Senhor Jesus Cristo" (2Pd 1,8).

É interessante como uma coisa puxa a outra, não dá para separar. Olhando bem, o texto informa que o cristão precisa de fé, vigor, conhecimento, controle de si mesmo, perseverança, prática, fraternidade e amor, em tudo e por tudo. Quando uma dessas coisas falta, o cristão fica fraco, fica igual a uma pessoa doente, que não dá conta de enfrentar a luta. O que os cristãos aprenderam não vem de qualquer um, mas foi transmitido por pessoas que viram Jesus Cristo, ouviram o que Ele disse e viram o que Ele fez.

Em seguida, o autor chama atenção para encarar o problema das falsas doutrinas, por isso diz: "Antes de tudo ficai sabendo que nenhuma profecia da Escritura é objeto de interpretação pessoal, porque nunca uma profecia foi proferida pela vontade humana, mas foi movido pelo Espírito Santo que homens falaram da parte de Deus" (2Pd 1,20-21).

O autor entra no segundo capítulo enfrentando o problema dos falsos mestres que se dizem profetas. Quem são eles? São pessoas da comunidade (cf. 2Pd 2,1) que têm seguidores – formando, assim, grupos dentro da comunidade (cf. 2Pd 2,2). São cobiçosos, mentirosos e insistentes (cf. 2Pd 2,3). Só seguem a carne e seus apetites. São audaciosos e arrogantes, chegando a insultar a Glória de Deus. O prazer deles é a depravação, não importando dia, nem hora, nem lugar (cf. 2Pd 2,10.13). A advertência tem fundamentação na história da salvação, como em Noé e o dilúvio (cf. 2Pd 2,5), mas também em Sodoma e Gomorra (cf. 2Pd 2,6-7) e ainda no profeta Balaão (cf. 2Pd 2,15-16).

Por fim, o autor alerta os cristãos, mostrando que estão vivendo um tempo de espera dos novos céus e da nova terra. Essa espera é ativa, e as coisas não vão acontecer logo, e eles não devem se deixar enganar. É preciso garra e perseverança na luta para não desanimar. Enquanto se espera, pratica-se a verdade enfrentando a mentira. Ele esclarece que o tempo de Deus é diferente do nosso, mas é o tempo dele que prevalece: "Para o Senhor um dia é como mil anos e mil anos, como um dia" (2Pd 3,8). A demora do Senhor é paciência com a humanidade para que tenha tempo de se converter (cf. 2Pd 3,9). O autor reafirma a vinda do Senhor sem data marcada. A vinda é certa, a hora é surpresa (cf. 2Pd 3,10). Também anima a comunidade, convocando as pessoas a convencerem umas às outras de que "A longa paciência de Deus é para a vossa salvação" (2Pd 3,15), um tema já tratado nos escritos de Paulo.

5.4.2 Carta de Judas

Esse escrito tem a especial ocupação de advertir os fiéis diante das heresias que ameaçam a comunidade cristã. Para isso, utiliza 15 versículos do escrito para explicitar esse objetivo. Restam apenas oito para encorajamento.

A carta

Mesmo com apenas 25 versículos, a Carta de Judas é importante como testemunho da fé e do zelo pastoral dos seus dirigentes para com a revelação recebida. Vai além de exortações, chegando a um polêmico confronto com os que estão desviando o verdadeiro caminho.

No elenco do Concílio de Trento (1545-1563), a carta aparece em penúltimo lugar no cânon – o último é do Apocalipse de São João. Em nossos dias, ela geralmente vem junto ou associada com a Segunda Carta de Pedro. Por volta do início do terceiro século, essa carta era aceita nas igrejas de Alexandria e nas igrejas latinas, onde aparece no cânon muratoriano datado de 170 a 200. A Carta de Judas, na verdade, é um bilhete escrito em grego, bonito e bem articulado.

Segundo Tuñí e Alegre (2007, p. 339), ela apresenta um cabeçalho (Jd 1-2), a exposição do motivo e finalidade (Jd 3-4), argumentos e invectivas contra os intrusos (Jd 5-19), exortação à comunidade (Jd 20-23) e doxologia final (Jd 24-25). Praticamente toda a carta está incluída na Segunda Carta de Pedro, mas esta é mais desenvolvida, o que mostra que é posterior a Judas. Também os problemas das comunidades são parecidos.

Autor, data, local e destinatários

A tradição apresenta o autor como Judas, irmão de Tiago, que foi bispo de Jerusalém. De fato, os evangelistas Marcos e Mateus (6,3: 13,55) falam de um Judas irmão do Senhor. Na carta, no entanto, o autor não se intitula apóstolo (Jd 1), e no verso 17 parece não se incluir neles, de modo que já não estamos na geração cristã da primeira hora. Assim, o autor pode se chamar Judas, mas não é o irmão do Senhor.

Conforme Tuñí e Alegre (2007), o autor da Carta de Judas parece ser uma pessoa versada em cultura helenística, conhecedor da retórica e do estilo das invectivas helenistas, como a dos livros apócrifos judaicos, também presentes ali. Para eles, a questão da autoria, bem como o local da escrita, continua totalmente aberta. Segundo Harrington (1985), a carta foi escrita entre os anos 80 e 90, talvez até mais tarde.

O autor escreve para cristãos ameaçados de heresia – não dá para precisar a origem deles, pois não se pode perceber se são vindos do judaísmo ou do paganismo. Segundo Tosatto (1978), a maioria dos estudiosos considera que os destinatários sejam originários do judaísmo, tendo em vista os argumentos baseados no Antigo Testamento e na apocalíptica judaica.

É difícil também precisar quem são os adversários. Parece um grupo reduzido, mas perigoso, pois o quarto verso fala de alguns homens infiltrados. Tudo indica que as ameaças venham de pessoas que foram batizadas, pois participam do banquete sacro onde praticam escândalo (cf. Jd 12). Tais adversários têm um comportamento libertino, pois "disfarçam em devassidão a graça de nosso Deus e renegam o único Soberano e Senhor Jesus Cristo" (Jd 4). Em seus delírios mancham a carne, menosprezam a Soberania, insultam a Glória (cf. Jd 8): "Gente mal-humorada e arrogante, que vive à mercê de suas paixões; sua boca profere absurdos, não consideram as pessoas a não ser em função de seus interesses" (Jd 16). Pelas acusações do verso 11, esses adversários estão misturados com os destinatários, pois Caim assassinou seu irmão (cf. Gn 4,1-16) e Coré fazia parte do povo da promessa (cf. Nm 16,1-34).

No campo moral, condena-se o comportamento licencioso, mesquinho e avarento. No campo doutrinal, reprova-se a negação da soberania de Cristo. É difícil, porém, segundo Tosatto (1978), precisar se a negação dos adversários é somente em relação ao comportamento deles ou se possui também um princípio teórico confessado.

Por que ele escreveu?

Escreveu para prevenir a comunidade contra a infiltração de pessoas anticristãs em seu meio. Judas pede que a comunidade fique atenta e não caia na armadilha deles. Os infiltrados são chamados de *ímpios* (v. 4), pessoas que se integram na comunidade, participam das refeições fraternas, "ágapes" (v. 12), só olham as pessoas buscando os seus interesses (v. 16), provocam separação (v. 19), transformam em libertinagem a graça de Deus e negam Jesus Cristo. Por isso, é preciso se afastar delas para não se perder (v. 22-23).

O autor, percorrendo todo o Antigo Testamento, mostra aos cristãos que todas as pessoas que transformam em libertinagem a graça de Deus acabam mal: o faraó e seu povo do Egito (Ex 14); os moradores da cidade de Sodoma e Gomorra (Gn 19); o povo de Israel que se prostituiu em Bet-Fegor (Nm 25). Citando ainda outros escritos que não são da Bíblia (cf. Jd 9), o autor alerta a comunidade para não entrar nessa cilada; embora pareça coisa boa, agradável e atraente, não passa de uma desgraça.

O que é transformar em libertinagem a graça de Deus? É usar e abusar das pessoas, dos corpos delas, da vida delas, comprando, iludindo, seduzindo, fazendo negócios e se divertindo. A vida e o corpo da gente são dons, graça de Deus; se a gente usa bem, com carinho, cuidado e respeito, está agradecendo a Deus; se usa mal, por egoísmo, para aparecer, gozar e ganhar dinheiro, está renegando a graça de Deus. Os verdadeiros cristãos constroem, eles mesmos, sobre a própria fé, oram no Espírito Santo e se conservam no amor de Deus.

5.5 As cartas de João

Este conjunto de escritos é diversificado. Embora tenham o mesmo autor, referem-se a realidades próprias por conta de diferentes destinatários. Na primeira carta prevalece a exortação ao testemunho por meio do amor incondicional a Cristo e aos irmãos; na segunda, predomina a advertência diante dos anticristos; e na terceira, o problema de uma liderança desviada.

5.5.1 Cartas?

No sentido estrito do gênero epistolar, só pode ser encaixada a Terceira Carta de João. Ela tem endereço: ao Ancião, ao amigo Gaio e saudação (3Jo 1-2), terminando com uma afetuosa despedida (13-14). A segunda carta também tem endereço: "ao Ancião, à Senhora eleita e seus filhos" e saudação (2Jo 1), mas o final parece mais uma ameaça que uma saudação de despedida (2Jo 10-11).

Mais difícil é a primeira, na qual não encontramos elementos típicos de carta, nem de abertura nem de conclusão. A abertura se ocupa com a identificação qualificativa do emissário (cf.1Jo 1,1-4) e o final está focado em recomendações (cf. 1Jo 5,21). Na carta, pode-se verificar, porém, leitores com os quais o autor está em diálogo (1Jo 1,3; 2,1.12.18.24.26.28 etc.). São todos escritos endereçados a comunidades, cada um tratando de realidades e necessidades específicas, relacionadas aos destinatários, para o crescimento e a vigilância. Conforme Tuñí e Alegre (2007), a Primeira Carta de João é um escrito de tom marcadamente doutrinal, tendo como pano de fundo uma polêmica tensa. Não se trata, porém, de um tratado nem de homilia, como proposto por vários autores.

O estilo e linguagem dessas denominadas "cartas" apresenta boa proximidade com o Evangelho Segundo João. É direto, simples, com uma linguagem de fácil entendimento. As frases são geralmente ligadas por um "e" ou simplesmente justapostas.

5.5.2 Autor, data e local

O autor é membro da Igreja para a qual escreve. Usa, muito frequentemente, o pronome na primeira pessoa do plural, 14 vezes só na introdução da carta (cf. 1Jo,1,1-4). Credenciado, tem a autoridade de testemunha experimentada no caminho da comunhão atuada e ensinada por Jesus Cristo e o Pai (cf. 1Jo 1,1-4).

Quem escreveu as cartas pertence à mesma família de quem escreveu o Evangelho. Elas estão intimamente ligadas ao Evangelho pela temática tratada. Há, entre esses escritos, uma grande aproximação literária e teológica.

Segundo Harrington (1985, p. 608), "a pronunciada semelhança de estrutura entre a Primeira Carta de João e o Quarto Evangelho obedece a uma sugestiva semelhança doutrinal: embora persigam fins diferentes, os dois escritos estão em total acordo quanto à natureza e qualidade da vida cristã". Essa aproximação, percebida já por Dionísio, patriarca da Igreja de Alexandria no Egito (anos de 248-265), foi se confirmando com o passar dos tempos.

As cartas foram escritas depois do Evangelho. Posicionando a finalização da redação deste por volta do primeiro século, as cartas podem ser datadas nos primeiros anos do segundo século. Quanto ao local, continuam abertas várias possibilidades: Antioquia da Síria, Alexandria (no Egito) ou Éfeso. A maior possibilidade, porém, está na cidade de Éfeso, onde a tradição diz que João teria se mudado da Palestina, com a mãe de Jesus (Tuñí; Alegre, 2007).

5.5.3 Destinatários

Na Primeira Carta de João, o autor deixa clara a finalidade de seu escrito e interpela diretamente: "Isto vos escrevemos para que nossa alegria seja completa" (1Jo 1,4); "Meus filhinhos, isto vos escrevo para que não pequeis" (1Jo 2,1); "Amados, não vos escrevo um mandamento novo, mas um mandamento antigo [...] e, no entanto, é um mandamento novo que vos escrevo" (1Jo 2,7-8). Essa é também uma das motivações da segunda carta (cf. 2Jo 5). Em 2Jo 2,12-13, o autor escreve aos filhinhos para anunciar o perdão dos pecados em nome de Cristo, aos pais porque conhecem o que é desde o princípio, aos jovens porque venceram o Maligno.

O autor retoma tudo novamente no verso 14, com a novidade da Palavra de Deus. Acentua ainda em 2Jo 2,21 o alertar sobre a verdade, em vista da mentira que ronda. Em 2Jo 2,26 chama atenção para o perigo do desencaminhamento. Em 2Jo 2,28 insiste para que permaneçam nele (Cristo). E, finalmente, em 2Jo 5,13 diz: "Eu vos escrevo tudo isto a vós para que creiais no nome do Filho de Deus, para saberdes que tendes a vida eterna". Os destinatários, portanto, fazem parte da confissão de fé e dos laços afetivos do autor. Ele os chama frequentemente de "amados" (1Jo 2,7; 3,2.21; 4,1.7.11). A mesma expressão aparece na terceira carta (3Jo 1.2.5.11). É possível que sejam várias comunidades (Brown, 1984).

5.5.4 Por que João escreveu?

Segundo Harrington (1985, p. 610-611), João teve como objetivo principal da escrita levar os cristãos a compreenderem a sublimidade de sua condição. A existência cristã é definida como uma relação vital com

Deus. Tornar-se cristão é nascer para a comunhão com o Pai e o Filho. Assim, os cristãos nascem de Deus, habitam em Deus e conhecem a Deus (cf. 1Jo 2,29; 3,9; 4,7; 5,1.4.18). O autor aproveitou também para alertar os fiéis, denunciando falsos ensinamentos sobre o anticristo (1Jo 2,18 e 2Jo 7-8), a vinda de Jesus (1Jo 2,28), o discernimento dos espíritos e a verdadeira profecia (1Jo 4,1.6). Trata-se de pessoas que pertenciam à comunidade (1Jo 2,19), mas se desviaram, procurando influenciar os que continuavam nela. Já a terceira carta elogia o testemunho da verdade vivida por Gaio (3Jo 3) para pedir provisão a alguns irmãos peregrinos (3Jo 5-7) e para dar notícias do procedimento reprovável de Diótrefes, um pseudolíder (3Jo 9-11).

Na Primeira Carta de João, os falsos cristãos são descritos como: exibidores de uma comunhão com Deus privada de luz, que exclui o irmão (cf. 1Jo 1,6; 2,6.9); detentores de um conhecimento sem prática dos mandamentos de Deus (cf. 1Jo 2,4 e 4,8); e de um amor sem compromisso com os irmãos (cf. 1Jo 4,20). Negam que Jesus seja o Messias (cf. 1Jo 2,22) e, com isso, negam também o Pai (cf. 1Jo 2,23). Estes recebem aqui o qualificativo de *anticristo*, o que deixa claro que são o contrário do que deveriam ser. A outra negação dos separatistas diz respeito à encarnação de Jesus Cristo (cf. 1Jo 4,2-3). Quem assim procede atua no espírito do anticristo.

Esse grupo fazia uma separação entre Jesus e o Filho de Deus. O Filho de Deus só habitou Jesus a partir do momento em que ele foi batizado por João no Jordão (Jo 1,31-34; Mc 1,9-11). Mas antes da Paixão de Jesus, o Filho partiu para o Pai, de modo que só o homem Jesus morreu na cruz – o Filho de Deus não teria passado por isso. Pensavam ser impossível o verdadeiro Filho de Deus sofrer e morrer desse jeito tão escandaloso. Por isso, tentaram separar a história do Jesus sofrendo e morrendo crucificado da história do Filho de Deus encarnado e glorificado. Assim, eles também separavam a fé da vida do dia a dia.

É enfrentando essa questão que o autor insiste no testemunho em toda a carta (1Jo 1,2), mas especialmente em 1Jo 5,5-12, em que a palavra *testemunho* ocorre oito vezes. A fé em Jesus como Filho de Deus tem história e se confirma nela e nela é testemunhada. Ao pé da cruz, estavam, entre outros, o discípulo amado e a mãe de Jesus (cf. Jo 19, 25-27), que receberam o mandato do crucificado que, depois de entregar seu espírito, ainda ofereceu sangue e água. O sangue, a água e o Espírito testemunham em favor de Jesus. Esse é o testemunho de Deus em favor de seu Filho Jesus.

O testemunho é ainda bem acentuado na terceira carta, em que aparece cinco vezes (3Jo 3.6.12). Nisso a carta sintoniza com o Evangelho, na qual o autor coloca como objetivo: "Para que creiais que Jesus é o Cristo, Filho de Deus e crendo tenhais vida em seu nome" (Jo 20,31).

Sobre a estrutura da Primeira Carta de João, existem muitas propostas que vão de duas a sete partes. Schnackenburg (1980) a divide em três partes subdivididas em três seções cada, precedidas de uma introdução (1Jo 1,1-4) e seguidas de uma conclusão (1Jo 5,13-21). A primeira parte vai de 1Jo 1,5 a 1Jo 2,17, a qual o autor denomina de "A união com Deus é um caminhar na luz"; a segunda é chamada de "Situação atual da comunidade", e vai de 1Jo 2,18 a 1Jo 3,24; e a terceira se denomina "Os que são de Deus e os que são do mundo", e vai de 1Jo 4,1 a 1Jo 5,12.

Já Harrington (1985) defende a divisão da carta em duas partes precedidas de um prólogo (1Jo 1,1-4) e sucedidas de um epílogo (1Jo 5,13-21). A primeira parte vai de 1Jo 1,5 a 1Jo 2,29, e a segunda, de 1Jo 3,1 a 1Jo 5,23.

5.5.5 O que o autor diz?

João começa colocando a sua firme convicção na fé. Ele não está falando de ideias bonitas que ouviu dizer, mas daquilo que ouviu com os próprios ouvidos, que viu com os próprios olhos e que tocou com as próprias mãos (cf. 1Jo 1,1-4). Portanto, não pode estar enganado. Ele é testemunha. Quem João viu, ouviu e tocou? Jesus Cristo em carne e osso, Filho de Deus e verdadeiro homem.

Por que João fala disso para as comunidades? Por fidelidade e amor à missão recebida. Ele quer que todos tenham a felicidade que ele teve de experimentar e viver a comunhão com Deus Pai e seu filho Jesus Cristo e com todas as pessoas que entraram nessa comunhão. É tão bom, tão bonito, traz tanta felicidade, que João quer todos participando. Assim diz: "Nossa alegria será completa". É isso mesmo, o verdadeiro cristão não é egoísta das coisas boas que encontra e da felicidade que descobre, quer fazer todos participar.

Em seguida João diz que aprendeu de Jesus que "Deus é luz, e nele não há trevas" (1Jo 1,5). Isso significa que para estar em comunhão com Deus, é preciso ser um livro aberto a todos: não ter nada para esconder, não mentir nem praticar coisas falsas. O primeiro sinal para começar a ser cristão é a sinceridade. Quem anda na luz, no claro do dia, nada tem a esconder e nada tem a temer. Anda na luz quem age com sinceridade. Isso tudo, porém, não acontece de uma hora para outra. Não nos tornamos perfeitos num piscar de olhos; fazemos a caminhada da perfeição. Uma coisa muito importante é não ser soberbo, afirmando que não tem pecado (cf. 1Jo 1,8-10). Deus dá forças para superar o pecado e tolera o cristão que cai, dando nova chance, mas não suporta o soberbo.

O principal foco da mensagem da primeira carta é o **amor de Deus** – aliás, João chega a dizer que "Deus é amor" (1Jo 4,7). A palavra *amor* aparece 18 vezes nessa carta e o verbo *amar*, 28 vezes. Para João, o amor é fundamento desde o princípio (*Aché*) e o que conduz até a plenitude: "Tal é a mensagem que ouviste desde o princípio: 'que nos amemos uns aos outros'" (1Jo 3,11).

O amor é objeto de mandamento: "Este é o seu mandamento: crer no seu Filho Jesus Cristo e amar-nos uns aos outros segundo o mandamento que ele nos deu" (1Jo 3,23). Tem fundamento na vida de Cristo: "Nisto conhecemos o amor; Jesus deu a vida por nós, também nós devemos dar a nossa vida por nossos irmãos" (1Jo 3,16).

O amor é o meio de se conhecer a Deus: "Caríssimos, amemo-nos uns aos outros, pois o amor vem de Deus e todo aquele que ama nasceu de Deus e conhece a Deus" (1Jo 4,7). O amor é Deus mesmo: "Quem não ama não descobriu Deus porque Deus é amor" (1Jo 4,8.16). Os fiéis amam como Jesus que, por sua vez, vem de Deus; já os que não praticam o amor são mentirosos.

Mentiroso é o grupo que fala, mas não faz e não cultiva o amor fraterno nem a comunhão (cf. 1Jo 1,6.10; 2,4.22; 4,20; 5,10).

5.5.6 O que os cristãos precisam saber?

Conforme explicita a Primeira Carta de João, eles precisam estar por dentro de 13 pontos. Eles precisam saber que:

- o conhecimento de Jesus Cristo se confirma pela observância dos mandamentos (1Jo 2,3);
- o amor de Deus é perfeito naquele que guarda a Palavra (1Jo 2,5);
- quem odeia seu irmão está em trevas e não sabe a onde vai (1Jo 2,11);
- nenhum resquício de mentira procede da verdade (1Jo 2,21);
- todo aquele que pratica a justiça nasceu de Deus (1Jo 2,29);
- desde já somos filhos de Deus e, quando Ele aparecer, seremos semelhantes a Ele (1Jo 3,2);

- Jesus se manifestou para tirar os pecados e nele não há pecado (1Jo 3,5);
- passamos da morte para a vida porque amamos nossos irmãos (1Jo 3,14);
- todo aquele que odeia seu irmão é assassino e que nenhum assassino tem a vida eterna (1Jo 3,15);
- Ele (Cristo) nos ouve quando pedimos e que já possuímos o que tivermos pedido (1Jo 5,15);
- todo aquele que nasceu de Deus não peca (1Jo 5,18);
- já somos de Deus, mas o mundo jaz sob o Maligno (1Jo 5,19);
- o Filho de Deus veio e nos deu o entendimento para conhecermos o Verdadeiro (1Jo 5,20).

O desafio da verdade (1Jo 3,1-24)

O autor continua instruindo sobre isso. Primeiro ele diz que nós, que vivemos em comunhão com Deus, somos estranhos para o mundo. O mundo não conheceu Deus, não recebeu Jesus Cristo e também não nos aceitará, pois quem se comporta como Jesus é muito esquisito para o mundo. Os filhos de Deus já são estranhos para o mundo agora, mas serão muito mais, pois vão se tornando cada vez mais parecidos com Deus. Quem permanece em Deus e resiste aos ataques do mundo se torna cada vez mais parecido com Ele.

Depois João insiste principalmente em dois pontos: o **amor aos outros** e a **prática da justiça**. Para ele, quem pratica isso nasceu de Deus, é filho dele, é estranho para o mundo. A tendência da pessoa que não conhece Deus é fazer a própria vontade e desejos sem se interessar ou se importar com o bem ou o mal dos outros.

A pessoa que luta pela justiça e se preocupa com o bem dos outros encontra muita dificuldade, pouco espaço e pouco apoio. As palavras de João são muito fortes: "Nós sabemos que fomos transferidos da morte para a vida, porque amamos nossos irmãos. Quem não ama permanece na morte. Quem odeia o irmão é homicida, e sabeis que nenhum homicida tem a vida eterna" (1Jo 3,14-15). Para João, o exemplo e modelo a seguir é Jesus Cristo. Amar é crer e crer é amar.

Síntese

As cartas católicas nos ajudam a ampliar os horizontes na compreensão dos desafios enfrentados pelos cristãos no final do primeiro século de nossa era e início do segundo. Nelas podemos perceber que as comunidades tinham muito que se haver tanto com perseguições externas quanto com traições internas a respeito do conteúdo e da vivência da fé cristã.

O autor de Tiago encara o desafio de resgatar uma comunidade que se contaminou pela discriminação e pelo privilégio do *status*, além de apresentar uma fé feita somente de discursos.

O autor da Primeira Carta de Pedro trabalha com intensidade e profundidade a identidade dos cristãos, procurando fazê-los perceber o conjunto da graça em que foram inseridos. A história da salvação tem um início que se perde no tempo e um final que o transcende.

O autor da Segunda Carta de Pedro, associado a Judas, põe os cristãos em alerta sobre situações que estão colocando em perigo as suas vidas, particularmente relativas às falsas interpretações da Palavra de Deus, bem como do entendimento do tempo da parusia. Nisso ele esclarece: "Há, contudo, uma coisa, amados, que não deveis ignorar. É que para o Senhor um dia é como mil anos e mil anos écomo um dia. O Senhor não tarda a cumprir sua promessa" (2Pd 3,8-9).

O autor da Primeira Carta de João deixa claro, já no início, que seu objetivo é chegar, pela partilha da própria experiência com Cristo, à comunhão entre ele e a comunidade, tendo como consequência a comunhão com o Pai e o Filho, firmando, assim, a alegria de todos (cf. 1Jo 1,1-4). Na Segunda Carta de João prevalecem a exortação à caridade e o alerta sobre a presença de heresias. Na Terceira Carta de João, são retratados os comportamentos positivos de Gaio e Demétrio, duas lideranças de comunidades, e o comportamento reprovável de Diótrefes, também obtuso líder de uma comunidade cristã.

O autor de Judas se detém, em todo o seu breve escrito, a denunciar os ímpios infiltrados na comunidade, especificando seus erros e convocando-os a uma comunhão mais estreita com Nosso Senhor Jesus Cristo.

Atividades de autoavaliação

1. O que justifica o nome de cartas católicas é:
   a) a falta de um destinatário específico, podendo ser aplicadas a todos os cristãos, de todos os lugares.
   b) a autoridade de apóstolo.
   c) o conteúdo generalizado.
   d) o interesse pela organização das comunidades.
   e) a definição de um destinatário, a saber, as comunidades fundadas pelos apóstolos Paulo e Pedro.

2. O tema central da carta de Tiago é:
   a) o encorajamento dos cristãos em dificuldade.
   b) o lugar e o papel da fé na vida do cristão (a fé sem obras como morta).
   c) o fim da discriminação entre ricos e pobres.
   d) o cuidado com os doentes.
   e) a segunda vinda de Cristo.

3. Os cristãos, na Primeira Carta de Pedro, são identificados como:
   a) povo que busca a salvação.
   b) testemunhas de Cristo no meio dos pagãos.

c) juízes para julgar o comportamento dos pagãos.
d) pessoas que romperam com o pecado.
e) raça eleita, sacerdócio real, nação santa, propriedade particular de Deus, estrangeiros e peregrinos neste mundo.

4. O tema que prevalece na Segunda Carta de Pedro é:
   a) a busca da santidade.
   b) a precaução com os falsos doutores.
   c) a preparação para o Dia do Senhor.
   d) o conhecimento de Nosso Senhor Jesus Cristo para perseverar em Deus.
   e) a busca pela unidade interna da Igreja.

5. O assunto que prevalece na Primeira Carta de João é:
   a) a prática do mandamento do amor: "amai-vos como eu vos amei".
   b) a superação das heresias.
   c) o conhecimento de Deus.
   d) a confissão da humanidade de Cristo.
   e) a perseverança diante das perseguições.

Atividades de aprendizagem

Questões para reflexão

1. Qual é o lugar e a missão do pobre? Reflita sobre o tema tomando como eixo Tg 1,27 e relacionando esse texto com as experiências de comunidades que você conhece. Reúna os seus apontamentos em um texto que contemple a questão.

2. Com base em Tg 4,1-5,20, elabore um texto que especifique como testemunhar a providência de Deus diante do fascínio do poder e do dinheiro, considerando as realidades do mundo atual.

Atividades aplicadas: prática

1. Assista ao filme *Pedro* e observe os desafios enfrentados por ele em seu tempo. Em seguida, compare-os com os desafios dos tempos atuais. Com base nisso, entreviste cinco pessoas a respeito do papel dos cristãos no mundo de hoje e elabore um texto com os resultados.

   PEDRO. Direção: Giulio Base. Itália, 2005. 300 min.

2. Assista ao documentário *Tiago, irmão de Jesus*. Liste os critérios de historicidade usados pela arqueologia apresentados no vídeo. Reflita sobre eles e elabore um texto.

   TIAGO, irmão de Jesus. Direção: Padre Kem Deasy. 57 min.

6
Os principais aspectos das cartas católicas[1]

---
[1] Todas as passagens bíblicas indicadas neste capítulo são citações de Bíblia (1994).

P rocuramos reunir, neste capítulo, alguns temas comuns à vida cristã na diversidade dos autores. Isso tem acarretado significativa dificuldade porque, além da variedade dos tratados, a bibliografia disponível é escassa. Parece que o foco no epistolário paulino deixou esses escritos em segundo plano. Essa é a razão de termos abordado cada tema percorrendo e explicitando a visão específica do autor de cada escrito. Nessa abordagem conseguimos divisar importantes elementos, seja da cristologia, seja da eclesiologia, seja da espiritualidade, merecedores de maior aprofundamento. Aqui, porém, são trabalhados ao modo de introdução.

6.1 Teologia

A teologia das cartas católicas não apresenta grandes novidades em relação às demais epístolas nem em relação à realidade de Deus, mas está focada nas consequências da profissão de fé do crente em Deus. Este é seu forte. Há uma acentuada relação entre o conhecimento de Deus e a acolhida da pessoa de seu Filho Jesus por cada crente e pela comunidade como um todo. Crer em Deus é viver em obediência aos seus mandamentos, a qual é tida como graça, não como obrigação.

A palavra *Deus* aparece 1.314 vezes no Novo Testamento. Está assim distribuída: 430 vezes (32,72%) nas cartas de Paulo; 118 vezes (8,98%) nas cartas deuteropaulinas; e 133 vezes (10,12%) nas cartas católicas. Só em Lucas, contando Evangelho e Atos dos Apóstolos, aparece 288 vezes (21,91%). Nos demais escritos (Mateus, Marcos, João e Apocalipse), aparece 277 vezes (21,08%).

As cartas de João trazem mais da metade das ocorrências da palavra (67 vezes ou 50,37%) no conjunto das epístolas católicas (133 vezes). Pedro vem em seguida com sua primeira carta, com 39 ocorrências, contra apenas 7 na segunda (34,58%). Em Tiago há 16 ocorrências e em Judas, apenas 4.

6.1.1 Conforme as cartas de João

Tanto nas cartas quanto no Evangelho, a palavra *Deus* se sobressai a Cristo, numa frequência acentuadamente maior. As cartas de João, especialmente a primeira, nos trazem até algumas definições de Deus, a partir de virtudes e práticas fundamentais. No conjunto das cartas católicas, como vimos, João se destaca. Começa anunciando que "Deus é Luz e nele não há treva alguma" (1Jo 1,5), em conformidade com o que disse de Jesus no início do Evangelho (Jo 1,1-5.9). Agora, conforme a carta, "estar em Deus é caminhar na luz". Isso se comprova pela vivência da comunhão de uns com os outros, no seguimento de Cristo, o Filho de Deus (cf. 1Jo 1,6-7).

Além do estar em Deus, João também nos ensina explicitando as expressões concretas de quem pertence a Deus, quem permanece nele. "Aquele que confessa que Jesus é o Filho de Deus, Deus permanece nele e ele em Deus" (1Jo 4,15); "Todo aquele que nasceu de Deus não comete pecado" (1Jo 3,9). Quem é de Deus pratica a justiça e ama seu irmão (cf. 1Jo 3,10) e, assim, passa da morte para a vida. É pelo amor ao irmão que se cultiva a vida que permanece sempre (cf. 1Jo 3,14-15): "Deus é Amor: aquele que permanece no amor permanece em Deus e Deus permanece nele" (1Jo 4,16).

O amor é a fonte alimentadora e vivificante de nossas relações. Realidade perfeitamente possível de se praticar, pois nascemos de Deus, por iniciativa dele (1Jo 4,7.10), isto é, nascemos do amor; não um amor limitado pelo mundo atual, mas um amor real, histórico, capaz de transcendê-lo. Amar a Deus é também amar a Jesus Cristo (cf. 1Jo 5,1-2), e amar a Jesus Cristo é praticar o que Deus manda, isto é, amar os irmãos. João nos chama para a **convergência tridimensional: Deus, Cristo e o ser humano**. Amar o Pai é amar o Filho, e amar o Filho é amar o irmão. Há uma relação indissociável entre amar a Deus e amar o irmão (cf. 1Jo 4,20-21). É por esse caminho que podemos mergulhar no mistério de Deus.

Segundo João, Jesus revelou o lado amoroso de Deus. É necessário se converter do tremor para o amor confiante, pois se lhe pedimos alguma coisa segundo a sua vontade, certamente ele nos atende (cf. 1Jo 5,14); mas não podemos ficar somente nisso, é preciso estender também ao irmão o que temos recebido de Deus. Deus era misterioso até a vinda do Verdadeiro, o Filho, a partir do qual temos acesso ao interior do mistério, ao interior de Deus, não mais por observação, mas por revelação (cf. 1Jo 5,18-20). Na segunda carta, João afirma que é de Deus quem permanece na doutrina de Cristo (cf. 2Jo 9); na terceira, por sua vez, afirma que é de Deus quem faz o bem (cf. 3Jo 11).

6.1.2 Conforme as cartas de Pedro

Segundo Tuñí e Alegre (2007, p. 304), a visão teológica da Primeira Carta de Pedro é surpreendentemente complexa. Nela estão presentes o mistério trinitário, a vida terrena de Jesus, a Igreja, os sacramentos, a escatologia e a moral cristã. Essa última constitui, em certa medida, o núcleo fundamental da obra petrina. O mistério trinitário está presente já na saudação inicial. A carta é dirigida aos "eleitos segundo a presciência de Deus Pai, pela santificação do Espírito, para obedecer a Jesus Cristo e participar da bênção da aspersão do seu sangue" (1Pd 1,2).

Há, na Primeira Carta de Pedro, uma estreita relação entre o Pai, nomeado como Deus, e o Filho, nomeado como Cristo. Deus é o Pai de nosso Senhor Jesus Cristo, que, pela ressurreição deste, nos gerou, por pura misericórdia, para uma herança que não se corrompe, não se mancha nem apodrece (cf. 1Pd 1,3-4). Deus nos ofereceu essa herança por Cristo e por Cristo a esperamos em Deus (cf. 1Pd 1,21). A atuação de Deus em Cristo nos convida a associar-nos a Ele e a atuarmos com Ele (cf. 1Pd 2,4-5).

"É da vontade de Deus que, fazendo o bem, vocês façam calar a ignorância dos insensatos" (1Pd 2,15). Isso, porém, não será feito com objetivo de humilhar os outros, mas de seguir Jesus Cristo, conforme o seu comportamento na condição humana (cf. 1Pd 2,16-17.21): "É louvável que alguém suporte aflições, sofrendo injustamente por amor a Deus" (1Pd 2,19). A nossa submissão aos ultrajes em nome de Cristo exalta

Cristo e Deus Pai, testemunhando o modo humano de Deus. A ação dos malvados não amedronta (cf. 1Pd 3,13-17).

Já na Segunda Carta de Pedro não há novidade sobre Deus. O autor lembra que Deus Pai glorificou Jesus Cristo quando disse "Este é o meu Filho amado, em quem me comprazo" (2Pd 1,17), trazendo à memória o acontecimento do batismo, narrado pelo evangelista Mateus (3,17) e também por ocasião da transfiguração (Mt 17,5). O autor mostra também que a falsa profecia não tem o perdão de Deus (cf. 2Pd 2,1-10). A profecia verdadeira é proclamada pela vontade de Deus, por pessoas impelidas pelo Espírito Santo (cf. 1Pd 2,21). O dia de Deus revelará toda a sua santidade com a chegada de novos céus e nova terra, onde habitará a justiça (cf. 2Pd 3,11-13).

6.1.3 Conforme a Carta de Tiago

Tiago abre sua carta apresentando-se como servo de Deus e de Cristo, de modo que a relação entre a teologia e a cristologia está bem alinhada (cf. Tg 1,1). Deus é quem dá a sabedoria e o faz com generosidade, mas para que ela tenha efeito as pessoas precisam crer (Tg 1,5-6). Segundo Tiago, o mal não vem de Deus, pois Deus não prova ninguém com o mal. A provação pelo mal vem da concupiscência de cada um (cf. Tg 1.13-14). Deus cumpre sua justiça na pessoa serenada, pois a cólera da pessoa humana interdita a justiça de Deus nela (cf. Tg 1,20). Para Deus, a piedade se verifica no exercício da caridade, pois "a religião pura e sem mancha diante de Deus, nosso Pai, consiste em visitar os órfãos e as viúvas em suas tribulações e guardar-se livre da corrupção do mundo" (Tg 1,27).

O apóstolo acentua que Deus tem preferência, sim. É preciso se atentar a isso: "Atentai para isto, meus amados irmãos: Não escolheu Deus os pobres em bens deste mundo para serem ricos na fé e herdeiros do Reino que ele prometeu aos que o amam?" (Tg 2,5) Crer na existência de Deus sem dar-se a ele não resulta em efeito algum na vida da pessoa. Isso até os demônios fazem; eles creem e tremem, mas não passam disso (cf. Tg 2,19). É importante olhar para Abraão: Deus o chamou e lhe pediu Isaac em oferta. Abraão atendeu, obedeceu, foi justificado, tornou-se amigo de Deus (cf. Tg 2,19-23). A relação com Deus nunca é dificultada por Ele, pois está sempre a nossa espera. O grande problema na relação é a soberba humana, que não quer sujeitar-se a Ele. A sujeição a Deus é garantia da libertação do diabo e de todo o mal (cf. Tg 4,4-8).

6.1.4 Conforme a Carta de Judas

Também a Carta de Judas não faz mais que recordar aspectos fundamentais da fé tradicional, isto é, que Deus é Pai, é único, é aquele que chama e salva, que dá a graça, que dá o Espírito, que conduz a história, que vem julgar a todos (Tuñí; Alegre, 2007).

6.2 Cristologia

Jesus Cristo é o cumprimento das promessas constantes no Antigo Testamento. Nele são revelados os desígnios e a vontade de Deus. Mas não é suficiente conhecê-los. A ação messiânica demanda, convoca e exige a adesão das pessoas. A ação de Deus em Cristo é fundamental, mas a participação dos crentes é necessária.

A expressão *Cristo*, seguida ou antecipada da expressão *Jesus*, aparece 529 vezes no Novo Testamento: 266 vezes (50,28%) nas chamadas cartas autênticas de Paulo (1Ts; 1 e 2Cor; Gl; Rm, Fl; e Fm);

113 vezes (21,36%) nas cartas deuteropaulinas (Ef; Cl; 2Ts; 1 e 2Tm; e Tt); e 46 vezes (8,69%), nas cartas católicas. Nessa última, estão assim distribuídas: na Primeira Carta de Pedro, 22 ocorrências; na Segunda Carta de Pedro, 8 ocorrências; nas cartas de João, 12 ocorrências; na Carta de Judas, 6 ocorrências; e na Carta de Tiago somente 2 ocorrências. Pedro tem 62,21% das ocorrências nas cartas católicas.

6.2.1 Cristo na Primeira Carta de Pedro

Conforme ressaltam Tuñí e Alegre (2007), a cristologia da Primeira Carta de Pedro nada traz de novidade, mas existe ali um enfoque importante de ser aprofundado: o sofrimento de Jesus. A referência a isso aparece, pelo menos, cinco vezes (1Pd 1,11; 2,21.22; 4,1a.1b). Paulo, em todos os seus escritos, se refere apenas duas vezes a esse caso. A primeira está na introdução da Segunda Carta aos Coríntios, na qual trata dos desafios do apostolado e da vivência cristã: "Com efeito, assim como os sofrimentos de Cristo são abundantes para nós, assim também, pelo Cristo, é abundante a nossa consolação" (2Cor 1,5). A segunda é na Carta aos Filipenses (3,10), em que Paulo expressa seu objetivo, que engloba os versos de 7 a 11: conhecer Jesus Cristo, conhecer o poder da sua ressurreição, comungar com seus sofrimentos e tornar-se semelhante a Ele em sua morte (cf. Fl 3,10).

Qual é o enfoque da Primeira Carta de Pedro? Tratando da revelação da salvação atuada em Jesus Cristo, o autor faz saber que ela foi objeto de pesquisa e investigação a respeito dos tempos e das circunstâncias em que isso se daria e que as indicações levaram ao Espírito, que antecipava os sofrimentos reservados a Cristo, bem como a glória que o seguiria (cf. 1Pd 10-11). A herança anunciada em 1Pd 1,4 é garantida por Cristo (cf. 1Pd 1,13) pelo dom do seu sangue em favor dos que creem (cf. 1Pd 1,19-21).

Tratando dos desafios da submissão, particularmente das situações adversas deste mundo (1Pd 2,18-25), primeiro o autor revela aos destinatários que sofrer injustamente por respeito a Deus é uma graça (cf. 1Pd 2,19); vergonhoso é sofrer justamente (cf. 1Pd 2,20). Em seguida, apresenta Cristo como fundamento dessa afirmação: "Ora, é para isto que fostes chamados, visto que também Cristo sofreu por vós, deixando-vos um exemplo, a fim de que sigais suas pegadas" (1Pd 2,21).

Considerando depois a respeito da ruptura com o pecado, o autor exorta: "Assim, visto ter Cristo sofrido na carne, armai-vos, também vós, da mesma convicção: aquele que sofreu na carne rompeu com o pecado, a fim de viver todo o tempo que lhe resta por passar na carne, não mais de acordo com as concupiscências dos homens, mas segundo a vontade de Deus" (1Pd 4,1).

Destacamos aqui a vontade de Deus atuada na carne, isto é, na dimensão vulnerável da humanidade. A superação da vulnerabilidade exige determinação e perseverança na meta definitiva, o que implica não pouco sofrimento. Novamente, Jesus Cristo é o referencial. Desse modo, podemos afirmar, sem sombra de dúvida, a **centralidade da humanidade de Cristo na Primeira Carta de Pedro.**

A implicação para a vida dos cristãos

O enfoque dado ao sofrimento de Cristo objetiva o fortalecimento dos cristãos. Além dos já referidos no parágrafo anterior, o autor exorta os cristãos a se atentarem para a bem-aventurança do sofrimento (cf. 1Pd 3,14.17). Sofrer fazendo a vontade de Deus é sempre vitória. O evangelista Mateus expressa isso na proclamação das bem-aventuranças (cf. Mt 5,1-12): "Felizes os perseguidos por causa da justiça: deles é o Reino dos céus" (Mt 5,11).

O tema é retomado no quarto capítulo (1Pd 4,12-19), no qual o autor continua encorajando os cristãos a encararem, sem medo, o sofrimento da provação, sofrendo como cristãos: "Na medida em que partilhais dos sofrimentos de Cristo, alegrai-vos, a fim de que, por ocasião da revelação da sua glória, também vós enchais de alegria e exultação" (1Pd 4,13). Sofrer por fazer o bem é honroso e glorioso (cf. 1Pd 4,16.19).

Por fim, apresentando-se como testemunha dos sofrimentos de Cristo (cf. 1Pd 5,1), o autor deixa claro que o sofrimento dos cristãos é generalizado, acontece pelo mundo afora, mas o tempo desse sofrimento é curto em relação à graça que Deus concede, a exemplo do que fez com Jesus Cristo (cf. 1Pd 5,9-10).

Cristo é o fundamento e a missão da Igreja. Ele é a pedra angular, salvação para os que aderem e perdição para os que rejeitam (cf. 1Pd 2,5-8), daí o convite a se aproximar dele, a pedra viva que vivifica todas as pedras (cf. 1Pd 2,5) que se aliam a Ele, na construção e constituição da raça eleita, comunidade sacerdotal e real, nação santa, povo que Deus conquistou para si para proclamar os seus feitos (cf. 1Pd 2,9).

Um elemento bem específico da missão de Cristo é trazido em 1Pd 3,18-21, em que se afirma que Cristo foi pregar aos espíritos que se encontravam na prisão, provável alusão à descida à mansão dos mortos, parte da profissão de fé no credo católico. Apresenta também um particular fundamento da teologia batismal: "Não se trata de purificar as manchas do corpo, mas de uma boa consciência no engajamento para com Deus que nos salva pela ressurreição de Cristo" (1Pd 3,21).

6.2.2 Cristo na Segunda Carta de Pedro

Nesta carta, a particularidade da cristologia é o título de *Salvador*. Na saudação o autor fala de Jesus Cristo como Salvador (2Pd 1,1) e Senhor (2Pd 1,2), o qual precisa ser conhecido. A designação de *Salvador* aplicada a Cristo é uma particularidade do autor da Segunda

Carta de Pedro. Entre as cartas católicas o termo só ocorre duas vezes além dessa: uma na Primeira Carta de João (4,14) e outra na Carta de Judas (25). No Antigo Testamento, o termo é quase que exclusivo dos profetas, destacando-se, em muito, Isaías – oito das 16 vezes que o termo ocorre encontra-se ali (cf. Is 19,20; 43.3.11; 45,15.21; 49,26; 60,16; 62,11). O único escrito do Novo Testamento que concorre com o autor da Segunda Carta de Pedro na denominação de Cristo como Salvador é Tito (cf. Tt 1,3.4; 2,10.13; 3,4.6).

Para o autor da Segunda Carta de Pedro, Cristo é o Salvador que precisa ser conhecido (2Pd 1,1-2.20) e que nos outorga a entrada no Reino eterno (2Pd 1,11). Mais adiante, ele apresenta progressivamente, em forma de corrente, sete virtudes que garantem o conhecimento do Senhor Jesus Cristo: fé, diligência, autodomínio, perseverança, piedade, amor fraterno e caridade (cf. 2Pd 1,5-8). Essas mesmas virtudes consolidam a vocação cristã e garantem a entrada no Reino eterno de nosso Senhor e Salvador Jesus Cristo (cf. 2Pd 1,10-11).

No terceiro capítulo, o autor volta a insistir no objetivo do escrito: "Trazer à memória as palavras preditas pelos santos profetas e o mandamento dos apóstolos, a eles confiado pelo Senhor e Salvador" (2Pd 3,2). Termina convidando os destinatários a crescerem ainda mais na graça e no conhecimento de nosso Senhor e Salvador Jesus Cristo (2Pd 3,18). Já com relação ao título *Senhor*, a Segunda Carta de Pedro segue o pensamento comum dos escritos do Novo Testamento.

6.2.3 Cristo nas cartas joaninas

Nessas cartas encontramos uma cristologia mais elaborada. De modo diferente da narrativa evangélica que destacava o lado divino de Jesus Cristo (que tudo sabe, que tudo é), acentua-se aqui a dimensão humana dele, em razão do confronto com os separatistas, aqueles que negavam

Jesus ter vindo na carne. Possivelmente por esse motivo o autor afirma: "Nisto reconheceis o espírito de Deus: todo espírito que confessa que Jesus Cristo veio na carne é de Deus" (1Jo 4,2). A questão é reafirmada no quinto capítulo, no qual se diz que Jesus Cristo veio pela água e pelo sangue (cf. 1Jo 5,6); e é retomada na segunda carta, na qual se afirma que muitos sedutores espalhados pelo mundo não confessam que Jesus Cristo veio na carne (cf. 2Jo 7).

Segundo pontuam Tuñí e Alegre (2007), a preponderância do nome (Jesus) sobre o título é clara. Além de aparecer com o título (Cristo ou Filho) 12 vezes, *Jesus* aparece mais seis vezes sozinho. *Jesus* é ainda substituído por "nele" outras seis vezes (cf. 1Jo 2,5; 3,3.5.6; 4,13; 5,1) e por "Ele" em outros oito textos (cf. 1Jo 1,7; 2,2.6.25; 3,3.5.16; 4,21).

O autor começa a primeira carta dizendo que vai apresentar seu testemunho em vista da comunhão, a qual abrange o Pai e o seu Filho Jesus Cristo (1Jo 1,3). Mais adiante, apresenta Jesus Cristo, qualificado como o Justo, como advogado dos pecadores diante do Pai. João salienta aí a missão intercessora de Jesus selada pela oferta de si mesmo ao Pai em favor do perdão dos pecados (1Jo 2,1-2). Segue, depois, colocando em estreita ligação a confissão da divindade do Pai com a do Filho. Jesus é o Messias (Cristo), enviado do Pai (cf. 1Jo 2,22-23).

O reconhecimento do Cristo (Messias) na pessoa de Jesus faz do crente um nascido de Deus (cf. 1Jo 5,1). O mandamento de Deus é que creiamos no nome do seu Filho Jesus Cristo (cf. 1Jo 3,23-24). Confessar que Jesus é o Filho de Deus torna-se confirmação da permanência em Deus (cf. 1Jo 4,15). Quem está no Verdadeiro (Deus) está também em seu Filho Jesus Cristo (cf. 1Jo 5,20). Na segunda carta, o autor afirma ainda que quem "não permanece na doutrina de Cristo não possui a Deus. Aquilo que permanece na doutrina é o que possui o Pai e o Filho" (2Jo 9).

De acordo com Tuñí e Alegre (2007, p. 165), "a doutrina da primeira carta de João se contrapõe a uma interpretação da tradição joanina, que nega o caráter salvífico da vida e da morte de Jesus". Os autores acrescentam que na Primeira Carta de João há um notável esforço para se preservar a identidade da comunidade, o que afirma e relembra a centralidade da vida histórica de Jesus.

A centralidade de Jesus Cristo também pode ser vista pela grande insistência no mandamento do amor. Há seis ocorrências só no capítulo segundo, que esclarece que conhecer Jesus é guardar os seus mandamentos (cf. 1Jo 2,3.4.7.7.7.8). Em 1Jo 2,3-4, falava-se de mandamentos; em seguida (1Jo 2,7-8; cf. 2Jo 4.5.6.6), passa-se ao singular. O mandamento de Jesus é, ao mesmo tempo, antigo e novo, trata-se de amar o irmão. Já 1Jo 3,23 trata do mandamento do Pai: "O seu mandamento é este: aderir com fé a seu Filho, Jesus Cristo e amar-nos uns aos outros, segundo o mandamento que nos deu". Retomado em 1Jo 4,21, amar a Deus é guardar seus mandamentos (1Jo 5,2-3).

A insistência é ainda maior quando o autor trata da necessidade de amar. Amar a quem? O irmão, pois quem ama o irmão não tropeça (cf. 1Jo 2,10). Aquele que não ama seu irmão não é de Deus e permanece na morte (cf. 1Jo 3,10.14). O amor comporta e se comprova com obras em verdade (cf. 1Jo 3,18). Amar-nos uns aos outros é a certeza da permanência de Deus em nós (cf. 1Jo 4,12). O amor vem de Deus, e todo aquele que ama nasceu de Deus (cf. 1Jo 4,7). Afinal, Deus é amor (cf. 1Jo 4,8.16). Deus nos amou primeiro enviando-nos seu Filho como vítima de expiação por nossos pecados (cf. 1Jo 4,10.19). O amor a Deus implica e se prova no amor ao irmão (cf. 1Jo 4,20.21). A quem não amar? O mundo, pois quem ama o mundo não tem o amor do Pai (cf. 1Jo 2,15).

6.2.4 Cristo na Carta de Tiago

Segundo observam Tuñí e Alegre (2007, p. 280), causa surpresa o nome de Jesus aparecer somente duas vezes ao longo dos cinco capítulos que constituem a Carta de Tiago e que nele a morte e a ressurreição de Jesus não sejam mencionadas. Por outro lado, o título *Senhor* aparece em seis ocasiões (cf. Tg 1,1;2,1; 5,7.8.14.15), no início e no final da carta.

Na introdução (Tg 1,1) encontramos *Jesus* associado ao nome *Senhor*, do qual Tiago é servo. No início do segundo capítulo (Tg 2,1), além de aliar o nome de Jesus ao de Senhor, ele o qualifica como glorioso. Na tradição sinótica, a glória tem a ver com o juízo e o julgamento na parusia (cf. Mt 16,27; 19,28; Mc 10,37; 13,26), quando o Senhor Jesus virá em glória. De fato, no quinto capítulo, em que o título *Senhor* aparece quatro vezes (Tg 5,7.8.14.15), o tema é a parusia: "o juiz está às portas" (Tg 5,9). Ele julga com misericórdia (Tg 5,11). Por sua vez, no segundo capítulo, o autor alerta contra a discriminação acontecendo na assembleia cristã. A discriminação é um julgamento desconectado do verdadeiro Juiz, o único justo, que julga com imparcialidade e na verdade.

6.2.5 Cristo na Carta de Judas

Ele se apresenta como servo de Jesus Cristo, dirigindo-se aos guardados para Jesus Cristo (v. 1). Objetiva advertir os cristãos a respeito da renegação do Senhor Jesus Cristo (v. 4), o qual chama de único "Soberano", provavelmente é o único a dar o título de soberano a Jesus. Convida-nos a atentar para as palavras de advertência feitas pelos apóstolos do Senhor Jesus Cristo (v. 17) e a colocar a esperança na misericórdia de nosso Senhor Jesus Cristo (v. 21), concluindo com a saudação: Jesus Cristo nosso Senhor como mediador da salvação (v. 25). Excluídas as duas primeiras ocorrências, o nome *Jesus Cristo* está sempre acompanhado do título de *Senhor*, o que também sinaliza para o acento pós-pascal[2] da cristologia.

6.3 Espiritualidade

A referência ao Espírito, assim como a Jesus Cristo, é bastante escassa nas cartas católicas. A frequência corresponde, de certa forma, à espiritualidade dos escritos deuteropaulinos, nos quais encontramos o termo 26 vezes, ao passo que nas cartas católicas ele ocorre 25 vezes, correspondendo a 6,86% de todo o Novo Testamento, no qual aparece 379 vezes.

6.3.1 Na Carta de Tiago

A única referência que encontramos em Tiago está em Tg 4,5, na qual ainda não é claro que se trate do Espírito Santo ou do espírito do sopro de Deus colocado no ser humano na criação (cf. Tg 2,7). Conforme Vouga (1996), o termo *espírito* ali citado traz várias dificuldades para uma boa interpretação. O sujeito da ação é Deus, que coloca o espírito e tem ciúmes dele. Não o coloca, porém, para aprisionar, mas para libertar o ser humano. Na verdade, o contexto da frase (Tg 4,1-10) trata do discernimento entre as ações praticadas pelo espírito da cobiça e da competição e as que são praticadas no espírito de Deus. Essa instrução, segundo o autor, não é novidade, mas está na Escritura desde há muito tempo.

---

2 O termo *pós-pascal* se refere a acontecimentos posteriores à ressurreição de Jesus Cristo; já *pré-pascal* trata do que veio antes da sua morte.

6.3.2 Na Primeira Carta de Pedro

O autor coloca, logo de início, o Espírito como santificador, que favorece a obediência a Jesus Cristo e a participação na bênção do sangue dele aspergido sobre os cristãos (cf. 1Pd 1,2). Na passagem seguinte, ele faz saber que, já nos profetas, operava o Espírito de Cristo, o qual anunciava o sofrimento e a glória do Messias. O anúncio feito pelos profetas não era para eles, mas para os que hoje pregam o Evangelho, no Espírito Santo enviado do céu (cf. 1Pd 1,11-12).

No texto seguinte (1Pd 3,18-19), o espírito aparece de modo singular quando trata da pregação de Cristo aos "espíritos em prisão". Segundo Cothenet (1986), a oposição entre *carne* e *espírito* lembra as fórmulas arcaicas de Romanos (1,3-4): "Filho nascido da estirpe de Davi, segundo a carne, estabelecido Filho de Deus com poder de ressurreição dos mortos segundo o Espírito de santidade". Essa leitura é confirmada em 1Pd 4,6: "Eis por que o Evangelho foi pregado também aos mortos, a fim de que sejam julgados como homens na carne, mas vivam no espírito, segundo Deus".

Os espíritos da prisão são identificados como a geração incrédula desde os dias de Noé (cf. 1Pd 3,20), mas relacionados com a geração de agora, que recebeu a remoção da imundície de seu corpo pelo batismo (cf. 1Pd 3,21). O Espírito capacita para a obediência por meio de uma boa consciência – eis aí um importante elemento da teologia batismal.

Por fim, a referência ao Espírito aparece relacionada à bem-aventurança da perseguição: "Bem-aventurados sois se sofreis injúrias por causa do nome de Cristo, porque o Espírito de Glória, o Espírito de Deus repousa sobre vós" (1Pd 4,14). Essa bem-aventurança foi anunciada por Jesus em Mateus (5,11-12). Assim, é habitado pelo Espírito de Deus aquele que sofre injustiça por fazer o bem e que continua fazendo o bem mesmo sofrendo injustiça.

6.3.3 Na Segunda Carta de Pedro

Nesse escrito, a única referência está em 2Pd 1,21, quando o autor trata da autoridade divina da Escritura: "A profecia jamais veio por vontade humana, mas homens impelidos pelo Espírito Santo falaram da parte de Deus". O autor desse escrito se vale das Escrituras para fundamentar a fé e enfrentar desvios que ocorrem também dentro das comunidades cristãs. A fidelidade à Palavra de Deus precisa da abertura e acolhida do Espírito Santo.

6.3.4 Na Carta de Judas

Na Carta de Judas, o Espírito aparece nas exortações finais (Jd 19-20), contrapondo os seres "psíquicos", isto é, os que não têm Espírito, aos "crentes", os quais se edificam mutuamente orando no Espírito Santo. É absolutamente necessário se ocupar e zelar por isso.

6.3.5 Na Primeira Carta de João

O termo só aparece na primeira carta e somente na segunda parte dela. João fala 67 vezes de Deus, 12 vezes de Cristo e apenas 6 vezes do Espírito.

João começa a referência no final do capítulo terceiro (1Jo 3,24), fazendo a abordagem da pertença. Nela afirma que só reconhece a Deus quem guarda os seus mandamentos e que Deus permanece em nós pelo Espírito que ele nos deu. Continua o assunto advertindo para a diversidade de espíritos e a necessidade de exercitar o discernimento (1Jo 4,1), pois existem o espírito da verdade e o espírito do erro (1Jo 4,6); portanto, o parâmetro é o seguinte: "todo espírito que confessa que Jesus veio na carne é de Deus" (1Jo 4,2).

João conclui essa primeira abordagem voltando à primeira afirmação: "Nisto reconhecemos que permanecemos nele e ele em nós: ele nos deu seu Espírito" (1Jo 4,13; cf. 3,24). No último capítulo, João faz a abordagem do testemunho, em que ressalta o protagonismo do Espírito. O Espírito que testemunha é qualificado como Espírito da Verdade (cf. Jo 14,17), que se contrapõe à mentira, a qual o mundo não pode acolher. O Espírito da Verdade, juntamente com a água e o sangue, testemunham a vitória de Cristo sobre o mundo e, com Ele, a de todo cristão.

Conforme ensinam Tuñí e Alegre (2007), é provável que o motivo de tão poucas menções explícitas ao Espírito se deva à doutrina dos separatistas, isto é, àqueles que com uma piedade individual podiam apelar ao Espírito como legitimador da própria doutrina (cf. 1Jo 4,1). Assim, por conta de uma realidade específica dos separatistas, que pretendiam ser guiados por uma moção interior do Espírito, João insiste na dimensão tridimensional do testemunho (sangue, água e Espírito). O verdadeiro Espírito não despreza a carne, mas se manifesta nas realidades criadas em vista da edificação da comunidade por meio do amor mútuo.

Ainda em continuidade, segundo apontam Tuñí e Alegre (2007, p. 173), embora João "não chegue a formulá-lo explicitamente, é preciso afirmar que o Espírito é o amor com que o Pai nos ama através de Jesus".

6.4 Eclesiologia

A palavra *igreja* é de domínio paulino, ocorre 44 vezes nos escritos dele, e mais 18 vezes nos deuteropaulinos (de um total de 114 vezes em todo o Novo Testamento). É encontrada apenas quatro vezes nas cartas católicas (Tg 5,14; 3Jo 6.9.10). Existem, porém, outras expressões que podem nos oferecer o conhecimento dessa dimensão nos escritos em pauta.

6.4.1 Na Carta de Tiago

Em Tiago 5,14, única vez em que a expressão *Igreja* aparece, podemos entendê-la como uma organização, cuja responsabilidade da saúde espiritual é coordenada pelos anciãos, mas que não isenta – pelo contrário, exige – o protagonismo de cada membro da comunidade. A falta da confiança e do perdão entre os membros da Igreja é uma doença perigosa, por isso o autor exorta: "Confessai, pois, uns aos outros, vossos pecados e orai uns pelos outros, para que sejais curados" (Tg 5,16).

6.4.2 Na Primeira Carta de Pedro

Para o autor da Primeira Carta de Pedro, os cristãos constituem uma raça eleita, um sacerdócio real, uma nação santa, um povo de particular propriedade do Senhor (cf. 1Pd 2,9), isto é, Povo de Deus. Esse povo, com tantos qualificativos herdados do Antigo Testamento, tem a missão específica de "proclamar as excelências de Deus que os chamou das trevas para a luz maravilhosa" (1Pd 2,9b). Estavam dispersos, nas trevas. Foram chamados e, respondendo ao chamado, foram congregados na luz e constituídos Povo de Deus. Isso não se deu por merecimento, mas por misericórdia daquele que os chamou.

Os povos de todas as nações são chamados a congregar no mesmo rebanho do povo de Israel, conforme estabelecido na aliança estabelecida no Sinai (cf. Ex 19,5-6). Assim como a eleição de Israel aconteceu em função do projeto salvífico de Deus para o mundo, o mesmo ocorre com as demais nações. Aqueles e aquelas que atendem ao chamado congregam e testemunham um novo modo de ser, com novas e profundas razões de viver. Eles não desprezam, mas relativizam muitas realidades históricas. Nisso consiste a exortação de 1Pd 2,11-17.

A Igreja é reunião dos peregrinos, estrangeiros, viajantes, rumo à pátria definitiva. Vivem onde todos vivem, mas não como todos vivem, porque agora estão inseridos numa dinâmica de vida que transcende a história. A experiência da misericórdia que revela a gratuidade de Deus prevalece sobre todas as relações. A misericórdia recebida constitui a matriz da misericórdia oferecida. Ela é sem limites, sem restrições, universal.

A consciência de Povo de Deus se expressa num comportamento compassivo, isento de cobiça e de disputas. Não se trata só de serem bons para com os bons e rejeitar os demais; trata-se de serem bons para com todos, também para com os que praticam o mal, pois a matriz da prática cristã é Cristo, a pedra viva, rejeitada pelos homens, mas eleita preciosa por Deus (cf. 1Pd 2,4). Essa inserção em Cristo ressuscitado os capacita para uma relação conjugal de caráter totalmente servidor, doado (cf. 1Pd 3,1-7), para uma relação de unidade, mútua compaixão, de fraternidade e humildade no convívio entre eles (cf. 1Pd 3,8-9), para uma reação isenta de sentimentos vingativos, por ocasião das perseguições (cf. 1Pd 3,13-17), e para uma acolhida sem drama diante da morte (cf. 1Pd 3,18-22).

6.4.3 Na Segunda Carta de Pedro

É nessa linha, da comunidade peregrina, que a Segunda Carta de Pedro traz novos elementos. Aí o autor conclama à memória dos destinatários, tendo em vista a continuidade das tribulações, a perseverar, com paciência, no caminho empreendido: "Se todo este mundo está fadado a desfazer-se assim, qual não deve ser a santidade do vosso viver e da vossa piedade, enquanto esperais e apressais a vinda do Dia de Deus, no qual os céus, ardendo em chamas, se dissolverão e os elementos, consumidos pelo fogo, se fundirão?" (2Pd 3,11-12). E continua: "Assim, visto que tendes esta esperança, esforçai-vos ardorosamente para que ele vos encontre em paz, vivendo vida sem mácula e irrepreensível" (2Pd 3,14).

6.4.4 Nas cartas de João

Nas cartas de João, a Igreja é a comunidade identificada como constituída por aqueles que nasceram de Deus, que permanecem em Deus e amam-se mutuamente.

Os cristãos constituem a comunidade dos que nasceram de Deus. É pela virtude praticada que se descobre a origem deles. Deus é justo. Todo aquele que pratica a justiça nasceu dele (cf. 1Jo 2,29). Todo aquele que nasceu de Deus não peca; permanecendo nele, não pode pecar (cf. 1Jo 3,9; 5,18). Todo aquele que ama nasceu de Deus (cf. 1Jo 4,7). Todo aquele que crê que Jesus é o Cristo nasceu de Deus (cf. 1Jo 5,1). Quem nasceu de Deus vence o mundo (cf. 1Jo 5,4).

Os cristãos constituem a comunidade dos que confessam que Cristo veio na carne. Todo aquele que confessa que Jesus Cristo veio na carne é de Deus (cf. 1Jo 4,2; 2Jo 7).

Os cristãos constituem a comunidade dos que se amam mutuamente: "Esta é a mensagem que ouvistes desde o início: que nos amemos uns aos outros" (1Jo 3,11; 2Jo 5). É nessa relação que se gesta a ressurreição: "Sabemos que passamos da morte para a vida porque amamos os irmãos" (1Jo 3,14). Novamente, o autor relaciona a fé em Cristo com a prática do amor mútuo como identidade eclesial: "Este é o seu mandamento: crer no nome do seu Filho Jesus Cristo e amar-nos uns aos outros" (1Jo 3,23); "Amemo-nos uns aos outros, pois o amor vem de Deus" (1Jo 4,7).

Deus nos amou enviando seu Filho, vítima de expiação pelos nossos pecados. Ora, se Deus assim nos amou, devemos também amar-nos uns aos outros (cf. 1Jo 4,10-11). Assim, "Deus permanecerá em nós e o seu amor em nós será realizado" (cf. 1Jo 4,12). Essa orientação culmina com uma afirmação de forte impacto: "Aquele que diz: Amo a Deus, mas odeia o seu irmão, é um mentiroso" (1Jo 4,20). Quem ama realmente a Deus ama também suas criaturas, especialmente as que se encontram mais próximas dele.

A comunidade cristã é dos que permanecem em Deus. Aqueles que permanecem nele andam como ele andou (cf. 1Jo 2,6). Quem ama o seu irmão permanece na luz (cf. 1Jo 2,10). O autor da carta tem esse objetivo: "vos escrevi para que a Palavra de Deus permaneça em vós" (cf. 1Jo 2,14). É nessa condição que se pode superar toda a transitoriedade: "O mundo passa com suas concupiscências; mas quem faz a vontade de Deus permanece eternamente" (1Jo 2,17).

Ser eterno é perseverar em Deus – no Pai e no Filho: "Se em vós permanece o que ouvistes desde o início, vós também permanecereis no Filho e no Pai" (1Jo 2,24); mas também no Espírito Santo: "A unção que recebestes dele permanece em vós, e não tendes necessidade que alguém vos ensine" (1Jo 2,27). A permanência não é uma quietude, um sossego, mas um intenso exercício de fidelidade, de obediência e de entrega: "Aquele que confessa que Jesus é o Filho de Deus, Deus permanece nele e ele em Deus" (1Jo 4,15). O amor incondicional, transbordante, sem medida, é o identificador: "Deus é amor, aquele que permanece no amor permanece em Deus e Deus permanece nele" (1Jo 4,16).

6.4.5 Na Carta de Judas

Na Carta de Judas, podemos divisar elementos de orientação eclesiológica nos versos 20-23. A comunidade cristã é edificada na Trindade: exercitando-se no Espírito, firmados em Deus, no caminho de Cristo. Existe uma corresponsabilidade na mútua edificação: na fé orando ao Espírito Santo, no cultivo do amor de Deus e colocando a esperança na misericórdia de nosso Senhor Jesus Cristo.

6.5 O compromisso cristão

Acolher o Evangelho é aderir a Cristo. Tal adesão exige comprometimento com a causa de Cristo que tem a ver com fazer a vontade do Pai na edificação do Reino dele. Ser cristão é vestir a camisa da missão de Jesus Cristo e fazer-se missionário dele em todas as realidades que possam existir. Nesta sequência, verificaremos o encorajamento expresso em cada uma das epístolas católicas.

6.5.1 Na Carta de Tiago

A razão do escrito é encorajar os destinatários a encararem as provações porque elas trazem grandes benefícios à vida cristã. Quais são os benefícios? Que a fé provada leva à perseverança. Mas a perseverança precisa ser comprovada por obras cada vez melhores, até chegarem ao estado que chamamos de *perfeição*. Assim, o compromisso dos cristãos é serem "perfeitos e íntegros, sem nenhuma deficiência" (Tg 1,4). Quais são os parâmetros dessa perfeição alegada? São o dom que desce do Pai das luzes (cf. Tg 1,17), a lei da liberdade que, ao ser praticada, leva à bem-aventurança (Tg 1,25) e à fé de Abraão, que o levou a obras de justiça (Tg 2,21-23).

Tiago privilegia o segundo tema, o da lei, com um acréscimo de grande diferencial. Trata-se da lei da liberdade, que se confirma na vivência (Tg 1,25). Esta pode ser traduzida como "amar o próximo como a si mesmo", o que ele qualifica como *lei régia* (Tg 2,8). Para que não fiquem dúvidas, ele a contrapõe com a acepção de pessoas (cf. Tg 2,9). Assim, amar o próximo é cumprir a lei régia, a lei da liberdade. Isso significa acolher o próximo sem preconceito e sem julgamento. Na verdade, trata-se do exercício de uma relação reconciliada. A prática do amor ao próximo é fundamento da perfeição cristã. Nesse ponto (cf. Tg 2,5-13), Tiago estabelece forte aproximação com Mateus (5,20-26).

Já quase no final do escrito, Tiago volta ao tema como que num fechamento do assunto, exortando fortemente a cessar o julgamento. Ele relaciona o "julgar" com "falar mal". Isso espanta um pouco, mas é uma realidade de fé, justificada no texto: "Aquele que fala mal de um irmão ou julga o seu irmão, fala mal da Lei e julga a Lei. Ora, se julgas a Lei, já não praticas a Lei, mas te fazes juiz da Lei. Só há um legislador e juiz, aquele que pode salvar e destruir" (Tg 4,11-12). O julgamento cabe somente a Deus; a nós, cabe o discernimento. Quem não sabe fazer discernimento faz discriminação; ora, o foco da discriminação é a separação, já o do amor é a comunhão. O problema do destaque dos ricos na assembleia da comunidade apresentado no texto seguinte explicita a prática desse princípio (cf. Tg 4,13-5,6).

6.5.2 Na Primeira Carta de Pedro

Nessa carta, a exortação cristã ocupa um lugar central. Parece que a fundamentação doutrinal está a serviço da exortação. O objetivo é exortar, mas, para isso, se faz necessário fundamentar. Comparando com as cartas paulinas, na Primeira Carta de Pedro temos uma inversão, porque primeiro vem a exortação aos cristãos e depois, a fundamentação doutrinal. Assim, a exortação à prontidão e à sobriedade em vista da obediência (cf. 1Pd 1,13-17) tem sua fundamentação na entrega obediente de Cristo como cordeiro sem mancha (cf. 1Pd 1,18-21). O resultado disso é a vivência de uma liberdade em que prevalecem a fraternidade e a solidariedade (1Pd 1,16).

A exortação a abandonar os vícios e a infantilidade, para crescer na salvação (cf. 1Pd 2,1-5), tem sua fundamentação no Cristo "pedra angular" (1Pd 2,6-10). A exortação a sujeitar-se a toda instituição humana (cf. 1Pd 2,13-20) tem como fundamentação a submissão de Cristo (cf. 1Pd 2,21-25). A exortação a pagar o mal com o bem (cf. 1Pd 3,8-17) tem como fundamentação a morte e ressurreição de Jesus (cf. 1Pd 3,18-4,6). Assim, o fundamento da vida da comunidade cristã é o modo de vida atuado por Cristo na história.

A Primeira Carta de Pedro traz uma palavra nova para designar a comunidade cristã: a fraternidade. Essa é a dimensão que prevalece. A fraternidade é constituída de pessoas que convivem solidárias entre si pelos laços do amor. Assim reza a exortação: "Vós purificastes vossas almas obedecendo à verdade para praticardes o amor fraterno, sem hipocrisia. Amai-vos uns aos outros de coração puro e constante" (1Pd 1,22). Eles estão assim, têm essa condição, porque foram gerados na Palavra de Deus, palavra viva que permanece sempre. Por ela têm condições de praticar a exortação sobre as relações com os outros: "Honrai a todos, exercitai a fraternidade [amor fraterno], temei a Deus, tributai honra ao rei" (1Pd 2,17), bem como o cuidado sobre si mesmos. "Sede sóbrios, vigiai! Vosso adversário, o diabo, como um leão que ruge, ronda, procurando a quem devorar. Resisti-lhes firmes na fé, sabendo que os mesmos sofrimentos estão reservados a vossos irmãos [fraternidades], pelo mundo" (1Pd 5,9).

Também as pessoas que estão à frente das comunidades/fraternidades exercitam a liderança colegial e fraternalmente. Aquele que faz a exortação é um presbítero entre outros e exerce, portanto, colegialmente (cf. 1Pd 5,1). Para que não pairem dúvidas, o autor explicita o exercício, confrontando três situações. A primeira é expressar a vida nova em Cristo, apascentando o rebanho que lhe foi confiado, zelando de bom grado e não por coação – nesta última, a vida nova não prevalece. A segunda é expressa na meta da prática: a edificação de todos, isto é, fazendo prevalecer a gratuidade e não a cobiça, na qual prevalece o interesse pessoal sobre o comum. A terceira é expressa na ausência de autoritarismos no exercício do pastoreio, o qual é cunhado no testemunho do pastor (cf. 1Pd 5,2-3).

6.5.3 Na Segunda Carta de Pedro

Já na Segunda Carta de Pedro, o desafio da vida cristã está em perseverar na verdadeira fé. A comunidade é advertida e preparada para discernir e resistir aos falsos profetas, já presentes, e aos falsos mestres, que deverão se apresentar em breve (2Pd 2,3). O autor os previne, em forma de despedida (cf. 2Pd 1,14-15), apresentando os elementos a serem cultivados para um bom discernimento, que os preserve na fidelidade.

No centro está a demora da segunda vinda de Jesus. Importam para isso os seguintes comportamentos: acreditar na parusia (manifestação do poder celeste de Cristo), atender e discernir os verdadeiros sinais e aguardar com serenidade. Esse caminho é pautado pelo conhecimento, que pode ser adquirido em duas frentes: uma exercitada de dentro de cada pessoa; e outra, fazendo o percurso dos acontecimentos registrados na história. Na primeira frente prevalece o exercício das virtudes pessoais em vista de sua frutificação. Uma virtude leva a outra, atingindo o conjunto da comunidade e alcançando a caridade, que é a via eminente (cf. 1Cor 12,31). Para isso, o autor oferece um itinerário de oito passos a serem percorridos: "Aplicai toda a diligência em juntar à vossa fé a virtude, à virtude o conhecimento, ao conhecimento o autodomínio, ao autodomínio a perseverança, à perseverança a piedade, à piedade o amor fraterno e ao amor fraterno a caridade" (2Pd 1,5-7).

Na segunda frente lhes é oferecido, em primeiro lugar, o testemunho dos que presenciaram e acompanharam os acontecimentos relativos ao Jesus histórico (cf. 2Pd 1,12-18). A experiência da testemunha ocular da relação estabelecida entre o Pai e o Filho Jesus por ocasião do batismo (2Pd 1,17) e da transfiguração (2Pd 1,18). Nesses acontecimentos, evidencia-se o empoderamento daquele que agora se espera que se apresente com todo o poder (Cristo glorioso). Por fim, há o anúncio dos profetas do Antigo Testamento, impelidos pelo Espírito Santo (cf. 2Pd 1,19-21). A história está recheada de acontecimentos comprovados que lançam luzes inequívocas para o futuro.

Essas frentes são atingidas mediante o conhecimento de Cristo Senhor, dirigido pela fé (cf. 2Pd 1,1-8; 2,20-21; 3,17-18). É isso mesmo, um conhecimento não dirigido pela razão, mas pela fé que ultrapassa a razão. A fé não despreza a razão, mas tem um alcance qualificadamente maior.

6.5.4 Na Primeira Carta de João

Essa carta fundamenta a vida cristã no amor de Cristo pela humanidade, o novo mandamento do amor anunciado no Evangelho (Jo 13,34): "Dou-vos um novo mandamento: que vos ameis uns aos outros. Como eu vos amei, amai-vos também uns aos outros" é caprichosamente explicitado na primeira carta em, pelo menos, cinco pontos. O primeiro mostra que o amor está na origem do Evangelho de

Jesus Cristo, da qual o autor é testemunha: "Esta é a mensagem que ouvistes desde o início: que nos amemos uns aos outros" (1Jo 3,11).

O segundo ponto mostra que não se trata somente de uma mensagem, mas de um mandamento. Amar-nos uns aos outros é preceito do Senhor: "Este é o seu mandamento: crer no nome do seu Filho Jesus Cristo e amar-nos uns aos outros conforme o mandamento que ele nos deu" (1Jo 3,23).

Já o terceiro ponto nos leva a compreender, na prática, o alcance do amor: "Nisto conhecemos o amor: ele deu sua vida por nós. E nós também devemos dar nossa vida pelos irmãos" (1Jo 3,16). Mas como se verifica isso na prática? O autor exemplifica: "Se alguém, possuindo os bens deste mundo, vê seu irmão em necessidade e lhe fecha as entranhas, como permanece nele o amor de Deus?" (1Jo 3,17). E continua a exortação: "Filhinhos, não amemos com palavras nem com a língua, mas com ações e em verdade" (1Jo 3,18). Isso é perfeitamente possível e também necessário, porque Deus nos amou primeiro (cf. 1Jo 4,11).

O quarto ponto destaca o amor como um meio de conhecer a Deus: "Amados, amemo-nos uns aos outros, pois o amor vem de Deus e todo aquele que ama nasceu de Deus e conhece a Deus" (1Jo 4,7). Só o amor conhece o amor. Deus é amor. O acesso a Ele se faz pelo amor. Assim, quem diz que conhece Deus e não guarda os mandamentos é um mentiroso. O centro dos mandamentos é amar-nos uns aos outros; isso prova a verdade do nosso amor a Deus: "Quem diz que ama a Deus que não vê e não ama seu irmão que vê é mentiroso" (1Jo 4,20). Mentiroso é também quem diz conhecer a Deus e não pratica os mandamentos (cf. 1Jo 2,4).

O quinto ponto apresenta Deus como fonte do amor: "Deus é amor" (1Jo 4,8). O autor insiste para que não permaneça qualquer dúvida: "o amor vem de Deus" (cf. 1Jo 3,16; 4,9.10.17; 5,3-4; 2Jo 6). Ele nos amou primeiro, enviando seu Filho único, como expiação pelos nossos pecados (cf. 1Jo 4,9-10).

Esse amor é dom de Deus à disposição da humanidade, por meio de seu Filho Jesus. Ele nos capacitou a um amor que transcende todos os limites humanos, a ponto de abrirmos mão da própria vida em favor dos irmãos, do bem comum, da humanidade, da criação. O que nós precisamos fazer? Crer, acolher e viver esse amor em todas as dimensões. Ele nos dará condições de transcender e eternizar. Amar os irmãos é a carteira de identidade e o atestado de verdade do cristão.

6.5.5 Na Carta de Judas

Muito semelhante à Segunda Carta de Pedro é a orientação que Judas dá aos cristãos. Eles precisam recordar os fundamentos da fé explicitada pela tradição. A graça de Deus é para a salvação em Cristo, e não para a autossatisfação, chamada por Judas de *licenciosidade* (cf. Jd 4). A ação em nome de Deus não é para a acusação do outro, mas para a advertência (cf. Jd 9). A santidade não é possível somente com o meu trabalho, mas com a entrega humilde ao Espírito Santo (cf. Jd 20). Quem conduz a história é Deus (cf. Jd 5).

Síntese

As chamadas *cartas católicas*, além de nos fazerem ver a realidade das comunidades cristãs do final do primeiro século e início do segundo, nos ajudam a perceber processos de adaptações acompanhados do desafio do crescente intercâmbio comercial, que levavam na bagagem também elementos religiosos e culturais.

As lideranças cristãs se viram às voltas com a necessidade de maior aprofundamento e radicalidade ao mesmo tempo. Enquanto uma teologia com forte dimensão cristológica se firmava, fazia-se necessária uma eclesiologia que assumisse, ao mesmo tempo, toda a realidade criatural e toda a capacidade de regeneração no Espírito. A isso cada autor responde ao seu alcance.

Tiago encoraja os cristãos a encararem as provações, fazendo ver os benefícios que, por meio delas, se oferecem à vida cristã. Uma fé comprovada por obras que, por sua vez, vão demonstrando na prática o progresso do espírito cristão. A perseguição sofrida ensina a não se fazer acepção de pessoas.

A Primeira Carta de Pedro exorta à prontidão e à sobriedade em vista da obediência (cf. 1,13-17), tendo como base a entrega de Cristo por nós. Esta exige não apenas abandonar os vícios, mas também a não devolver as injúrias recebidas, pois somente assim será possível crescer no caminho da salvação.

A Segunda Carta de Pedro chama a atenção dos fiéis para a demora da parusia e aponta para o desafio de perseverar na verdadeira fé. Para isso, é necessário aguçar o discernimento e a capacidade de resistir aos falsos profetas, já presentes, e aos falsos mestres que, em breve, deverão aparecer.

A Primeira Carta de João está centrada no mandamento do amor. O amor a Deus se prova pelo amor ao irmão, e, por sua vez, o verdadeiro amor ao irmão só é possível para quem ama a Deus de verdade. Deus é amor. O acesso a ele se faz no amor do seu Filho, que veio até nós e por nos deu sua vida.

Judas chama a atenção para a necessidade de recordar os fundamentos da fé explicitada pela tradição. A salvação operada por Cristo, em nosso favor, não é para a autossatisfação, mas para a santificação.

Cada autor, em cada realidade e conforme a inspiração de Deus, contribuiu para a resposta fiel dos cristãos à graça oferecida por Ele por meio de Cristo, no Espírito Santo.

Atividades de autoavaliação

1. A teologia das cartas católicas está focada:
   a) nas consequências da profissão de fé do crente em Deus.
   b) na compreensão da essência de Deus.
   c) nos atributos divinos expressos na criação.
   d) no confronto com o pecado.
   e) no anúncio da parusia.

2. Entre as cartas católicas, encontramos a cristologia mais elaborada:
   a) na Primeira Carta de Pedro.
   b) na Segunda Carta de Pedro.
   c) nas cartas de João.
   d) em Judas.
   e) na Carta de Tiago.

3. De acordo com a Primeira Carta de João, a espiritualidade é:
   a) a busca de socorro por meio da oração.
   b) a busca do entendimento dos mistérios de Deus.
   c) a comunhão entre os nascidos em Cristo.
   d) o cultivo da permanência do Espírito de Deus em nós.
   e) o exercício da devoção.

4. Conforme as cartas de Pedro, a Igreja é:
   a) a comunidade dos que permanecem em Cristo.
   b) a reunião dos peregrinos, estrangeiros, viajantes, rumo à pátria definitiva.
   c) a comunidade dos que se amam mutuamente.
   d) um instrumento de evangelização.
   e) uma instância de poder e de disputas.

5. A palavra nova, trazida pela Primeira Carta de Pedro para identificar a comunidade cristã, é:
   a) fraternidade.
   b) igreja.
   c) povo de Deus.
   d) comunhão.
   e) justiça.

Atividades de aprendizagem

Questão para reflexão

1. Como os autores das cartas de Tiago e de Pedro abordam o mandamento do amor? Que ênfases são oferecidas? Analise esse mandamento nessas duas epístolas, considerando, pelo menos, as seguintes passagens: Tg 1,12; 2,5.8; 1Pd 1,8.22; 2,17; 3,10; 2Pd 1,7. Em seguida, compare o que foi descoberto com os textos da Primeira Carta de João.

Atividades aplicadas: prática

1. Assista ao filme *Policarpo, destruidor de deuses*. Trata-se de um drama, baseado em fatos reais, da vida de São Policarpo de Esmirna, nascido em 69 e martirizado em 155 no governo de Marco Aurélio. Policarpo foi discípulo do apóstolo João. Em seguida, compare as situações enfrentadas por ele com os acontecimentos que atualmente desafiam os cristãos na vivência do Evangelho e elabore um texto com o resultado da reflexão.

   POLICARPO, destruidor de deuses. Direção: Joe Henline. EUA: Henline Productions, 2015. 94 min.

2. Assista ao documentário *Trial and Testimony of the Early Church*, que aborda a história da Igreja dos primórdios do cristianismo até o Edito de Milão (13 de junho de 313). Procure analisar os dados históricos, especialmente na perspectiva do Edito de Milão, pelo qual o Imperador Constantino estabelecia a liberdade para os cristãos. Contextualize, por meio de um texto, esse tema, comparando-o aos dias atuais.

   TRIAL and Testimony of the Early Church. Direção: Ken Curtis. EUA: Vision Video Gateway Films, 1990. 150 min.

3. Partindo do texto de 2Pd 1,3-11, organize uma aula sobre a vocação cristã. Especifique o dom de Deus e os progressivos passos na vida em Cristo: fé, virtude, conhecimento, autodomínio, perseverança, piedade, amor fraterno e caridade.

Considerações finais

A necessidade de oferecer melhor orientação às igrejas cristãs recém-fundadas levou o apóstolo Paulo a lançar mão de escritos. Com eles, ele continuou a ser presente, mesmo a distância. O recurso, usado pela primeira vez em Tessalônica, se mostrou eficaz, levando-o a propiciar, assim, o serviço a várias outras igrejas: aos coríntios, aos gálatas, aos romanos, aos filipenses, a Filêmon etc. É com Paulo que os escritos do Novo Testamento são iniciados.

A pregação de Paulo é centralizada no Evangelho de Jesus Cristo, especialmente focado no mistério de sua morte e na ressurreição, em que o escândalo da cruz se torna o caminho da salvação para todas as pessoas. O mandato missionário presente em Mateus (28, 18-2), em Marcos (16, 16-20) e em Atos dos Apóstolos (1, 6-8) se concretiza no trabalho desse insígne apóstolo. Vale dizer que tal tarefa nunca foi feita sozinha, pois, para Paulo, a participação das igrejas na formação de novas comunidades e na oferta gratuita do Evangelho sempre foi assegurada.

A entrega livre e amorosa de Jesus Cristo em nosso favor implica a nossa entrega para estabelecer, nas muitas diferenças, na diversidade, um povo unido na realização da causa de Deus, até chegar à comunhão de todas as criaturas em Cristo.

Além de insistir, com frequência, na comunhão e na gratuidade, Paulo trabalha as necessidades pastorais específicas de cada Igreja, procurando oferecer fundamentação consistente para suas exortações. Em Tessalônica, ele ressalta a orientação dos cristãos para a espera do último dia (parusia). Em Corinto, esmera-se em mostrar, na prática, a implicação da mudança da vivência pagã para a vivência cristã. As metas são outras, e a prática precisa ser coerente com as metas. Para ser cristão, não basta uma adequação; é necessário transformação.

Aos gálatas, Paulo procura levar o entendimento da liberdade cristã, especificando a responsabilidade de cada membro sobre suas ações e consequências. Aos romanos, ele oferece farta fundamentação bíblica a respeito da justificação pela fé. Aos filipenses, ele apresenta o comportamento de Cristo como fundamento das relações interpessoais, alimento da comunidade. A Filêmon, ele esclarece que o batismo exige um novo modo de se relacionar. Ele elimina das relações todo o tipo de discriminação.

Paulo deixa claro em seus escritos, bem como em sua prática missionária, que o encontro com o Ressuscitado transformou radicalmente sua vida. Mudou de perseguidor de cristãos para seguidor de Cristo. Mas não foi só isso: tornou-se um dos maiores pregadores do Evangelho no primeiro século de nossa era, transpondo as fronteiras do judaísmo e abrindo as portas aos pagãos. Paulo entregou sua vida a Cristo e à pregação da boa nova dele.

Os companheiros de Paulo procuraram dar continuidade ao seu modo de evangelizar, especialmente por meio das chamadas *epístolas*, às vezes estabelecendo igrejas, às vezes procurando responder aos novos desafios. Consolidou-se, assim, a chamada *escola paulina*, da qual são oriundas outras tantas cartas: a Segunda Carta aos Tessalonicenses, a Carta aos Efésios, a Carta aos Colossenses, a primeira e a segunda cartas a Timóteo, a Carta a Tito e, de alguma forma, também a Carta aos Hebreus. Nesses escritos, as características próprias das primeiras cartas tidas como autenticamente paulinas estão menos presentes, aparecendo termos novos, de épocas posteriores ao tempo em que Paulo viveu. Novos problemas são abordados, embora a dimensão exortativa prevaleça. As dificuldades enfrentadas por Paulo na fundação das igrejas se deslocam da falta de compreensão para a falta de adesão ou para uma domesticação dos conteúdos da fé.

Nessas cartas, há o aumento da preocupação com a unidade dos cristãos em suas comunidades. Também há a diminuição do interesse pela evangelização dos povos, talvez pela inserção de membros de outras culturas e práticas religiosas, mas também pelo fortalecimento de lideranças locais influenciadas por ideologias alheias. Em Efésios e Colossenses prevalece a exortação à unidade da Igreja, como um corpo que tem Cristo por "cabeça". Nas cartas a Timóteo e Tito, ressalta-se a instrução do pastor em sua função pelo pastoreio e a saúde da comunidade. Na Segunda Carta aos Tessalonicenses, há o desafio de uma convivência colaborativa e saudável entre os membros da Igreja. Em Hebreus, prevalece a fundamentação sobre o sacerdócio cristão, implantado e vivido por Cristo.

A iniciativa epistolar foi muito além das fronteiras paulinas e está presente noutro grupo de escritos, chamado *cartas católicas*, que nos oferece o entendimento do cristianismo num período histórico ainda posterior ao paulino. Esse grupo é composto por três cartas atribuídas a João, duas atribuídas a Pedro, uma de autoria de Tiago e outra de autoria de Judas. Encontramos nelas também um forte tom exortativo, ocupado com a progressiva conversão a Cristo, tendo como confirmação da conversão a convivência fraterna mútua.

Tiago dá atenção ao cuidado com os pobres e às práticas relacionais correspondentes. Já Pedro enfatiza a fundamentação da vida em Cristo, fazendo da comunidade um edifício espiritual que tem Jesus como alicerce, além de insistir na transitoriedade da vida cristã neste mundo. João, por sua vez, nos convoca à adesão convicta à humanidade de Cristo, de modo que aquele que não confessa a encarnação dele seja tido como anticristo (cf. 1Jo 4,1-3). Por fim, Judas retoma a tradição – o exemplo dos antepassados continua orientador.

Nesta obra, procuramos oferecer a você, leitor, maior contato com as comunidades fundadas ao longo da segunda metade do primeiro século e a observação da evolução das dificuldades e das respostas dadas a elas ao longo desse período, bem como o aprofundamento das fundamentações teológicas e cristológicas para enfrentar os desafios pastorais.

Referências

BARBAGLIO, G. As Cartas de Paulo I. São Paulo: Loyola, 2017a.

BARBAGLIO, G. As Cartas de Paulo II. São Paulo: Loyola, 2017b.

BECQUET, G. et al. A Carta de Tiago. São Paulo: Paulinas, 1991.

BÍBLIA. Português. Bíblia: Tradução Ecumênica. São Paulo: Loyola, 1994.

BROWN, R. E. A comunidade do discípulo amado. São Paulo: Paulinas, 1984.

CANTINAT, J. Introduzione al Nuovo Testamento. Roma: Borla, 1981. v. 3.

CARTA DE SÃO CLEMENTE ROMANO AOS CORÍNTIOS. Tradução de Dom Paulo E. Arns. 3. ed. Petrópolis: Vozes, 1984.

COBY, J.; LEMONON, P. Vida e religiões no Império Romano no tempo das primeiras comunidades cristãs. São Paulo: Paulinas, 1988.

COMBLIN, J. Segunda Epístola aos Coríntios. Petrópolis: Imprensa Metodista; Vozes; Sinodal, 1991.

COTHENET, E. São Paulo e o seu tempo. São Paulo: Paulinas, 1985.

COTHENET, E. As Epístolas de Pedro. São Paulo: Paulinas, 1986.

DACQUINO, P. Il messaggio della salvezza. Torino: Elle Di Ci, 1984. v. 7.

DUNN, J. D. G. A teologia do apóstolo Paulo. São Paulo: Paulus, 2003.

FABRIS, R. As cartas de Paulo III. São Paulo: Loyola, 1992.

GEORGE, A.; GRELOT, P. Introduzione al Nuovo Testamento. Roma: Borla, 1981. v. 3.

GROSELJ, T. São Paulo: vida, ícones e encontros. São Paulo: Paulinas, 2009.

HARRINGTON, W. J. Chave para a Bíblia. São Paulo: Paulinas, 1985.

LOPES, J. M. Atlas bíblico geográfico-histórico. Lisboa: Difusora Bíblica, 1984.

PIERINI, F. A Idade Antiga: curso de História da Igreja. São Paulo: Paulus, 1998.

REICKE, B. História do tempo do Novo Testamento. São Paulo: Paulus, 1996.

SCHNACKENBURG, R. Cartas de San Juan: versión, introducción y comentario. Barcelona: Herder, 1980.

SCHNELLE, U. Paulo: vida e pensamento. São Paulo: Academia Cristã; Paulus, 2010.

TASSIN, C. O judaísmo: do exílio ao tempo de Jesus. São Paulo: Paulinas, 1988.

TOSATTO, G. Il messaggio della salvezza. Torino: Elle Di Ci, 1978. v. 8.

TUÑÍ, J-O.; ALEGRE, X. Escritos joaninos e cartas católicas: introdução ao estudo da Bíblia. 2. ed. São Paulo: Ave Maria, 2007. v. 8.

VANHOYE, A. A mensagem da Epístola aos Hebreus. São Paulo: Paulinas, 1983.

VANHOYE, A. Sacerdotes antiguos, sacerdote nuevo según el Nuevo Testamento. Salamanca: Sígueme, 1984.

VOUGA, F. A Carta de Tiago. São Paulo: Loyola, 1996.

Bibliografia comentada

BARBAGLIO, G. **As cartas de Paulo I**. São Paulo: Loyola, 2017.

BARBAGLIO, G. **As cartas de Paulo II**. São Paulo: Loyola, 2017.

Barbaglio (1934-2007) foi um sacerdote, teólogo e biblista italiano, o qual teve toda sua vida voltada ao estudo bíblico. Lecionou em diversos lugares e escreveu várias obras conceituadas, entre as quais estão as que comentamos aqui. Nesses dois volumes, o autor trata das cartas consideradas de autoria paulina: Primeira Carta aos Tessalonicenses, Primeira e Segunda cartas aos Coríntios, aos Gálatas, aos Romanos, aos Filipenses e a Filêmon.

No primeiro volume, depois de uma introdução bem aprofundada sobre a pessoa de Paulo, seus escritos e o ambiente missionado por ele, o autor analisa as cartas aos Tessalonicenses e aos Coríntios, fazendo uma boa introdução a cada uma delas e oferecendo uma tradução do texto[1] seguida de um aprofundado comentário sobre o que

---

1 Como a obra é italiana, a tradução fornecida, na versão original, é do grego para o italiano.

já se descobriu a respeito desses escritos. Ele ainda apresenta a própria interpretação do texto apoiada no contexto histórico e literário de cada uma dessas comunidades.

No segundo volume, Barbaglio continua o mesmo modo de abordagem nas outras quatro cartas: aos Gálatas, aos Romanos, aos Filipenses e a Filêmon.

DUNN, J. D. G. **A teologia do apóstolo Paulo**. São Paulo: Paulus, 2003.

Dunn nasceu na Escócia em 1939 e formou-se na Universidade de Cambridge. Dedicou sua vida à teologia, voltando-se especialmente para a dimensão bíblica. No prefácio dessa obra, o teólogo declara sua fascinação pela obra missionária de Paulo.

O livro está organizado em nove capítulos, nos quais são abordados os seguintes temas: a antropologia; o drama do pecado; a boa notícia (Evangelho) de Jesus Cristo; a humanidade de Deus na pessoa de Jesus Cristo – da preexistência até a parusia; o começo da salvação mediante a justificação pela fé, a participação em Cristo, o dom do Espírito Santo e o batismo; o processo de salvação – a vivência da tensão escatológica entre o já realizado e o ainda não completado; a Igreja Corpo de Cristo; e a ética cristã.

FABRIS, R. **As cartas de Paulo III**. São Paulo: Loyola, 1992.

Esse autor italiano, nascido em 1936 e falecido em 2015, dedicou sua vida ao estudo bíblico, publicando inúmeras obras. No livro em questão, depois de dedicar mais de 20 páginas à pessoa de Paulo, o autor trata pormenorizadamente das cartas aos colossenses e aos efésios, fazendo uma boa introdução, tradução e análise dos textos. Ele segue abordando as chamadas *cartas pastorais*: primeira e segunda cartas a Timóteo e a Carta a Tito – primeiramente em conjunto e depois uma por uma. Por fim, Fabris trata de Hebreus, destacando o sacerdócio cristão. Trata-se de um trabalho cuidadoso e muito rico em informações para o aprofundamento e a prática da vida cristã.

REICKE, B. **História do tempo do Novo Testamento**. São Paulo: Paulus, 1996.

Esse autor sueco, nascido em 1914 e falecido em 1987, formou-se na Universidade de Estocolmo. Biblista, desenvolveu especialmente a fundamentação histórico-cultural da literatura bíblica. Nessa obra, ele oferece uma visão geral do mundo bíblico do ano 500 a.C. até o ano 100 de nossa era. Como ele mesmo afirma: "O livro pretende servir de subsídio para melhor compreensão da mensagem bíblica, da Igreja primitiva e da Antiguidade clássica, iluminando as relações políticas, sociais e religiosas" (Reicke, 1996, p. 5).

A obra está organizada em sete partes: o domínio persa em Judá; o domínio helenístico; o domínio asmoneu; o domínio romano; a Palestina no tempo de Jesus e dos apóstolos; o Império Romano nesse período; e, finalmente, o tempo dos discípulos e dos apóstolos (de 67 a 100 d.C.).

SCHNELLE, U. **Paulo**: vida e pensamento. São Paulo: Academia Cristã; Paulus, 2010.

Esse autor alemão, nascido em 1952, é professor de Novo Testamento na Universidade de Halle-Wittemberg e autor de várias obras teológicas. Esse livro de 871 páginas está dividido em duas grandes partes: uma dedicada ao caminho de vida e pensamento de Paulo, e outra ao chamado *pensamento paulino*. O trabalho se desenvolve em 23 capítulos. Na primeira parte, o autor se dedica mais à fundamentação histórica, procurando relacioná-la aos motivos dos escritos de Paulo. Na segunda parte, ele se volta mais ao pensamento desse apóstolo, ocupando-se das dimensões teológica e antropológica tendo em vista a realização histórico-salvífica. O livro é bastante rico em informações e questionamentos.

TUÑÍ, J-O.; ALEGRE, X. **Escritos joaninos e cartas católicas**: introdução ao estudo da Bíblia. 2. ed. São Paulo: Ave Maria, 2007. v. 8.

O livro é dividido em quatro partes: o Evangelho Segundo João; as Cartas de São João e suas várias dimensões; o Apocalipse de São João; e, por fim, as cartas católicas, considerando-se os vários aspectos de cada uma, nomeadamente as três de João, a de Tiago, as duas de Pedro e a de Judas.

Os autores espanhóis elaboraram uma boa abordagem para apresentar o que até o momento foi pesquisado a respeito dessas sete cartas. Eles focam, em primeiro lugar, o texto e, em seguida, sua estrutura, fazendo considerações acerca de algumas questões sobre as quais não se chegou ainda a um consenso, como a composição dos livros, especialmente da autoria e dos destinatários. Eles ainda abordam as dimensões teológica e socio-histórica de cada uma das cartas. O livro é importante pela atualidade das questões ali tratadas.

Respostas

Capítulo 1
Atividades de autoavaliação
1. a
2. e
3. a
4. c
5. e

Capítulo 2
Atividades de autoavaliação
1. e
2. b
3. c
4. b
5. a

Capítulo 3
Atividades de autoavaliação
1. c
2. d
3. a
4. b
5. c

Capítulo 4
Atividades de autoavaliação
1. a
2. d
3. b
4. c
5. e

Capítulo 5
Atividades de autoavaliação
1. a
2. b
3. e
4. d
5. a

Capítulo 6
Atividades de autoavaliação
1. e
2. e
3. d
4. b
5. a

Sobre o autor

Moacir Casagrande nasceu em 4 de maio de 1955 em Putinga, no Rio Grande do Sul. É frade e sacerdote, pertencente à Ordem dos Frades Menores Capuchinhos. Estudou Filosofia no Instituto Regional de Pastoral de Mato Grosso – Irpamat (1975-1976) e Teologia no Instituto Teológico João Paulo II – Iteo (1978-1981), ambos em Campo Grande (MS). Cursou mestrado em Teologia com especialização em Bíblia na Pontifícia Universidade Gregoriana, em Roma (1984-1987). Foi professor de Bíblia, Antigo e Novo Testamentos, no Iteo e lecionou matérias bíblicas no Instituto São Boaventura, em Brasília (1994-1996), e no Instituto de Filosofia e Teologia de Goiás, em Goiânia (1997-2002).

É autor dos livros *Deus ontem e hoje* e *O segredo do Evangelho*, bem como de uma variedade de artigos publicados na revista *Convergência*, órgão oficial da Conferência dos Religiosos do Brasil (CRB). Além disso, participou de seis livros como membro da equipe de reflexão bíblica da CRB, entre os anos de 2005 e 2014: *Reconstruir relações num mundo ferido; Corpos solidários em tempos de travessia; Caminho para a vida em abundância; A caminho da XXII AGE; Que nossos olhos se abram;* e *Vi um novo céu e uma nova terra.*

Impressão:
Março/2024

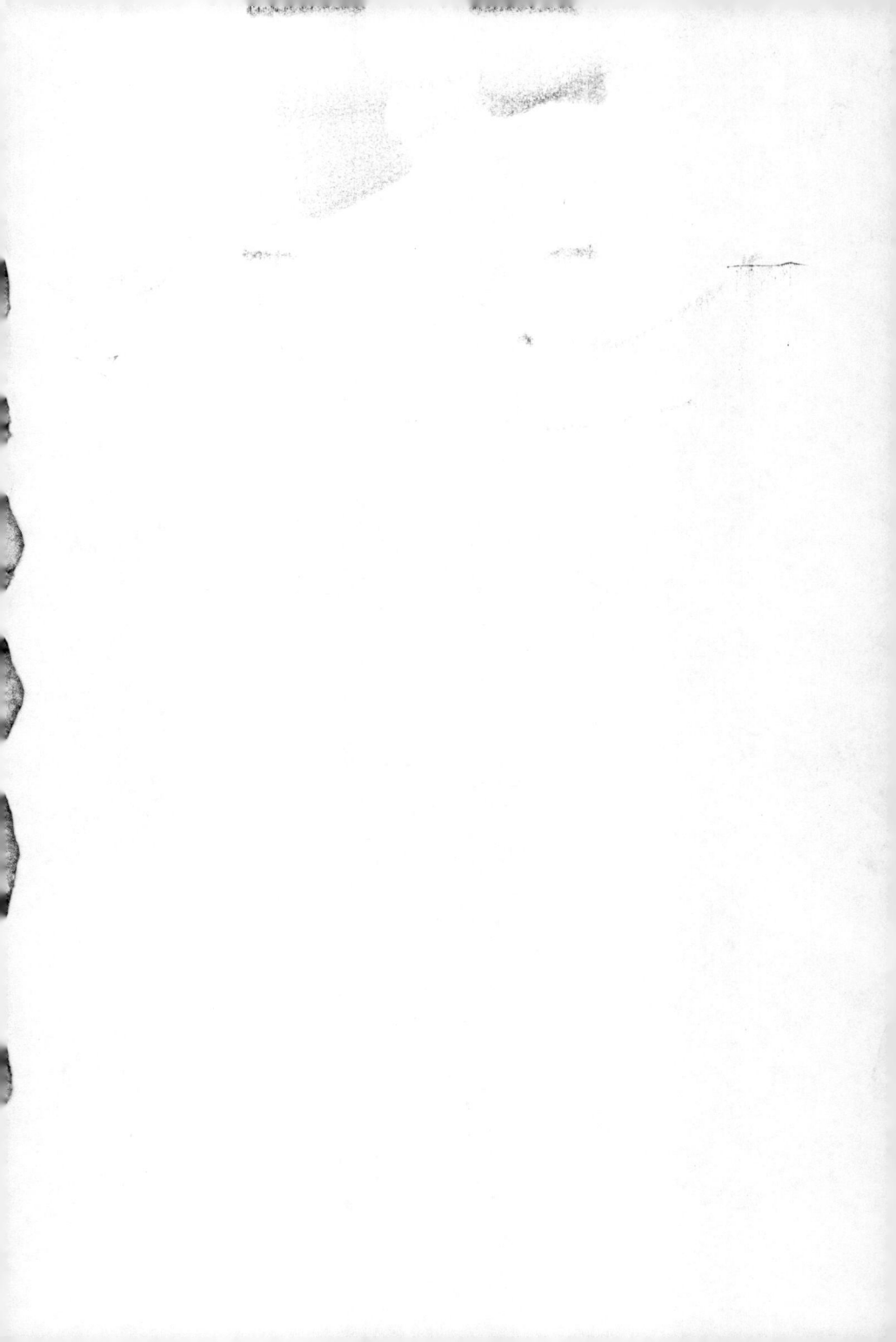

3 Ensino religioso escolar e o respeito à diversidade cultural e religiosa

82 |

83 | 3.1 Objetivos e desafios do ensino religioso como área do conhecimento
87 | 3.2 Matrizes fundacionais da religiosidade no Brasil
96 | 3.3 Tratamento escolar das matrizes formadoras da religiosidade brasileira
98 | 3.4 Metodologia fenomenológica/dialética

4 Sagrado e fenômeno religioso como objetos de estudo

108 |

109 | 4.1 Fenômeno religioso
116 | 4.2 Sagrado
119 | 4.3 Paisagens religiosas
122 | 4.4 Universo simbólico religioso
123 | 4.5 Textos sagrados orais e escritos

5 Escolarização do Ensino Religioso: práticas pedagógicas

133 |

134 | 5.1 Contação de histórias
141 | 5.2 Jogos e brincadeiras
144 | 5.3 Recortes de filmes
145 | 5.4 Arte e Ensino Religioso
148 | 5.5 Ludismo e Ensino Religioso
150 | 5.6 Visitas técnicas ou monitoradas

SUMÁRIO

8 | Apresentação
12 | Como aproveitar ao máximo este livro

1 | Ensino religioso: processo histórico
16 | 1.1 Período Jesuítico/Colonial (1500-1822)
22 | 1.2 Período Imperial (1822-1889)
24 | 1.3 República Velha (1889-1930)
28 | 1.4 Era Vargas (1930-1945)
30 | 1.5 República Populista (1946-1964)
31 | 1.6 Ditadura militar (1964-1985)
32 | 1.7 Brasil contemporâneo (1985-)

2 | Definição de termos, legislações e instituições ligadas ao Ensino Religioso
42 | 2.1 Diferença entre ensino religioso e aula de religião
43 | 2.2 Modelo confessional/catequético
45 | 2.3 Modelo multiconfessional/interconfessional
51 | 2.4 Modelo aconfessional
54 | 2.5 Ensino Religioso no Paraná
68 | 2.6 Fórum Nacional Permanente de Ensino Religioso (Fonaper)
72 | 2.7 Base Nacional Comum Curricular e o Ensino Religioso

**EDITORA
InterSaberes**

Rua Clara Vendramin, 58 | Mossunguê | CEP 81200-170 | Curitiba | PR | Brasil
Fone: (41) 2106-4170 | www.intersaberes.com | editora@editoraintersaberes.com.br

Conselho editorial Dr. Ivo José Both (presidente) | Dr.ª Elena Godoy | Dr. Neri dos Santos | Dr. Ulf Gregor Baranow ∥ *Editora-chefe* Lindsay Azambuja ∥ *Gerente editorial* Ariadne Nunes Wenger ∥ *Assistente editorial* Daniela Viroli Pereira Pinto ∥ *Preparação de originais* Juliana Fortunato ∥ *Copidesque* Ghazal Edições e Revisões ∥ *Edição de texto* Natasha Saboredo ∥ *Capa e projeto gráfico* Silvio Gabriel Spannenberg *(design)* | William Bradberry, ghenadie/Shutterstock (imagens) ∥ *Diagramação* Débora Gipiela ∥ *Equipe de design* Débora Gipiela ∥ *Iconografia* Celia Kikue Suzuki | Regina Claudia Cruz Prestes

Dados Internacionais de Catalogação na Publicação (CIP)
(Câmara Brasileira do Livro, SP, Brasil)

Corrêa, Elói
Ensino religioso escolar/Elói Corrêa. Curitiba: InterSaberes, 2021. (Série Panorama das Ciências da Religião)
Bibliografia.
ISBN 978-85-227-0010-3

1. Ensino religioso 2. Ensino religioso – Estudo e ensino 3. Professores de ensino religioso – Formação I. Título. II. Série.

19-24451   CDD-371.07

Índices para catálogo sistemático:
1. Ensino religioso: Estudo e ensino   371.07

Cibele Maria Dias – Bibliotecária – CRB-8/9427

1ª edição, 2021.

Foi feito o depósito legal.

Informamos que é de inteira responsabilidade do autor a emissão de conceitos.

Nenhuma parte desta publicação poderá ser reproduzida por qualquer meio ou forma sem a prévia autorização da Editora InterSaberes.

A violação dos direitos autorais é crime estabelecido na Lei n. 9.610/1998 e punido pelo art. 184 do Código Penal.

Eloí Corrêa

Ensino religioso escolar

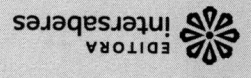

O selo DIALÓGICA da Editora InterSaberes faz referência às publicações que privilegiam uma linguagem na qual o autor dialoga com o leitor por meio de recursos textuais e visuais, o que torna o conteúdo muito mais dinâmico. São livros que criam um ambiente de interação com o leitor – seu universo cultural, social e de elaboração de conhecimentos –, possibilitando um real processo de interlocução para que a comunicação se efetive.

EDITORA intersaberes

DIALÓGICA

SÉRIE PANORAMA DAS CIÊNCIAS DA RELIGIÃO

Ensino religioso escolar

- 159 | Considerações finais
- 162 | Lista de siglas
- 163 | Referências
- 174 | Bibliografia comentada
- 177 | Respostas
- 178 | Sobre o autor

APRESENTAÇÃO

A disciplina de Ensino Religioso tem sido alvo de polêmicas há muito tempo. Há aqueles que são contra sua existência na escola regular, tendo em vista a laicidade do Estado e o entendimento de que a escola não é lugar para doutrinação religiosa; e há os que são a favor do que alguns chamam de *aulas de religião*, em razão da percepção de que as famílias estão deixando de cumprir seu papel na educação dos filhos. No entanto, existe também uma terceira via de análise sobre essa questão: é possível concordar com os argumentos daqueles que são contra o Ensino Religioso confessional e discordar dos que são a favor das aulas de religião e, ainda assim, apoiar a existência do Ensino Religioso nas escolas.

De fato, o Estado é laico, e isso significa que não existe uma religião oficial no Brasil, como houve no passado. Além disso, esse mesmo Estado tem o dever de primar pelo direito de liberdade religiosa e de proteger a diversidade religiosa sem adotar uma religião em detrimento de outras. Nesse sentido, a disciplina de Ensino Religioso, em vez de se constituir em aulas confessionais de religião e de doutrinação religiosa, pode ser um espaço para conhecimentos sobre o fenômeno religioso com enfoque no Sagrado, de modo a incentivar o respeito à diversidade cultural e religiosa.

Atualmente, na disciplina de Ensino Religioso, é possível trabalhar conteúdos e metodologias que enriqueçam a formação básica no sentido de fortalecer o respeito entre pessoas que pensam de maneira diferente, creem de maneira diferente ou que não têm religião, de modo que convivam de forma harmônica. Mas como superar as aulas de religião e a herança confessional do ensino religioso? Nesta obra, apresentaremos algumas possibilidades – desde conteúdos e encaminhamentos metodológicos até leituras e práticas escolares – que podem configurar-se como subsídio para o ensino religioso escolar.

No Capítulo 1, abordaremos a história do ensino religioso no Brasil desde a colonização, bem como as principais características de cada período. Nesse capítulo, portanto, elucidaremos a diferença entre os conceitos de *aulas de religião* e *ensino religioso*, a fim de evidenciar as divergências entre o modelo confessional e catequético e os modelos multiconfessional, interconfessional e aconfessional ou escolar. Também apresentaremos as legislações vigentes sobre o tema.

No Capítulo 2, aprofundaremos a distinção entre aulas de religião e ensino religioso mediante a análise dos aspectos conceituais, curriculares e metodológicos da disciplina. No que diz respeito especificamente ao cristianismo, demonstraremos as diferenças teológicas e doutrinárias entre as diversas igrejas cristãs, até mesmo no que se refere às práticas de evangelização e de doutrinação de crianças e adolescentes, de modo a evidenciar as diferenças entre as vertentes cristãs e suas respectivas formas de ensino. Trataremos também de duas das principais instituições que fazem parte da história do ensino religioso e de sua construção teórico-metodológica. Para encerrar o capítulo, abordaremos a homologação da Base Nacional Comum Curricular (BNCC) enfatizando o ensino religioso, que, ao vedar o ensino confessional, passou a ser concebido como área do conhecimento ligada à ciência da religião.

No Capítulo 3, analisaremos o Ensino Religioso como componente curricular e os conhecimentos a serem desenvolvidos nesse foro, bem como a metodologia apropriada e a formação mais adequada aos profissionais dessa área. Para isso, examinaremos alguns documentos oficiais e currículos estaduais e municipais. Também esclareceremos por que os modelos de doutrinação devem ter espaços específicos (templos, igrejas, mesquitas, sinagogas, sociedades, terreiros, entre outros lugares sagrados e de pregação religiosa).

No Capítulo 4, abordaremos os objetos de estudo do ensino religioso: o fenômeno religioso e o Sagrado, visto que ambos guardam estreita relação. Essas concepções, conforme demonstraremos, mais se completam do que se opõem. A partir da definição de *fenômeno religioso*, de sua origem e de suas características, conceituamos o Sagrado, procurando estender sua compreensão para além de um sagrado transcendente, de modo a também contemplar as religiões nativas indígenas e africanas. Também trabalhamos, de modo geral, conteúdos estruturantes, de grande amplitude, que se cruzam e estruturam o trabalho com os demais conteúdos básicos: paisagens religiosas, universo simbólico religioso e textos orais e escritos.

Por fim, no Capítulo 5, esclareceremos que o Ensino Religioso deve dialogar com os outros componentes curriculares, compartilhando métodos, instrumentos e objetivos. Enfatizaremos primeiramente a questão da escolarização do Ensino Religioso por meio de práticas pedagógicas como a contação de história, que se constitui em uma maneira de introduzir conteúdos desse componente curricular e de configurá-lo como fator de mobilização e de preparação para o conhecimento. Também abordaremos os jogos e as brincadeiras como atividades avaliativas que garantem o desenvolvimento de diversas características do intelecto dos alunos, favorecendo a socialização e a integração destes e auxiliando diretamente na superação de preconceitos. Além disso, discorreremos sobre o uso de recortes de filmes e vídeos no tratamento das diferentes religiões e da arte de modo geral. Por fim, trataremos das visitas técnicas a lugares sagrados como trabalho de campo, visto que esse tipo de atividade permite o contato direto com representantes de organizações religiosas e com sua materialidade fenomênica, bem como com a estética e as características físicas do lugar sagrado.

Para finalizar, salientamos que, na atualidade, a ciência da religião busca sua identidade como disciplina autônoma, que, imbuída de metodologia de pesquisa empírica, analisa, de maneira sistemática, o fenômeno religioso e as manifestações do Sagrado de modo concreto e objetivo. Configura-se como uma área multidisciplinar, formada pela história das religiões e pela análise histórica particular destas, pela sociologia da religião, pela filosofia da religião, entre outras.

Embora exista uma forte tendência internacional a separar a teologia da ciência da religião, no Brasil, desde a instituição dessa cátedra, ela está intimamente ligada aos cursos de pós-graduação em Teologia. Contudo, existe uma diferença epistemológica entre as duas áreas, a começar pelo objeto de estudo: ao contrário da teologia, a ciência da religião não se ocupa da existência de Deus, da revelação ou da transcendência, e sim da análise sistemática da história das religiões, do fenômeno religioso e das diversas manifestações do Sagrado como algo concreto e passível de estudo.

COMO APROVEITAR AO MÁXIMO ESTE LIVRO

Empregamos nesta obra recursos que visam enriquecer seu aprendizado, facilitar a compreensão dos conteúdos e tornar a leitura mais dinâmica. Conheça a seguir cada uma dessas ferramentas e saiba como elas estão distribuídas no decorrer deste livro para bem aproveitá-las.

ENSINO RELIGIOSO: PROCESSO HISTÓRICO

No Período Colonial, o Brasil foi marcado por uma rel estreita entre a religião trazida da Europa e a cultu sidade dos povos indígenas, o que se estendeu, po às religiões de matrizes africana e oriental. Além e educação tiveram o mesmo propósito no país por o que garantiu que as chamadas *aulas de religião* ocupa escolar. Mais tarde, os currículos sofreram alteraçõe

Introdução do capítulo
Logo na abertura do capítulo, informamos os temas de estudo e os objetivos de aprendizagem que serão nele abrangidos, fazendo considerações preliminares sobre as temáticas em foco.

SÍNTESE
Neste capítulo, tratamos da importância do ensino reli no que se refere ao respeito à diversidade cultural e r dos desafios enfrentados para essa mudança de parad nhar em direção a um ensino tipicamente escolar, co pedagógicos que permitam a superação das aulas co
Abordamos também a rica diversidade religios formada por elementos de quatro grandes matrizes (i dental, africana e oriental), as quais influenciaram a de uma religiosidade plural e sincrética.
Tendo em vista essas questões, esclarecemos o disciplina de Ensino Religioso: fomentar o respeit formas de crer, bem como àqueles que não têm cren Dessa forma, é possível transcender o interior da esc objetivos globais de civilidade e cidadania.

Síntese
Ao final de cada capítulo, relacionamos as principais informações nele abordadas a fim de que você avalie as conclusões a que chegou, confirmando-as ou redefinindo-as.

Indicações culturais

Filmes

BESOURO. Direção: João Daniel Tikhomiroff. Brasil: Mixer Film

Esse filme retrata a vida de um capoeirista que vivia n[a] Bahia. A história acontece na década de 1920, quando m[uitos] ainda eram tratados como escravos. Besouro (Manu[el] de Mestre Alípio, defende seu povo da opressão e do[s...] com a mandinga e os golpes de capoeira, tornando-s[e...] entre os locais. Esse longa-metragem permite entend[er] das entidades do Candomblé, chamadas de *orixás*.

O PEQUENO Buda. Direção: Bernardo Bertollucci. EUA: M[...] 1993. 135 min.

O filme apresenta uma versão da história de Sidar[ta] (Buda) e levanta questões relativas à consciência e a[...] no. Também trata da compaixão, do desapego e da s[...]

Indicações culturais
Para ampliar seu repertório, indicamos conteúdos de diferentes naturezas que ensejam a reflexão sobre os assuntos estudados e contribuem para seu processo de aprendizagem.

IMPORTANTE!

O Ensino Religioso é um componente curricular, [...] presente no currículo escolar e, como tal, deve assu[mir...] e conteúdos de maneira integrada com outras disci[plinas...] disso, como todo componente, tem uma ciência de re[ferência que] subsidia suas diretrizes: a **ciência da religião**.

Desse modo, o lugar específico do **Ensino Religio**[so é a] aula. Deve ser ministrado por um profissional licenc[iado...] de ciências humanas, com especialização e cursos [...] adequados, preferencialmente em ciência da religiã[o.]

As **aulas de religião**, por sua vez, são uma forma d[e...] promoção de determinada doutrina religiosa. Seus p[...] básicos são os dogmas dessa doutrina, e seu lugar, n[...] é o espaço sagrado da religião em questão: igreja, m[esquita, sina]goga, templo, terreiro ou comunidade. As pessoas r[...] pelas aulas de religião são catequistas, evangelizado[res...] nadores oriundos da própria instituição religiosa, co[...]

Importante!
Algumas das informações centrais para a compreensão da obra aparecem nesta seção. Aproveite para refletir sobre os conteúdos apresentados.

---

formal, ligada à Igreja Católica, embora, atualmen[te...] estendido às demais religiões cristãs e não cristãs.

PRESTE ATENÇÃO!

Catequese: do grego Κατήχησις (*katékhésis*), signific[a...] oral e metódica dos mistérios da fé cristã", de mod[o...] a conversão ou a adesão pessoal ao dogma católico (Ma[...]
Evangelização: do grego εὐάγγελος (*evangelos*), si[gnifica "boa] nova", "mensagem de Cristo". Trata-se da base para [os] quatro primeiros livros do Novo Testamento, cham[ados...] *lhos* – "os autores destes quatro livros são denomin[ados evange]listas - Mateus, Marcos, Lucas e João" (Batista, 2016[...]
Doutrinação: do latim *doctrina*, que significa "aquilo [...] do"; conjunto de crenças e de ensinamentos comumer[...] (Doutrina, 2020).
Ensino-aprendizagem: do latim *insignare*, que signi[fica...] sobre", "indicar", "assinalar", "mostrar o conhecimento"; [...] que significa "agarrar", "tomar posse de algo" (Macha[do...]

Preste atenção!
Apresentamos informações complementares a respeito do assunto que está sendo tratado.

> **PARA REFLETIR**
> A educação, como também é o caso das ciências, de
> em constante processo de revisão. Vive-se, hoje, nur
> que a consciência da diversidade cultural entre os
> seio das suas comunidades se acentuou. Nunca, com
> te momento histórico, o respeito à diversidade cul
> reivindicado. Há uma crescente consciência da nec
> unidade em torno do destino do homem em todo o p
> radicais diferenças culturais em cada povo. Diante de
> aparentemente contraditório, faz-se premente um
> neralizado da educação e da escola. Nas últimas déca
> dos educadores também necessitou passar pela me
> que atingiu a educação em geral.
> Neste contexto, encontra-se o processo de esco
> Ensino Religioso. Anteriormente, o trabalho realiza
> era uma transposição do que se realizava na paróqu
> caracterizava-se, antes de tudo, num código doutr

Para refletir
Aqui propomos reflexões dirigidas com base na leitura de excertos de obras dos principais autores comentados neste livro.

> **FIQUE ATENTO!**
> O **conhecimento** é a relação que se estabelece entre
> conhece (cognoscente) e o objeto conhecido (cognitiv
> que o **fenômeno** é o modo como o objeto se apreser
> jeito de maneira imediata. Assim, a religião é uma ca
> inerente ao ser humano.
>
> Os aspectos metafísicos relacionados à transce
> categorizados como *númenon* e, por esse motivo, não
> ráveis ou passíveis de investigação científica aprofu
> é subjetiva, sem explicação racional ou acadêmica. J
> **material**, aquilo que aparece na condição de substâr
> religião, como templos, rituais, festas, livros sagrados,
> religiosas, símbolos e manifestações culturais, é ca
> como **fenômeno religioso**.

Fique atento!
Ao longo de nossa explanação, destacamos informações essenciais para a compreensão dos temas tratados nos capítulos.

> ATIVIDADES DE AUTOAVALIAÇÃO
> 1. Analise as afirmações a seguir e assinale V para as
>   e F para as falsas.
> [ ] A Associação Inter-Religiosa de Educação (Assint
>   eventos e encontros de diálogo inter-religioso con
>   fomentar a participação de diferentes religiões no
>   implementação do ensino religioso como área do co
> [ ] O Fórum Nacional Permanente de Ensino Religio
>   caracteriza-se como um espaço no qual profissio
>   problematizar e desenvolver aspectos pedagógico
>   Religioso.
> [ ] A diretoria da Assintec é composta por membro
>   cristãs que visam fomentar o ecumenismo, o ens
>   confessional e os valores da doutrina cristã.
> [ ] A Assintec é uma associação que representa a so
>   organizada, formada por representantes de dive
>   zações religiosas.

Atividades de autoavaliação
Apresentamos estas questões objetivas para que você verifique o grau de assimilação dos conceitos examinados, motivando-se a progredir em seus estudos.

ATIVIDADES DE APRENDIZAGEM
Questões para reflexão
1. Qual a importância de o Ensino Religioso ser tra
rículo escolar como ciência vinculada às dem
conhecimento?
2. Entre os objetos de estudo do ensino religioso, qu
sidera mais importantes no sentido de instituir,
uma cultura de não preconceito? Justifique sua r
Atividades aplicadas: prática
1. Escolha um dos capítulos do livro *Ensino religios
cultural e religiosa* e analise como as atividades práti
tam o desenvolvimento dos conteúdos referentes a
religiões. Depois, pesquise os lugares sagrados de d
não contempladas na obra e escreva um texto
abordando os dados da sua pesquisa.

PARANÁ. Secretaria de Estado da Educação. Superintendênc

Atividades de aprendizagem
Aqui apresentamos questões que aproximam conhecimentos teóricos e práticos a fim de que você analise criticamente determinado assunto.

BIBLIOGRAFIA COMENTADA

ELIADE, M. **O sagrado e o profano**: a essência das reli
Paulo: M. Fontes, 1999.
Trata-se de um clássico da ciência da religião que abo
importantíssimos, como festas religiosas e os conceito
símbolo e *mito*. Embora a definição maniqueísta de
profano tenha um poder explicativo limitado quando s
religiões de matriz africana ou indígena, o livro é uma
nos estudos sobre religiões e religiosidades.

PARANÁ. Secretaria de Estado da Educação. **Diretrize
lares da Educação Básica**: Ensino Religioso. 2008. D
em: <http://www.educadores.diaadia.pr.gov.br/arqu
diretrizes/dce_er.pdf>. Acesso em: 22 jul. 2020

Bibliografia comentada
Nesta seção, comentamos algumas obras de referência para o estudo dos temas examinados ao longo do livro.

ENSINO RELIGIOSO: PROCESSO HISTÓRICO

No Período Colonial, o Brasil foi marcado por uma relação bastante estreita entre a religião trazida da Europa e a cultura e a religiosidade dos povos indígenas, o que se estendeu, posteriormente, às religiões de matrizes africana e oriental. Além disso, religião e educação tiveram o mesmo propósito no país por muito tempo, o que garantiu que as chamadas *aulas de religião* ocupassem o espaço escolar. Mais tarde, os currículos sofreram alterações e passou-se a usar a nomenclatura *Ensino Religioso*.

Neste capítulo, analisaremos esse processo histórico do componente curricular Ensino Religioso e faremos, ainda, uma problematização sobre o ensino religioso como área do conhecimento. Além disso, explicaremos os termos *aulas de religião* e *ensino religioso*, bem como faremos uma análise comparada dos modelos confessional e catequético com os modelos multiconfessional, interconfessional e aconfessional (ou escolar).

1.1 Período Jesuítico/Colonial (1500-1822)

A história do ensino religioso no Brasil está estreitamente relacionada ao contexto de colonização do país, uma vez que, no início desse processo, o objetivo principal dos colonizadores era a **conversão dos gentios**.

> **PRESTE ATENÇÃO!**
> **Gentios**: pagãos, não cristãos.
> **Proselitismo**: catequético, apostolado.

Esse objetivo fica muito claro, por exemplo, quando analisamos o primeiro documento sobre educação que foi criado no Brasil, o *Ratio atque Institutio Studiorum Societatis Iesu* (Plano e Organização de Estudos da Companhia de Jesus), ou apenas *Ratio Studiorum*, que foi desenvolvido em 1552 por Inácio de Loyola (1491-1556), fundador da Companhia de Jesus.

> Como um dos ministérios mais importantes da nossa Companhia é ensinar ao próximo todas as disciplinas convenientes ao nosso Instituto, de modo a levá-lo ao conhecimento e amor do Criador e Redentor nosso, tenha o Provincial como dever seu zelar com todo empenho para que aos nossos esforços tão multiformes no campo escolar corresponda plenamente o fruto que exige a graça da nossa vocação. (*Ratio Studiorum*, citado por Franca, 1952, p. 15)

O ponto principal era a cristianização e a difusão dos valores apregoados e exigidos pelo clero católico durante a colonização, o que se manteve na Constituição Imperial de 1824 (Brasil, 1824) e perdurou até a promulgação da primeira Constituição da República, em 1891.

De acordo com Conceição (2017),

> o *Ratio* preceitua a formação intelectual clássica estreitamente vinculada à formação moral embasada nas virtudes religiosas, nos bons costumes e hábitos saudáveis à sociedade, explicitando de forma detalhada as modalidades curriculares das instituições escolares; o acompanhamento do desenvolvimento da aprendizagem e a promoção dos alunos; condutas e posturas respeitosas desde

os que conduziam (professores) até os que aprendiam (alunos) (Toyshima; Costa, 2012).

Esse método tem como objetivo principal expandir a fé cristã aos povos que habitavam a Europa e toda região do Novo Mundo. Trata-se de um manual que continha conjuntos de normas e/ou regras para ajudar e nortear as atividades de cunho pedagógico dos professores e na organização e administração escolar dentro dos colégios da ordem jesuítica, com vistas a permitir uma formação uniforme a todos que frequentassem.

[...]

[...] esse manual pedagógico contemplava todos os sujeitos que participavam efetivamente do processo educativo nas instituições escolares, que tinha ligação com a Companhia de Jesus. Buscava indicar a responsabilidade, o desempenho e a subordinação. Centrava-se num currículo de educação literária e humanística. Além disso, o manual se preocupava com a organização não só das disciplinas curriculares que os alunos deveriam aprender, cumprir, mas também com a organização da prova escrita. A preocupação era tão constante que os jesuítas davam aos professores as devidas orientações e regras para sua elaboração.

Apesar disso, de acordo com Miranda (2009), o *Ratio Studiorum* tem caráter tipicamente humanístico e foi dividido basicamente em dois grandes eixos: o ensino das humanidades, também chamado de *estudos inferiores*, composto pela retórica e pela gramática; e o estudo de filosofia e teologia, denominado *estudos superiores*. Sobre essa questão, a autora afirma que a distinção desse plano residia,

> por um lado, no fato de ele se destinar simultaneamente à formação de religiosos e de leigos; por outro lado, no fato de ele incluir, além da filosofia e da teologia, o estudo sistemático das humanidades: as línguas e a literatura, a retórica, a história, o teatro...

Esse foi certamente o maior distintivo da proposta pedagógica da Companhia de Jesus. (Miranda, 2009, p. 27)

Com base na análise desse primeiro documento, é possível perceber que a trajetória da educação brasileira (e, por consequência, do ensino religioso) foi marcada por forte teor confessional e por um ensino voltado para a doutrinação cristã. O intuito era pacificar os indígenas e os negros escravizados e também moldar a sociedade que aqui se estabelecia.

IMPORTANTE!

No Período Colonial, a religião ensinada era a católica, tendo em vista os pressupostos da Educação Jesuítica e da Coroa de Portugal. Nesse contexto, a religião representava o governo, e seu ensino era uma maneira de disseminação e perpetuação desse governo. Em outras palavras, a religião passou a ser usada como fortalecimento do aparelho ideológico do Estado.

Nessa época, havia um elo muito forte com o **proselitismo** e a doutrinação católica, e esse fato influenciou diretamente a educação brasileira. Nas poucas instituições escolares existentes, os professores eram, em sua maioria, religiosos.

> No período colonial brasileiro a educação estava alicerçada entre três esferas institucionais, que eram: a Escola, a Igreja e a Sociedade política/econômica. Nesta fase os colonizadores queriam de qualquer forma impor suas ideias europeias, enquadrando, assim, as pessoas aos valores sociais que eles defendiam [...].
>
> [...]
>
> A educação pública nesse período deveria ser gratuita, laica e para todos, mas é bem verdade que neste momento o Ensino Religioso se liga ao pensamento ideológico do Estado, que consistia em

a burguesia tomar o lugar da hierarquia religiosa, e a educação passaria a ser pensada como ideal da classe dominante, com seus interesses e valores. (Costa, 2009, p. 1-2)

Além disso, a **Ordem Jesuítica** cresceu e se fortaleceu muito durante esse período, a ponto de grande parte das escolas e das atividades culturais serem delegadas aos jesuítas. Conforme esclarece Conceição (2017),

> os padres jesuítas exerceram forte influência na sociedade, principalmente burguesa. Eles introduziram, no período colonial, uma concepção de educação que contribuiu para o fortalecimento das estruturas de poder hierarquizadas e de privilégios para um pequeno grupo. Incutiram a ideia de exploração de uma classe sobre a outra e a escravidão como caminho normal e necessário para o desenvolvimento. A educação tinha o papel de ajudar a perpetuar as desigualdades entre as classes sociais.
>
> Logo que chegaram ao Brasil, os padres jesuítas lançaram as bases da catequização, com a criação das primeiras casas, as casas de bê-á-bá, dando início à educação colonial em seu sentido restrito, por meio da atuação com suas escolas de ler, escrever e contar e, posteriormente, em seus colégios na cidade de Salvador [...].
>
> Assim marca-se o processo de criação de escolas elementares, secundárias, seminários e missões espalhados pelo Brasil. Desse modo, trataram de organizar o sistema educativo, pois eles viam a educação como ferramenta de domínio religioso e difusão da cultura europeia nas terras indígenas. [...]
>
> Nesse contexto, instruíam-se os nativos, sobretudo os jovens e crianças, por entenderem que estes eram mais suscetíveis aos valores cristãos que seriam ensinados. A instrução era feita por meio do estudo da leitura, da apresentação e da interpretação da palavra divina, pois assim se poderia compreender melhor o mundo

supostamente desconhecido pelos nativos. Os jesuítas perceberam que não seria possível converter os índios à fé católica sem que soubessem ler e escrever. Desse modo, os nativos poderiam de fato ser inseridos ao mundo cristão [...].

Dessa maneira, os jesuítas passaram a controlar a **doutrinação escolar**. No entanto, o pensamento estratégico dos governantes, que era de povoação e de exploração das colônias, contrastava com a pedagogia protecionista dos jesuítas, principalmente com relação aos indígenas. Muitos políticos do reinado apontavam que os jesuítas, ao contrário do que era estabelecido, ensinavam para os indígenas que os homens brancos eram maus, que tinham interesse apenas nas riquezas das terras descobertas e que estavam dispostos a todo tipo de barbárie para consegui-las.

Mesmo com todas as estruturas, organização e regras pedagógicas e administrativas, a educação jesuítica não satisfazia o Marquês de Pombal, primeiro-ministro de Portugal de 1750 a 1777, porque as escolas da Companhia de Jesus atendiam aos interesses da fé, enquanto Pombal se preocupava em atender os interesses do Estado. Essa discordância de objetivos fez com que os jesuítas fossem expulsos das terras brasileiras em 1759. Dessa forma, [Pombal] retirou a Igreja Católica do domínio da educação em Portugal e mandou fechar todas as escolas que estavam sob domínio dos padres jesuítas, e as bibliotecas dos conventos foram abandonadas ou destruídas.

Além disso, vários outros motivos fizeram com que os jesuítas fossem expulsos: eles não obedeciam e/ou não respeitavam o Tratado dos Limites entre Portugal e Espanha e havia divergências quanto à forma, posse e domínio com que os jesuítas tomavam e mantinham os indígenas brasileiros. A forma como era feito o tratamento aos nativos colocava em dúvida se mantinham as regras da coroa [...]. (Conceição, 2017)

Em síntese, ainda que as missões jesuíticas atendessem parcialmente aos interesses da Coroa de Portugal, transformações no âmbito sociopolítico da Europa e uma onda absolutista levaram os governantes a ver nos jesuítas a ameaça da centralização do poder. Isso porque havia influência dos padres sobre os indígenas e a independência de seus colégios com relação ao Império. Com isso, houve a expulsão dos jesuítas do Brasil e teve início o Período Imperial.

1.2 Período Imperial (1822-1889)

Em Portugal, em meados do século XVIII, o diplomata e estadista Sebastião José de Carvalho e Melo (1699-1782), mais conhecido como **Marquês de Pombal**, iniciou diversas reformas administrativas com o objetivo de transformar Portugal em uma metrópole capitalista, nos moldes de outros países europeus da época. Algumas das transformações operadas pelo marquês fizeram com que a Igreja Católica e o Império entrassem em confronto. Por exemplo, ele extinguiu a escravidão dos indígenas e permitiu que se miscigenassem; e expulsou cerca de 670 jesuítas que atuavam no Brasil, além de fechar seus colégios e condená-los à prisão por traição.

> Dentre os muitos inimigos que a Companhia de Jesus teve ao longo dos três primeiros séculos de sua existência em Portugal, o Marquês de Pombal foi o mais implacável, a ponto de conseguir sua expulsão, primeiro dos territórios portugueses, em 1759 e, depois, de toda a cristandade, em 1773, por ordem do papa Clemente XIV. (Costa, 2011, p. 69)

Como representante do **despotismo esclarecido**, o Marquês de Pombal defendia três conceitos básicos:

1. o direito divino do rei;

2. a possibilidade de interferência do Estado nas questões relacionadas à Igreja (regalismo);
3. o beneplácito régio, segundo o qual a Igreja precisava da aprovação do monarca para suas atuações e atividades.

Apesar disso, o catolicismo continuou sendo a religião oficial do Império e a educação continuou a seguir os propósitos da Igreja.

Especificamente no Brasil, em contraste com a postura liberal assumida pela Corte, o ensino religioso não sofreu grandes mudanças com relação ao Período Colonial. Isso porque, mesmo com o fim do Período Jesuítico, o proselitismo e a doutrinação católica continuaram muito presentes e, assim como em Portugal, a religião católica continuou sendo a oficial, como podemos observar no art. 5 da Constituição do Império de 1824:

> Art. 5. A Religião Católica Apostólica Romana continuará a ser a religião do Império. Todas as outras Religiões serão permitidas com seu culto doméstico ou particular, em casas para isso destinadas, sem forma alguma exterior de Templo. (Brasil, 1824).

Naquela época, a Igreja era dona de um vasto patrimônio econômico e cultural e atuava na área da educação, mesmo este sendo papel do Estado. Dessa forma, o ensino religioso continuou a ser acobertado e submetido à metrópole como **aparelho ideológico**.

A permanência dessa mentalidade conservadora no Brasil está relacionada à manutenção de privilégios da classe ruralista e semifeudal que se estabeleceu no país naquele período. De acordo com Holanda (1995, p. 160):

> Uma aristocracia rural e semifeudal importou-a [a mentalidade conservadora] e tratou de acomodá-la, onde fosse possível, aos seus direitos ou privilégios, os mesmos privilégios que tinham sido, no Velho Mundo, o alvo da luta da burguesia contra os aristocratas. E assim puderam incorporar à situação tradicional, ao menos como

fachada ou decoração externa, alguns lemas que pareciam os mais acertados para a época e eram exaltados nos livros e discursos. Apesar disso, as Reformas de 1879 resultaram em certa liberdade no campo do ensino, como na **facultatividade da frequência nas aulas de Ensino Religioso** – isto é, a matrícula deixou de ser obrigatória. Além disso, deu-se a permissão para que escravos e seus descendentes se matriculassem em escolas públicas.

1.3 República Velha (1889-1930)

Durante os anos iniciais da República no Brasil, o âmbito educacional passou por algumas mudanças, sendo uma das mais simbólicas, provavelmente, a **laicidade do Estado**, regulamentada pela Constituição de 1891. Essa separação foi questionada pela Igreja, que, à época, ainda obtinha grande poder e nenhum interesse em perdê-lo.

De acordo com Andrade (2018), durante a República Velha, a Igreja Católica tentou recuperar seu domínio na área da educação. Para concretizar esse objetivo, buscou aumentar o número de colégios religiosos.

As Diretrizes Curriculares Estaduais (DCE) de Ensino Religioso do Paraná indicam que foi com o advento da República e do ideal positivista de separação entre Estado e Igreja que surgiu o impulso de dissolver o modelo de educação fundamentado na catequese religiosa (Paraná, 2008).

No entanto, Leite (2011) questiona essa separação, colocando-a mais como um idealismo histórico do que como fato:

> As relações entre Estado e religião sofreram uma profunda mudança com a Proclamação da República e a edição do decreto 119-A, que cuidava justamente da separação entre as duas instituições. A mudança na regulação do [ensino] religioso, no entanto, não

estava necessariamente vinculada à mudança de regime. Ou seja, embora a República tenha trazido consigo a separação entre Estado e religião, a verdade é que a laicidade e a liberdade religiosa têm uma história própria, autônoma, que não necessariamente se relaciona com a trajetória da causa republicana. Pode-se afirmar que princípios de liberdade de consciência e de culto faziam parte dos manifestos de propaganda republicana (Giumbelli 2002), mas, para medirmos a importância relativa desses princípios para o movimento republicano, bem como o grau de compromisso assumido com a causa, deveríamos, em primeiro plano, reconhecer uma consistência ideológica no referido movimento, que, por ora, pode ser contestado pelo fato de que os movimentos republicanos (havia ao menos três) tinham interesses distintos, todos questionadores do status quo, mas nenhum relacionado necessariamente com a forma de governo. [...]

[...]

A Proclamação da República no Brasil teve um caráter mais desconstitutivo do que rigorosamente propositivo. Sabia-se, a partir daquele ato, que a monarquia deixava de vigorar no país, mas o que viria a ser constituído em seu lugar era, em diversos pontos, ainda indefinido. Fruto de todos os ingredientes desta receita republicana – movimentos desencontrados, muitas vezes movidos por interesses outros que colocavam a república, quando muito, como meio e não fim; república sem povo, proclamada por militares com interesses institucionais em jogo e sem qualquer garantia de legitimidade –, o novo regime trazia alguns lastros, como a mudança no papel das forças armadas, a instituição da Federação e até a separação entre Estado e religião. Os resultados eram, no entanto, indivisáveis; a República se afirmava, naquele momento, como uma incógnita, e sua configuração, seu alcance e seu sentido deveriam ser delimitados por dois momentos-chave: o processo constituinte e o teste da realidade pelo qual a Constituição passaria.

Especificamente sobre a relação entre Estado e Igreja, o mesmo autor menciona o seguinte:

> Contrariando o que se tem afirmado sobre a Constituição de 1891, é difícil identificar atos e medidas efetivamente laicistas por parte do Estado, salvo casos isolados nos primeiros anos da República, momento de maior indefinição do regime, ou mesmo depois disso, mas através de proposições e projetos sempre frustrados. Embora autores como Ralph Della Cava divisem nos anos que separam a Primeira Guerra Mundial e a Revolução de 1930 um primeiro período de transição da Igreja Católica (momento em que o catolicismo brasileiro se preparava para restabelecer a união Igreja-Estado, através da mobilização de militantes católicos, a fim de reeducar a nação e assegurar para a Igreja o reconhecimento jurídico de sua legítima posição [...], não se deve concluir a partir daí que o Estado se manteve distante da Igreja até esse momento, assumindo uma postura laicista, ou mesmo simplesmente laica. Até um autor eclesiástico, como o frei Dilermando Ramos Vieira, ao cobrir uma época um pouco anterior a essa, reconheceu que "uma série de [...] fatores estava colaborando para estreitar os laços entre a Igreja e a classe política", concluindo que "o inimaginável aconteceu: a separação provocou uma verdadeira aproximação entre Estado e Igreja, pois a independência de cada parte levou a um conhecimento e aceitação recíprocos" [...]. (Leite, 2011)

Apesar do que foi definido no texto constitucional, há uma grande probabilidade de essa separação nunca ter, de fato, ocorrido:

> Em relação à liberdade de culto, e considerando-se tratar-se de um direito que afeta mais acentuadamente as minorias religiosas, verifica-se que a proposta de um Estado neutro com relação

à matéria esteve longe de se concretizar. Julio Andrade Ferreira, em sua *História da Igreja Presbiteriana do Brasil*, relata diversos casos de apedrejamento e invasão de templos, queima de bíblias protestantes e ataques a pastores presbiterianos, crimes, em geral, sem punição, quando não endossados pelas autoridades locais. Pedro Tersier, em *História das perseguições religiosas no Brasil*, também anota inúmeros acontecimentos semelhantes ao longo da época (e, em ambas as obras, esses eventos surgem em quantidade muito superior às ocorrências do período imperial). Em um desses casos, relatado por ambos os autores, um reverendo da igreja metodista, Sr. Justus H. Nelson, ficara preso por um mês por haver recusado-se a tirar o chapéu enquanto passava pelas ruas uma procissão católica (de *Corpus Christi*). Por meio de um bispo da Igreja metodista, o caso chegou ao conhecimento do presidente dos Estados Unidos, que incumbiu o secretário de Estado de tomar medidas diplomáticas junto ao governo brasileiro. (Leite, 2011)

No que se refere à educação, também existem pendências históricas com relação ao tema. Por exemplo, embora o Ensino Religioso não fosse, de fato, ministrado nas escolas, por se considerar que havia liberdade religiosa, mesmo antes da Era Vargas, por volta de 1912, os crucifixos e outros símbolos religiosos voltaram a ser introduzidos nas escolas públicas de todo o país (Leite, 2011).

Além disso, de acordo com Scampini (1978, citado por Leite, 2011), já por volta de 1929 passou a ser proposto o Ensino Religioso facultativo em escolas públicas, no contraturno escolar, em virtude de campanhas eleitorais da época, que visavam angariar os votos dos pais de alunos que fossem católicos.

Apesar dessas contradições, é inegável que, na República Velha, o ensino catequético perdeu sua forma inicial, em razão da separação (ainda que incompleta) entre Estado e Igreja. Para Costa (2009, p. 2), "essa linha de pensamento foi influenciada pelos ideais da liberdade religiosa regida pelo princípio da laicidade do Estado, segundo a concepção francesa".

Além disso, a Revolução Francesa (1789-1799) influenciou fortemente a concepção de *república democrática* fundamentada nos princípios de **laicidade do Estado** e de **liberdade religiosa**, entre outros aspectos. Seus ideais de liberdade, igualdade e fraternidade, lema da revolução, continuam inspirando o espírito republicano até hoje.

1.4 Era Vargas (1930-1945)

Com a Constituição de 1934, o Estado procurou atender às demandas republicanas e confessionais. Nesse sentido, estabeleceu-se o seguinte:

> Art. 153 O ensino religioso será de frequência facultativa e ministrado de acordo com os princípios da confissão religiosa do aluno manifestada pelos pais ou responsáveis e constituirá matéria dos horários nas escolas públicas primárias, secundárias, profissionais e normais. (Brasil, 1934)

Contudo, é possível perceber uma grande contradição nessa legislação quanto à coerência dos princípios republicanos que se intencionava instaurar. Se o objetivo era a formação do cidadão, como conciliar isso com um ensino ministrado de acordo com a confissão religiosa do aluno, ainda que garantida a facultatividade da frequência? Outra incoerência era conceber o ensino religioso como parte da formação básica dos cidadãos e, ao mesmo tempo, permitir a participação facultativa.

Sobre isso, Paulo Julião da Silva (2012, p. 1.301) enfatiza que

> Uma das reivindicações católicas feitas de forma mais incisiva ao então presidente do Brasil era quanto à inserção do ensino religioso católico nas escolas públicas. O catolicismo declarava-se

como a religião da maioria dos brasileiros e, dessa forma, via-se responsável por guiar e formar "cidadãos cristãos" para o país. A Igreja cobrava do Estado uma posição clara quanto a isso, mostrando que Vargas precisava da referida instituição para sua manutenção no poder, haja vista que desde o início do processo revolucionário o teria ajudado a fazer uma "Revolução Sem Sangue".

Percebendo que poderia ter o apoio da grande massa, em 1931 Vargas decretou como facultativo o ensino religioso nas escolas públicas do país. Era uma amostra de que o Estado estava disposto a manter um diálogo e receber apoio dos católicos. Esse decreto era uma das reivindicações políticas da Igreja no que [...] dizia respeito à educação. Caberia aos pais que não desejavam que seus filhos tivessem o ensino religioso, requeressem [sic] no ato da matrícula a retirada desta disciplina da grade curricular (MOURA, 2000). Porém, muitos alunos eram perseguidos nas escolas quando pertenciam a outros credos e quando era retirada do currículo a disciplina de ensino católico (CAVALCANTI, 1994).

O Estado Novo exercido por Vargas, apesar de explicitamente autoritário, procurou manter, no texto da Constituição de 1937, a liberdade dos educandos de não participar das aulas de Ensino Religioso. Além disso, a disciplina não poderia ser objeto de aprovação ou reprovação de alunos.

Art. 133 – O ensino religioso poderá ser contemplado como matéria do curso ordinário das escolas primárias, normais e secundárias. Não poderá, porém, constituir objeto de obrigação dos mestres ou professores, nem de frequência compulsória por parte dos alunos". (Brasil, 1937)

Paulo Julião da Silva (2012, p. 1.302) esclarece que, em razão de seu projeto para "recatolizar" a população, a Igreja Católica considerou imprescindível sua presença no ensino público:

Maria das Graças Ataíde de Almeida (2001), analisando a construção da formação do Estado Autoritário em Pernambuco na Era Vargas, deu um destaque fundamental ao processo educacional. Segundo a referida historiadora, a educação era vista como um dos pilares básicos tanto pelo Estado quanto pela Igreja para o projeto de instalação e manutenção da "ordem" na sociedade. A autora cita como exemplo a criação da Cruzada de Educadoras Católicas. "Esta deveria atuar junto ao professorado do Estado [...]. Cabia à Cruzada promover também retiros espirituais para as professoras no sentido de garantir a eficácia do doutrinamento" (ALMEIDA, 2011: 82).

Tendo isso em vista, é possível perceber que, mesmo com o passar dos anos, o ensino religioso não deixou de ser usado como aparelho ideológico do Estado, tampouco a separação efetiva entre Estado e Igreja se efetivou, uma vez que ainda havia influência católica nas ideologias governamentais, tanto nas escolas quanto nas comunidades.

1.5 República Populista (1946-1964)

Após a queda de Vargas, em 1945, os governos posteriores deram continuidade à questão do ensino religioso. O tema ainda era polêmico e gerava muitos debates, uma vez que o *lobby* da Igreja Católica – que, historicamente, teve grande influência sobre a educação no Brasil – permanecia majoritário.

Ao fim da Ditadura de Vargas, o Brasil retornou para a Democracia (1946-1964) e, no contexto da Guerra Fria, foi marcado pela aliança com os Estados Unidos e por uma nova Constituição em 1946. Essa nova Carta Magna se caracterizou pelos princípios liberais e democráticos e a disciplina de Ensino Religioso foi mantida como obrigatória para as escolas públicas, sendo fornecida de acordo com a confissão religiosa do aluno, garantida a liberdade religiosa, mas seria de matrícula facultativa. (Andrade, 2018)

Na Constituição de 1946, estava previsto o ensino confessional de acordo com a religião do aluno. Essa proposta procurou atender aos interesses das instituições religiosas, mas gerou uma série de problemas, tendo em vista as divergências entre as esferas pública e privada. Isso porque a "confessionalidade" tem um espaço específico nos templos, nas igrejas ou nos lugares sagrados de cada religião.

Apesar disso, a Constituição de 1946 assegurou o ensino interconfessional, talvez na tentativa de garantir que o ensino religioso não ferisse o direito de liberdade religiosa das famílias.

1.6 Ditadura militar (1964-1985)

Durante a ditatura militar, considerou-se que, do ponto de vista prático, era inviável separar os alunos por religião para que tivessem aulas de acordo com sua escolha, conforme previsto na Constituição de 1946. Isso ocorreu em virtude da limitação do espaço físico, da formação acadêmica dos docentes e, consequentemente, do ônus dos custos desse ensino interconfessional. Com isso, nas redações posteriores da Constituição, suprimiram-se os juízos de mérito ou de aferição de valores, mantendo-se apenas a facultatividade da disciplina e seu lugar no currículo como um componente que deveria fazer parte dos horários normais das escolas.

CONSTITUIÇÃO DE 1967

"o ensino religioso, de matrícula facultativa, constituirá disciplina dos horários normais das escolas oficiais de grau primário e médio" (Brasil, 1967, art. 168, § 3º, inciso IV)[1].

---

1   O mesmo texto consta na Emenda Constitucional n. 1, de 17 de outubro de 1969 (Brasil, 1969, art. 176, § 3º, inciso V).

É válido destacar que, durante esse período, passaram a ser obrigatórias nas escolas as aulas de Educação Moral e Cívica, que tomaram grande parte do currículo escolar, deixando pouco (ou nenhum) espaço para as aulas de Ensino Religioso. Esse fato levou a Igreja a tomar diversas medidas para voltar a ter visibilidade dentro do cenário escolar, como a promoção de encontros nacionais e estaduais para tratar do Ensino Religioso como disciplina escolar e também para avaliar e monitorar o ensino religioso oferecido nas escolas confessionais.

1.7 Brasil contemporâneo (1985-)

Após 21 anos de ditadura militar, foi iniciado o processo de redemocratização do Brasil. Por meio de seus representantes, a sociedade civil organizada começou um movimento para garantir a ampliação de seus direitos, tanto os coletivos quanto os individuais. Isso restaurou a democracia suprimida pelo golpe civil-militar e culminou na eleição democrática de um presidente.

> **CONSTITUIÇÃO DE 1988**
> "O ensino religioso, de matrícula facultativa, constituirá disciplina dos horários normais das escolas públicas de ensino fundamental" (Brasil, 1988, art. 210, § 1º).

A definição dos conteúdos, das metodologias e da formação dos profissionais que atuariam na área ficou a critério dos estados e dos municípios. As mantenedoras assumiram a responsabilidade pelo ensino religioso e cada uma regulamentou e implantou políticas públicas de acordo com sua realidade e suas necessidades.

> Em 1988, com a nova Constituição brasileira, repetiu-se as características das Constituições anteriores, inclusive o trecho "**sem ônus para os cofres públicos**", representando na época uma grande vitória para os movimentos laicos.

Em 1996, entretanto, com a nova LDB [LDBEN], o governo alterou os dispositivos acerca do ensino religioso e bancou a disciplina. No campo escolar, a disciplina deve ter um caráter ecumênico, matrícula facultativa, fundamentada no respeito à liberdade religiosa; insere-se no campo do currículo escolar; merece tratamento igualitário no processo global de ensino-aprendizagem e as diferentes Igrejas precisam ter idêntico direito para entrar no espaço escolar.

No ano seguinte, outro campo de disputa se abriu: a elaboração dos PCNs (Parâmetros Curriculares Nacionais), que, inicialmente, não abordavam o Ensino Religioso. Após lutas e embates, passou-se a considerar a disciplina como uma área de conhecimento, parte integrante da formação básica do cidadão, devendo-se respeitar a diversidade cultural religiosa [...]. Além do empenho para a implantação da nova concepção de Ensino Religioso na legislação, iniciativas foram tomadas para garantir a formação dos docentes para essa disciplina. (Andrade, 2018)

Diferentemente de outros períodos da história do Brasil, desde a promulgação da Constituição de 1988, os documentos vigentes que embasam a educação nacional têm, em seu bojo, uma preocupação com o ensino religioso como forma de **conhecimento cultural**, tendo em vista a diversidade religiosa existente no país.

Síntese

Neste capítulo, apresentamos a história do ensino religioso no Brasil e as legislações de cada período, explicitando as características assumidas em cada um.

Demonstramos que, no Período Jesuítico/Colonial, os povos indígenas foram convertidos e doutrinados pelos padres. No Período Imperial, embora tenha havido a expulsão dos jesuítas do Brasil, a Igreja Católica continuou a ser a religião oficial do Império e houve pouca mudança com relação ao período anterior.

Da Proclamação da República até a ditadura militar, as legislações oscilaram, mas, de modo geral, o Ensino Religioso foi facultativo nas escolas públicas. A partir da redemocratização do Brasil, as legislações referentes a esse componente curricular avançaram em direção a um ensino escolar laico.

INDICAÇÕES CULTURAIS

Filmes

ANCHIETA, José do Brasil. Direção: Paulo Cezar Saraceni. Brasil: Embrafilme, 1977. 150 min.

Esse filme é considerado uma superprodução do Cinema Novo brasileiro. O longa-metragem conta a história do Padre José de Anchieta desde sua infância até sua morte no Estado do Espírito Santo. O filme destaca a fundação do Colégio de São Paulo e sua luta em favor dos povos indígenas brasileiros.

O DESCOBRIMENTO do Brasil. Direção: Humberto Mauro. Brasil: DFB, 1936. 60 min.

O Instituto Nacional de Cinema (INCE) viabilizou a produção desse filme, que contou com o apoio de Afonso de Taunay (diretor do Museu Paulista) e de Edgar Roquette-Pinto, intelectuais reconhecidos. Produzido em 1936, o filme pode ser entendido no contexto da política nacionalista de Getúlio Vargas.

Buscando dar fidelidade ao fato histórico, a obra cita trechos extraídos da Carta de Pero Vaz de Caminha. Para a cena da primeira missa no Brasil, o diretor reproduziu o famoso quadro de Victor Meirelles. A trilha sonora foi composta por Heitor Villa-Lobos, mas, na versão em vídeo, lançada em 1997 pela Fundação Nacional das Artes (Funarte), foi completamente adulterada.

REPÚBLICA Guarani. Direção: Sylvio Back. Brasil: Embrafilme, 1982. 100 min.

Esse documentário retrata as missões jesuíticas ocorridas no período de 1610 a 1767, fazendo uma etnografia da região da Bacia da Prata. A obra apresenta o processo de evangelização dos povos indígenas, os conflitos, as características icnográficas, a arte, entre outros elementos, pelo viés de pesquisadores de vários países latino-americanos sobre os povos guaranis. O documentário exibe imagens das ruínas das missões jesuíticas e trechos de outros filmes sobre o assunto.

ATIVIDADES DE AUTOAVALIAÇÃO

1. Analise as afirmações a seguir e assinale V para as verdadeiras e F para as falsas.

   [ ] Em 1964, com a redemocratização do país, as organizações religiosas se declararam a favor do direito à liberdade religiosa.

   [ ] Com a Constituição Federal de 1988, organizaram-se constituintes com o objetivo de garantir o Ensino Religioso como disciplina escolar.

   [ ] Na República Velha, o ensino catequético perdeu sua forma inicial, em virtude da separação (ainda que incompleta) entre Estado e Igreja.

   [ ] Desde a colonização, a religião trazida da Europa não entrou em conflito com a cultura e a religiosidade dos povos indígenas.

   [ ] Na maior parte da história do Brasil, o ensino religioso foi usado como aparelho ideológico do Estado.

   Agora, assinale a alternativa que apresenta a sequência correta:

   A] V, F, V, F, V.
   B] F, V, V, F, V.
   C] F, F, V, V, V.
   D] V, F, F, F, V.
   E] F, V, V, V, F.

2. O Marquês de Pombal realizou a Reforma Pombalina, que objetivou transformar Portugal em uma metrópole capitalista nos moldes de outros países europeus. Algumas transformações operadas por ele levaram a Igreja Católica e o Império a um confronto. Tendo em vista essa informação, analise as afirmações a seguir e assinale V para as verdadeiras e F para as falsas.

[ ] A reforma extinguiu a escravidão dos povos indígenas e permitiu que se miscigenassem.

[ ] Pombal expulsou cerca de 670 jesuítas que atuavam no Brasil, além de fechar seus colégios e condená-los à prisão por traição.

[ ] A reforma extinguiu o regalismo, que permitia ao Estado interferir em assuntos internos da Igreja, e o beneplácito régio.

[ ] Pombal defendia o direito divino do rei e a possibilidade de interferência do Estado em questões referentes à Igreja.

[ ] Pombal defendia que a Igreja precisava da aprovação do monarca para suas atuações e atividades.

Agora, assinale a alternativa que apresenta a sequência correta:

A] V, F, V, F, V.
B] F, V, F, V, F.
C] F, F, V, V, V.
D] V, V, F, V, V.
E] F, V, V, F, F.

3. Tendo em vista o ensino religioso na República Velha, analise as afirmações a seguir e assinale V para as verdadeiras e F para as falsas.

[ ] Nesse período, a educação estava alicerçada em três esferas sociais: Igreja, escola e sociedade política/econômica.

[ ] A Revolução Francesa influenciou fortemente a concepção de *república democrática* fundamentada nos princípios de laicidade do Estado e de liberdade religiosa, entre outros aspectos,

embora seus ideais de liberdade, igualdade e fraternidade nunca tenham chegado ao Brasil.

[ ] Durante a República Velha, embora a Constituição previsse a laicidade do Estado, há indícios históricos de que houve perseguição de pessoas que praticavam outros credos.

[ ] A laicidade estava prevista na Constituição durante a República Velha. No entanto, houve grande movimento e pressão da Igreja Católica para retornar ao poder no âmbito escolar. Tanto que, mesmo antes da Era Vargas, já havia indícios de um novo elo entre Estado e Igreja.

[ ] Por volta de 1929, passou a ser proposto o Ensino Religioso facultativo em escolas públicas, no contraturno escolar, em virtude de campanhas eleitorais da época, que visavam angariar os votos dos pais de alunos que fossem católicos.

Agora, assinale a alternativa que apresenta a sequência correta:

A] F, V, F, V, V.
B] V, V, V, V, V.
C] V, F, V, V, V.
D] F, F, V, F, V.
E] F, F, V, V, V.

4. Tendo em vista o ensino religioso na Era Vargas e na República Populista, analise as afirmações a seguir e assinale V para as verdadeiras e F para as falsas.

[ ] Na Constituição de 1946, estava previsto o ensino confessional de acordo com a religião do aluno. Essa proposta procurou atender aos interesses das instituições religiosas, mas gerou uma série de problemas, visto que o espaço público difere da esfera privada. Além disso, a "confessionalidade" tem um espaço específico nos templos, nas igrejas ou nos lugares sagrados de cada religião.

[ ] O Estado Novo, por ser explicitamente autoritário, não respeitou na Constituição de 1937 a liberdade dos educandos de não participar das aulas de Ensino Religioso, de forma que a disciplina voltou a ser obrigatória.

[ ] Após a queda de Vargas, os governos posteriores deram continuidade à questão do ensino religioso, tendo em vista o fato de o *lobby* da Igreja Católica ter diminuído consideravelmente. O processo ocorreu sem maiores atritos.

[ ] Em razão de diversas questões políticas, a Constituição de 1946 não assegurou o ensino interconfessional, pois a tentativa de garantir que o ensino religioso não ferisse o direito de liberdade religiosa das famílias entrava em conflito direto com a instituição eclesial. Nessa perspectiva, voltar a ter um vínculo forte era o novo objetivo do Estado.

[ ] O texto da Constituição de 1946 foi posteriormente reiterado pela Lei de Diretrizes e Bases (LDB) de 1961.

Agora, assinale a alternativa que apresenta a sequência correta:

A] V, F, F, F, V.
B] V, V, F, V, V.
C] F, V, V, V, V.
D] F, F, F, F, F.
E] V, F, F, V, V.

5. Tendo em vista o ensino religioso desde a ditadura militar até o Brasil contemporâneo (democrático), analise as afirmações a seguir e assinale V para as verdadeiras e F para as falsas.

[ ] Tanto na Constituição de 1967 quanto na Emenda Constitucional n. 1, de 17 de outubro de 1969, foi mantida a facultatividade do Ensino Religioso. A disciplina permaneceu no currículo como um componente que deveria fazer parte dos horários normais das escolas.

[ ] A Constituição de 1988 manteve, na essência, os textos das duas constituições anteriores.
[ ] Com a instituição da Lei de Diretrizes e Bases da Educação Nacional – LDBEN (Lei n. 9.394, de 20 de dezembro de 1996), o Ensino Religioso foi, de fato, regulamentado como disciplina ecumênica fundamentada no respeito à liberdade religiosa.
[ ] Com a elaboração dos Parâmetros Curriculares Nacionais (PCN), o Ensino Religioso deixou de ser considerado uma disciplina integrante da formação básica.
[ ] Durante a ditadura militar, passaram a ser obrigatórias nas escolas as aulas de Educação Moral e Cívica, que tomaram grande parte do currículo escolar, deixando pouco ou nenhum espaço para as aulas de Ensino Religioso.

Agora, assinale a alternativa que apresenta a sequência correta:

A] V, V, F, F, V.
B] F, V, F, F, V.
C] V, V, V, F, V.
D] V, F, V, V, V.
E] V, V, V, V, V.

Atividades de aprendizagem

Questões para reflexão

1. Como você considera que a história do ensino religioso no Brasil, marcadamente usado como aparelho ideológico do Estado, reflete na realidade atual, tendo em vista o objetivo de que o ensino religioso seja inter-religioso?

2. Além das questões previstas nas legislações vigentes, quais aspectos você considera essenciais para que o ensino religioso seja efetivamente laico e ecumênico?

Atividade aplicada: prática

1. Assista a um dos filmes que consta na seção "Indicações culturais" deste capítulo e elabore uma resenha relacionando a obra escolhida aos seguintes temas: liberdade religiosa e laicidade do Estado.

DEFINIÇÃO DE TERMOS, LEGISLAÇÕES E INSTITUIÇÕES LIGADAS AO ENSINO RELIGIOSO

Existe uma confusão que precisa ser desfeita entre o que são aulas de religião e o que são aulas ministradas no componente curricular Ensino Religioso. Esse equívoco não envolve apenas o aspecto conceitual, mas também aspectos curriculares e metodológicos relacionados à disciplina. Além disso, é preciso observar que as aulas de religião e o Ensino Religioso, em sua essência, têm espaços de existência bem diferenciados.

Outro equívoco comum é achar que, em se tratando de cristianismo, todo ensino é igual e unânime. Existem diferenças teológicas e doutrinárias entre as várias igrejas cristãs, até mesmo no que diz respeito às práticas de evangelização e de doutrinação de crianças e de jovens.

Neste capítulo, abordaremos essas diferenças conceituais, bem como as divergências existentes entre as vertentes cristãs e suas respectivas formas de ensino. Além disso, trataremos de duas das principais instituições que fazem parte da história do ensino religioso e de sua construção teórico-metodológica. Examinaremos também a homologação da Base Nacional Comum Curricular (BNCC), que concebe a disciplina de Ensino Religioso como área do conhecimento ligada à ciência da religião.

2.1 Diferença entre ensino religioso e aula de religião

Atualmente, existem duas modalidades de ensino distintas com relação ao campo religioso: o Ensino Religioso, pautado no conhecimento sobre o fenômeno religioso em suas variadas formas de manifestação; e as aulas de religião, pautadas na doutrinação de preceitos de determinada religião.

IMPORTANTE!

O Ensino Religioso é um componente curricular, ou seja, está presente no currículo escolar e, como tal, deve assumir métodos e conteúdos de maneira integrada com outras disciplinas. Além disso, como todo componente, tem uma ciência de referência que subsidia suas diretrizes: a **ciência da religião**.

Desse modo, o lugar específico do **Ensino Religioso** é a sala de aula. Deve ser ministrado por um profissional licenciado na área de ciências humanas, com especialização e cursos de formação adequados, preferencialmente em ciência da religião.

As **aulas de religião**, por sua vez, são uma forma de difusão e de promoção de determinada doutrina religiosa. Seus pressupostos básicos são os dogmas dessa doutrina, e seu lugar, naturalmente, é o espaço sagrado da religião em questão: igreja, mesquita, sinagoga, templo, terreiro ou comunidade. As pessoas responsáveis pelas aulas de religião são catequistas, evangelizadores ou doutrinadores oriundos da própria instituição religiosa, com formação garantida pela instituição e por seus representantes.

A responsabilidade pela ementa de Ensino Religioso, bem como pela implantação de leis e programas instituídos pelo Ministério da Educação (MEC) nos sistemas de ensino, pertence às mantenedoras municipais, estaduais e federais. A formação continuada de professores, o cumprimento das cargas horárias e dos conteúdos programáticos e a coerência das metodologias aplicadas, das atividades avaliativas e, posteriormente, da recuperação fazem parte do processo de avaliação.

O mesmo não ocorre com as aulas de religião, que contam com materiais catequéticos e doutrinários. As aulas são fundamentadas na teologia de igrejas cristãs. Os elementos que compõem o processo de ensino-aprendizagem estão inseridos no arcabouço de determinada instituição religiosa.

Assim como a teologia tem um objeto de estudo diferente do assumido pela ciência da religião, os conteúdos das aulas de religião derivados da teologia são substancialmente diversos daqueles desenvolvidos no Ensino Religioso. Os objetivos das aulas de religião são proselitistas, confessionais; já o Ensino Religioso, conforme a Lei de Diretrizes e Bases da Educação Nacional – LDBEN (Lei n. 9.394, de 20 de dezembro de 1996), tem como objetivo um conhecimento que leve ao respeito à diversidade cultural e religiosa (Brasil, 1996).

2.2 Modelo confessional/catequético

Para definir com clareza o que é o modelo confessional de educação ou de ensino religioso, é preciso, primeiramente, considerar a origem da palavra *confissão*, o contexto em que o conceito foi formulado e a quais interesses ele atende. Segundo o *Dicionário bíblico-teológico* (Bauer, 2000), *confissão* corresponde à "pregação"; e *confessar* àquilo que admite a fé. Portanto, as concepções de *fé* e *confissão* estão estreitamente relacionadas à pregação – que, de acordo com Romanos (10: 8-10) e Coríntios (4: 13), desperta a fé no coração e a confissão da boca (Bíblia, 1992).

Um **ensino religioso confessional** é uma forma de catequização ou de doutrinação religiosa. A própria origem da palavra indica que seu contexto original é a teologia cristã. No Brasil, esse termo pode ser entendido no âmbito das chamadas **conversões dos gentios** (índios e negros).

O ensino confessional é similar à catequese, que é um processo de evangelização católica. Considerando-se a história da colonização brasileira, o ensino confessional data da origem da educação formal, ligada à Igreja Católica, embora, atualmente, possa ser estendido às demais religiões cristãs e não cristãs.

> **PRESTE ATENÇÃO!**
>
> **Catequese:** do grego Κατήχησις (*katēkhēsis*), significa "explicação oral e metódica dos mistérios da fé cristã", de modo a provocar a conversão ou a adesão pessoal ao dogma católico (Machado, 2003).
> **Evangelização:** do grego εὐάγγελος (*evangelos*), significa "boa nova", "mensagem de Cristo". Trata-se da base para o nome dos quatro primeiros livros do Novo Testamento, chamados *Evangelhos* – "os autores destes quatro livros são denominados evangelistas – Mateus, Marcos, Lucas e João" (Batista, 2016).
> **Doutrinação:** do latim *doctrina*, que significa "aquilo que é ensinado"; conjunto de crenças e de ensinamentos comumente religiosos (Doutrina, 2020).
> **Ensino-aprendizagem:** do latim *insignare*, que significa "instruir sobre", "indicar", "assinalar", "mostrar o conhecimento"; e *apprehendere*, que significa "agarrar", "tomar posse de algo" (Machado, 2003).

Existem diversas maneiras de evangelizar ou doutrinar, as quais são utilizadas pelas instituições religiosas para repassar suas crenças, suas tradições e suas doutrinas, principalmente a crianças e jovens. Legalmente, o termo *confessional* apareceu pela primeira vez na LDBEN de 1996:

Art. 33. O ensino religioso, de matrícula facultativa, constitui disciplina dos horários normais das escolas públicas de ensino fundamental, sendo oferecido, sem ônus para os cofres públicos, de acordo com as preferências manifestadas pelos alunos ou por seus responsáveis, em caráter:

I – **confessional**, de acordo com a opção religiosa do aluno ou do seu responsável, ministrado por professores ou orientadores religiosos preparados e credenciados pelas respectivas igrejas ou entidades religiosas; ou

II – **interconfessional**, resultante de acordo entre as diversas entidades religiosas, que se responsabilizarão pela elaboração do respectivo programa. (Brasil, 1996, grifo nosso)

É importante destacar que o art. 33 da LDBEN foi alterado pela Lei n. 4.975, de 22 de julho de 1997 (Brasil, 1997), a qual analisaremos mais adiante. Nesta parte de nosso estudo, é importante que fique evidente que, apesar de o Brasil ser uma república democrática e um Estado laico, até 1996, o *lobby* das organizações religiosas hegemônicas ainda influenciava fortemente o ensino público. Tanto que o texto da LDBEN indica dois modelos: o confessional e o interconfessional.

2.3 Modelo multiconfessional/ interconfessional

Para abordar esse modelo, analisaremos a seguir um exemplo do Estado do Rio de Janeiro, a fim de identificar os aspectos dessa vertente de ensino.

Em 20 de setembro de 2001, foi sancionado no Rio de Janeiro o Decreto n. 29.228 (Rio de Janeiro, 2001), que definiu uma comissão de planejamento e de execução do Ensino Religioso. Esse decreto também regulamentou a Lei n. 3.459, de 14 de setembro de 2000 (Rio de Janeiro, 2000), e definiu o prazo de quatro meses para:

I – realizar estudo quanto às opções religiosas das famílias atendidas pelas escolas, garantindo o aspecto democrático da Lei;

II – avaliar e definir, junto a representantes das diversas crenças, o conteúdo do ensino a ser ministrado nas aulas;

III – definir a forma de organização e divisão das turmas;

IV – definir os critérios de recrutamento dos professores. (Rio de Janeiro, 2001)

Como demonstraremos a seguir, essa orientação tem diversos problemas. O primeiro deles é sua inconstitucionalidade, uma vez que o art. 19 da Constituição Federal (Brasil, 1988) proíbe os estados, o Distrito Federal e os municípios de distinguir os brasileiros de acordo com classe, crença ou etnia.

É vedado à União, aos Estados, ao Distrito Federal e aos Municípios:

I) estabelecer cultos religiosos ou igrejas, subvencioná-los, embaraçar-lhes o funcionamento ou manter com eles ou seus representantes relações de dependência ou aliança, ressalvada, na forma da lei, a colaboração de interesse público;

II) recusar fé aos documentos públicos;

III) criar distinções entre brasileiros ou preferências entre si. (Brasil, 1988)

Por um lado, é possível interpretar que a regulamentação da Lei n. 3.459/2000 coagiu os alunos e suas famílias a se manifestarem sobre suas opções religiosas. Além disso, não foi levada em consideração a possibilidade de constrangimento de todos aqueles que não têm religião ou que pertencem a religiões minoritárias, sobretudo dos praticantes de cultos afro-brasileiros, tendo em vista o histórico de preconceito e de discriminação que o ensino religioso busca superar. Por outro lado, ao delegar aos representantes das crenças hegemônicas a definição dos conteúdos e dos critérios para recrutamento de professores, a lei revela suas relações de dependência. Além disso, levando-se em consideração o ponto de vista prático dessa determinação, há ainda problemas de ordem estrutural e funcional:

- O espaço físico para separar as turmas em grupos de alunos da mesma religião – algo que se caracteriza como mais um tipo de segregação e distinção.
- A facultatividade das aulas de Ensino Religioso, que foi reafirmada no Rio de Janeiro por meio do Decreto n. 31.086, de 27 de março de 2002 (Rio de Janeiro, 2002). Nesse caso, podem ser levantadas as seguintes questões: O que fazer com os alunos não optantes? Em que espaço deixá-los? Que conteúdos terão no período das aulas de Ensino Religioso?
- A administração de questões curriculares, como a carga horária obrigatória e o cumprimento do regimento interno da escola.

Por muito tempo, os alunos que optavam por não cursar a disciplina foram encaminhados à biblioteca para realizar outros trabalhos. Para resolver essa questão e também para atender a novas normas do MEC, a Secretaria Estadual de Educação do Rio de Janeiro (Seeduc-RJ) publicou, em 2009, a Regulação n. 4.359/2009, que inseriu na carga horária escolar as disciplinas de Sociologia, Filosofia e Língua Espanhola (também facultativa), com redução da carga horária de Língua Portuguesa e Matemática.

O processo de credenciamento de novos professores e a manutenção dos que já ministravam as aulas de Ensino Religioso se mostrou bastante complicado. Por isso, foi preciso regulamentá-lo no Decreto n. 31.086/2002, que estabeleceu o seguinte:

Art. 5º – Caberá às autoridades religiosas competentes, devidamente credenciadas junto à Secretaria de Estado de Educação e à Fundação de Apoio à Escola Técnica – FATEC, a elaboração dos conteúdos programáticos da disciplina, a indicação bibliográfica e o material didático a serem utilizados nas aulas do respectivo credo religioso, a serem submetidos ao Conselho Estadual de Educação. (Rio de Janeiro, 2002, p. 2)

Como é possível perceber, estabeleceu-se uma dependência: os professores das escolas públicas precisariam ter o alvará das autoridades religiosas para lecionar. Isso representou um grande retrocesso, tendo em vista que o Brasil tem um regime democrático e é um Estado laico.

Em meados de 2010, foi criado o cargo de **articulador técnico-pedagógico**, cujas funções eram:

1. Ser elo entre a coordenação do Ensino Religioso e os professores;
2. Promover reuniões, pelo menos uma vez ao mês, com os professores, oficinas e eventos para desenvolver temas e assuntos administrativos e pedagógicos;
3. Repassar para os professores e dinamizar os projetos da coordenação de Ensino Religioso;
4. Sensibilizar diretores e professores para que participem das reuniões, inclusive cobrando a presença dos professores;
5. Participar das reuniões bimestrais e da Formação Continuada, promovidas pela coordenação do Ensino Religioso;
6. Elaborar relatórios bimestrais das atividades do Ensino Religioso realizadas nas Regionais Pedagógicas e encaminhar à Coordenação de Ensino religioso/SEEDUC. (Rio de Janeiro, 2010, p. 6)

Também foi criado o cargo de **articulador religioso**, cujas funções eram:

1. Fazer o elo entre as Autoridades Religiosas, as Regionais Pedagógicas e a coordenação de Ensino Religioso;
2. Organizar reunião com os demais docentes de seu credo para efetivar e adequar o planejamento do credo em sua Regional Pedagógica;
3. Apresentar na coordenadoria a lista da presença dos professores às reuniões;
4. Providenciar os credenciamentos anuais dos professores e enviá-los para a Regional Pedagógica e, esta, à coordenação do Ensino Religioso;
5. Participar, como convidado, dos fóruns, seminários e da Formação Continuada promovidos pela coordenação;
6. Providenciar relatórios das atividades realizados com os professores e do conteúdo repassado aos alunos e encaminhá-los à coordenação;
7. Responsabilizar-se pelo acompanhamento das avaliações feitas pelos professores de seu credo;
8. Divulgar, dinamizar e implementar as ações do Ensino Religioso do credo junto às unidades escolares, criando oportunidades de atividades integradas ao Projeto Político Pedagógico;
9. Preparar celebrações, jornadas pedagógicas, encontro para alunos, pais e funcionários, em cooperação com os demais professores regentes do Ensino Religioso, para que possam fortalecer as relações fraternas;
10. Acompanhar as ações do Ensino Religioso de seu credo nas unidades escolares. (Rio de Janeiro, 2010, p. 6)

Em um artigo intitulado *A intolerância religiosa e o ensino religioso confessional obrigatório em escolas públicas no Rio de Janeiro*, Miranda (2011) aponta problemas relacionados à intolerância religiosa decorrente do modelo de ensino, sobretudo no que se refere ao predomínio das igrejas cristãs em detrimento de outros credos.

> Em relação aos conteúdos apresentados durante as aulas de ensino religioso, podemos dizer que o mesmo é veiculado a partir do ponto de vista católico, com as professoras se utilizando de valores que expressam um vocabulário e uma gramática católica, ou seja, situações que permitem ou não o uso de determinadas atitudes de acordo com uma moralidade católica, e de materiais pedagógicos que são trabalhados durante as aulas, enfatizando a compaixão, o amor ao próximo, os dons de Deus, entre outros. (Miranda, 2011, p. 14)

Nesse mesmo artigo, é apresentado o caso da professora concursada Maria Cristina, que foi afastada por trabalhar, em sala de aula, um livro aprovado pelo MEC, no qual são desenvolvidas questões referentes à cultura e à religião afro-brasileira:

> A acusação de que Maria Cristina teria abordado a temática da religião na escola conduz a outra ideia da motivação original dos conflitos. Como mostramos, as aulas de ensino religioso são um exemplo de como a religião está ativamente presente nas escolas. O motivo também não reside em ter contrariado a lei, já que Maria Cristina usava um livro autorizado pelo MEC, e justifica seu uso justamente na lei 10.639/03, que prevê o ensino transversal, ou seja, em diversas disciplinas, no currículo escolar, da "História e Cultura Afro-Brasileira" nas salas de aula das escolas públicas. (Miranda, 2011, p. 12)

No modelo multiconfessional/interconfessional, "é evidente que os valores morais que serão exaltados e transmitidos nas aulas de ensino religioso são valores morais vinculados ao cristianismo" (Lui, 2006, citado por Ranquetat Jr., 2007, p. 176). Nesse sentido, são oprimidas e, até mesmo, punidas as aulas, os conteúdos e as manifestações religiosas não cristãs ou que não estão respaldadas pelos valores etnocêntricos do pensamento judaico-cristão.

Miranda (2011) observa, ainda, que existe predomínio de cristãos na ocupação dos espaços públicos, até mesmo porque, atualmente, a maior parcela da população brasileira é composta por católicos e evangélicos. Dessa forma, a maioria cristã ocupa cargos de docência nas escolas da rede pública, e essa ocorrência desigual faz com que esses profissionais se apropriem e façam uso desse espaço da forma que lhes convêm.

Vale ressaltar que, nas Diretrizes Curriculares Estaduais (DCE) de Ensino Religioso do Estado do Paraná, menciona-se que é necessário

> superar toda e qualquer forma de apologia ou imposição de um determinado grupo de preceitos e sacramentos, pois, na medida em que uma doutrinação religiosa ou moral impõe um modo adequado de agir e pensar, de forma heterônoma e excludente, ela impede o exercício da autonomia de escolha, de contestação e até mesmo de criação de novos valores. (Paraná, 2008, p. 46)

Isso não significa excluir o conhecimento sobre o fenômeno religioso do espaço escolar, mas desenvolver os conteúdos da disciplina de forma que fomentem o respeito e também a diversidade cultural e religiosa, dada a natureza da escola pública.

Em outras palavras, é preciso esclarecer que existe uma diversidade religiosa nas sociedades humanas, a qual é objeto de estudo de várias ciências. Além disso, se a educação tem como um de seus objetivos o exercício da cidadania, o conhecimento que leva ao respeito mútuo não pode ser excluído da sala de aula.

2.4 Modelo aconfessional

Segundo Costella (2004), com a alteração do art. 33 da LDBEN, promulgada na Lei n. 9.475/1997, foi criado um novo paradigma na educação brasileira no que diz respeito à disciplina de Ensino Religioso. Essa nova redação propõe o seguinte:

Art. 33. O ensino religioso, de matrícula facultativa, é parte integrante da formação básica do cidadão e constitui disciplina dos horários normais das escolas públicas de ensino fundamental, assegurado o respeito à diversidade cultural religiosa do Brasil, vedadas quaisquer formas de proselitismo.

§ 1º Os sistemas de ensino regulamentarão os procedimentos para a definição dos conteúdos do ensino religioso e estabelecerão as normas para a habilitação e admissão dos professores.

§ 2º Os sistemas de ensino ouvirão entidade civil, constituída pelas diferentes denominações religiosas, para a definição dos conteúdos do ensino religioso. (Brasil, 1997)

É possível perceber que essa alteração instituiu uma nova compreensão do que deve ser ensinado na disciplina de Ensino Religioso. Em síntese, a reformulação do art. 33 fomentou a superação das tradicionais aulas de religião, de modelo confessional, e reinseriu o ensino religioso no contexto de transformações culturais, políticas e sociais do mundo ocidental.

PRESTE ATENÇÃO!

No Brasil, desde a promulgação da Constituição de 1988, que preconizou a judicialidade dos princípios do Estado de Direito, apela-se para a garantia de direitos fundamentais: a liberdade de ir e vir, a propriedade privada, a graduação da pena de acordo com a importância do delito, a **liberdade religiosa** e a separação dos poderes temporais e seculares (Estado e Igreja).

Com o fenômeno da globalização, o mundo, de modo geral, passou à era da comunicação, que teve como um dos principais resultados o **pluralismo cultural**. Com isso, percebeu-se que o etnocentrismo e o colonialismo cultural e religioso sempre foram as causas de muitos conflitos. Nesse contexto, para atender às aspirações de um ensino de qualidade, que visa à formação de cidadãos participativos e conscientes, aptos ao mundo do trabalho e à convivência social, o Ensino Religioso passou a ser aconfessional, pautado no conhecimento sobre a diversidade religiosa e na importância do respeito às diferentes formas de crer, até mesmo daqueles que em nada creem.

Tendo em vista esse novo contexto, as religiões passaram a ser concebidas de outra maneira no ambiente escolar. Como aponta Costella (2004, p. 105-106),

> aquilo que para muitas Igrejas é objeto de fé, para a escola é objeto de estudo. Isto supõe a distinção entre *fé/crença* e *religião*, entre o ato subjetivo de crer e o fato objetivo que o expressa. Essa condição implica na superação da identificação entre religião e Igreja, salientando sua função social e o seu potencial de humanização das culturas. Por isso o Ensino Religioso na escola pública não pode ser concebido, de maneira nenhuma, como uma espécie de licitação para as Igrejas (neste caso é melhor não dar nada). A instituição escolar deve reivindicar a título pleno a competência sobre essa matéria.

É fato que o fenômeno religioso faz parte da vida humana e da formação básica dos cidadãos. Contudo, entendendo que é dever do Estado proteger a liberdade religiosa de seu povo, o ensino religioso deve ser trabalhado de modo não confessional, como uma área do conhecimento ligada a outros campos que estudam as religiões, como a antropologia, a sociologia, a filosofia, a história e a geografia.

Seguindo essa linha de raciocínio, na próxima seção, trataremos do histórico do Ensino Religioso no Estado do Paraná, em virtude de sua importância no cenário nacional e do trabalho desenvolvido em parceria com instituições como a Associação Inter-Religiosa de Educação (Assintec) e as instituições de ensino superior.

2.5 Ensino Religioso no Paraná

Abordar o Ensino Religioso no Estado do Paraná implica tratar do trabalho desenvolvido pelo estado em parceria com a Assintec. Essa trajetória é marcada pela superação das antigas aulas de religião e pela promoção de um ensino plural que respeite as diversidades cultural e religiosa.

Antes desses esforços coletivos em prol de um ensino não confessional, comprometido com a luta contra o preconceito e a discriminação, o Ensino Religioso nas escolas públicas do Paraná era desenvolvido por voluntários, que davam aulas de religião com base no sistema confessional.

É importante salientar, primeiramente, a experiência pedagógica de Ensino Religioso no estado. No ano de 1987, teve início o curso de Especialização em Pedagogia Religiosa, com carga horária de 360 horas-aula. O curso surgiu de uma parceria entre a Secretaria de Estado da Educação do Paraná (Seed-PR), a Assintec e a Pontifícia Universidade Católica do Paraná (PUCPR), e tinha como objetivo a formação de professores de Ensino Religioso. Esse curso foi iniciado com uma forte inclinação à pluralidade religiosa, por mais que, na época, prevalecessem as celebrações, as vivências e os valores católicos nessa disciplina.

Com a Constituição Federal de 1988, um ano depois do início da oferta da especialização, foram organizadas constituintes por meio de um movimento nacional que objetivava garantir o ensino religioso como disciplina escolar. Assim, foi proposta uma emenda constitucional para o Ensino Religioso, a segunda maior protocolada na Assembleia Constituinte, com 78 mil assinaturas.

Durante a década de 1980, com o processo de redemocratização do país, as organizações religiosas buscaram se movimentar em favor do direito à liberdade de culto e de expressão religiosa. Nesse contexto, o estado do Paraná elaborou o *Currículo Básico para a Escola*

Pública do Estado do Paraná, que foi publicado em 1990. No entanto, o Ensino Religioso não fez parte da primeira edição do documento, e somente dois anos depois foi elaborado um caderno específico para integrá-lo. Essa elaboração ficou sob a responsabilidade da equipe pedagógica da Assintec, com participação da Seed-PR.

No período entre 1995 e 2002, houve a quase supressão da disciplina no Paraná, extinta das matrizes curriculares de ensino. Na época, o Ensino Religioso ainda não havia sido regulamentado pelo Conselho Estadual de Educação e sua oferta ficou restrita às escolas em que havia um professor concursado especialista no assunto.

Em 1996, o MEC produziu os Parâmetros Curriculares Nacionais (PCN), dos quais novamente o componente Ensino Religioso ficou de fora, sendo incluído apenas no ano seguinte.

Em 1997, foram publicados os Parâmetros Curriculares Nacionais de Ensino Religioso (PCNER), elaborados pelo Fórum Nacional Permanente de Ensino Religioso (Fonaper) – o qual abordaremos de maneira mais detalhada na Seção 2.6.

IMPORTANTE!

A Seed-PR elaborou a Instrução n. 001/02 do Departamento de Ensino Fundamental – DEF (Paraná, 2002b), que estabeleceu as normas para a disciplina de Ensino Religioso na rede pública estadual. Com isso, o Paraná retomou a responsabilidade pela organização curricular da disciplina no que se refere à composição do corpo docente, dos conteúdos, da metodologia, da avaliação e da formação continuada de professores, dando ao Ensino Religioso o mesmo tratamento de outras disciplinas. Iniciou-se, assim, um processo em que foram realizados encontros, simpósios, grupos de estudo e eventos de formação descentralizados, realizados de 2004 a 2008.

Acompanhando esse processo, o Conselho Estadual de Educação do Paraná aprovou, no dia 10 de fevereiro de 2006, a Deliberação

n. 1 (Paraná, 2006b), com o objetivo de regulamentar a disciplina de Ensino Religioso nas escolas públicas do Sistema Estadual de Ensino do Paraná. Entre outras questões, ficou estabelecido que as aulas de Ensino Religioso só podem ser ministradas por profissionais que tenham formação na área de ciências humanas (licenciatura plena), com pós-graduação na disciplina e cursos de formação continuada. Além disso, o documento instituiu o seguinte:

> Art. 1º O ensino religioso a ser ministrado nas escolas de ensino fundamental do Sistema Estadual de Ensino do Paraná obedecerá ao disposto na presente Deliberação.
>
> Art. 2º Os conteúdos do ensino religioso oferecido nas escolas subordinam-se aos seguintes pressupostos:
>
> A] da concepção interdisciplinar do conhecimento, sendo a interdisciplinaridade um dos princípios de estruturação curricular e da avaliação;
> B] da necessária contextualização do conhecimento, que leve em consideração a relação essencial entre informação e realidade;
> C] da convivência solidária, do respeito às diferenças e do compromisso moral e ético;
> D] do reconhecimento de que o fenômeno religioso é um dado da cultura e da identidade de um grupo social, cujo conhecimento deve promover o sentido da tolerância e do convívio respeitoso com o diferente;
> E] de que o ensino religioso deve ser enfocado como área do conhecimento em articulação com os demais aspectos da cidadania. (Paraná, 2006b, p. 10)

Assim, as DCE de Ensino Religioso do Paraná foram construídas de modo coletivo por professores da rede pública, pesquisadores e docentes de instituições de ensino superior e técnicos pedagógicos. Isso fortaleceu um modelo inter-religioso e não confessional, conforme disposto na Lei n. 9.475/1997, que prevê respeito à diversidade cultural e religiosa, ficando proibidas (vedadas) todas as formas de proselitismo e de discriminação. Por isso, nas DCE de Ensino Religioso do Paraná, o tratamento dos conteúdos se caracteriza por uma perspectiva laica, que respeita a diversidade presente na sociedade brasileira.

> Tratar o Ensino Religioso numa perspectiva laica que respeite a diversidade religiosa e cultural presente na nossa sociedade é primeiramente estabelecer saberes escolares que sejam importantes de serem trabalhados em sala de aula. Esses saberes escolares estão definidos nas DCE de Ensino Religioso, [...] divididos em oito conteúdos básicos: Organizações Religiosas, Lugares Sagrados, Textos Sagrados orais ou escritos, Símbolos Religiosos, Temporalidade Sagrada, Ritos, Vida e Morte, que visam tratar a disciplina como área de conhecimento. Essa nova proposta demanda um repensar no trabalho educativo, possibilitando o tratamento escolar das diversas tradições religiosas por meio do objeto de estudo o Sagrado. (Nizer; Santos, 2013, p. 29.370)

De maneira geral, no Paraná, objetiva-se possibilitar que o Ensino Religioso seja abordado de modo interdisciplinar e pedagogicamente adequado aos níveis de ensino e de aprendizagem de cada ano escolar.

Para ampliar a sua formação em Ensino Religioso, os professores que lecionam esse componente curricular fazem visitas técnicas a lugares sagrados e estudam a ciência da religião, além de receberem cursos de formação com especialistas e técnicos, entre outras ações. No Paraná, todas essas modalidades de formação continuada têm como objetivo deixar para trás a herança das aulas de religião e, dessa maneira, possibilitar a implementação de um ensino que contemple a diversidade religiosa que compõe a cultura brasileira (matrizes indígena, ocidental, africana e oriental), em consonância com os princípios republicanos de um Estado laico.

2.5.1 Associação Inter-Religiosa de Educação (Assintec)

Atualmente, a Assintec é uma entidade civil legalmente constituída por diferentes representações religiosas e de filosofia de vida. Seu principal objetivo é promover o diálogo inter-religioso e contribuir com as secretarias de educação na efetivação do Ensino Religioso nas escolas municipais e estaduais do Paraná.

A instituição teve origem no ano de 1973, em plena ditadura militar, sendo formada por um grupo de líderes religiosos de caráter ecumênico, que, ao conversar com diversos professores sobre conteúdos e metodologias da disciplina, viram a necessidade de buscar um diálogo inter-religioso nas escolas públicas. Dessa forma, criaram a associação com a finalidade de assessorar a promoção do Ensino Religioso nas escolas da Prefeitura Municipal de Curitiba. Apesar de, à época, a instituição não contemplar a diversidade religiosa do Brasil, sua criação foi uma atitude ousada e visionária.

No período de sua fundação, a Assintec tinha caráter interconfessional e, desde o início, ocupou-se da elaboração de materiais pedagógicos e da orientação e formação continuada de professores para garantir o caráter ecumênico da disciplina de Ensino Religioso. Logo, passou a ofertar atividades sobre espiritualidade e transcendência, vivência cidadã e respeito aos outros. As aulas de religião eram transmitidas por rádio, por meio do Programa Nacional de Teleducação (Prontel).

O modelo catequético/cristão de Ensino Religioso passou a ser questionado por muitos integrantes da Assintec, o que culminou, na década de 1990, em uma reelaboração da abordagem das aulas.

No fim de 1990, representantes de organizações religiosas elaboraram um documento pautado no direito à liberdade de crença e de expressão religiosa e organizaram-se a favor do repúdio a todo tipo de discriminação religiosa, exigindo do Estado a proibição do proselitismo dentro das escolas, principalmente no que diz respeito às aulas de Ensino Religioso. Nesse contexto, o Estado do Paraná elaborou o Currículo Básico, que não contemplava o Ensino Religioso em sua primeira edição.

Em 1992, foi publicado um caderno específico de Ensino Religioso, que ficou sob a incumbência da equipe pedagógica da Assintec, em parceria com a Seed-PR. Na mesma década, a Assintec adotou uma posição pioneira no âmbito do Ensino Religioso educacional, promovendo pesquisas e estudos sobre a função desse componente curricular, a fim de propiciar uma reflexão sobre o diálogo inter-religioso e o respeito à diversidade cultural e religiosa do povo brasileiro. Essa trajetória envolveu professores, autoridades políticas, educacionais e religiosas e a sociedade civil organizada, e tornou-se referência no Ensino Religioso não apenas no Paraná, mas também em todo o Brasil.

Em 1996, a equipe pedagógica de Ensino Religioso passou a refletir sobre uma abordagem de caráter macroecumênico. Discutiu-se a etimologia da palavra *ecumenismo* e a importância da abertura da disciplina para o pluralismo religioso.

PRESTE ATENÇÃO!

O termo **ecumênico**, oriundo do vocábulo grego οἰκουμένη (*oikouméné*), significa "lugar onde se vive". No Novo Testamento, o termo é utilizado em Mateus (24: 14), Lucas (2: 1, 4: 5, 21: 26), Atos dos Apóstolos (11: 28), Romanos (10: 18), Hebreus (1: 6, 2: 5) e Apocalipse (12: 9)
para se referir a toda a terra.

Para o Cristianismo, o ecumenismo é um movimento entre diversas denominações cristãs que visa ao diálogo e à cooperação comum, buscando superar as divergências históricas e culturais a partir de uma reconciliação cristã que aceite a diversidade entre as igrejas (Mendonça, 2008).

A partir de 1997, a equipe pedagógica da Assintec passou a trabalhar com lideranças religiosas na revisão de seu objeto de estudo, de sua metodologia e de seus conteúdos, visto que precisava acompanhar os avanços possibilitados pelos PCN e pela nova redação do art. 33 da LDBEN.

Quanto à formação de professores, a Assintec começou a rever suas metodologias no ano de 2002, visto que o Conselho Estadual de Educação do Paraná aprovou a Deliberação n. 3, de 2 de junho de 2002 (Paraná, 2002a), que regulamentou o Ensino Religioso nas escolas públicas do sistema estadual de ensino do Paraná.

Desde então, a Assintec promove eventos culturais e encontros para diálogo inter-religioso com o intuito de fomentar a participação das diferentes religiões e filosofias de vida no processo de implementação do Ensino Religioso como disciplina nas escolas de ensino fundamental.

> O Estado do Paraná, para atender essas novas demandas, propostas nas leis já citadas, organizou, coletivamente, o documento denominado Diretrizes Curriculares da Educação Básica de Ensino Religioso, e vem desde 2003 promovendo formação continuada e incentivando a produção de materiais didático-pedagógicos, a fim de subsidiar o professor na sua prática pedagógica. (Nizer, 2011, p. 13.296)

Em 2005, a associação teve a aprovação de seu novo estatuto, já adequado às novas perspectivas apontadas para o Ensino Religioso. Com isso, a Assintec, que antes era Associação Interconfessional de Curitiba, passou, juridicamente, a ser Associação Inter-Religiosa de Educação, abandonando o caráter interconfessional e assumindo-se como uma associação inter-religiosa.

Atualmente, na tentativa de contribuir efetivamente para que o Ensino Religioso seja uma disciplina ou área do conhecimento valorizada no contexto escolar e cultural, a Assintec busca promover o diálogo permanente com diversas tradições religiosas e místico-filosóficas, além de manter parcerias com secretarias estaduais e municipais de educação. Sua equipe pedagógica tem desenvolvido ações conjuntas com a Seed-PR, além de assessorar prefeituras da Região Metropolitana de Curitiba e do interior do estado.

> É importante ressaltar que, atualmente, a ASSINTEC é uma entidade civil, livre, equitativa, democrática e aberta a todas as manifestações culturais, religiosas, espirituais e místicas. Está organizada em uma diretoria composta de membros de diversas tradições religiosas e, também, de uma equipe pedagógica constituída por professores com formação na área do Ensino Religioso. (Santos; Nizer, 2013, p. 29.046)

Atualmente, um dos desafios da Assintec é contribuir para que a equipe pedagógica possa transformar didaticamente o conhecimento religioso oriundo de cada organização religiosa em conhecimento escolar, colaborando com as secretarias municipais e estadual de educação na implementação de um Ensino Religioso de caráter escolar, em conformidade com a legislação vigente.

É possível identificar que o Ensino Religioso paranaense, no que se refere às contribuições da Assintec, vivenciou três grandes fases, pautadas:

1. em um ensino cristão, interconfessional;
2. em um trabalho sobre valores humanos, com a intenção de abraçar todas as crenças e posicionamentos religiosos;
3. no fenômeno religioso como objeto de estudo alicerçado em uma metodologia fenomenológica, de modo a desenvolver conteúdos por meio do conhecimento religioso oriundo de diferentes matrizes – indígena, africana, ocidental e oriental – e a evitar o proselitismo em todas as nuances.

2.5.2 Diretrizes Curriculares Estaduais do Paraná – Ensino Religioso

As DCE do Paraná para a educação básica foram construídas em um processo coletivo, no qual professores da rede estadual, pesquisadores do ensino superior e técnicos pedagógicos trabalharam para construir um documento orientador de práticas pedagógicas em sala de aula. Essas diretrizes são pautadas em conteúdos disciplinares e dão ênfase ao professor como autor do plano de ensino, em contraposição aos modelos de organização curricular que vigoraram na década de 1990, os quais esvaziaram os conteúdos disciplinares para dar ênfase a temas transversais. Atualmente, esses temas retornam na forma da Base Nacional Comum Curricular (BNCC), resgatando-se os conceitos de habilidade, competência e ensino por áreas.

Quando as DCE assumiram a defesa de um currículo disciplinar, a escola passou a vigorar como lugar privilegiado para a socialização do conhecimento, tendo em vista que o espaço escolar pode possibilitar a superação das desigualdades sociais. Nessa perspectiva, tiveram início discussões sobre o conceito de *diretriz curricular* e seus componentes; em seguida, foi necessário problematizar os conteúdos, as metodologias e os objeto de estudo de cada disciplina.

Esse processo desencadeou um intenso trabalho de depuração e redação de textos em diversos simpósios nas cidades de Faxinal do Céu e Pinhão, localizadas no interior do Estado do Paraná, entre os anos de 2004 e 2007.

Construído o texto-base, passou-se a aperfeiçoá-lo mediante a consulta a especialistas de diversas universidades. Posteriormente, o material voltou para as escolas, para leitura e estudo dos professores de cada disciplina.

Entre os profissionais que participaram da construção das DCE de Ensino Religioso estavam professores de Filosofia, Sociologia, História, Geografia e Pedagogia da rede pública estadual, com assessoria de docentes da Universidade Federal do Paraná (UFPR), da Pontifícia Universidade Católica do Paraná (PUCPR) e do Instituto de Filosofia da Libertação (Ifil).

Um dos principais objetivos das DCE de Ensino Religioso é, por meio do alinhamento com a Lei n. 9.475/1997, proporcionar à disciplina um caráter tipicamente escolar, contribuindo para a formação de cidadãos críticos, reflexivos, capazes de respeitar diferenças culturais e religiosas e de auxiliar na superação da discriminação e do preconceito religioso. No entendimento do professorado da disciplina, isso se dá por meio do conhecimento de diversas religiões. Para isso, não pode vigorar o olhar etnocêntrico da teologia judaico-cristã, em que as religiões africanas, indígenas e orientais são analisadas mais como misticismo, crendice e superstição do que como religiões legítimas.

Muitos pesquisadores da ciência da religião são críticos da adoção do Sagrado ou do fenômeno religioso como objeto de estudo. Isso se justifica pelo fato de que esses dois conceitos ficaram marcados, principalmente, pelo trabalho de Rudolf Otto (1869-1937), que ficou conhecido pela obra *Das Heilige* (*O Sagrado*), escrita em 1917, a qual figura entre as produções emblemáticas da filosofia da religião. A categoria fundamental de que parte Otto (1992) é a ideia de **numinoso** como experiência pessoal de vivência de um sagrado transcendente; nesse aspecto, muitos críticos do Sagrado dão ênfase à ideia do autor.

Entretanto, as DCE de Ensino Religioso não adotam esse objeto como uma categoria *a priori*, ao contrário de Otto em sua herança kantiana:

O espaço e o sentido do Sagrado não se constituem, no entendimento dessas Diretrizes, como um *a priori*. Ao contrário, no contexto da educação laica e republicana, as interpretações e as experiências do Sagrado devem ser compreendidas racionalmente como resultado de representações construídas historicamente no âmbito das diversas culturas e das tradições religiosas e filosóficas. Não se trata, portanto, de viver a experiência religiosa ou a experiência do Sagrado, tampouco de aceitar tradições, *ethos*, conceitos, sem maiores considerações, trata-se, antes, de estudá-las para compreendê-las, de problematizá-las. (Paraná, 2008, p. 48)

Portanto, a abordagem metodológica descrita no documento orientador é **estritamente pedagógica**. A seleção de conteúdos, de critérios de avaliação e de encaminhamentos para a sala de aula tem como objetivo despertar a consciência cidadã com relação à diversidade religiosa e ao pluralismo. Com isso, visa-se à superação de todas as formas de preconceito, principalmente os religiosos, e à construção de uma sociedade mais justa, livre e equitativa, que garanta um espaço escolar livre de *bullying* e de violência física e simbólica.

2.5.3 Ensino Religioso: diversidade cultural e religiosa

Os primeiros livros didáticos para a disciplina de Ensino Religioso foram desenvolvidos a partir da década de 1980, tendo a Igreja Católica como protagonista. Neles, eram transcritos pronunciamentos referentes à educação religiosa e ao ensino religioso nas esferas internacional e nacional (Figueiredo, 1995). Nesse contexto, havia uma carência histórica de recursos didáticos que trabalhassem o Ensino Religioso na perspectiva da diversidade religiosa e que afastassem seu histórico confessional.

Desde que a Assintec se tornou inter-religiosa, seus informativos semestrais têm sido produzidos com base nas leis referentes ao ensino religioso vigentes no país, com textos de fundamentação teórica e atividades práticas que preveem a utilização do ludismo (brincadeiras e jogos) em sala de aula. Paralelamente, muitos professores têm buscado formações continuadas e desenvolvido aulas e boas práticas que, por vezes, ficam restritas à escola.

Tendo esse cenário como base, os professores da rede de ensino pública elaboraram planos de aula, registrados no Portal Educacional do Estado do Paraná, chamados de *Dia a Dia Educação*, os quais podem ser avaliados e socializados.

A partir da instituição dessa prática, surgiu a ideia de produzir um livro didático para reunir as aulas trabalhadas pelos professores nas escolas. Esse material, intitulado *Ensino Religioso: diversidade cultural e religiosa* (Paraná, 2013), foi desenvolvido coletivamente pelos professores da rede estadual de ensino público do Paraná e organizado pelo Departamento de Educação Básica (DEB) da Seed -PR. A ele, somaram-se ainda os informativos feitos pela Assintec.

O objetivo principal da obra é instrumentalizar professores de Ensino Religioso, de modo que possam abordar, em suas aulas, a diversidade cultural e religiosa, tendo em vista conteúdos que possibilitem a escolarização da disciplina.

> Nesta obra, dedicada à disciplina de Ensino Religioso, procura-se um processo de ensino e de aprendizagem que estimule a construção do conhecimento pelo debate, pela apresentação da hipótese divergente, da dúvida – real e metódica –, do confronto de ideias, de informações discordantes e, ainda, da exposição competente de conteúdos formalizados. Opõe-se, portanto, a um modelo educacional que centra o ensino pautado tão somente na transmissão dos conteúdos pelo professor, o que reduz as possibilidades de

participação do aluno e não atende a diversidade cultural e religiosa. (Paraná, 2013, p. 13)

A abordagem teórico-metodológica da obra está fundamentada na problematização do conteúdo. Trata-se da "identificação dos principais problemas postos pela prática social [...] de detectar que questões precisam ser resolvidas no âmbito da Prática Social e, em consequência, que conhecimento é necessário dominar" (Saviani, 1991, citado por Paraná, 2013, p. 14), o que pressupõe a seleção de questões que façam parte da vida dos alunos.

Em seguida, o livro propõe uma mobilização para a construção do conhecimento, trabalhando a contextualização do conteúdo e relacionando-o aos contextos histórico, político e social em que foi produzido. A obra foi dividida em oito capítulos, organizados conforme exposto a seguir.

Capítulo 1 – Organizações religiosas
O líder nas organizações religiosas
As diferentes organizações religiosas
O legado das religiões afro-brasileiras
O sagrado feminino nas religiões

Capítulo 2 – Lugares sagrados
Lugares sagrados
Espaços construídos para o encontro com o Sagrado
O Sagrado na arquitetura

Capítulo 3 – Textos sagrados
Mitos de origem: Onde a vida começa?
Os textos sagrados e os mitos
Os diferentes textos sagrados escritos

Capítulo 4 – Símbolos religiosos
Os símbolos comunicam
O fogo como símbolo sagrado
A água como símbolo sagrado

Capítulo 5 – Temporalidade sagrada
Temporalidade sagrada: tempo sagrado e tempo profano
Tempo sagrado e os calendários

Capítulo 6 – Festas religiosas
Festas sagradas
Festas e peregrinação

Capítulo 7 – Ritos
Rituais nas tradições religiosas
Vivenciando os ritos
Os diferentes rituais

Capítulo 8 – Vida e morte
A origem da vida segundo algumas tradições religiosas
As diversas formas de ver a morte
As diversas formas de entender a vida e [a] morte

Fonte: Paraná, 2013, p. 9-10.

Ao final da obra, são apresentados os posicionamentos das próprias tradições religiosas e seus respectivos entendimentos sobre lugares sagrados, criação do mundo, ritos e origem da vida, o que corrobora a ementa proposta, demonstrando que não há contradição entre as pesquisas dos professores e os conceitos oriundos das organizações religiosas. Além disso, o livro *Ensino religioso: diversidade cultural e religiosa* apresenta atividades avaliativas que procuram aprofundar os conteúdos estudados, de modo a proporcionar a reflexão sobre o respeito à diversidade, bem como o entendimento de que efetivar o exercício da cidadania é conviver com as diferenças e aceitar o outro em suas complexidades existenciais.

2.6 Fórum Nacional Permanente de Ensino Religioso (Fonaper)

No dia 26 de setembro de 1995, foi fundado o Fonaper por um grupo de professores e de pesquisadores reunidos na cidade de Florianópolis (SC). O evento contou com a presença de coordenadores e professores provenientes de 18 estados, e, atualmente, caracteriza-se como um espaço no qual profissionais da disciplina buscam problematizar o aspecto pedagógico do Ensino Religioso. Os quatro grandes princípios de atuação do Fonaper são:

1. Garantia [de] que a Escola, seja qual for sua natureza, ofereça o Ensino Religioso ao educando, em todos os níveis de escolaridade, respeitando as diversidades de pensamento e opção religiosa e cultural do educando;
2. Definição junto aos Sistemas de Ensino do conteúdo programático do Ensino Religioso, integrante e integrado às propostas pedagógicas;
3. Contribuição para que o Ensino Religioso expresse sua vivência ética pautada pela dignidade humana;
4. Exigência de investimento real na qualificação e capacitação de profissional para o Ensino Religioso, preservando e ampliando as conquistas de todo magistério, bem como garantindo condições de trabalho e aperfeiçoamento necessários. (Fonaper, 1995)

Um passo em direção à escolarização do Ensino Religioso, que contou com a mobilização do Fonaper, foi a já mencionada nova redação do art. 33 da LDBEN (Brasil, 1997). De acordo com

Oliveira et al. (2007), a disciplina de Ensino Religioso, a partir desse momento, passou a ser vista como parte integrante da formação do aluno como cidadão, tendo em vista o objetivo de respeito à diversidade cultural e religiosa. Outro aspecto importante que sofreu influência do Fonaper e passou a ser garantido por lei foi a explicitação de que cabe aos sistemas de ensino regulamentar os procedimentos para a definição dos conteúdos e das normas para a habilitação e a admissão de professores.

O Fonaper teve uma participação ativa na articulação que deu origem à alteração da LDBEN, o que só foi possível em virtude de um intenso movimento de promoção de debates, grupos de estudo e contatos com autoridades. Avançou-se, assim, no sentido de não priorizar uma religião em detrimento de outras, respeitando-se o espaço público como local de liberdade. Isso afastou um pouco o histórico confessional da educação brasileira, garantindo que o ensino religioso fosse reconhecido como área do conhecimento:

> A partir deste momento, prioriza-se o princípio religioso, sem acentuar esta ou aquela tradição religiosa; cada aluno será aceito independente do credo professado. Esta alteração da legislação foi consequência de um significativo movimento articulador promovido pelo Fórum Nacional Permanente do Ensino Religioso. A nova redação do artigo 33 centra o enfoque do Ensino Religioso como disciplina escolar, entendendo-o como uma área do conhecimento, com a finalidade de reler o fenômeno religioso, este colocado como objeto da disciplina. (Junqueira, 2002, p. 69)

Estabelecer o ensino religioso como área do conhecimento significa ajustar sua posição às das demais disciplinas e colocá-lo como uma referência interdisciplinar, que permite a proposição de conteúdos escolares fundamentados em áreas científicas. Conforme apontam Oliveira et al. (2007), mediante metodologias pedagógicas que permitem ampliar a visão de mundo dos estudantes,

O Ensino Religioso garante o exercício de interpretação de texto e da realidade em que os alunos estão inseridos, de modo a possibilitar a construção dos próprios referenciais religiosos. Com isso, pretende-se auxiliar a promoção da cidadania, que é uma das funções da escola como um todo.

Em 1997, o Fonaper trabalhou no desenvolvimento dos PCNER, cuja produção exigiu a participação de professores e de pesquisadores para definir a fundamentação teórica da ciência da religião: "Nesse sentido, foi tomada como diretriz a abordagem do fenômeno religioso e das religiões pelo prisma da Antropologia da Religião" (Fonaper, 1997, p. 28).

Em consonância com essa visão de Ensino Religioso, as Diretrizes Curriculares Nacionais (DCN) também assumiram a disciplina como área do conhecimento, tendo em vista o entendimento de que o reconhecimento da diversidade cultural e de crenças dos povos que compõem a cultura brasileira contribui para a vida em sociedade:

> o Conselho Nacional de Educação/CNE, ao instituir as Diretrizes Curriculares Nacionais para o Ensino Fundamental (Resolução CEB/CNE n. 02/98), contemplou as aspirações e as necessidades da atual sociedade brasileira, no que diz respeito à disciplina de Ensino Religioso, conferindo-lhe *status* de área do conhecimento, **entre as dez que compõem a base nacional comum**, garantindo a igualdade de acesso aos conhecimentos religiosos, substrato cultural presente em todos os povos da humanidade. (Fonaper, 2009, p. 3, grifo do original)

Para dar conta dessa mudança paradigmática, foi necessário reestruturar a formação dos profissionais da área e, principalmente, dar fim à concepção de Ensino Religioso dentro de um sistema confessional. Depois de amplo debate, os pesquisadores do Fonaper estabeleceram uma façanha inédita: formalizaram a ciência da religião como ciência de referência para a disciplina, o que abriu espaço para um debate que se estende até os dias atuais. Recentemente, o Fonaper atuou em parceria com a Conferência Nacional de Educação (Conae), que, de acordo com o MEC, é um espaço desenvolvido para que a sociedade possa participar efetivamente da construção da educação no âmbito nacional. Os eventos da Conae são organizados para abordar a educação escolar em diferentes territórios e espaços institucionais, nos quais estudantes, pais, profissionais da educação, gestores e sociedade civil organizada têm a oportunidade de participar de discussões sobre os possíveis caminhos da educação brasileira.

É importante destacar que, conforme o Eixo IV do Documento Final da Conae (Brasil, 2010b), deve ser assegurado o ensino de história da África e de culturas afro-brasileiras e indígenas, bem como o estudo referente à diversidade étnico-racial e religiosa, à orientação sexual e aos direitos humanos. Com relação ao ensino religioso, o documento defende o seguinte:

A] Inserir, no Programa Nacional do Livro Didático, de maneira explícita, a orientação para introdução da diversidade cultural-religiosa.

B] Desenvolver e ampliar programas de formação inicial e continuada sobre diversidade cultural-religiosa, visando superar preconceitos, discriminação, assegurando que a escola seja um espaço pedagógico laico para todos, de forma a garantir a compreensão da formação da identidade brasileira.

C] Inserir os estudos de diversidade cultural-religiosa no currículo das licenciaturas.

D] Ampliar os editais voltados para pesquisa sobre a educação da diversidade cultural-religiosa, dotando-os de financiamento.

E] Garantir que o ensino público se paute na laicidade, sem privilegiar rituais típicos de dadas religiões (rezas, orações, gestos), que acabam por dificultar a afirmação, respeito e conhecimento de que a pluralidade religiosa é um direito assegurado na Carta Magna Brasileira. (Brasil, 2010b, p. 163)

Atualmente, o Fonaper atua no âmbito da licenciatura em Ciências da Religião da Universidade Regional de Blumenau (Furb), e promove eventos e congressos de formação de professores de Ensino Religioso. Destacamos que a instituição foi consultora e relatora na construção da BNCC na área de Ensino Religioso.

2.7 Base Nacional Comum Curricular e o Ensino Religioso

Inicialmente, o Ensino Religioso não constava em muitos documentos oficiais da educação brasileira. Além disso, na maioria dos casos em que era contemplado, foi acrescentado posteriormente, como adendo. É por isso que a BNCC homologada em 2018 simboliza um grande avanço, pois apresenta o Ensino Religioso como um componente curricular.

Procurando dialogar com diversas realidades em que o objeto de estudo do Ensino Religioso é o Sagrado ou o fenômeno religioso, a BNCC estabeleceu, como objeto da disciplina, o conhecimento religioso tal como é produzido nas diferentes áreas das ciências humanas e sociais, mais especificamente na ciência da religião. A formação dos professores que ministram essas aulas precisa estar de acordo com esses pressupostos.

De acordo com o documento, o conhecimento religioso tem como foco a investigação de **fenômenos religiosos de diferentes culturas**, os quais se manifestam por meio de lugares sagrados, textos orais e escritos, símbolos, ritos, festas, mitos de origem, entre outros. Além disso, a BNCC estabelece como competências gerais da disciplina de Ensino Religioso:

a] Proporcionar a aprendizagem dos conhecimentos religiosos, culturais e estéticos, a partir das manifestações religiosas percebidas na realidade dos educandos;
b] Propiciar conhecimentos sobre o direito à liberdade de consciência e de crença, no constante propósito de promoção dos direitos humanos;
c] Desenvolver competências e habilidades que contribuam para o diálogo entre perspectivas religiosas e seculares de vida, exercitando o respeito à liberdade de concepções e o pluralismo de ideias, de acordo com a Constituição Federal;
d] Contribuir para que os educandos construam seus sentidos pessoais de vida a partir de valores, princípios éticos e da cidadania. (Brasil, 2018, p. 436)

Nessas competências gerais, fica evidente que o ensino religioso escolar é uma área do conhecimento, e que suas ciências de referência são as ciências sociais e humanas, que, por sua vez, ajudam a compor a ciência da religião. Nesse sentido, a disciplina de Ensino Religioso, como é proposta na BNCC, fica definida como um componente curricular que deve abordar os conhecimentos/fenômenos religiosos com base em pressupostos científicos, sem privilegiar qualquer crença.

Além das competências gerais, a BNCC indica características específicas para o ensino fundamental, as quais devem favorecer o respeito a diferentes manifestações religiosas e filosofias de vida e contribuir para a formação de cidadãos que tenham uma posição mais esclarecida com relação aos discursos e às práticas de intolerância religiosa, de discriminação e de violência de todos os tipos:

1] Conhecer os aspectos estruturantes das diferentes tradições/movimentos religiosos e filosofias de vida, a partir de pressupostos científicos, filosóficos, estéticos e éticos.

2) Compreender, valorizar e respeitar as manifestações religiosas e filosofias de vida, suas experiências e saberes, em diferentes tempos, espaços e territórios.

3) Reconhecer e cuidar de si, do outro, da coletividade e da natureza, enquanto expressão de valor da vida.

4) Conviver com a diversidade de crenças, pensamentos, convicções, modos de ser e viver.

5) Analisar as relações entre as tradições religiosas e os campos da cultura, da política, da economia, da saúde, da ciência, da tecnologia e do meio ambiente.

6) Debater, problematizar e posicionar-se frente aos discursos e práticas de intolerância, discriminação e violência de cunho religioso, de modo a assegurar os direitos humanos no constante exercício da cidadania e da cultura de paz. (Brasil, 2018, p. 437)

Para tanto, o documento enfatiza que é preciso abordar a diversidade religiosa sem desconsiderar a existência de filosofias de vida seculares e, até mesmo, do ateísmo e do agnosticismo. A BNCC propõe, ainda, conteúdos, unidades temáticas e habilidades de acordo com os anos do ensino fundamental, embora seja importante ressaltar que estes não são elencados para serem tomados como modelo absoluto, uma vez que os currículos regionais podem dialogar com o que é proposto no documento. Dessa forma, são respeitadas as diferentes realidades da Federação, cabendo aos estados e municípios a definição de conteúdos e metodologias e a seleção de professores, conforme previsto em lei.

Síntese

Neste capítulo, buscamos esclarecer, primeiramente, a diferença entre os termos *aula de religião* e *ensino religioso*. O primeiro caso é caracterizado pelo ensino doutrinador, que ocorre nos espaços sagrados de determinadas religiões, ao passo que o segundo é um componente curricular, ministrado em sala de aula e vinculado às demais ciências estudadas nas escolas. Conforme demonstramos, a Base Nacional Comum Curricular (BNCC) define o ensino religioso como área do conhecimento.

Também examinamos as diversas vertentes de ensino religioso (confessional, multiconfessional e aconfessional). Além disso, abordamos duas instituições que marcaram profundamente a história do ensino religioso: a Associação Inter-Religiosa de Educação (Assintec) e o Fórum Nacional Permanente de Ensino Religioso (Fonaper), indicando suas contribuições para a escolarização da disciplina.

Indicações culturais

Livros

ARANHA, M. L. de A. **História da educação**. 2. ed. São Paulo: Moderna, 1996.

Nessa obra, a autora apresenta os principais momentos da história da educação brasileira, indicando as escolhas pedagógicas e o desenvolvimento de suas abordagens.

COSTELLA, D. O fundamento epistemológico do ensino religioso. In: JUNQUEIRA, S.; WAGNER, R. (Org.) **O ensino religioso no Brasil**. Curitiba: Champagnat, 2004. p. 97-107. Disponível em: <http://www.ensinoreligioso.seed.pr.gov.br/arquivos/File/hai/fundamento_epistemologico.pdf>. Acesso em: 22 jul. 2020.

Nesse capítulo, Costella aborda transformações sociais, políticas e culturais que ocorreram a nível mundial e sua influência no ensino religioso.

Atividades de autoavaliação

1. Analise as afirmações a seguir e assinale V para as verdadeiras e F para as falsas.

[ ] A Associação Inter-Religiosa de Educação (Assintec) promove eventos e encontros de diálogo inter-religioso com o intuito de fomentar a participação de diferentes religiões no processo de implementação do ensino religioso como área do conhecimento.

[ ] O Fórum Nacional Permanente de Ensino Religioso (Fonaper) caracteriza-se como um espaço no qual profissionais buscam problematizar e desenvolver aspectos pedagógicos do Ensino Religioso.

[ ] A diretoria da Assintec é composta por membros de igrejas cristãs que visam fomentar o ecumenismo, o ensino religioso confessional e os valores da doutrina cristã.

[ ] A Assintec é uma associação que representa a sociedade civil organizada, formada por representantes de diversas organizações religiosas.

[ ] A Base Nacional Comum Curricular (BNCC) concebe o ensino religioso como uma área do conhecimento. De acordo com esse documento, os docentes dessa disciplina devem ser licenciados na área de ciências humanas, preferencialmente em ciência da religião.

Agora, assinale a alternativa que apresenta a sequência correta:

a) V, F, V, V, F.
b) V, V, F, V, V.
c) F, F, V, V, F.
d) V, F, F, F, F.
e) F, V, V, V, V.

2. Tendo em vista as competências gerais do Ensino Religioso propostas pela Base Nacional Comum Curricular (BNCC), analise as afirmações a seguir e assinale V para as verdadeiras e F para as falsas.

[ ] Propiciar conhecimentos sobre o direito à liberdade de consciência e de crença, tendo em vista o propósito de promoção dos direitos humanos.

[ ] Desenvolver competências que contribuam para a doutrinação de cada aluno em sua própria religião.

[ ] Contribuir para que os educandos construam a própria concepção de vida, seus princípios éticos e sua cidadania.

[ ] Propiciar doutrinação e fundamentalismo religioso para difundir os valores de certas igrejas.

[ ] Contribuir para que os ensinamentos morais do cristianismo e a confissão de fé se difundam na escola pública.

Agora, assinale a alternativa que apresenta a sequência correta:

A] V, F, V, F, F.
B] F, V, F, V, F.
C] F, F, V, V, V.
D] V, V, F, F, V.
E] F, V, V, V, F.

3. Além das competências gerais, a Base Nacional Comum Curricular (BNCC) apresenta competências específicas para o ensino fundamental, as quais evidenciam a importância de se respeitar as diferentes manifestações religiosas e filosofias de vida. Tendo em vista essa afirmação, analise as afirmações a seguir e assinale V para as verdadeiras e F para as falsas.

[ ] É preciso conhecer os aspectos estruturantes de diferentes tradições e movimentos religiosos e filosofias de vida, tendo em vista pressupostos científicos, filosóficos, estéticos e éticos.

[ ] Deve-se compreender, valorizar e respeitar manifestações religiosas e filosofias de vida, bem como suas experiências e seus saberes em diferentes tempos, espaços e territórios.

[ ] É importante problematizar e posicionar-se diante de discursos relativistas, de modo que os direitos da comunidade cristã sejam assegurados, tendo em vista sua trajetória na formação da religiosidade brasileira.

[ ] É imprescindível adquirir conhecimentos sobre o direito à liberdade de consciência e de crença no que se refere ao propósito de promoção dos direitos humanos.

[ ] É necessário analisar as relações entre as tradições religiosas e os campos da cultura, da política, da economia, da saúde, da ciência, da tecnologia e do meio ambiente.

Agora, assinale a alternativa que apresenta a sequência correta:

A] V, F, V, V, F.
B] F, V, F, F, F.
C] V, V, F, V, V.
D] V, F, F, V, V.
E] F, V, V, V, F.

4. Considerando as diferenças entre *aula de religião* e *ensino religioso*, analise as afirmações a seguir e assinale V para as verdadeiras e F para as falsas.

[ ] As aulas de religião são uma forma de difusão e de promoção de determinada doutrina religiosa.

[ ] A responsabilidade pelo currículo das aulas de Ensino Religioso é da Igreja Católica, sediada no Estado do Vaticano.

[ ] Os conteúdos das aulas de religião, derivados da teologia, são substancialmente diferentes daqueles do ensino religioso escolar.

[ ] O objetivo do ensino religioso é fomentar o respeito à diversidade cultural e religiosa, vedadas quaisquer formas de proselitismo.
[ ] O lugar das tradicionais aulas de religião é o espaço privado das igrejas e dos templos, e não as escolas públicas.

Agora, assinale a alternativa que apresenta a sequência correta:

A) V, F, V, V, V.
B) V, V, F, F, F.
C) F, F, V, V, F.
D) V, F, F, V, V.
E) F, V, V, V, F.

5. Analise as afirmações a seguir e assinale V para as verdadeiras e F para as falsas.

[ ] Doutrinação religiosa é uma forma de ensino que promove a diversidade cultural sem proselitismo.
[ ] O ensino religioso escolar deve fomentar o respeito à diversidade religiosa e a superação do preconceito.
[ ] O ensino religioso confessional é uma forma de catequização ou de doutrinação religiosa.
[ ] *Doutrinação* significa aquilo que é ensinado sem proporcionar questionamentos. Trata-se da absorção de um conjunto de crenças e ensinamentos comumente religioso.
[ ] Cabe aos estados e aos municípios a definição dos conteúdos e critérios para a seleção de professores de ensino religioso.

Agora, assinale a alternativa que apresenta a sequência correta:

A) V, F, V, F, V.
B) F, V, F, V, F.
C) F, F, V, V, F.
D) V, V, F, F, F.
E) F, V, V, V, V.

Atividades de aprendizagem

Questões para reflexão

1. Qual a importância de o Ensino Religioso ser tratado no currículo escolar como ciência vinculada às demais áreas do conhecimento?

2. Entre os objetos de estudo do ensino religioso, quais você considera mais importantes no sentido de instituir, nas escolas, uma cultura de não preconceito? Justifique sua resposta.

Atividades aplicadas: prática

1. Escolha um dos capítulos do livro *Ensino religioso: diversidade cultural e religiosa* e analise como as atividades práticas possibilitam o desenvolvimento dos conteúdos referentes às diferentes religiões. Depois, pesquise os lugares sagrados de duas religiões não contempladas na obra e escreva um texto dissertativo, abordando os dados da sua pesquisa.

PARANÁ. Secretaria de Estado da Educação. Superintendência da Educação. **Ensino religioso**: diversidade cultural e religiosa. Curitiba, 2013. Disponível em: <http://www.ensinoreligioso.seed.pr.gov.br/arquivos/File/livro_er_19_3_2015.pdf>. Acesso em: 22 jul. 2020.

2. Leia o encaminhamento metodológico das Diretrizes Curriculares do Paraná para o Ensino Religioso.

PARANÁ. Secretaria de Estado da Educação. **Diretrizes Curriculares da Educação Básica**: Ensino Religioso. 2008. Disponível em: <http://www.educadores.diaadia.pr.gov.br/arquivos/File/diretrizes/dce_er.pdf>. Acesso em: 22 jul. 2020.

Em seguida, responda às seguintes questões:

A] Identifique se, no capítulo analisado na atividade anterior, foram seguidos os passos metodológicos propostos nessas diretrizes.

B] Elabore um texto para explicar como as competências específicas propostas nas diretrizes estão vinculadas à nova redação do art. 33 da Lei de Diretrizes e Bases da Educação Nacional (LDBEN) – Lei n. 9.475, de 22 de julho de 1997 (Brasil, 1997).

ENSINO RELIGIOSO ESCOLAR E O RESPEITO À DIVERSIDADE CULTURAL E RELIGIOSA

Como mencionamos nos capítulos anteriores, as aulas de religião, de catequese, de ensino religioso confessional e outros modelos de doutrinação têm um lugar específico, que é a esfera privada de templos, igrejas, mesquitas, sinagogas, sociedades, terreiros, entre outros lugares sagrados e de pregação religiosa. Contudo, quando pensamos em ensino religioso escolar, devemos ter em mente a função da escola, os conhecimentos a serem desenvolvidos nesse foro, a metodologia apropriada e a formação adequada dos profissionais dessa área.

Por isso, neste capítulo, abordaremos de forma mais detalhada o Ensino Religioso como componente curricular, tendo em vista os documentos oficiais que fundamentam essa disciplina e suas principais metodologias. Também buscaremos salientar a importância de destinar o ensino confessional ao espaço específico de cada religião.

3.1 Objetivos e desafios do ensino religioso como área do conhecimento

O ensino religioso escolar não pode ser um organismo estranho dentro do sistema educacional, visto que, como uma disciplina escolar, faz parte do currículo das escolas. Em outras palavras, muito mais do que uma disciplina isolada, trata-se de um componente curricular, o qual deve dialogar com os outros saberes do currículo de modo interdisciplinar. Nesse sentido, os sistemas de ensino, na construção de seus currículos, na elaboração de seus conteúdos e de suas metodologias, devem considerar as diferentes realidades e os públicos de cada escola.

PARA REFLETIR

A educação, como também é o caso das ciências, deve estar [...] em constante processo de revisão. Vive-se, hoje, numa época em que a consciência da diversidade cultural entre os países e no seio das suas comunidades se acentuou. Nunca, como no presente momento histórico, o respeito à diversidade cultural foi tão reivindicado. Há uma crescente consciência da necessidade de unidade em torno do destino do homem em todo o planeta e das radicais diferenças culturais em cada povo. Diante deste contexto, aparentemente contraditório, faz-se premente um repensar generalizado da educação e da escola. Nas últimas décadas, a tarefa dos educadores também necessitou passar pela mesma revisão que atingiu a educação em geral.

Neste contexto, encontra-se o processo de escolarização do Ensino Religioso. Anteriormente, o trabalho realizado na escola era uma transposição do que se realizava na paróquia. O modelo caracterizava-se, antes de tudo, num código doutrinal (dogma, moral, sacramentos), de verdade sobrenatural diretamente revelada por Deus. O professor, com autoridade dada pela Igreja, apresentava um catecismo segundo uma linguagem neoescolástica, isto é, uma linguagem escolar permeada pela linguagem religiosa. A catequese era concebida, sobretudo, como uma introdução sistemática e orgânica desse complexo doutrinal do catecismo, cuja finalidade primeira era o conhecimento exato e intelectual das doutrinas de fé.

Na prática, esse tipo de catequese se exprimia na escola por meio da memorização e da reprodução das perguntas e respostas do catecismo oficial. O caráter intelectual ou cognitivo dessa catequese era absolutamente dominante, devido à forte presença da igreja católica nas escolas. A formulação exata e integral deste código doutrinal era reservada ao magistério da Igreja e vinha aprofundada pela teologia.

Progressivamente, aconteceu a introdução de novas implicações econômicas, sociais, políticas e culturais que influenciaram a seleção de conteúdos e de estratégias de ensino. Passou a existir uma atenção em entender a experiência do educando. A fidelidade ao ser humano partiu da preocupação em compreender o processo de ensino e de aprendizagem, buscando procedimentos didáticos mais apropriados ao desenvolvimento do humano enquanto humano.

Em decorrência desses aspectos, o Ensino Religioso sofreu um lento processo de alterações, passando, entre outros momentos, pelas aulas de ética e de valores. Em consequência de um processo de desenvolvimento fomentado pelas exigências econômicas, o país e sua população tiveram de entrar num movimento de autocompreensão, do qual se concluiu a necessidade de se valorizar a riqueza da diversidade nacional, inclusive do elemento religioso, remetendo, neste momento, ao estudo do conhecimento religioso em toda a sua diversidade.

Fonte: Paraná, 2006a, p. 12-13.

É importante entender a laicidade do Estado sem excluir o fenômeno religioso dos estudos escolares e sem deixar de trabalhá-lo como área do conhecimento. Deve-se, portanto, aceitar que esse conhecimento faz parte da formação básica dos cidadãos, embora deva ser trabalhado de maneira neutra e objetiva. É preciso haver bom senso ao se desenvolver conteúdos relacionados à ciência da religião e às suas abordagens metodológicas, e os profissionais que ministram esses conhecimentos devem ser licenciados preferencialmente em Ciência da Religião.

Preste atenção!

- **Constituição Federal de 1988 (Brasil, 1988)**: proíbe relações de dependência ou de apadrinhamento do Estado com relação a religiões – o que configura a laicidade do Estado.
- **Lei de Diretrizes e Bases da Educação Nacional – LDBEN (Brasil, 1996)**: proíbe quaisquer formas de proselitismo e de doutrinação religiosa na educação pública.
- **Base Nacional Comum Curricular – BNCC (Brasil, 2018)**: corrobora o que é estabelecido nos documentos citados anteriormente.

Muitos currículos estaduais e municipais, construídos por professores e técnicos pedagógicos, encaminham-se na direção das legislações citadas.

Sendo o Brasil um país de proporções continentais, há diversidade de etnias, de religiosidades e de expectativas de aprendizagem. Portanto, é preciso ter em mente o que Ribeiro (1995) chama de **formação do povo brasileiro**, conceito que leva em consideração a presença dos pluralismos indígena e afro-brasileiro e da miscigenação com imigrantes europeus e orientais no contexto brasileiro.

Os professores de Ensino Religioso devem evitar colocar suas crenças como verdade, devendo apresentar conteúdos de maneira isenta, informativa e formativa. Quando em sala de aula, as convicções e as crenças do professor são irrelevantes, pois seu papel não é doutrinar ou pregar aquilo em que acredita. Cabe aos professores, nesse sentido, a adoção de uma metodologia fenomenológica, dialética, que leve em consideração o pluralismo religioso do Brasil e do mundo.

O ensino religioso escolar deve fomentar o respeito à diversidade religiosa e trabalhar para superar toda forma de preconceito e de discriminação, o que é coerente com os objetivos de uma escola pública de qualidade.

3.1.1 Superação do ensino confessional

Um dos principais desafios do ensino religioso como área do conhecimento é a superação das tradicionais aulas de religião, pautadas na doutrinação religiosa, como no caso do ensino de valores cristãos. Por mais que essa prática se justifique mediante uma suposta moralidade, acaba por aprofundar preconceitos e a discriminação em relação àqueles que pensam de maneira diferente ou adotam uma forma de crer em que não há religiosidade hegemônica, como podemos observar nas Diretrizes Curriculares de Ensino Religioso do Paraná:

> Nesse sentido, um dos grandes desafios da escola e da disciplina de Ensino Religioso é efetivar uma prática de ensino voltada para a superação do preconceito religioso, como também desprender-se do seu histórico confessional catequético, para a construção e consolidação do respeito à diversidade cultural e religiosa. Um Ensino Religioso de caráter doutrinário, como ocorreu no Brasil Colônia e no Brasil Império, estimula concepções de mundo excludentes e atitudes de desrespeito às diferenças culturais e religiosas. (Paraná, 2008, p. 45-46)

Em se tratando de um ensino pautado no conhecimento sobre a diversidade religiosa, considerando-se lugares sagrados, textos, símbolos, ritos e rituais, festas religiosas e diferentes preceitos, outro desafio é entender que o profissional não precisa ser "religioso" ou catequista. Assim como no caso de outras disciplinas, o importante é que o docente seja licenciado na área de ciências humanas ou em Ciência da Religião, e que tenha capacidade para abordar as diferenças religiosas com respeito e alteridade.

Como demonstramos no capítulo anterior, o ensino religioso já contou com diversos modelos, como o catequético, o confessional e o multi/interconfessional. Justamente por isso, se não for bem trabalhado, pode ser palco de segregação e de discriminação religiosa, visto que o professor pode acabar executando, em um espaço plural, o ensino de determinado credo em detrimento de outros. Contudo, vale ressaltar que a escola pode e deve ser um espaço privilegiado para a superação dessas circunstâncias. Segundo Costella (2004, p. 101-102), é por meio do conhecimento que construímos pressupostos para o diálogo: "O papel da religião é central na construção da visão coletiva e individual das realidades, assim como nos processos de identificação e distinção dos indivíduos e grupos ao longo da história e em espaços diferentes".

A violência da colonização e da catequização de indígenas, negros, mestiços e pardos – ou seja, do "outro" – não pode ser perpetuada nos sistemas escolares, que devem se tornar espaços privilegiados de respeito às diferenças.

3.2 Matrizes fundacionais da religiosidade no Brasil

Antes de nos aprofundarmos, vale ressaltar que existem algumas questões que são bastante recorrentes em cursos de formação continuada de professores da área de ensino religioso, as quais estão relacionadas à problemática que abordamos nesta obra.

- Como e de que maneira garantir o trabalho com a diversidade religiosa em sala de aula?
- Quais religiões devem ser abordadas para que a diversidade seja, de fato, respeitada?
- Quantas e quais religiões devem ser trabalhadas para que contemplemos a diversidade?
- Existe uma gama variada de instituições religiosas que se intitulam cristãs. Como abordar essas instituições pode ser considerado um trabalho com a diversidade?
- Historicamente, os materiais provenientes de trabalhos etnocêntricos selecionam o que se denomina como *grandes religiões*. Nesse caso, seria um trabalho adequado abordar apenas organizações religiosas hegemônicas?

Segundo Ribeiro (1995, p. 17), a confluência de variadas matrizes étnicas no Brasil (indígenas, africanas, europeias etc.) deu origem a uma miscigenação cultural e a um pluralismo religioso que não podem mais ser ignorados no espaço escolar.

Como mencionado no Capítulo 1, o Brasil tem um imenso histórico de negação das formas de religiosidade não cristãs. Inicialmente, além de tratá-las como crendices e superstição, havia a catequização à força de povos indígenas, que eram obrigados a negar sua religiosidade. Percebe-se, então, a necessidade de entender e de fundamentar as origens daquilo que é o âmago do processo de construção da diversidade religiosa e espiritual da cultura brasileira.

Reconhecendo a existência de um número imenso de religiões, entendemos que, para dar conta dessa situação, precisamos compreender a formação da religiosidade brasileira e pensar a diversidade religiosa tendo em vista a construção histórica do Brasil. Além disso, com os novos paradigmas educacionais conquistados pela LDBEN e pela nova redação de seu art. 33 (Lei n. 9.475/1997), abriu-se o espaço escolar para o pluralismo religioso, que, atualmente, contempla religiões de quatro grandes matrizes fundacionais.

Vale ressaltar que nosso objetivo não é apresentar um estudo sobre a história da origem geográfica das religiões do mundo, pois, se fizéssemos essa análise, incorreríamos em um anacronismo cultural, visto que as religiões se adaptam à cultura em que se inserem, incorporando características dessa cultura e de sua religiosidade ancestral, mesmo tendo sua origem em outro local do globo: "do ponto de vista geográfico, a matriz indígena é ocidental, e o Cristianismo tem sua gênese no Oriente Médio. As religiões africanas estão em parte no Ocidente e [em] parte no Oriente, embora a África comumente seja dividida por meio da rotura subsaariana (abaixo e acima do Saara)" (Santos, 2016, p. 2).

Dessa forma, nossa análise deve partir do território brasileiro e de suas genealogias religiosas. Assim, colocamos aqui uma questão pouco explorada nos estudos sobre religião no Brasil: Qual é a religião brasileira?

3.2.1 Matriz indígena

Ao tratarmos da religiosidade dos povos originários, não é correto citarmos "a religião dos indígenas", porque não existe uma homogeneidade entre a crença desses povos, visto que cada um tem uma religiosidade particular, ainda que apresentem semelhanças com seus parentes étnicos:

> devemos fazer uma ressalva a partir do que nos aponta Pereira (2005), ao afirmar que o entendimento sobre religião adotado pelo Ocidente, na significação de religação com o transcendente, não se aplica à espiritualidade Guarani, pois os pertencentes a esse

povo não marcam espaço e tempo, dividindo-os em categorias de sagrado e profano, nos termos em que conceituou Mircea Eliade, em sua obra *O sagrado e o profano*, porque para os Guarani tudo é sagrado. (Santos, 2015, p. 5)

Apesar disso, utiliza-se o conceito de *religião* como uma maneira de aproximação da religiosidade dos povos indígenas brasileiros e da tradição judaico-cristã.

A negação e o desrespeito à religiosidade dos povos nativos brasileiros vem desde a época da invasão/colonização, algo que se justificou por meio da chamada *guerra justa*, que tinha como foco uma argumentação de caráter religioso, que camuflava o objetivo de invadir e dominar o território indígena e usurpar sua mão de obra, escravizando-a. Sobre esse assunto, Barcellos (1999, p. 15) afirma que

> As campanhas de guerra movidas pelos conquistadores contra os indígenas eram hipocritamente disfarçadas, tendo como principal objetivo a conversão do "gentio", a "salvação das almas" e a difusão da Igreja de Cristo [...]. Nos "descimentos de índios", comunidades inteiras eram retiradas de suas terras e aldeias, na maioria das vezes pela força das armas, pela persuasão ou até mesmo pela chantagem.

O termo *índio*, adotado para designar os povos nativos encontrados na América Pré-Colombiana, é fundamental para se analisar as relações sociais, políticas e econômicas desses povos durante e depois da colonização do Brasil. Além desse conceito, existem outros utilizados para descrevê-los, como *indígena, indigenista, nativo* e *ameríndio*, o que causa confusões que não são meramente linguísticas, visto que interferem diretamente na compreensão de como funcionava a estrutura familiar, a rede de parentescos e as relações sociais e econômicas desses povos.

A terminologia índio, segundo a explicação histórica usual dos livros didáticos, foi dada aos primeiros habitantes do continente americano antes do processo de colonização. A história convencional sugere que essa denominação é resultado de um acidente náutico de proporções geográficas[1]. Nesse contexto, ignorou-se a pluralidade étnica e cultural existente entre os povos nativos.

> **PRESTE ATENÇÃO!**
>
> O navegador italiano Cristóvão Colombo, em nome da Coroa Espanhola, empreendeu uma viagem em 1492 partindo da Espanha rumo às Índias, na época uma região da Ásia. Castigada por fortes tempestades, a frota ficou à deriva por muitos dias até alcançar uma região continental que Colombo imaginou que fossem as Índias, mas que na verdade era o atual continente americano. Foi assim que os habitantes encontrados nesse novo continente receberam o apelido genérico de "índios" ou "indígenas" que até hoje conservam. Deste modo, não existe nenhum povo, tribo ou clã com a denominação de índio. Na verdade, cada "índio" pertence a um povo, a uma etnia identificada por uma denominação própria, ou seja, a autodenominação, como o Guarani, o Yanomami etc.

Fonte: Brasil, 2006, p. 29-30.

Conforme apontado pela Organização das Nações Unidas (ONU, 1986, citada por Brasil, 2006, p. 27),

> as comunidades, os povos e as nações indígenas são aqueles que, contando com uma continuidade histórica das sociedades anteriores à invasão e à colonização que foi desenvolvida em seus territórios, consideram a si mesmos distintos de outros setores da sociedade, e estão decididos a conservar, a desenvolver

---

1 Atualmente, estudos têm desconstruído a versão de que a América foi descoberta em virtude de um erro náutico. De acordo com essas pesquisas, as invasões espanhola e portuguesa foram arquitetadas, ou seja, os navegantes já sabiam da existência do Novo Mundo.

e a transmitir às gerações futuras seus territórios ancestrais e sua identidade étnica, como base de sua existência continuada como povos, em conformidade com seus próprios padrões culturais, as instituições sociais e os sistemas jurídicos.

Embora os povos indígenas tenham negado no passado essa nomenclatura, sobretudo por entenderem seu caráter pejorativo, os atuais movimentos indígenas, organizados a partir da década de 1970, chegaram ao entendimento de que é importante aceitar as denominações genéricas *índio, povos indígenas* e *nativos brasileiros*, pois elas fortalecem uma identidade que une e viabiliza a demarcação territorial de todos os povos originários deste país. Esse posicionamento serve,

> principalmente, para demarcar a fronteira étnica e identitária entre eles, enquanto habitantes nativos e originários dessas terras, e aqueles com procedência de outros continentes, como os europeus, os africanos e os asiáticos. A partir disso, o sentido pejorativo de índio foi sendo mudado para outro positivo de identidade multiétnica de todos os povos nativos do continente. De pejorativo passou a uma marca identitária capaz de unir povos historicamente distintos e rivais na luta por direitos e interesses comuns. É neste sentido que hoje todos os índios se tratam como **parentes**. (Brasil, 2006, p. 30-31, grifo do original)

No entanto, essa ideia de união e fortalecimento da identidade não significa que os povos indígenas compartilham a mesma genética ou têm semelhanças étnicas e culturais; simplesmente significa que eles têm interesses e lutas em comum.

> Cada povo indígena constitui-se como uma sociedade única, na medida em que se organiza a partir de uma cosmologia particular própria que baseia e fundamenta toda a vida social, cultural, econômica e religiosa do grupo. Deste modo, a principal marca do

mundo indígena é a diversidade de povos, culturas, civilizações, religiões, economias, enfim, uma multiplicidade de formas de vida coletiva e individual. (Brasil, 2006, p. 31)

Essa ideia de parentesco ou de identidade similar está presente em alguns povos, como é o caso dos tupi-guaranis, que têm, além de um tronco linguístico em comum, familiaridades religiosas, geográficas e étnicas.

> Os Tupi-Guarani apresentam a situação inversa: tribos situadas a milhares de quilômetros uma das outras vivem do mesmo modo, praticam os mesmos rituais, falam a mesma língua. Um guarani do Paraguai se sentiria em terreno perfeitamente familiar entre os Tupi do Maranhão, distantes, entretanto, 4 mil km. (Clastres,1978, p. 58)

Apesar de todos os relatos encontrados sobre as características e os aspectos culturais do povo tupi-guarani, pouco se encontra sobre sua religiosidade. Alguns elementos ignorados pelos primeiros antropólogos e estudiosos, por não corresponderem ao que os colonizadores entendiam por religião, apresentam fortes indícios de um complexo religioso indígena.

3.2.2 Matriz europeia

Se a primeira e legítima matriz religiosa brasileira foi a indígena, a segunda matriz foi o cristianismo católico trazido da Europa ocidental[2].

Como mencionado no Capítulo 1, o cristianismo foi imposto aos povos nativos por meio das missões jesuíticas. Nesse contexto, o que mais se difundiu foi o cristianismo popular, caraterizado mais pela devoção aos santos e às santas do que pelo dogma doutrinal, como afirma Boff (2014):

---

2   Embora o cristianismo tenha surgido no Oriente Médio, a religião se desenvolveu na Europa.

a maior criação cultural feita no Brasil é representada pelo cristianismo popular. Colocados à margem do sistema político e religioso, os pobres, indígenas e negros deram corpo a sua experiência espiritual no código da cultura popular que se rege mais pela lógica do inconsciente e do emocional do que do racional e do doutrinário.

Por outro lado, Boff (2014) acusa a Igreja de fortalecer a domesticação de certas classes no Brasil a ponto de não questionarem a dominação e a exploração, legitimando até mesmo a escravidão como uma condição:

> Fundamentalmente o cristianismo colonial e imperial educou as classes senhoriais sem questionar-lhes o projeto de dominação e domesticou as classes populares para se ajustarem ao lugar que lhes cabia na marginalidade. Por isso a função do cristianismo foi extremamente ambígua, mas sempre funcional ao *status quo* desigual e injusto. Raramente foi profético. No caso da escravidão foi francamente legitimador de uma ordem iníqua. (Boff, 2014)

3.2.3 Matriz africana

A terceira matriz fundante da religiosidade brasileira é a africana. Obrigados a entrar nas galeras dos navios vindos da África, os negros escravizados trouxeram o culto aos orixás, mas também a religião muçulmana, da qual muitos povos africanos eram e ainda são praticantes.

Segundo o pensador brasileiro Gilberto Freyre (2003), temos uma herança cultural de origem africana, presente na culinária e também na religiosidade do povo brasileiro, percebida no sincretismo entre os santos da Igreja Católica e os orixás.

No Brasil, fortaleceu-se o candomblé, que, embora seja uma religião de matriz africana, não é praticada na África da mesma forma que é praticada aqui; e a umbanda, que coaduna elementos da crença nos orixás, da pajelança indígena e do cristianismo tanto católico quanto espírita.

Aqui, cabe citarmos o **Estatuto da Igualdade Racial**, regulamentado pela Lei n. 12.288, de 20 de julho de 2010 (Brasil, 2010a), que defende expressamente o direito à não discriminação das religiões de matriz africana:

> Art. 23. É inviolável a liberdade de consciência e de crença, sendo assegurado o livre exercício dos cultos religiosos e garantida, na forma da lei, a proteção aos locais de culto e a suas liturgias.
>
> Art. 24. O direito à liberdade de consciência e de crença e ao livre exercício dos cultos religiosos de matriz africana compreende:
>
> I – a prática de cultos, a celebração de reuniões relacionadas à religiosidade e a fundação e manutenção, por iniciativa privada, de lugares reservados para tais fins;
>
> [...]
>
> Art. 26. O poder público adotará as medidas necessárias para o combate à intolerância com as religiões de matrizes africanas e à discriminação de seus seguidores, especialmente com o objetivo de:
>
> I – coibir a utilização dos meios de comunicação social para a difusão de proposições, imagens ou abordagens que exponham pessoa ou grupo ao ódio ou ao desprezo por motivos fundados na religiosidade de matrizes africanas; (Brasil, 2010a)

Optamos por enfatizar essa lei porque, no Brasil, os lugares sagrados das religiões de matriz africana, de manutenção e de reafirmação da identidade e da cultura dos povos herdeiros da tradição africana, vêm sendo historicamente perseguidos, invadidos e profanados.

3.2.4 Matriz oriental

A inserção da última matriz religiosa que compõe a religiosidade brasileira ocorreu no processo de imigração dos povos orientais. O processo se iniciou com a imigração dos japoneses, que eram predominantemente budistas, e posteriormente se expandiu com a imigração de outros povos:

> O budismo desembarca nas terras tupiniquins no início do século XX e é a organização religiosa mais antiga e numerosa no Brasil, dentre as religiões de matriz oriental. Segundo o Censo de 2010, são 243.966 mil praticantes no Brasil. O Budismo que mais prospera no Brasil é o Tibetano, liderado pela sua santidade o Dalai Lama. (Santos, 2016, p. 3-4)

Além dos budistas, chegaram ao Brasil japoneses de outras religiões, dando início a movimentos como a Igreja Messiânica Mundial do Brasil, que começou a se desenvolver a partir de 1955. Com o passar do tempo, ampliou-se o rol de crenças orientais na formação da religiosidade brasileira, com religiões como o Seicho-no-ie (de origem japonesa), o Movimento Hare Krishna (de origem indiana) e a Fé bahá'í (de origem persa).

3.3 Tratamento escolar das matrizes formadoras da religiosidade brasileira

A **LDBEN** orienta a oferta de disciplinas e de conteúdos para as escolas regulares da União e salienta a importância de se trabalhar a história e a cultura dos povos que têm influência na formação do povo brasileiro. Para isso, utiliza o conceito de **matrizes culturais e religiosas**. A nova redação do art. 26, dada pela Lei n. 11.645, de 10 de março de 2008, determina o seguinte:

Art. 26-A. Nos estabelecimentos de ensino fundamental e de ensino médio, públicos e privados, torna-se obrigatório o estudo da história e cultura afro-brasileira e indígena.

§ 1° O conteúdo programático a que se refere este artigo incluirá diversos aspectos da história e da cultura que caracterizam a formação da população brasileira, a partir desses dois grupos étnicos, tais como o estudo da história da África e dos africanos, a luta dos negros e dos povos indígenas no Brasil, a cultura negra e indígena brasileira e o negro e o índio na formação da sociedade nacional, resgatando as suas contribuições nas áreas social, econômica e política, pertinentes à história do Brasil.

§ 2° Os conteúdos referentes à história e cultura afro-brasileira e dos povos indígenas brasileiros serão ministrados no âmbito de todo o currículo escolar, em especial nas áreas de educação artística e de literatura e história brasileiras. (Brasil, 2008)

Da mesma maneira, o **Programa Nacional de Direitos Humanos** estabelece a valorização e o estudo da história das culturas africana e indígena como forma de resgatar a memória de formação do povo brasileiro. Além de possibilitar o respeito à diversidade e à luta contra o preconceito e a discriminação, essa ação visa garantir a laicidade do Estado, que, além de prever o direito à liberdade religiosa, não deve adotar uma religião em detrimento de outras.

Objetivo estratégico VI:

Respeito às diferentes crenças, liberdade de culto e garantia da laicidade do Estado.

Ações programáticas:

A] Instituir mecanismos que assegurem o livre exercício das diversas práticas religiosas, assegurando a proteção do seu espaço físico e coibindo manifestações de intolerância religiosa.

[...]

Recomendação: Recomenda-se aos estados e ao Distrito Federal a criação de Conselhos para a diversidade religiosa e espaços de debate e convivência ecumênica para fomentar o diálogo entre estudiosos e praticantes de diferentes religiões.

[...]

B] Promover campanhas de divulgação sobre a diversidade religiosa para disseminar [a] cultura da paz e de respeito às diferentes crenças.

[...]

D] Estabelecer o ensino da diversidade e história das religiões, inclusive as derivadas de matriz africana, na rede pública de ensino, com ênfase no reconhecimento das diferenças culturais, promoção da tolerância e na afirmação da laicidade do Estado. (Brasil, 2010c)

Portanto, abordar as quatro matrizes fundacionais da religiosidade brasileira nas aulas de Ensino Religioso é uma forma de superar as tradicionais aulas de religião e de fomentar o conhecimento e o respeito. Dessa forma, é possível desenvolver o exercício da cidadania para conscientização dos educandos com relação aos seus direitos e deveres em uma sociedade democrática e republicana.

3.4 Metodologia fenomenológica/dialética

Os encaminhamentos metodológicos para um ensino religioso adequado à LDBEN e à BNCC não podem mais ser pautados nas pedagogias catequéticas das aulas confessionais de religião. Assim, é imprescindível propor um encaminhamento metodológico que não se restrinja a apresentar fórmulas prontas, conteúdos ou materiais ligados à teologia ou à educação religiosa de instituições religiosas específicas. Nas aulas de religião, as metodologias eram fundamentadas na pedagogia tradicional e os conteúdos eram transmitidos sem questionamentos ou ressignificação.

Contudo, para desenvolver o conhecimento sobre a diversidade religiosa e superar as práticas tradicionais do ensino confessional, é preciso fazer uma verdadeira "revolução copernicana" (Kant, 1999).

> **PRESTE ATENÇÃO!**
>
> O termo *revolução copernicana* está ligado à teoria heliocêntrica – de que os planetas giram em torno do Sol –, desenvolvida pelo astrônomo Nicolau Copérnico (1473-1543). Essa teoria substituiu o modelo antigo, de Ptolomeu, segundo o qual a Terra ocupava o centro do Universo.

Levando em conta esses fatores, propomos uma metodologia fenomenológica, visto que, na fenomenologia, não se procura saber se um juízo é verdadeiro. Não se trata de julgar crenças ou de avaliar sua veracidade, mas de estudar os fatos religiosos conforme se apresentam: verdadeiros para quem acredita.

> **IMPORTANTE!**
>
> **Fenômenos** são manifestações sociais e culturais, as quais constituem objetos de estudo – portanto, não cabe a aceitação ou a negação de suas características. Devemos conhecê-los para poder ampliar nosso horizonte de conhecimento e, assim, desenvolver o respeito e a alteridade. De acordo com Husserl, o fenômeno é apenas a "própria coisa" e o que ela revela em sua intuição original (Fragata, 1956). Com isso, devolvemos as coisas a elas mesmas, respeitando a religiosidade alheia porque é sagrada para o outro.

Na relação entre professor e aluno, deve haver respeito e alteridade, caso contrário, trata-se de doutrinação. Portanto, no ensino religioso escolar, o encaminhamento metodológico deve ser pautado no diálogo e na dialética, de modo que as aulas partam daquilo que o discente sabe ou acredita que sabe, de seus conhecimentos prévios, para que, posteriormente, ele consiga superar a posição inicial. Segundo Saviani (1991), frequentemente os conhecimentos prévios dos alunos são compostos por uma visão de senso comum, empírica, sincrética, na qual quase tudo aparece como natural.

Nessa abordagem, o professor não é um doutrinador ou detentor do saber, mas um mediador dos conhecimentos e das informações que o aluno já detém e dos conhecimentos e conteúdos que serão abordados em sala de aula.

O primeiro momento requer **pesquisa e estudos** tanto da realidade dos estudantes e da comunidade quanto das principais questões que emergem da sociedade. Trata-se da "identificação dos principais problemas postos pela prática social", de "detectar que questões precisam ser resolvidas no âmbito da prática social e, em consequência, que conhecimento é necessário dominar" (Saviani, 1991, p. 80).

> Sugere-se que o professor faça um levantamento de questões ou problemas envolvendo essa temática para que os alunos identifiquem o quanto já conhecem a respeito do conteúdo, ainda que de forma caótica. Evidencia-se, assim, que qualquer assunto a ser desenvolvido em aula está, de alguma forma, presente na prática social dos alunos. (Paraná, 2008, p. 65-66)

O segundo momento exige a **mobilização do aluno** para a construção do conhecimento por meio de abordagens teóricas do conteúdo e da contextualização histórica, política e social do tema da aula.

O terceiro momento é composto pela **avaliação processual** do que foi desenvolvido em sala de aula, realizada com atividades lúdicas e dinâmicas que possibilitem perceber em que medida a aula levou à superação de preconceitos: "É preciso respeitar o direito à liberdade de consciência e a opção religiosa do educando, razão pela qual a reflexão e a análise dos conteúdos valorizarão aspectos reconhecidos como pertinentes ao universo do Sagrado e da diversidade sociocultural" (Paraná, 2008, p. 66).

Portanto, para termos uma disciplina, de fato, escolar e própria de uma república democrática, precisamos considerar, além de conteúdos sobre a diversidade religiosa, encaminhamentos pedagógicos coerentes com essa proposta, que possibilitem aos alunos passar da síncrese à síntese, ressignificando os saberes e caminhando em direção ao respeito a todas as formas de crença e de pensamento.

Síntese

Neste capítulo, tratamos da importância do ensino religioso escolar no que se refere ao respeito à diversidade cultural e religiosa. Um dos desafios enfrentados para essa mudança de paradigma é caminhar em direção a um ensino tipicamente escolar, com conteúdos pedagógicos que permitam a superação das aulas confessionais.

Abordamos também a rica diversidade religiosa brasileira, formada por elementos de quatro grandes matrizes (indígena, ocidental, africana e oriental), as quais influenciaram a constituição de uma religiosidade plural e sincrética.

Tendo em vista essas questões, esclarecemos o objetivo da disciplina de Ensino Religioso: fomentar o respeito às diversas formas de crer, bem como àqueles que não têm crença nenhuma. Dessa forma, é possível transcender o interior da escola e alcançar objetivos globais de civilidade e cidadania.

Indicações culturais

Livros

RIBEIRO, D. **O povo brasileiro**: a formação e o sentido do Brasil. 2. ed. São Paulo: Companhia das Letras, 1995.

Nessa obra, Darcy Ribeiro retrata a formação do povo brasileiro, apontando a influência das matrizes indígenas e africanas como nunca havia sido feito até então.

BITTENCOURT FILHO, J. **Matriz religiosa brasileira**: religiosidade e mudança social. Petrópolis: Vozes; Rio de Janeiro: Koinonia, 2003. Disponível em: <http://periodicos.est.edu.br/index.php/estudos_teologicos/article/view/548/509>. Acesso em: 14 ago. 2020.

Essa obra apresenta aspectos da formação da religiosidade brasileira por meio do conceito de *matriz*. Nela, o autor trata dos povos indígenas e africanos e dos cristãos católicos e protestantes.

Atividades de autoavaliação

1. Analise as afirmações a seguir e assinale V para as verdadeiras e F para as falsas.

   [ ] Um dos grandes desafios do ensino religioso é a superação das tradicionais aulas de religião.
   [ ] O ensino religioso escolar deve se desprender de seu histórico confessional.
   [ ] Um dos grandes desafios da escola e da disciplina de Ensino Religioso é propiciar o encontro com os deuses e a transcendência.
   [ ] O professor tem o direito de professar a própria fé dentro das aulas de Ensino Religioso.
   [ ] Visto que o Brasil é um Estado cristão, as aulas de religião nas escolas públicas devem ter caráter confessional.

Agora, assinale a alternativa que corresponde à sequência correta:

A] V, V, F, F, F.
B] F, V, F, V, F.
C] F, F, V, V, F.
D] V, F, F, F, F.
E] F, V, V, V, V.

2. Analise as afirmações a seguir e assinale V para as verdadeiras e F para as falsas.

[ ] No processo de colonização do Brasil, a religiosidade dos nativos foi respeitada e garantida na forma da lei.

[ ] O povo brasileiro surgiu do entrechoque do invasor português com índios silvícolas e de campeiros com negros africanos.

[ ] O ensino religioso catequético tem a função de combater a discriminação religiosa contra indígenas e negros.

[ ] No Brasil, há uma herança cultural e religiosa de origem africana, presente na culinária e na religiosidade do povo brasileiro.

[ ] O cristianismo que mais se difundiu no Brasil foi o cristianismo popular, ligado à devoção aos santos e às santas.

Agora, assinale a alternativa que corresponde à sequência correta:

A] V, F, V, F, F.
B] F, V, F, V, V.
C] F, F, V, V, F.
D] V, V, F, F, V.
E] F, V, V, V, F.

3. Tendo em vista as quatro matrizes fundacionais da religiosidade brasileira, analise as afirmações a seguir e assinale V para as verdadeiras e F para as falsas.

[ ] O Ensino Religioso deve abordar as diferentes religiões que formaram a religiosidade do povo brasileiro, provenientes das matrizes indígena, ocidental, africana e oriental.

[ ] A primeira matriz religiosa presente no Brasil foi trazida pelos colonizadores portugueses e espanhóis e deu origem à religiosidade brasileira, aglutinando as religiões protestantes que aqui chegaram pela imigração.

[ ] A religiosidade brasileira é formada pelo cristianismo católico somado à contribuição dos protestantes e das igrejas neopentecostais.

[ ] A religiosidade brasileira é formada pelas diferentes igrejas cristãs evangélicas em sincretismo às demais igrejas protestantes.

[ ] A religiosidade indígena foi negada durante o processo de colonização e sofre, ainda hoje, preconceito e discriminação.

Agora, assinale a alternativa que corresponde à sequência correta:

A] V, F, V, F, F.
B] F, V, F, F, V.
C] F, F, V, V, F.
D] V, F, F, F, V.
E] F, V, V, V, F.

4. Tendo em vista as características do ensino religioso escolar e das aulas de religião, analise as afirmações a seguir e assinale V para as verdadeiras e F para as falsas.

[ ] A Lei de Diretrizes e Bases da Educação Nacional (LDBEN) apontou para um novo paradigma na educação brasileira no que diz respeito à disciplina de Ensino Religioso.

[ ] A liberdade religiosa depende da relação de união entre os poderes temporais e seculares (Estado e Igreja).

[ ] Aulas de religião, catequese e ensino confessional têm lugares próprios, que são templos, igrejas, mesquitas, sinagogas etc.

[ ] *Catequese* significa "explicação oral e metódica dos mistérios da fé cristã", e visa provocar a conversão ou a adesão pessoal ao dogma católico.

[ ] Aulas confessionais de religião podem aumentar a intolerância religiosa em escolas públicas, visto que há diferentes maneiras de crer.

Agora, assinale a alternativa que corresponde à sequência correta:

A] V, F, V, V, V.
B] F, V, F, F, V.
C] F, F, V, V, V.
D] V, F, F, F, V.
E] F, V, V, F, V.

5. Os encaminhamentos metodológicos para o Ensino Religioso, de forma adequada à Lei de Diretrizes e Bases da Educação Nacional (LDBEN) e à Base Nacional Comum Curricular (BNCC), não podem ser mais pautados nas pedagogias catequéticas das aulas confessionais de religião. Tendo em vista essa metodologia, analise as afirmações a seguir e assinale V para as verdadeiras e F para as falsas.

[ ] O encaminhamento metodológico deve ser realizado a partir dos conhecimentos prévios do aluno.

[ ] O professor deve ser o mediador entre os saberes que o aluno já tem e os conteúdos a serem trabalhados em aula.

[ ] A escolástica e a patrística constituem a base metodológica do Ensino Religioso.

[ ] O encaminhamento metodológico para o Ensino Religioso deve ser pautado no repasse de conteúdo pelo professor e na absorção por parte dos alunos.

[ ] O professor deve ter profundo respeito pela religiosidade ou pela ausência de religiosidade dos alunos.

Agora, assinale a alternativa que corresponde à sequência correta:

A] V, F, V, V, F.
B] F, V, F, F, F.
C] F, F, V, V, V.
D] V, V, F. F, V.
E] F, V, V, F, V.

ATIVIDADES DE APRENDIZAGEM

Questões para reflexão

1. Levando em consideração a importância que cada uma das matrizes constituintes do povo brasileiro tem na formação da cultura brasileira, de modo geral, como você considera que o respeito à diversidade pode contribuir para o exercício da cidadania?

2. Você considera socialmente importante que o ensino religioso seja concebido como uma área do conhecimento?

Atividades aplicadas: prática

1. Leia a seção intitulada "Desindianização" da obra *O povo brasileiro: a formação e o sentido do Brasil*, de Darcy Ribeiro. Em seguida, anote os apontamentos do autor sobre a maneira como a cultura indígena é retratada pelo colonizador.

RIBEIRO, D. Desindianização. In: **O povo brasileiro**: a formação e o sentido do Brasil. 2. ed. São Paulo: Companhia das Letras, 1995. p. 141-149.

2. Pesquise sobre as metodologias referentes ao ensino religioso escolar e faça uma análise comparando os dados coletados na pesquisa com as leis que fundamentam um Estado laico.

SAGRADO E FENÔMENO RELIGIOSO COMO OBJETOS DE ESTUDO

Determinar com precisão o objeto de estudo da ciência da religião ou do ensino religioso já gerou, e ainda gera, muita polêmica tanto no campo pedagógico quanto no acadêmico. No que se refere à pesquisa em ciência da religião, o debate avançou muito e já existem alguns caminhos trilhados. Nesse contexto, podemos afirmar, inicialmente, que a religião (ou Deus) não é nem poderia ser seu objeto de estudo – esse é um ponto preponderante da diferença entre a ciência da religião e a teologia.

> Quando Mendonça afirma que Deus não é o objeto de estudo das Ciências da Religião, ele propõe uma distinção clara entre Ciências da Religião e teologia. A teologia é o estudo da revelação de Deus em suas relações com o homem na história. As Ciências da Religião, por seu turno, têm a ver com as crenças sobre o sagrado e as marcas dessas crenças sobre o sujeito, e não propriamente sobre Deus, até porque é perfeitamente possível a existência de uma religião sem Deus [...]. (Gomes; Rodrigues, 2012, p. 386)

Isso significa que há uma clara distinção entre os objetos de estudo da ciência da religião e da teologia. Além disso, o campo de atuação da ciência da religião é mais amplo e abrangente do que o da teologia, pois está além do pensamento etnocêntrico ocidental sobre o conceito de *religião*, expandindo-se sobre as diferentes formas de religiosidade e de espiritualidade que permeiam o fenômeno religioso: "As Ciências da Religião têm objeto de estudo definido. Nesse sentido, a melhor definição para esse objeto de estudo parece ser mesmo aquela elaborada por Usarski (2006), que afirma ser o objeto de estudo dessa disciplina o **fenômeno religioso concreto**" (Gomes; Rodrigues, 2012, p. 398, grifo do original).

Para que essas questões fiquem mais claras, neste capítulo, trataremos tanto do fenômeno religioso quanto do Sagrado como objetos privilegiados no que tange aos estudos de ciência da religião e de ensino religioso.

4.1 Fenômeno religioso

Para uma ciência delimitar o campo de seu objeto de estudo, é preciso que defina sua identidade e sua territorialidade. Na ciência da religião, essas duas esferas se encontram no estudo sistemático do fenômeno religioso tal como se apresenta para o pesquisador. A transcendência, as crenças, a fé e todo universo sobrenatural se situam além do horizonte do método científico e do alcance da ciência da religião, e esses temas e questões pertencem ao campo da teologia.

> O campo de interesse das Ciências da Religião situa-se em um espaço humilde e limitado, destinado à ocorrência dos fenômenos que acontecem no campo do consciente e do inconsciente do sujeito. Os acontecimentos cujas crenças os situam no campo das parábolas em movimento, da supra História, dos milagres propriamente ditos, ou seja, dos fenômenos ditos sobrenaturais e/ou transcendentes por imposição do método científico, permanecem inacessíveis aos estudos das Ciências da Religião e devem continuar como objeto de pesquisa dos teólogos. (Gomes; Rodrigues, 2012, p. 386)

Assim, delimitado o foco de investigação da ciência da religião, cabe ressaltar o quanto é imbricada a relação entre os **processos culturais** e os **fenômenos religiosos**. Aqui, temos um divisor de águas, porque alocar a religião fora ou além daquilo que entendemos como *cultura* é situar a religiosidade fora do alcance da ciência e do método científico.

Mas como podemos entender o conceito clássico de *fenômeno*? E o que é fenomenologia?

A palavra grega φαίνεσθαι (*phainesthai*), que deu origem ao termo em latim *phaenomenon*, significa "aquilo que é visto", "que surge aos olhos" ou, ainda, "a coisa tal como ela se apresenta ao sujeito". Na filosofia de Immanuel Kant (1724-1804), *fenómenon* é aquilo que é objeto da experiência sensível. Já o não fenomênico ou não perceptível foi identificado pelo filósofo como *númenon* (Kant, 1999).

FIQUE ATENTO!

O **conhecimento** é a relação que se estabelece entre o sujeito que conhece (cognoscente) e o objeto conhecido (cognitivo), ao passo que o **fenômeno** é o modo como o objeto se apresenta para o sujeito de maneira imediata. Assim, a religião é uma característica inerente ao ser humano.

Os aspectos metafísicos relacionados à transcendência são categorizados como *númenon* e, por esse motivo, não são mensuráveis ou passíveis de investigação científica aprofundada – a fé é subjetiva, sem explicação racional ou acadêmica. Já toda parte **material**, aquilo que aparece na condição de substância física da religião, como templos, rituais, festas, livros sagrados, organizações religiosas, símbolos e manifestações culturais, é caracterizada como **fenômeno religioso**.

A fenomenologia das religiões evidenciou a relação intrínseca entre cultura e religião, a ponto de a ignorância sobre tal relação poder tornar o pesquisador inapto para compreender o fenômeno religioso. [...] Atualmente, considera-se fundamental a concepção de que o fenômeno religioso se manifesta em uma cultura. É a cultura que marca profundamente a maneira de ser e viver do ser humano. (Oliveira et al., 2007, p. 66-67)

Cassirer (2005) considera o ser humano um animal simbólico que atribui valor a objetos e coisas – consequentemente, o mundo está cheio de sentido. Na mesma vertente, Eliade (1999, p. 59) afirma o seguinte: "Para o homem religioso, a Natureza nunca é exclusivamente 'natural': está sempre carregada de um valor religioso. Isto é facilmente compreensível, pois o Cosmos é uma criação divina: saindo das mãos dos deuses, o mundo fica impregnado de sacralidade".

Eliade (1999) divide a vida do ser humano religioso entre o mundo material e o imaterial, entre o Sagrado e o profano, de modo que os fenômenos da natureza e os acontecimentos cotidianos estão sempre carregados de uma sacralidade e de uma transcendência simbólica que o levam a adquirir uma consciência religiosa: "para o homem religioso, o Mundo apresenta sempre uma valência supranatural, quer dizer, revela uma modalidade do sagrado. Todo fragmento cósmico é 'transparente': seu próprio modo de existência mostra uma estrutura particular do Ser e, por consequência, do sagrado" (Eliade, 1999, p. 69).

IMPORTANTE!

Para Durkheim (2002, p. 13), o objeto de estudo da sociologia são os fatos sociais. Nesse contexto, a sociologia da religião toma como objeto o fenômeno religioso, visto que é, por natureza, um fato social: "Fato social é toda maneira de agir fixa ou não, suscetível

> a exercer sobre o indivíduo uma coerção exterior ou, ainda, que é geral em uma determinada sociedade, apresentando uma existência própria, independente das manifestações individuais".

As características dos **fatos sociais** são a generalidade, a coercibilidade e a exterioridade, e o fenômeno religioso é composto por preceitos morais e dogmas religiosos que são generalizados, altamente coercitivos e exteriores aos sujeitos (Durkheim, 1955). Assim, o fenômeno religioso é passível de estudo por se materializar independentemente das subjetividades particulares ligadas à religião:

Segundo Durkheim (2000), o que encontramos na origem e na base do pensamento religioso não são seres ou objetos determinados e distintos que detêm o caráter sagrado, mas poderes indefinidos, formas anônimas cuja quantidade varia de acordo com as sociedades. Essas formas, às vezes, são reduzidas a uma unidade em que a impessoalidade é perfeitamente comparável. As forças físicas têm suas manifestações perfeitamente estudadas pelas ciências da natureza (Durkheim, 2000).

Ainda de acordo com Durkheim (2000), os objetos não são sagrados em si mesmos, mas o são na medida em que as pessoas atribuem sacralidade a eles. E é nos momentos mais difíceis para a humanidade que a religião emerge com mais ânimo e contingência, também com a finalidade de dar sentido à existência daqueles que sentem essa necessidade e imprimem uma moral a ser seguida nas sociedades em que estão culturalmente arraigados.

Conforme expõe Macedo (1989, p. 15), em "qualquer sociedade, a religião define um modo de ser no mundo em que transparece a busca de um sentido para a existência. Nos momentos em que a vida mais parece ameaçada, o apelo religioso se torna mais forte". Assim, o **simbólico** e o **Sagrado** se manifestam no fenômeno religioso em toda sua materialidade, dando sentido à experiência humana.

O ser humano é um ser fundamentalmente simbólico – construímos símbolos o tempo todo. A linguagem é a forma por excelência dessa dimensão [...]. No símbolo sempre existem duas coisas separadas, mas que se complementam. Um é o signo e o outro é o significado. Há, assim, sempre uma duplicidade de sentido, ou melhor, uma multiplicidade de sentidos. Coisas concretas de nosso mundo fenomênico são (ou podem ser) transformadas ou constituídas em símbolos, mas o segundo sentido sempre é uma ressignificação em relação ao objeto natural. (Reimer, 2004, p. 82)

Segundo Rocher (1971, p. 156), uma maneira simples de conceituar um **símbolo** é defini-lo como uma coisa que toma o lugar de outra, que substitui e evoca outra coisa: "Uma estátua evoca simbolicamente um personagem, um acontecimento ou uma ideia, e assegura-lhe assim presença e ação contínua. Uma palavra substitui simbolicamente uma coisa e consegue evocá-la sem que seja necessária a presença física da coisa".

O fenômeno religioso tem íntima relação com o **mito**. Para Eliade (1999), a mitologia é um conjunto de narrativas sobre a origem das coisas fundamentada na interferência de entes sobrenaturais. O mito tenta explicar o mundo, os fenômenos, a origem de todas as coisas, os mistérios e a manifestação do sobrenatural na vida humana, além de apresentar relação com o rito.

O **rito** é uma maneira de colocar em ação o mito na vida do ser humano por meio de cerimônias, como casamentos, batizados, danças, orações e sacrifícios. São atividades organizadas em que se repetem palavras, gestos e comportamentos que dão sentido àquela prática: "o mito revela a sacralidade absoluta porque relata a atividade criadora dos deuses, desvenda a sacralidade da obra deles. Em outras palavras, os mitos descrevem as diversas, e algumas vezes dramáticas, irrupções do sagrado no mundo" (Eliade, 1999, p. 51).

Trata-se de um comportamento simbólico repetitivo e padronizado, que canaliza emoções e organiza grupos sociais; é uma *performance* com sequências de atos formais personificada por diversos atores:

> Ao lado dos símbolos como a linguagem fundamental da experiência religiosa (imagem) e dos mitos como a expressão narrativa ou discursiva de elementos religiosos (palavra), os ritos constituem a linguagem 'gestual' da vivência religiosa. Simbolicamente, o rito imita algum gesto primordial referido à divindade ou coloca em prática determinados conteúdos narrados em um mito. Ao mito como palavra corresponde o rito como o gesto. Trata-se de uma ação de dramatização, em que uma vivência das origens é transformada em gestos. (Reimer, 2004, p. 88)

Entre os diversos tipos de ritos e rituais religiosos, destacam-se os mortuários, de iniciação ou de passagem, comemorativos e de cura. Para Robertson Smith (1894), as religiões primitivas dão enfoque ao ritual, são materialistas e têm divindades físicas, ao passo que as religiões modernas dão ênfase às crenças, são espiritualistas e têm sua centralidade em um deus monoteísta.

O fenômeno religioso pode ser identificado em mitos, no universo simbólico religioso, em rituais e também nos lugares sagrados. Há dois fatores que tornam um lugar sagrado: (1) a identificação e o (2) valor atribuído a ele. O lugar sagrado dá sentido ao espaço; trata-se do local onde ocorreram manifestações culturais religiosas. É um lugar de sentimento, de emoções, que está carregado de simbolismo e de significado – é o espaço em que se vive e no qual as vivências acontecem. Dessa maneira, ao analisarmos sistematicamente os lugares, principalmente os religiosos, recebemos uma categoria de análise privilegiada: a **lugaridade sagrada**, objetivamente adequada ao método fenomenológico, visto que trata de um sagrado imanente.

> **IMPORTANTE!**
> Templos, sinagogas, igrejas, mesquitas, cemitérios, catacumbas, criptas e mausoléus, assim como elementos da natureza, quando consagrados, constituem lugaridades sagradas. Esses elementos compõem a paisagem religiosa. Para as culturas indígenas e aborígines, por exemplo, rios, montanhas e campos são extensões das divindades e, por essa razão, são lugaridades sagradas.

O fenômeno religioso é produzido em diferentes contextos geográficos, históricos e sociais. Existe, portanto, uma recorrência na existência de maneiras de se relacionar com o Sagrado e com diferentes organizações religiosas que são parte constituinte do processo de construção cultural. Mesmo que indivíduos oriundos de determinadas sociedades possam negar ou ser indiferentes à religiosidade adotada em seu meio, a "noosfera"[1] em que está inserido influencia seu modo de agir e de pensar.

Além disso, as religiões contribuem para a construção da **espiritualidade humana**, a qual, muitas vezes, é formada por elementos de várias religiões, em um processo híbrido de construção cultural. A religião como instituição tem fronteiras e territórios em que se encerram conjuntos de doutrinas, de dogmas, de rituais e de teologias; porém, a espiritualidade não se encerra nessas fronteiras, podendo contemplar mais de uma forma de religiosidade em uma única espiritualidade.

O fenômeno da espiritualidade se dá no âmbito das **construções culturais**. No Brasil, esse processo de sincretismo religioso se desenvolveu por meio das quatro matrizes que dão origem à religiosidade e à espiritualidade do povo brasileiro.

---

1 Para Pierre Teilhard de Chardin (1881-1955), além da biosfera e da atmosfera, existe a noosfera, que corresponde à esfera da cultura e do conhecimento. A palavra tem origem no grego νους (*nous*), que significa "mente". Nesse contexto, a noosfera seria uma camada sobre a superfície da Terra, formada pela soma de nossas mentes, do conhecimento produzido e da cultura desenvolvida (Teilhard de Chardin, 1970).

4.2 Sagrado

O trabalho com o Sagrado como objeto de estudo da ciência da religião ficou conhecido no mundo todo por meio das obras de Eliade (1999), que faz a distinção entre Sagrado e profano, e de Rudolf Otto (1992), que desenvolveu o conceito de *vivência da experiência do Sagrado* (numinoso). Ambos os autores procuraram resguardar um caráter eminentemente transcendente tanto do fenômeno religioso quanto do Sagrado:

> um fenômeno religioso somente se revelará como tal com a condição de ser apreendido dentro da sua própria realidade, isto é, de ser estudado à escala religiosa. Querer delimitar este fenômeno pela fisiologia, pela psicologia, pela sociologia e pela ciência econômica, pela linguística e pela arte etc... é traí-lo, é deixar escapar precisamente aquilo que nele existe de único e irredutível, ou seja, o seu caráter sagrado. (Eliade 1977, p. 17)

Em uma perspectiva diversa, Silva e Gil Filho (2009) entendem as manifestações do Sagrado como uma forma simbólica presente na consciência humana. Nessa perspectiva, há o **Sagrado epistemológico**, concebido como forma de conhecimento; ou seja, não se trata da coisa em si mesma, mas de algo que tem intenso significado, o qual não está nos objetos, mas naquilo que eles representam:

> Deste modo, a religião é parte deste universo pleno de significados que faz parte indissociável da experiência humana. Sendo assim, o homem não está somente diante da realidade imediata, mas à medida que sua prática simbólica se realiza, ele busca os significados da existência. (Gil Filho, 2007, p. 210)

Trata-se de uma abordagem diferente da adotada por Eliade (1999), na qual essas duas formas de "ser" no mundo estão em oposição. Até porque, embora Eliade (1999) tenha contribuído significativamente para o entendimento do conceito de *Sagrado*, sua descrição não dá conta das representações simbólicas das religiões nativas (indígenas) e africanas, nas quais há um maniqueísmo tão acentuado quanto nas três grandes religiões monoteístas (judaísmo, cristianismo e islamismo).

Em contrapartida, mesmo com a suposta divisão entre esses dois mundos, que determinam duas formas de o ser humano existir no mundo (pelo Sagrado ou pelo profano), a pessoa religiosa se esforça para estar ao lado do Sagrado (Eliade, 1999):

> O desejo do homem religioso de viver no sagrado equivale, de fato, ao seu desejo de se situar na realidade objetiva, de não se deixar paralisar pela relatividade sem fim das experiências puramente subjetivas, de viver num mundo real e eficiente – e não numa ilusão. Esse comportamento verifica-se em todos os planos da sua existência, mas é evidente no desejo do homem religioso de mover-se unicamente num mundo santificado, quer dizer, num espaço sagrado. (Eliade, 1999, p. 21)

Nas tradições religiosas de matrizes indígenas e africanas, a religiosidade é um profundo mergulho no Sagrado, que permeia todos os aspectos da vida cotidiana. Muitas coisas que na tradição judaico-cristã são consideradas profanas, para as religiões anímicas e naturalistas são sagradas. Portanto, para garantir uma alteridade diante da diversidade religiosa, devemos partir de uma perspectiva que busque compreender o caráter fenomenológico da religião: em vez de olhar a religião do outro pelas lentes do etnocentrismo, deve-se buscar ver o fenômeno religioso tal como ele aparece, sem crivo avaliativo e comparativo.

Por isso, um dos pontos frágeis da teoria de Otto (1992) sobre o Sagrado é entendê-lo como uma categoria *a priori* em um sentido kantiano. Trata-se de um Sagrado transcendente, numinoso, principalmente porque as transformações linguísticas ocorridas nas ciências sociais possibilitaram o estudo do Sagrado como um objeto inserido no mundo simbólico dos povos e das culturas, deixando de ser um objeto da teologia e passando a ser um objeto empírico das ciências.

Conforme indica Gil Filho (2010), o "fato religioso revela por meio dos símbolos sagrados a síntese do *ethos* de uma determinada comunidade". Portanto, o Sagrado é um objeto de estudo privilegiado para a ciência da religião e é por meio dele que podemos entender a religiosidade indígena, por exemplo, na qual o encontro com o Sagrado ocorre na relação com o natural, e não com o transcendente:

> O sagrado visto dessa maneira não é a coisa em si mesma, mas, sim, como aparece para nós. Dessa forma, é uma perspectiva que busca compreender a religião partindo do caráter fenomenológico, tendo como pressuposto que, através das práticas do Homem religioso, podemos vislumbrar as espacialidades da religião. (Fernandes; Gil Filho, 2011, p. 215)

Gil Filho (2008) defende que a cultura é criadora de mundos, pois o ser humano não vive no mundo meramente físico. Coisas são fenômenos dotados de sentido, mas que não são compreendidas imediatamente pela mente humana. Isso porque nossa capacidade de conhecer não nos permite ter acesso às coisas nelas mesmas, apenas como representação, já que as coisas têm significado dentro de um universo simbólico e cultural.

> Esses mundos, criados através da cultura pela linguagem (formas simbólicas), são espaciais, possuem uma espacialidade que é expressa nos discursos, nos sentimentos, nas práticas sociais dos sujeitos. Nesse viés, acreditamos ser possível geografizar o mundo dos sentidos, inclusive dos sentimentos religiosos, partindo de uma geografia do conhecimento aplicada à geografia da religião. (Fernandes; Gil Filho, 2011, p. 213)

O ser humano, nessa abordagem, é entendido como um *homo symbolicus*, que procura dar sentido à sua realidade imediata e imanente por meio de formas simbólicas, entre as quais figura o fenômeno religioso com enfoque no Sagrado.

> O sagrado é uma experiência da presença de uma potência ou de uma força sobrenatural que habita algum ser – planta, animal, humano, coisas, ventos, água, fogo. Essa potência é tanto um poder que pertence própria e definitivamente a um determinado ser quanto algo que ele pode possuir e perder, não ter e adquirir. O sagrado é a experiência simbólica da diferença entre os seres, da superioridade de alguns sobre outros, do poderio de alguns sobre outros, superioridade e poder sentidos como espantosos, misteriosos, desejados e temidos. (Chauí, 2003, p. 379)

Assim, tomar o Sagrado como objeto de estudo é uma opção pedagógica que visa proporcionar a superação de aulas ligadas à catequese doutrinária e inserir conteúdos que favoreçam a compreensão e o conhecimento do fenômeno religioso. Por consequência, espera-se que isso leve ao respeito pela diversidade religiosa: "a definição do Sagrado como objeto de estudo do Ensino Religioso tem como objetivo a compreensão, o conhecimento e o respeito das expressões religiosas advindas de culturas diferentes, inclusive das que não se organizam em instituições, e suas elaborações sobre o fenômeno religioso" (Paraná, 2008, p. 56).

4.3 Paisagens religiosas

Os elementos constitutivos da materialidade empírica do Sagrado se manifestam e se expressam no contexto das paisagens religiosas, que podem ser definidas pela combinação de elementos culturais e naturais, em que as pessoas podem vivenciar a experiência do Sagrado oriundo de diversas tradições culturais e religiosas. Isso significa que a paisagem religiosa é composta por lugares sagrados, nos quais são encontrados símbolos, rituais, festas e doutrinas. A Figura 4.1 apresenta o Templo Budista Chen Tien, localizado em Foz do Iguaçu (PR). Trata-se de um templo de tradição Mahayana, corrente do budismo pertencente à escola budista da Terra Pura. É dedicado ao Buda Amitabha – que é celestial.

FIGURA 4.1 – Templo Budista Chen Tien – Foz do Iguaçu (PR)

Esse conjunto de elementos presentes nos espaços social e cultural é construído historicamente por grupos humanos, e transforma-se em uma representação da sociedade, em uma imagem social. A paisagem religiosa pode ser constituída por elementos naturais ou arquitetônicos, e, muitas vezes, é entendida como um refúgio para suportar a existência humana – como um oásis emocional.

Para Silva e Gil Filho (2009, p. 75), é "possível estudar o fenômeno religioso além da manifestação concreta na paisagem". Dessa maneira, é possível afirmar que os conteúdos escolares do Ensino Religioso – tratado como área do conhecimento – se encontram dentro da paisagem religiosa:

As formas religiosas são também formas espaciais. Apresentam-se no espaço de ação do Homem religioso, nas representações dos templos, nas cores que as manifestações religiosas marcam a paisagem. Cidades, montanhas, rios, caminhos, uma série de lugares são diferenciados do entorno comum. Tais distinções não surgem ao acaso — pelo contrário, são expressões espaciais do pensamento mítico e religioso. (Silva; Gil Filho, 2009, p. 76)

Se as formas religiosas são espaciais, elas se encontram materializadas no espaço e no tempo e, com isso, são passíveis de estudo e de compreensão. Estão representadas em templos, igrejas e terreiros, assim como em rios, montanhas e árvores, presentes no cotidiano e na vida social humana, sendo reconhecidas e, por isso mesmo, respeitadas.

Na Figura 4.2, é possível observar o Templo de Kukulcán, de origem maia, construído na antiga cidade de Chichén Itzá (atual Estado de Iucatã), no México.

FIGURA 4.2 – Pirâmide de Kukulcán – México

As paisagens religiosas são compostas de vários elementos, e, conforme mencionamos, são permeadas por um universo simbólico religioso, do qual trataremos a seguir.

4.4 Universo simbólico religioso

De acordo com Fernandes e Gil Filho (2011, p. 213):

> O que nós conhecemos das coisas não está nas coisas, está em nós. Somos nós que damos sentido ao mundo, e objetivamos nossa realidade. [...] Para Cassirer, somos homens simbólicos em nossa forma de pensar, através da linguagem construímos um mundo de símbolos – um mundo cultural – é nesse mundo "artificial" no qual [sic] o Homem vive. Existem vários "mundos" conformados a partir de diferentes formas simbólicas: mito, arte, religião, ciência, entre outros [...].

Não podemos entender o mundo em si mesmo (coisa), mas apenas como fenômeno (símbolo). Isso significa que a realidade objetiva é mais uma construção simbólica do ser humano do que uma coisa dada a conhecer. Nessa perspectiva, a ideia que temos de mundo é mais um entendimento de nós mesmos do que do mundo em si.

FIGURA 4.3 – Símbolos religiosos

O universo simbólico religioso pode ser definido como um conjunto de linguagens que tem sentidos, que comunica e expressa relações nas diferentes formas de ser no mundo. Os símbolos estão impregnados de sentido e de significado e auxiliam os indivíduos na apropriação e na vivência da experiência do Sagrado.

> A complexa realidade que configura o Universo Simbólico Religioso tem como chave de leitura as diferentes manifestações do Sagrado no coletivo, cujas significações se sustentam em determinados símbolos religiosos que têm como função resgatar e representar as experiências das manifestações religiosas. (Paraná, 2008, p. 59)

Os símbolos são parte importante do aparato que sustenta a cultura e sua função é comunicar ideias. Todo comportamento humano se origina no uso de símbolos, daí a ideia de Cassirer (2005) de que o homem é um **animal simbólico**. Essa afirmação não nega, entretanto, a ideia de Aristóteles (1995) de que o homem é um animal político e social (*politikón zôon*).

Os símbolos são a porta de entrada para esse mundo social e político, conforme destaca White (citado por Laraia, 1999, p. 56): "Sem o símbolo não haveria cultura, e o homem seria apenas um animal, não um ser humano. [...] O comportamento humano é o comportamento simbólico. E a chave deste mundo, e o meio de participação nele, é o símbolo".

Assim, os símbolos são parte essencial da vida humana: todo sujeito se constitui e se constrói por meio de inúmeras linguagens simbólicas, não só no que diz respeito ao Sagrado, mas em todo imaginário humano.

4.5 Textos sagrados orais e escritos

A maioria das organizações religiosas iniciaram sua jornada por meio de tradições orais, com poesias, cantos e histórias que tinham e ainda têm a função de perpetuar uma doutrina ou um código de ensinamentos. Os textos religiosos considerados sagrados para um povo podem ser entendidos como literatura ou história para outro povo; porém, por meio deles, podemos conhecer e estudar a cosmovisão, os mitos, as genealogias e as crenças das organizações religiosas.

FIGURA 4.4 – Vedas: textos sagrados do hinduísmo, datados de cerca de 2000 a.C.

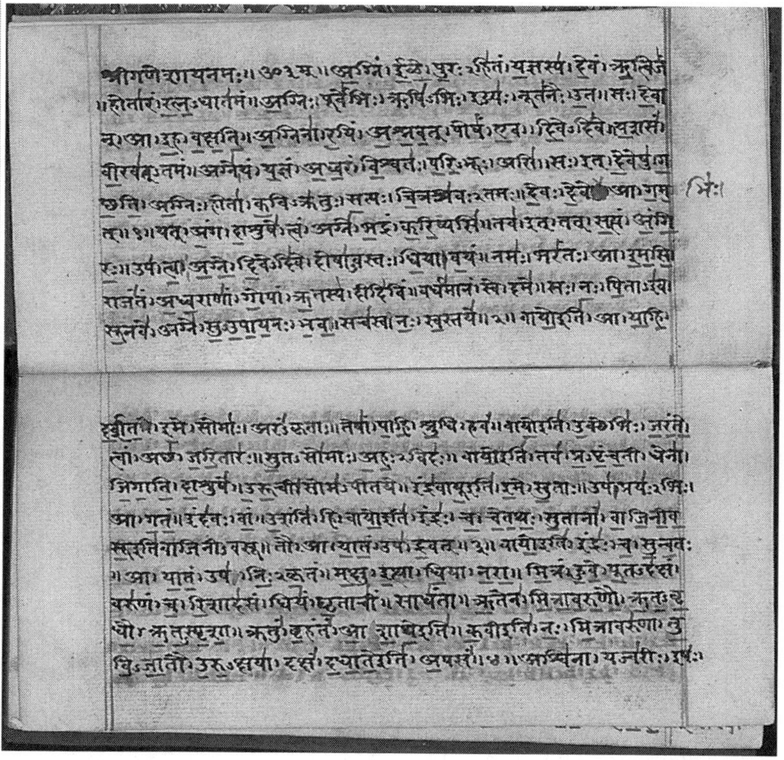

Pictures From History/akg-images/Album / Fotoarena

Os textos sagrados transmitem pensamentos e possibilitam a disseminação e a preservação de ensinamentos das organizações religiosas. Caracterizam-se pelo reconhecimento de determinados grupos, e são considerados sagrados em virtude de sua tradição e de sua relevância no contexto histórico da religião, favorecendo a aproximação entre membros de determinada religião e o Sagrado.

> Ao articular os Textos Sagrados aos ritos – festas religiosas, situações de nascimento e morte –, as diferentes tradições e manifestações religiosas buscam criar mecanismos de unidade e de identidade do grupo de seguidores, de modo a assegurar que os ensinamentos sejam consolidados e transmitidos às novas gerações e novos adeptos. Tais ensinamentos podem ser retomados em momentos coletivos e individuais para responder a impasses do cotidiano e para orientar a conduta de seus seguidores. (Paraná, 2008, p. 60)

No entanto, muitas tradições e organizações religiosas não contam com textos escritos, apenas tradições orais, que são menos ligadas aos mitos e mais ligadas aos rituais. Para Smith (1894), na religião antiga, que engloba as religiosidades nativas, o mito é menos importante do que os rituais, porque serve justamente para explicá-los.

PRESTE ATENÇÃO!

Os hieróglifos são a mais antiga forma de escrita. Geralmente, são encontrados em túmulos, templos ou pirâmides. Eram considerados sagrados pelos antigos egípcios, e só podiam ser lidos por sacerdotes ou escribas.

FIGURA 4.5 – Hieróglifos

Fedor Selivanov/Shutterstock

Dessa maneira, para a disciplina de Ensino Religioso, textos sagrados de diferentes religiões, escritos ou orais, são fontes que permitem ao aluno conhecer aspectos relevantes das doutrinas, como rituais, festas e códigos éticos. Afinal, nos textos sagrados encontramos as cosmovisões (mitologias) e a concepção de mundo e de homem de cada organização religiosa:

> São ensinamentos Sagrados, transmitidos de forma oral ou escrita pelas diferentes culturas religiosas, como em cantos, narrativas, poemas, orações, pinturas rupestres, tatuagens, histórias da origem de cada povo contadas pelos mais velhos, escritas cuneiformes, hieróglifos egípcios etc. Entre eles, destacam-se os textos grafados tal como o dos Vedas, o Velho e o Novo Testamento, o Torá, o Al Corão e também os textos Sagrados das tradições orais das culturas africana e indígena. (Paraná, 2008, p. 62-63)

É importante ressaltar que, nas aulas de Ensino Religioso, deve-se abordar os textos sagrados orais e escritos das quatro matrizes que alicerçam a religiosidade brasileira, e não dar ênfase a um tipo de texto, pois seria proselitismo e doutrinação. Também não se deve buscar nos textos as práticas doutrinárias, mas explicitar as características dos textos sagrados e sua relevância para compreender determinada religião, sua diversidade de textos e seus preceitos éticos.

SÍNTESE

Neste capítulo, abordamos dois objetos de estudo do ensino religioso: o fenômeno religioso e o Sagrado, visto que apresentam estreita relação. É válido ressaltar que, em análises da área, a escolha de um não exclui o outro, visto que esses conceitos estão mais inclinados a uma linha de completude do que de oposição. A partir da definição do *fenômeno religioso*, de sua origem e de suas características, conceituamos o Sagrado, procurando estender sua compreensão para além do transcendental, a fim de também contemplar as religiões nativas indígenas e africanas.

Também trabalhamos, de modo geral, conteúdos de grande amplitude que se cruzam e estruturam o trabalho com os demais conteúdos básicos: paisagens religiosas, universo simbólico religioso e textos orais e escritos.

INDICAÇÕES CULTURAIS

Documento

CURITIBA. Prefeitura Municipal. **Currículo do ensino fundamental**: 1º ao 9º ano. 2016. v. V. Disponível em: <http://multimidia.cidadedoconhecimento.org.br/CidadeDoConhecimento/lateral_esquerda/menu/downloads/arquivos/10352/download10352.pdf>. Acesso em: 22 jul. 2020.

O currículo do ensino fundamental desenvolvido pela Secretaria Municipal de Educação de Curitiba, criado em parceria com a Assintec, contempla o Ensino Religioso e tem como objeto de estudo da disciplina o fenômeno religioso com enfoque no Sagrado.

Livro

GIL FILHO, S. F. **Espaço sagrado**: estudos em geografia da religião. Curitiba: InterSaberes, 2012.

O professor Sylvio Fausto Gil Filho, referência em geografia da religião, apresenta, nessa obra, o resultado de mais de 10 anos de pesquisas. O livro apresenta de maneira clara a influência da religiosidade nas relações do ser humano com o mundo.

Atividades de autoavaliação

1. Tendo em vista o objeto de estudo do ensino religioso, analise as afirmações a seguir e assinale V para as verdadeiras e F para as falsas.

   [ ] Entre os objetos de estudo do ensino religioso estão a fé e as crenças religiosas do ponto de vista da doutrina.

   [ ] A religião é um fenômeno que as sociedades humanas têm produzido em diferentes contextos históricos.

   [ ] As ciências da religião têm como objeto de estudo definido o fenômeno religioso.

   [ ] O Ensino Religioso como disciplina escolar deve ser abordado como área do conhecimento.

   [ ] Nas aulas de Ensino Religioso, devem-se ressaltar os aspectos negativos de cada religião.

   Agora, assinale a alternativa que corresponde à sequência correta:

   A] V, V, F, F, V.
   B] F, V, F, V, V.
   C] F, F, V, V, F.
   D] V, F, F, F, F.
   E] F, V, V, V, F.

2. Tendo em vista os possíveis objetos de estudo do ensino religioso e seus conteúdos estruturantes, analise as afirmações a seguir e assinale V para as verdadeiras e F para as falsas.

[ ] A paisagem religiosa pode ser constituída por elementos naturais e/ou arquitetônicos.
[ ] Para os textos sagrados de cada organização religiosa serem considerados válidos, precisam estar escritos.
[ ] A paisagem religiosa é formada por elementos urbanos de caráter arquitetônico.
[ ] Para uma doutrina ser considerada religião, é preciso ter texto escrito, estrutura hierárquica e código doutrinário.
[ ] A paisagem religiosa é composta por lugares sagrados e símbolos religiosos; nela, acontecem as festas e os rituais sagrados.

Agora, assinale a alternativa que corresponde à sequência correta:

A] V, F, V, F, V.
B] F, V, F, V, F.
C] F, F, V, V, V.
D] V, F, F, F, V.
E] F, V, V, V, V.

3. Sobre o fenômeno religioso, assinale a alternativa correta.
A] O fenômeno religioso, embora tenha íntima relação com o mito, que é um conjunto de narrativas sobre a origem das coisas com base na interferência de entes sobrenaturais, está distante do rito.
B] O mito é um comportamento simbólico repetitivo e padronizado que canaliza emoções e organiza grupos sociais. Diferentemente do rito, é uma *performance* com sequências de atos formais personificada por diversos atores.

c] O fenômeno religioso pode ser identificado em mitos, no universo simbólico religioso, nos rituais e também nos lugares sagrados.

d] O fenômeno religioso é produzido em diferentes contextos geográficos, mas suas manifestações históricas e sociais são sempre as mesmas.

e] O fenômeno da espiritualidade não pode estar relacionado às construções culturais, embora no Brasil exista um processo de sincretismo religioso que se desenvolveu por meio das quatro matrizes que dão origem à religiosidade e à espiritualidade do povo brasileiro.

4. Sobre o Sagrado, assinale a alternativa **incorreta**.

a] Para garantir uma alteridade ante a diversidade religiosa, devemos partir de uma perspectiva que busque compreender o caráter fenomenológico da religião.

b] Em vez de olhar a religião do outro pelas lentes do etnocentrismo, devemos buscar ver o fenômeno religioso tal como ele se apresenta, sem crivo avaliativo e comparativo.

c] O Sagrado é um objeto de estudo privilegiado para a ciência da religião. É por meio dele que podemos entender a religiosidade indígena, por exemplo, na qual o encontro com o Sagrado ocorre na relação com o natural, e não com o transcendente.

d] Tomar o Sagrado como objeto de estudo é uma opção pedagógica que visa proporcionar a superação de aulas ligadas à catequese doutrinária e inserir conteúdos que favoreçam a compreensão e o conhecimento do fenômeno religioso.

e] O Sagrado é uma força simbólica presente no cristianismo, devendo ser aceito por culturas e religiões diferentes.

5. Analise as afirmações a seguir e assinale V para as verdadeiras e F para as falsas.

[ ] Os elementos constitutivos da materialidade empírica do Sagrado se manifestam e se expressam no contexto das paisagens religiosas.

[ ] O universo simbólico religioso pode ser definido como um conjunto de linguagens que tem sentidos, que comunica e expressa relações nas diferentes formas de ser no mundo. Os símbolos estão impregnados de sentido e de significado e auxiliam os indivíduos na apropriação e na vivência da experiência do Sagrado.

[ ] As paisagens religiosas podem ser definidas pela combinação de elementos culturais e naturais, em que as pessoas podem vivenciar a experiência do Sagrado oriundo de diversas tradições culturais e religiosas.

[ ] Os textos religiosos considerados sagrados para um povo podem ser entendidos como literatura ou história para outro povo, e, portanto, o que é objeto de estudo para alguns povos pode não ser para outros.

[ ] A paisagem religiosa pode ser constituída por elementos naturais ou arquitetônicos, e, muitas vezes, é entendida como um refúgio para suportar a existência humana (como um oásis emocional).

Agora, assinale a alternativa que corresponde à sequência correta:

A] V, V, F, F, V.
B] V, V, V, F, V.
C] V, F, V, V, V.
D] F, V, V, F, V.
E] V, F, V, F, V.

Atividades de aprendizagem

Questões para reflexão

1. De que maneira você considera que o fenômeno religioso deve ser entendido e estudado em sala de aula? Por quê?

2. Por que os conteúdos de Ensino Religioso devem enfatizar o respeito à diversidade cultural e religiosa, e não a transmissão de valores religiosos ou de crenças?

Atividades aplicadas: prática

1. Analise um trecho do currículo indicado a seguir e procure esclarecer a relação entre o objeto de estudo e os conteúdos propostos no documento.

CURITIBA. Prefeitura Municipal. **Currículo do ensino fundamental**: 1º ao 9º ano. 2016. v. V. Disponível em: <http://multimidia.cidadedoconhecimento.org.br/CidadeDoConhecimento/lateral_esquerda/menu/downloads/arquivos/10352/download10352.pdf>. Acesso em: 22 jul. 2020.

2. Analise as relações existentes entre o texto deste capítulo e as atividades práticas do *Informativo da Assintec* n. 37.

ASSINTEC – Associação Inter-Religiosa de Educação. Indígenas: religiosidade nativa do Brasil. **Subsídios Pedagógicos para o Ensino Religioso: Informativo da Assintec**, Curitiba, n. 37, 2015. Disponível em: <http://www.ensinoreligioso.seed.pr.gov.br/arquivos/File/boletins_informativos_assintec/informativo_assintec_37.pdf>. Acesso em: 22 jul. 2020.

ESCOLARIZAÇÃO DO ENSINO RELIGIOSO: PRÁTICAS PEDAGÓGICAS

Como já mencionamos anteriormente, como componente curricular, o Ensino Religioso não deve ser tratado como mais uma parte do currículo. Por isso, deve dialogar e estar em consonância com as outras disciplinas, de modo a compartilhar métodos, instrumentos e objetivos. Em outras palavras, a disciplina deve receber o mesmo tratamento dado a qualquer outra. Na abordagem de seus conteúdos, precisa respeitar os ciclos de ensino e as fases de desenvolvimento da criança e do adolescente, consideradas dentro do processo de ensino-aprendizagem.

Segundo Piaget (1978), que desenvolveu a tese sobre os estágios de aprendizado das crianças, é no estágio simbólico – que vai dos dois anos até (mais ou menos) os sete anos de idade – que a linguagem é entendida pela criança como fator de socialização. Isso ocorre por meio da fala, de desenhos, de dramatizações, entre outros. Além disso, o aprendizado ocorre mediante experiências significativas, contextualizadas e pautadas no conhecimento empírico.

Tendo em vista esses fatores, inferimos que, no processo de construção do conhecimento, aprender a respeitar a diversidade cultural e religiosa requer, como qualquer outro componente, a utilização de brincadeiras, do ludismo e da contação de histórias. Essas estratégias devem ser usadas não apenas como veículos de difusão e de sensibilização, mas também como formas de socialização e de desenvolvimento do intelecto. Isso possibilita o desenvolvimento da capacidade de viver com as diferenças, bem como de interagir com a diversidade e de superar os preconceitos e a discriminação.

Portanto, neste capítulo, abordaremos algumas metodologias que consideramos privilegiadas para o tratamento do ensino religioso escolar, tanto pelo seu caráter de cativação quanto por fomentarem o fortalecimento da imaginação e do aprendizado.

5.1 Contação de histórias

A contação de histórias tem sido uma ferramenta estratégica utilizada por educadores de diversas disciplinas e com diferentes objetivos: atrair a atenção, sensibilizar, transmitir conteúdos e conhecimentos de maneira lúdica e criativa etc. Para o componente curricular Ensino Religioso, a contação de histórias não é apenas um veículo ou uma maneira de sensibilização, visto que grandes líderes religiosos e anciões de tradições nativas, bem como obras sagradas, sempre utilizaram essa metodologia como ferramenta e como conteúdo e mensagem a serem transmitidos.

Essa metodologia reforça o estímulo da **imaginação natural** nos educandos em fase escolar, que, muitas vezes, é reprimida no processo de racionalização e de apropriação do conhecimento formal. As narrativas sobre acontecimentos considerados sagrados, sobre a origem dos seres humanos, das coisas e do mundo, ampliam a experiência da diversidade e o entendimento do outro e de seus valores e pressupostos. Os acontecimentos narrados perpassam as emoções e podem sensibilizar e criar o devido respeito com relação ao que o outro considera sagrado.

> A contação de histórias é atividade própria de incentivo à imaginação e [permite] o trânsito entre o fictício e o real. Ao preparar uma história para ser contada, tomamos a experiência do narrador e de cada personagem como nossa e ampliamos nossa experiência [...] por meio da narrativa do autor. Os fatos, as cenas e os contextos são

do plano do imaginário, mas os sentimentos e as emoções transcendem a ficção e se materializam na vida real. (Rodrigues, 2005, p. 4)

Segundo Busatto (2006, p. 38), a contação de história pode auxiliar "a expansão da nossa consciência ética e estética", porque toda história tem uma beleza artística e um fundo moral que favorecem o desenvolvimento da capacidade de perceber a diversidade cultural e religiosa; e o quanto é saudável superar diferenças e conviver com elas de maneira harmoniosa.

Mas quem pode ser contador de histórias? Existem características específicas para utilizar esse recurso com sucesso ou cursos de formação para ser contador profissional? Há quem diga que sim:

> Para contar uma história [...] é bom saber como se faz. Afinal, nela se descobrem palavras novas, se entra em contato com a música e com a sonoridade das frases, dos nomes... por isso é importante que se tenha uma metodologia específica.
>
> [...]
>
> [...] é bom que quem esteja contando crie todo um clima de envolvimento, de encanto... Que saiba dar pausas [...] para o imaginário de cada criança construir seu cenário, visualizar seus monstros, criar os seus dragões, adentrar pela casa, vestir a princesa, pensar na cara do padre [...] e outras coisas mais... (Abramovich, 1994, p. 18, 21)

Será mesmo? Ao que parece, quem gosta de ouvir histórias está apto a contá-las. Além disso, na medida em que conta mais histórias, o contador desenvolve um jeito próprio de contar e encantar. Não há problema se a história for contada de maneira diferente ou se não ocorreu exatamente conforme relatado. Existe um impulso originário na contação de histórias que é subjacente à necessidade humana de se comunicar, de expressar sentimentos e de manter a coesão social e a própria sobrevivência humana.

> A capacidade de transmitir suas aprendizagens, lembranças, lugares, pessoas, mistérios e as maravilhas da natureza surge quando ele [o contador] articula a linguagem em narrativas, como um salto fenomenal para a preservação e expansão da espécie. Porém, quem conta uma história deve dominar as técnicas de leitura porque esta não dá prazer se for traduzida por atos mecânicos; não precisa pensar em letras e palavras, só se deve pensar nos mundos que saem das histórias e deixar-se guiar numa viagem imaginária. (Alves, 2006, p. 64)

Com o intuito de fomentar esse processo imaginário de forma relacionada ao componente curricular de que tratamos nesta obra, selecionamos algumas histórias representativas das quatro matrizes que constituem a religiosidade brasileira.

História de matriz indígena

A lenda da Vitória-Régia

Há muitos e muitos anos, em certas noites, a Lua, chamada Jaci pelos índios tupis-guaranis, aparecia com todo o seu esplendor para iluminar uma aldeia na Amazônia brasileira.

Sabia-se que Jaci, quando se escondia atrás das montanhas, sempre levava consigo as jovens de sua preferência e as transformava em estrelas no céu.

Acontece que uma moça da tribo, a guerreira Naiá, vivia sonhando com esse encontro, e seus olhos brilhavam quando pensava no grande dia em que seria convidada pela deusa Jaci. No entanto, os anciões da tribo alertavam:

— Naiá, as moças são transformadas em estrelas depois que são tocadas pela formosa deusa. Não tem volta, Naiá!

Mas quem conseguia convencê-la? Naiá queria porque queria ser levada pela Lua, para ser estrela no céu e brilhar ao lado de Jaci!

Nas noites claras da floresta, ou quando apenas um pedacinho da Lua aparecia no céu, a índia sonhadora corria e implorava pelo toque de Jaci, sem nunca a alcançar.

Naiá subia nos galhos mais altos das árvores ou pernoitava no cume dos morros silenciosos, na esperança de ascender ao céu pelo convite da deusa.

Mas Jaci sumia na imensidão do céu, para depois ressurgir linda, redonda e brilhante. Enquanto isso, a jovem índia apenas definhava. Naiá já não sentia fome nem sede. E não havia pajé que a curasse do seu imenso desejo.

Uma noite, tendo parado para descansar após longa caminhada, Naiá sentou-se à beira de um lago. Viu, então, na superfície, a imagem da deusa: a Lua estava bem ali, ao seu alcance, refletida no espelho d'água. Naiá, pensando que a Lua descera para se banhar, mergulhou fundo ao seu encontro e se afogou.

Jaci, comovida com tão intenso desejo, quis recompensar o sacrifício da bela jovem índia e resolveu metamorfoseá-la em uma estrela diferente de todas aquelas que brilhavam no céu.

Assim, Naiá foi transformada na "Estrela das Águas", única e majestosa, que é a vitória-régia ou *mumuru*, como é chamada pelos índios tupis-guaranis.

Conta-se que, por isso, as flores perfumadas e brancas da vitória-régia só se abrem à noite: uma homenagem à Jaci, a deusa Lua. E, ao nascer do sol, as flores ficam rosadas, como o rosto da índia guerreira Naiá.

Fonte: Brasil, 2020, p. 3-14.

História de matriz africana

A VERDADE DO MUNDO

Conta uma tradição oral de matriz africana que no princípio havia uma única verdade no mundo. Entre o Orun (mundo invisível, espiritual) e o Aiyê (mundo natural) existia um grande espelho. Assim, tudo que estava no Orun se materializava e se mostrava no Aiyê. Ou seja, tudo que estava no mundo espiritual se refletia exatamente no mundo material. Ninguém tinha a menor dúvida em considerar todos os acontecimentos como verdades. E todo cuidado era pouco para não se quebrar o espelho da Verdade, que ficava bem perto do Orun e bem perto do Aiyê.

Neste tempo, vivia no Aiyê uma jovem chamada Mahura, que trabalhava muito, ajudando sua mãe. Ela passava dias inteiros a pilar inhame. Um dia, inadvertidamente, perdendo o controle do movimento ritmado que repetia sem parar, a mão do pilão tocou forte no espelho, que se espatifou pelo mundo. Mahura correu desesperada para se desculpar com Olorum (o Deus Supremo).

Qual não foi a surpresa da jovem quando encontrou Olorum calmamente deitado à sombra de um iroko (planta sagrada, guardiã dos terreiros). Olorum ouviu as desculpas de Mahura com toda a atenção, e declarou que, devido à quebra do espelho, a partir daquele dia não existiria mais uma verdade única. E concluiu Olorum: "De hoje em diante, quem encontrar um pedaço de espelho em qualquer parte do mundo, já pode saber que está encontrando apenas uma parte da verdade, porque o espelho espelha sempre a imagem do lugar onde ele se encontra".

Portanto, para seguirmos a vontade do Criador, é preciso, antes de tudo, aceitar que somos todos iguais, apesar de nossas diferenças. E que a Verdade não pertence a ninguém. Há um pedacinho dela em cada lugar, em cada crença, dentro de cada um de nós.

Fonte: Brasil, 2004b, p. 20-21.

História de matriz oriental

O quebrador de pedras

Era uma vez um simples e humilde quebrador de pedras que estava insatisfeito consigo mesmo e com sua posição tão inferior na sociedade em que vivia. Um dia, ao passar em frente a uma rica casa de um comerciante, através do portal aberto, viu muitos objetos valiosos e luxuosos, além de importantes figuras que frequentavam a mansão.

— Quão poderoso é este mercador! – pensou o quebrador de pedras. Ele ficou maravilhado e desejou ser como o comerciante. Tão rico e importante quanto ele.

Para sua grande surpresa, repentinamente tornou-se o comerciante, usufruindo luxos e poderes que jamais teria imaginado. Ele era agora invejado e detestado por todos aqueles menos poderosos e ricos que ele. Isto sim é que ser importante!

Um dia, ao caminhar pela rua seguido por vários bajuladores, foi interrompido por um cortejo. Um alto oficial do governo passava carregado em uma liteira de seda, acompanhado por submissos atendentes e escoltado por soldados que batiam gongos para afastar a plebe. Todos, não importava quão ricos, tinham que se curvar à sua passagem.

— Quão poderoso é este alto oficial! – pensou – Gostaria de ser este homem!

Então ele tornou-se o alto oficial, carregado em sua liteira de seda para qualquer lugar que fosse. Temido e odiado pelas pessoas à sua volta. Até que foi chamado pelo rei, e diante dele em seu palácio dourado teve de se curvar. Que maravilha! O poder de um rei! Todos teriam de se curvar perante ele!

— Gostaria de ser o Rei, não haveria ser na terra acima de mim! – então novamente seu desejo se realizou!

Era um dia de verão quente e o Rei sentiu-se muito desconfortável em seu palácio. Castigado pelo Sol, seu reino queimava desde o início do verão. Ele olhou para o Sol. Este fulgia orgulhoso no céu, indiferente à sua reles presença abaixo.

— Quão poderoso é o Sol! – ele pensou. – Gostaria de ser o Sol!

Então ele tornou-se o Sol. Brilhando ferozmente, lançando seus raios para a Terra sobre tudo e todos, crestando os campos, respeitado e temido por todos em todos os lugares. Mas um dia, uma gigantesca nuvem negra ficou entre ele e a Terra e seus raios de calor não puderam mais alcançar a Terra, nem nada sobre ela.

— Quão poderosa é esta nuvem de tempestade! – pensou. – Se até o sol é submetido a ela, gostaria de ser uma nuvem!

Então ele tornou-se a nuvem, tapando o sol a seu bel prazer, inundando com chuva campos e vilas, causando terror a todos. Mas repentinamente ele percebeu que estava sendo empurrado para longe com uma força descomunal. Sua vontade não era mais soberana e soube que era o vento que fazia isso.

— Quão poderoso é o Vento! Gostaria de ser o vento!

E então ele se tornou o vento. Vento de calmaria mas também vento de furacão, soprando as telhas das casas, desenraizando árvores, movendo as marés, temido e odiado por todas as criaturas na Terra.

Mas em determinado momento ele encontrou algo que ele não foi capaz de mover nem um milímetro, não importava o quanto ele soprasse em sua volta, lançando-lhe rajadas de ar. Ele viu que o objeto era uma grande e alta montanha.

— Quão poderosa é esta rocha! Na verdade gostaria de ser como ela!

Então ele tornou-se uma montanha rochosa. Mais poderoso, pesado e firme que qualquer outra coisa na face da Terra. Eterno, imutável, intransponível.

Mas enquanto ele estava lá, orgulhoso pela sua condição, sentiu-se despedaçando aos poucos, calma e meticulosamente.

— O que poderia ser mais poderoso do que uma montanha de rocha?!?– pensou surpreso. Foi quando ouviu o som de um martelo batendo em um cinzel sobre sua dura superfície. Olhou para baixo e viu a pobre e humilde figura de um quebrador de pedras.

Fonte: Martins; Rocha, 2014, p. 4.

HISTÓRIA DE MATRIZ OCIDENTAL

PARÁBOLA DO BOM SAMARITANO

Mas ele, querendo justificar-se, perguntou a Jesus: "E quem é o meu próximo?"

Em resposta, disse Jesus: "Um homem descia de Jerusalém para Jericó, quando caiu nas mãos de assaltantes. Estes lhe tiraram as roupas, espancaram-no e se foram, deixando-o quase morto.

Aconteceu estar descendo pela mesma estrada um sacerdote. Quando viu o homem, passou pelo outro lado.

E assim também um levita; quando chegou ao lugar e o viu, passou pelo outro lado.

Mas um samaritano, estando de viagem, chegou onde se encontrava o homem e, quando o viu, teve piedade dele.

> Aproximou-se, enfaixou-lhe as feridas, derramando nelas vinho e óleo. Depois colocou-o sobre o seu próprio animal, levou-o para uma hospedaria e cuidou dele.
> No dia seguinte, deu dois denários ao hospedeiro e disse-lhe: 'Cuide dele. Quando voltar lhe pagarei todas as despesas que você tiver'".
> "Qual destes três você acha que foi o próximo do homem que caiu nas mãos dos assaltantes?"
> "Aquele que teve misericórdia dele", respondeu o perito na lei. Jesus lhe disse: "Vá e faça o mesmo".

Fonte: Bíblia, 2020. Lucas, 10: 29-37.

É válido ressaltar que pautamos a abordagem dessa metodologia no fato de que, muitas vezes, educadores encontram dificuldades ao trabalhar alguns conteúdos, algo que pode ser superado com a utilização da contação de histórias, uma vez que, dessa forma, a abordagem pode ser mais sutil e apresentar a leveza que é própria da natureza das narrações.

Essa estratégia era usada antes mesmo da tradição escrita, quando a perpetuação de saberes se dava de modo oral. De acordo com Meireles (1979, p. 42), as histórias estão "entre as aquisições da infância, a riqueza das tradições, recebidas por via oral. Elas precederam os livros, e muitas vezes os substituíram. Em certos casos, elas mesmas foram o conteúdo desses livros".

5.2 Jogos e brincadeiras

Quando se pretende trabalhar o componente curricular Ensino Religioso como área do conhecimento, não se pode perder de vista a dimensão lúdica dos jogos e das brincadeiras, uma vez que ela possibilita uma abordagem dos conteúdos mais agradável e prazerosa para os alunos, o que possibilita atingir de modo mais eficaz as expectativas de aprendizagem. Segundo Santin (2001), ao brincar, os educandos se desenvolvem cognitivamente e aprendem a viver em sociedade, respeitando os limites dos outros.

Por meio do jogo e da brincadeira, pode-se aprender que o outro não é um inimigo a ser vencido, mas um amigo sem o qual a brincadeira e o jogo não são possíveis.

> O brincar é de fundamental importância para a aprendizagem da criança porque é através dele que a criança aprende, gradualmente desenvolve conceitos de relacionamento casuais ou sociais, o poder [...] de fazer julgamentos, de analisar e sintetizar, de imaginar e formular e inventar ou recriar suas próprias brincadeiras. (Santin, 2001, p. 523)

Ao contrário do que se costuma imaginar, o ato de brincar não é mero entretenimento: trata-se de uma forma de aprendizado. De acordo com Vygotsky (1998), o brincar é uma intensa preparação para a vida, dentro dos mais diferentes módulos de ação.

> Nenhuma criança brinca só para passar o tempo, sua escolha é motivada por processos íntimos, desejos, problemas, ansiedades. O que está acontecendo com a mente da criança determina suas atividades lúdicas; brincar é sua linguagem secreta, que devemos respeitar mesmo se não a entendemos. (Gardnei, citado por Ferreira; Misse; Bonadio, 2004, p. 222)

Nessa mesma linha, Vygotsky (1998) afirma que as brincadeiras podem ampliar a capacidade de atribuir significado ao mundo e às relações humanas, bem como as habilidades de percepção da realidade.

No que se refere ao Ensino Religioso, podemos afirmar que brincadeiras e jogos podem auxiliar na ressignificação da realidade e na superação de preconceitos, sobretudo porque a linguagem lúdica permite a interação com a diversidade religiosa de maneira divertida e sutil: "A essência do brinquedo é a criação de uma nova relação entre o campo do significado e o campo da percepção visual, ou seja, entre situações no pensamento e situações reais" (Vygotsky, 1998, p. 137).

Assim, brincadeiras e jogos aplicados ao Ensino Religioso, além de tornarem as práticas pedagógicas prazerosas e divertidas, são um instrumento para trabalhar conteúdos considerados delicados – não por sua natureza, mas pelos preconceitos inseridos no âmbito social, que acabam refletindo no ambiente escolar.

A Figura 5.1 é um exemplo de jogo que pode ser aplicado em sala de aula. Trata-se de um material produzido por uma professora de Ensino Religioso– pertencente à equipe pedagógica da Associação Inter-Religiosa de Educação (Assintec) – que desenvolve o conteúdo *símbolos religiosos*.

FIGURA 5.1 – Jogo da memória dos símbolos religiosos

Símbolo do Islã	Igreja Messiânica Mundial	Símbolo do Islã	Igreja Messiânica Mundial
Símbolo do Budismo	Símbolo do Xintoísmo	Símbolo do Budismo	Símbolo do Xintoísmo
Símbolo do Cristianismo	Símbolo do Taoísmo	Símbolo do Cristianismo	Símbolo do Taoísmo
Símbolo do Hinduísmo	Símbolo do Judaísmo	Símbolo do Hinduísmo	Símbolo do Judaísmo

Fonte: Silva, B. K. L. N., 2012.

Esse jogo da memória pode ajudar os educandos a conhecer alguns símbolos sagrados de maneira divertida e lúdica. Esse exemplo pode ser adaptado para outros conteúdos: lugares sagrados, líderes religiosos, festa sagradas etc.

O professor de Ensino Religioso, tendo consciência da importância de um trabalho não confessional, que aborde conteúdos escolares como símbolos religiosos, ritos, festas, lugares sagrados e textos orais e escritos, pode utilizar diversos jogos e brincadeiras adequados ao ciclo de ensino.

5.3 Recortes de filmes

A sétima arte está entre os diversos recursos didáticos aos quais podemos recorrer no processo de ensino-aprendizagem. Utilizar diferentes linguagens e recursos ajuda os alunos a aprender de maneira mais prazerosa e significativa. Dessa forma, eles terão condições de ressignificar sua realidade e de se posicionar criticamente diante das contradições da vida em sociedade, superando posições unívocas e excludentes: "ver filmes, discuti-los, interpretá-los é uma via para ultrapassar as nossas arraigadas posturas etnocêntricas e avaliações preconceituosas, construindo um conhecimento descentrado e escapando às posturas 'naturalizantes' do senso comum" (Teixeira; Lopes, 2006, p. 8).

Nas salas de aula, os filmes ou recortes de filmes e vídeos são importantes ferramentas metodológicas, sobretudo no momento da problematização e da contextualização dos conteúdos desenvolvidos. Por meio de sua utilização, é possível fazer com que os alunos encontrem diferentes maneiras de visualizar os processos históricos em que as religiões se estabeleceram e se desenvolveram, indo além das aulas tradicionais, que recorrem apenas às linguagens escrita e falada.

Porém, a utilização desse recurso em sala de aula requer preparação. Em primeiro lugar, é preciso que o professor tenha certo entendimento sobre sua intencionalidade, de modo que apresente o objetivo da utilização do filme com clareza. Esse recurso não pode ser apenas um modo de ocupar o tempo ou um momento de distração, devendo ser explorado para transmitir conhecimento e despertar questionamentos e problematizações.

A **problematização** deve ser um ponto de partida para o trabalho com os conteúdos e os saberes educacionais. Muitas vezes, recomenda-se fazer um recorte e não passar o filme todo, a fim de não se ocupar muitas horas que poderiam ser utilizadas na problematização de questões e na efetivação dos objetivos da aula.

o filme pode ser utilizado como instrumental didático, ilustrando conteúdos, principalmente referentes a fatos históricos; como motivador, na introdução de temas psicológicos, filosóficos e políticos, estimulando o debate; ou como um objeto de conhecimento, na medida em que é uma forma de reconstrução da realidade. (Cipolini, 2008, p. 19)

Muitas organizações religiosas são retratadas em filmes e vídeos, mas é preciso ter o cuidado de averiguar se a maneira como são apresentadas é fidedigna, sem ser vexatória ou caricata. Contudo, muitos filmes têm o cuidado de retratar a religiosidade e a cultura de povos diferentes, mostrando o etnocentrismo e a opressão promovida pelas religiões e culturas hegemônicas. É importante dar enfoque às quatro matrizes que formam a religiosidade brasileira: indígena, ocidental, africana e oriental, para não abordar apenas as religiões mais conhecidas, visto que o objetivo do ensino religioso escolar é desenvolver o respeito à diversidade religiosa.

5.4 Arte e Ensino Religioso

Ao longo de sua existência, a humanidade desenvolveu uma variada gama de expressões artísticas, como pinturas rupestres, roupas xamânicas, estátuas humanas realistas, pinturas sacras, templos, músicas e cantos. Assim, a arte sempre teve ligação com a religiosidade e com a cultura de povos em diferentes épocas. Ao que parece, as religiões utilizam a arte e suas características para propagar doutrinas em rituais, em templos e em simbologias.

Podemos perceber a presença de expressões artísticas ou o uso de arte em praticamente todas as formas de religiosidade e de organizações religiosas. Os povos originários das florestas e das matas, por exemplo, se adornam com plumas, penas e cores da natureza; fazem pinturas corporais; e evocam a força e a energia dos ancestrais e dos animais manifestados na arte corporal por meio de totens. Essa mística também se materializa nas **danças** e nos movimentos ritualísticos.

As danças dos povos indígenas são uma das formas de manter o contato dos pés com a Mãe Terra; da mesma maneira, nos terreiros de umbanda e de candomblé se dança com os pés descalços no chão – ao som dos atabaques, cada orixá recebe um ritmo diferente e é celebrado com cores específicas.

> A dança como maneira artística de contato com o divino acontece em diferentes tradições. Podemos lembrar da dança clássica indiana, que teve sua origem nos templos e que só bem mais tarde se estendeu até os palcos.
>
> Para os hinduístas, Shiva Nataraja (Senhor da Dança) oferece à humanidade o conhecimento da dança sagrada que se desenha no espaço ao ritmo da marcação do tempo (que é o nascedouro e morredouro de todas as formas de vida), o drama da existência material/espiritual.
>
> Shiva também é conhecido como Deus da morte, e, portanto, Deus da dança, pois o que é a dança se não o movimento que nasce e morre a cada segundo no tempo e no espaço. (Schlögl, 2016, p. 2)

Um exemplo marcante do uso da arte na religião é a mitologia grega e, por consequência, a tragicomédia grega, que contempla desde o panteão de deuses e suas representações até a arquitetura dos templos e as famosas esculturas. A contribuição da arte grega pode ser sentida até hoje em áreas como a psicanálise.

> Do corpo artístico nasce também o teatro, que é amplamente utilizado como forma de transmissão de valores religiosos e narrativas mitológicas, entre outros textos. Impossível deixar de lembrar o drama grego que marcou profundamente a psicologia científica do Ocidente.
>
> De onde veio o conceito de complexo de Édipo senão do drama escrito por Sófocles e encenado no teatro grego? Os Deuses Gregos se tornavam próximos, até mesmo palpáveis, por meio da performática dos atores. (Schlögl, 2016, p. 2-3)

Uma herança da tragicomédia grega é o conceito de *catarse* como purificação da alma humana, de seus males, por meio da arte. Na comédia, ironizavam-se os governantes e os líderes; na tragédia, gênero mais valorizado, os atores eram capazes de transmitir para as pessoas as sensações vividas pelas personagens:

> a tragédia é uma mimésis de uma ação nobre, completa e de certa extensão, em linguagem embelezada separadamente pelas diversas formas de cada parte; é mimésis que se realiza por agentes e não por narrativa, e que conduz, através da piedade e do temor, para a purificação [catarse] de tais emoções. (Aristóteles, 1992, p. 24)

Assim, a imperfeição humana é suplantada pela arte, que alivia algumas dores da existência mundana. A **catarse** definida por Aristóteles como uma sublimação dos sentimentos ruins aproxima o ser humano de seus ideais de perfeição e de superação de limites: "A obra de arte alivia o homem de tudo o que não pode cumprir, realizar de outra maneira, quer por razões morais, quer por obstáculos puramente materiais" (Huyghe, 1986, p. 28).

A **música**, entre todas as formas de arte, é uma das mais utilizadas pelas organizações religiosas, a ponto de existirem termos como *gospel*, que se refere à palavra de Deus na forma cantada. Ainda no contexto do cristianismo, a arte dos sons pode ser contemplada no canto gregoriano e nas *cantatas* de Johann Sebastian Bach (1685-1750).

Desde tradições muito antigas, a música é uma expressão artística amplamente explorada. Um exemplo são os mantras das tradições orientais: "Os mantras, ou cantos simples, são frases curtas repletas de energia e sentido especialmente destinadas a gerar ondas poderosas de som que promovem a cura, a visão intuitiva, a criatividade e o crescimento espiritual" (Ashley-Farrand, 2005).

Para os membros da Antiga e Mística Ordem Rosacruz (Amorc), ouvir música também permite exercer o poder de gerar campos psicológicos coletivos de unidade e de prazer. A música comunica algo além de seu texto (quando cantada), oferece ao ouvinte a oportunidade de unir sentimento e pensamento, tornando-os força concentrada e motivadora de suas ações. Segundo a Amorc, mantras são sons vocálicos que podem ter o poder de abrir as percepções sensoriais quando são proferidos de maneira adequada.

Tanto para a Amorc quanto para os adeptos do budismo tibetano, o mantra mais poderoso é o Om, também encontrado nos Vedas e citado por muitos sábios hindus. Para eles, a entonação desses sons tem o poder de alinhar os chacras, ordenar corpo e mente em harmonia e curar.

Conforme é possível perceber, existe uma estreita relação entres as diferentes formas de arte e as expressões religiosas que permite estudar e lecionar as principais características das organizações religiosas.

5.5 Ludismo e Ensino Religioso

Johan Huizinga (2019) se tornou referência em estudos do ludismo ao afirmar que o jogo antecede a cultura e que a pluralidade religiosa está imbricada no processo civilizacional da humanidade, que produz conhecimento de maneira coletiva e cumulativa.

Importante!

Em qualquer nível ou modalidade de ensino, a aprendizagem só se torna agradável, prazerosa e rentável se houver interação e troca de experiências e saberes entre professor e aluno. Assim, um dos objetivos ao se utilizar o lúdico como instrumento pedagógico no processo de ensino-aprendizagem é levar os educandos à construção do próprio conhecimento.

O ludismo ajuda na formação da personalidade de pessoas que sabem se relacionar e participar da vida coletiva de modo saudável.

Crianças que aprendem a brincar também aprendem a viver bem com os outros:

> As brincadeiras favorecem ainda a formação da personalidade, agindo diretamente na cooperação do grupo e na participação coletiva, não impedindo, de forma alguma, que uma ou mais crianças se sobressaiam e tenham êxito. O importante é que todos colaborem diretamente para a vitória do grupo. (Rosa; Nisio, 1999, p. 41)

Trabalhar atividades lúdicas possibilita que os estudantes percam a inibição e desenvolvam a capacidade de atuar em grupo, assim como as habilidades de leitura, escrita, escuta e fala. Auxilia também no desenvolvimento do raciocínio lógico e na habilidade de solucionar problemas, tanto os mais complexos quanto os mais corriqueiros, mediante o uso da criatividade e da imaginação. Além disso, ao desenvolver atividades lúdicas, recorre-se à utilização de saberes de diferentes áreas do conhecimento, que permitem explorar métodos de modo interdisciplinar, apresentando uma relação de interação entre o pensamento e as ações: "É por meio da linguagem que a criança justifica suas ações, afirmações e negações e [...] é através dela que se pode verificar a existência ou não de reciprocidade entre a ação e [o] pensamento e, consequentemente, o estágio do desenvolvimento cognitivo da criança" (Piaget, 1978, p. 19).

Para Piaget (1978), nos estágios de desenvolvimento, a criança constrói gradativamente suas estruturas cognitivas em uma organização sequencial de ações, atribuindo significados ao real. Nesse processo, as brincadeiras, os jogos e as atividades lúdicas servem como apoio para o desenvolvimento cognitivo. Para o Ensino Religioso, essa ferramenta abre um universo de possibilidades, visto que o aprender a respeitar a religiosidade do outro considera o respeito pela integridade geral dos seres humanos. Além de contribuir para os aspectos levantados anteriormente, os jogos e o ludismo podem compor atividades práticas no Ensino Religioso de maneira dinâmica e atrativa.

5.6 Visitas técnicas ou monitoradas

Para finalizar este capítulo, abordaremos uma importante modalidade metodológica, que são as visitas técnicas a lugares sagrados, também conhecidas como *visitas monitoradas*. Podemos caracterizar essas visitas como uma metodologia de aula de campo, que, segundo Stefanello (2009), proporciona a expansão da capacidade de construção do conhecimento, uma vez que permite a percepção do espaço e possibilita ir além da rotina de estudos, o que pode servir como estímulo ao aprendizado, à criatividade e ao raciocínio lógico dos educandos.

As visitas a lugares sagrados colocam professores e estudantes em contato com líderes e/ou representantes de organizações religiosas. Dessa forma, apresenta-se uma significação simbólica em que se pode reconhecer o Sagrado. É uma experiência direta com os saberes expressos na paisagem religiosa de templos, santuários, casas de oração, mesquitas, sinagogas, terreiros, aldeias, cemitérios, entre outros. Segundo Gil Filho (2012, p. 64), "o espaço sagrado se apresenta como palco privilegiado das práticas religiosas. Por ser próprio do mundo da percepção, ele carrega marcas distintivas da religião, conferindo singularidades peculiares aos mundos religiosos". Assim, utilizar essa metodologia de aula de campo em lugares sagrados é oportunizar aos professores o contato com o universo do fenômeno religioso.

No entanto, para usar esse recurso metodológico, é necessário que haja preparação prévia, sobretudo porque os lugares sagrados tendem a ter regras específicas de visitação, o que demanda alinhamentos pedagógicos entre os objetivos do Ensino Religioso e o planejamento de cada professor.

Logo de início, é preciso se perguntar: Quais são os objetivos da atividade com relação aos propósitos da aula? Qual recorte de conteúdo será destacado pela pessoa que receber o grupo? (Por exemplo, arquitetura, simbologias, rituais, história da organização religiosa etc., para que a orientação não seja muito ampla e vaga). Em outras palavras, quais conteúdos pretende-se abordar nesse trabalho de campo? (Nizer, 2011).

Salientamos que o contato prévio com o responsável pelo lugar sagrado é fundamental, pois é importante que a instituição que vai receber o grupo saiba que não se trata de uma visita confessional, com o objetivo de ganhar fiéis ou adeptos, mas, sim, de uma explicação sobre características e informações do recorte de conteúdo selecionado. Também é importante coletar informações sobre restrições referentes a vestimentas, posturas e comportamentos próprios de cada organização religiosa, como tirar os sapatos (mesquitas e templos budistas), fazer silêncio (templos zen-budistas e igrejas cristãs) e não tocar em instrumentos de percussão e em atabaques (terreiros de candomblé e de umbanda).

Essa metodologia, quando bem organizada, pode trazer resultados positivos, uma vez que, além de despertar a curiosidade e a vontade de aprender de alunos e professores, auxilia no processo de aproximação dos sujeitos com a diversidade religiosa, humanizando a relação entre pessoas de diferentes crenças, incluindo aquelas que não têm crença, além de favorecer a superação de preconceitos.

SÍNTESE

Neste último capítulo, abordamos, primeiramente, a questão da escolarização do ensino religioso por meio de práticas pedagógicas como a contação de história, a qual pode ser utilizada como uma maneira de introduzir conteúdos, de mobilizar e preparar para o conhecimento. A contação de histórias também transmite parte dos conteúdos da disciplina de Ensino Religioso de maneira bastante agradável e instigadora.

Também tratamos de jogos e brincadeiras como atividades avaliativas que desenvolvem diversas características do intelecto dos alunos e que favorecem a socialização e a integração destes, auxiliando diretamente na superação de preconceitos.

Além disso, discorremos sobre o uso de recortes de filmes e vídeos e da arte de um modo geral no tratamento das diferentes religiões, tendo em vista a interação e o uso que as elas fazem desses recursos (templos, rituais e músicas, por exemplo). Essas possibilidades ajudam no processo de escolarização do ensino religioso. Por fim, abordamos as visitas técnicas a lugares sagrados como trabalho de campo que permite o contato direto com representantes de organizações religiosas e com sua materialidade fenomênica, além de possibilitar a observação da estética e das características físicas do lugar sagrado.

INDICAÇÕES CULTURAIS

Filmes

BESOURO. Direção: João Daniel Tikhomiroff. Brasil: Mixer Films, 2009. 95 min.

Esse filme retrata a vida de um capoeirista que vivia no interior da Bahia. A história acontece na década de 1920, quando muitos negros ainda eram tratados como escravos. Besouro (Manuel), discípulo de Mestre Alípio, defende seu povo da opressão e do preconceito com a mandinga e os golpes de capoeira, tornando-se uma lenda entre os locais. Esse longa-metragem permite entender um pouco das entidades do Candomblé, chamadas de *orixás*.

O PEQUENO Buda. Direção: Bernardo Bertollucci. EUA: Miramax Films, 1993. 135 min.

O filme apresenta uma versão da história de Sidarta Gautama (Buda) e levanta questões relativas à consciência e ao ego humano. Também trata da compaixão, do desapego e da superação do sofrimento.

TAINÁ: uma aventura na Amazônia. Direção: Tânia Lamarca e Sérgio Bloch. Brasil: Europa Filmes, 2000. 90 min.

Esse filme traz como protagonista uma menina indígena de 8 anos chamada Tainá. Ela vive na Floresta Amazônica com o Vovô Tigê, um velho sábio que conta histórias de seus ancestrais. Tainá salva o macaco Catu do traficante de animais Shoba e passa a viver aventuras com seu amigo. Então, fica amiga de um menino da cidade e, com ele, trava uma luta contra contrabandistas de animais silvestres. É um filme repleto de mensagens e de valores ligados ao respeito pela natureza e pela sabedoria dos mais velhos.

Atividades de autoavaliação

1. Tendo em vista a escolarização do ensino religioso e suas práticas pedagógicas, analise as afirmações a seguir e assinale V para as verdadeiras e F para as falsas.

[ ] O Ensino Religioso deve receber o mesmo tratamento dado a qualquer outra disciplina, e a abordagem de seus conteúdos precisa respeitar os ciclos de ensino e as fases de desenvolvimento dos alunos.

[ ] Jogos e brincadeiras são práticas pedagógicas que podem e devem ser utilizadas, uma vez que, por meio da brincadeira, os educandos se desenvolvem cognitivamente e aprendem a viver em sociedade, respeitando os limites dos outros.

[ ] As brincadeiras e os jogos são o momento de descontração na escola, pois os alunos se cansam de estudar e, por isso, precisam de momentos lúdicos de distração.

[ ] A escola pública é o espaço adequado para se ensinar valores cristãos por meio das aulas de religião e do ensino religioso confessional, pois vivemos em um Estado em que a maioria é cristã.

[ ] Jogos, brincadeiras e espaços para descontração podem prejudicar o controle da disciplina na escola e dificultar o aprendizado.

Agora, assinale a alternativa que corresponde à sequência correta:

a) V, V, F, F, F.
b) F, V, F, F, V.
c) F, F, V, V, V.
d) V, F, F, F, V.
e) F, V, V, V, F.

2. Tendo em vista a questão da metodologia nas aulas de Ensino Religioso, analise as afirmações a seguir e assinale V para as verdadeiras e F para as falsas.

[ ] As religiões se opõem às expressões artísticas e à arte em geral, uma vez que estas são consideradas degeneradas.
[ ] As danças dos povos indígenas são uma das formas de manter o contato dos pés com a Mãe Terra.
[ ] Pode-se perceber a presença de expressões artísticas ou do uso de arte em praticamente todas as formas de religiosidade.
[ ] O ludismo e as brincadeiras podem ser ótimas ferramentas de aprendizagem sobre a diversidade religiosa.
[ ] Os diferentes tipos de arte são utilizados pelas organizações religiosas como forma de expressão.

Agora, assinale a alternativa que corresponde à sequência correta:

A) V, F, V, F, V.
B) F, V, F, V, F.
C) F, F, V, F, V.
D) V, V, F, F, F.
E) F, V, V, V, V.

3. Tendo em vista a aplicação do ludismo nas aulas de Ensino Religioso, analise as afirmações a seguir e assinale V para as verdadeiras e F para as falsas.

[ ] O ludismo ajuda na formação da personalidade de pessoas que sabem se relacionar e participar da vida coletiva de forma saudável.
[ ] Atividades lúdicas possibilitam condições para os estudantes perderem a inibição e desenvolverem a capacidade de atuar em grupo.
[ ] Um dos objetivos do ludismo é levar os educandos a serem construtores do próprio conhecimento.
[ ] Considerando as expectativas do mercado de trabalho com relação aos saberes escolares, é preferível trabalhadores de perfil mais técnico.

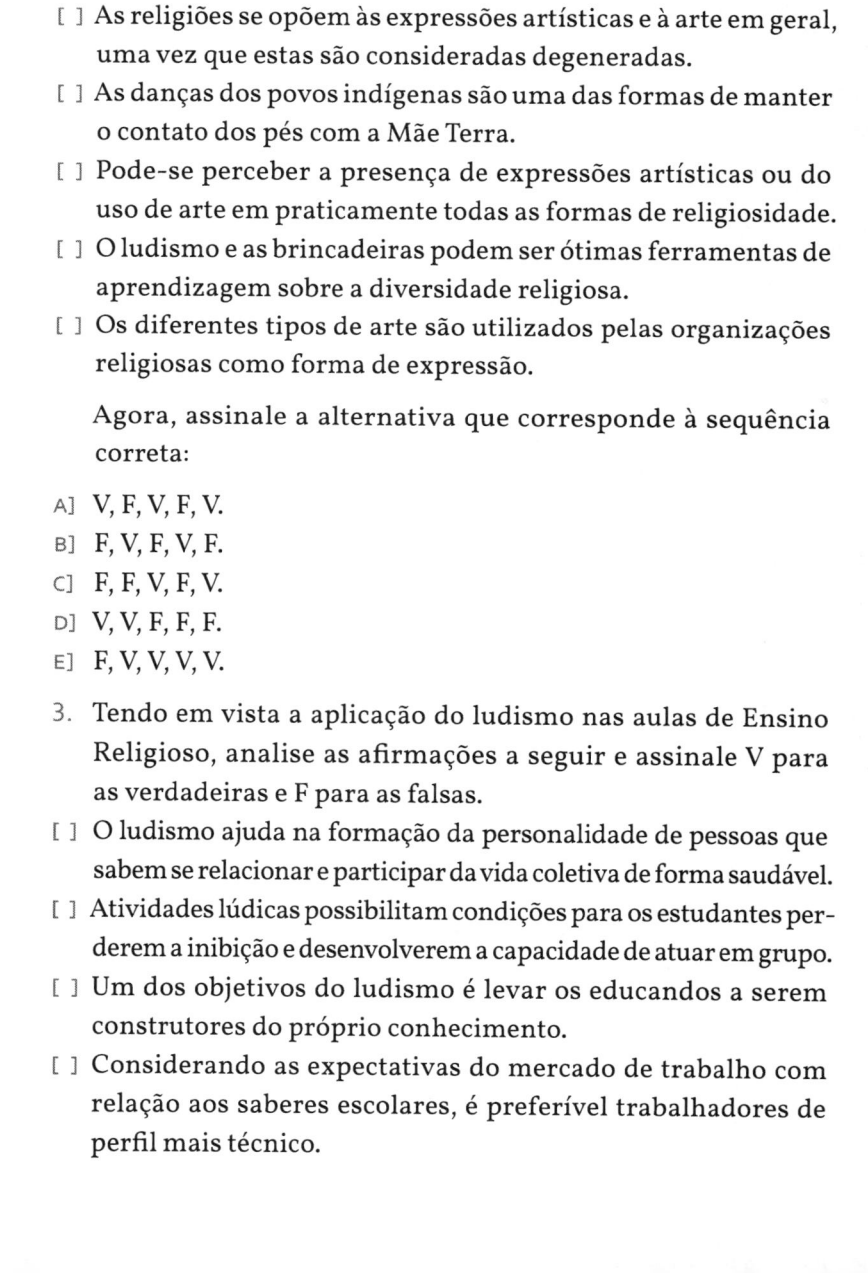

[ ] As atividades ligadas a brincadeiras podem reforçar a indisciplina em sala de aula e dificultar a aprendizagem de conteúdos sérios.

Agora, assinale a alternativa que corresponde à sequência correta:

A] V, F, V, V, F.
B] F, V, F, V, V.
C] F, F, V, V, F.
D] V, F, F, F, V.
E] V, V, V, F, F.

4. Sobre as visitas técnicas como recurso metodológico, analise as afirmações a seguir e assinale V para as verdadeiras e F para as falsas.

[ ] Cabe à instituição que vai receber a visita criar um roteiro de apresentação e escolher se ela se dará de modo confessional ou com a apresentação das características do lugar em questão.

[ ] Essa metodologia, quando bem organizada, pode trazer resultados positivos, uma vez que, além de despertar a curiosidade e a vontade de aprender de alunos e de professores, auxilia no processo de aproximação e de humanização dos sujeitos com relação à diversidade religiosa, favorecendo a superação de preconceitos.

[ ] As visitas técnicas são recursos que possibilitam perceber o espaço e ir além da rotina de estudos. Embora não possam ser consideradas efetivamente como estímulo ao aprendizado, fomentam a criatividade e o raciocínio lógico dos educandos.

[ ] Para usar esse recurso metodológico, é necessário que haja preparação prévia, sobretudo porque os lugares sagrados tendem a ter regras específicas de visitação, demandando alinhamentos pedagógicos com relação aos objetivos do Ensino Religioso e ao planejamento de cada professor.

[ ] As visitas técnicas são recursos que permitem a percepção do espaço e possibilitam ir além da rotina de estudos, o que pode servir como estímulo ao aprendizado, à criatividade e ao raciocínio lógico dos educandos.

Agora, assinale a alternativa que corresponde à sequência correta:

A] F, V, V, V, V.
B] V, V, F, V, V.
C] F, V, F, V, V.
D] F, F, V, V, V.
E] V, V, V, V, V.

5. Assinale a alternativa **incorreta**.

A] Trabalhar atividades lúdicas ajuda no desenvolvimento do raciocínio lógico dos alunos e da habilidade de solucionar problemas, tanto os mais complexos quanto os mais corriqueiros, por meio da criatividade e da imaginação.

B] O ponto de partida para o trabalho com os conteúdos e os saberes educacionais deve ser o entretenimento, o qual não deve ser monótono. No que se refere aos filmes, especificamente, é importante, muitas vezes, fazer um recorte específico e não passar o filme todo, para não ocupar muitas horas que poderiam ser utilizadas com outras brincadeiras.

C] Há expressões artísticas em praticamente todas as formas de religiosidade e organizações religiosas. Os povos originários das florestas e das matas, por exemplo, se adornam com plumas, penas e cores da natureza. As pinturas corporais e os diferentes totens evocam a força e a energia dos ancestrais e dos animais manifestados na arte corporal.

D] O professor de Ensino Religioso, tendo consciência do trabalho a ser desenvolvido na disciplina – que deve abordar conteúdos escolares como símbolos religiosos, ritos, festas, lugares sagrados e textos orais e escritos –, pode utilizar diversos jogos e brincadeiras adequados ao ciclo de ensino.

E] As brincadeiras podem ampliar a capacidade de atribuir significado ao mundo e às relações humanas, bem como às habilidades de percepção da realidade. Nas aulas de Ensino Religioso, brincadeiras e jogos podem auxiliar na ressignificação da realidade e na superação de preconceitos, sobretudo porque, por meio da linguagem lúdica, a interação com a diversidade religiosa se dá de maneira divertida e sutil.

ATIVIDADES DE APRENDIZAGEM

Questões para reflexão

Leia o texto a seguir e, em seguida, responda às questões propostas.

O JOGO E O CONHECIMENTO

A ânsia de ser o primeiro assume tantas formas de expressão quantas as oportunidades que a sociedade para tal oferece. As maneiras segundo as quais os homens são capazes de competir pela superioridade são tão variadas quanto os prêmios que são possíveis de se ganhar. A decisão pode ser dada pela sorte, pela força física, pela destreza ou pela luta armada. Também pode haver competições de coragem e resistência, habilidade, conhecimentos, fanfarronice ou astúcia. É possível que se exija uma prova de força ou a apresentação de uma obra de arte; ou que se peça a forja de uma espada ou a invenção de rimas engenhosas. Pode-se solicitar resposta a determinadas perguntas. A competição permite-se assumir a forma de um oráculo, de uma aposta, de um julgamento, de um voto ou de um enigma. Mas, seja qual for a forma sob a qual se apresente, é sempre de jogo que se trata, e é sob este ponto de vista que devemos interpretar sua função cultural.

Uma surpreendente semelhança que caracteriza os costumes agonísticos em todas as culturas talvez tenha seu exemplo mais impressionante no domínio do próprio espírito humano, quer dizer, no [domínio] do conhecimento e da sabedoria. Para o homem primitivo as proezas físicas são uma fonte de poder, mas o conhecimento é uma fonte de poder mágico. Para ele todo saber é um saber sagrado, uma sabedoria esotérica capaz de obrar milagres, pois todo conhecimento está diretamente ligado à própria ordem cósmica. A ordem das coisas, decretada pelos deuses e conservada pelo ritual para a preservação da vida e a salvação do homem, esta ordem universal ou *rtam*, como era chamada em sânscrito, tem sua mais poderosa salvaguarda no conhecimento das coisas sagradas, de seus nomes secretos e da origem do mundo.

É por isso que há competições nesse tipo de conhecimento nas festas sagradas, pois a palavra pronunciada tem uma influência direta sobre a ordem do mundo. A competição em conhecimentos esotéricos está profundamente enraizada no ritual, e constitui uma parte essencial deste.

Fonte: Huizinga, 2019.

1. Quais são as possíveis relações existentes entre os rituais religiosos e os jogos modernos?
2. Qual é a importância dos jogos para a vida em sociedade?

Atividades aplicadas: prática

1. Pesquise e transcreva pelo menos uma história oriunda de cada uma das quatro matrizes que constituem a religiosidade brasileira.
2. Pesquise alguns jogos infantis e adapte-os aos conteúdos do Ensino Religioso.

CONSIDERAÇÕES FINAIS

A disciplina de Ensino Religioso sempre foi alvo de polêmicas e de debates sobre sua legitimidade e sua funcionalidade dentro dos currículos escolares. Por isso mesmo, passou por questionamentos em diversos momentos históricos, desde sua relação direta com o Estado até fases ligadas à laicidade do país. Atualmente, é garantida como componente curricular nas redações das leis que regem a educação brasileira.

Tivemos como principal questão o modelo mais adequado para se ministrar o Ensino Religioso, não apenas para dar conta da pluralidade da realidade brasileira, mas para reafirmar os laços de uma república democrática e de um Estado laico.

Tomando esses pressupostos por base, nesta obra, indicamos os momentos históricos que permearam as práticas e as legislações referentes ao ensino religioso no Brasil, pontuando na contemporaneidade a necessidade de escolarização dessa disciplina de forma plural.

Apresentamos instituições como a Associação Inter-Religiosa de Educação (Assintec) e o Fórum Nacional Permanente de Ensino Religioso (Fonaper), por serem pioneiras na busca pela superação das aulas de religião, que carregavam o peso da doutrinação religiosa para os espaços de educação pública. Nessa perspectiva, destacamos a importância de um ensino em que se desenvolva o conhecimento sobre a diversidade religiosa, de modo a contribuir para a formação de cidadãos menos preconceituosos e mais aptos a viver em uma sociedade multiétnica e com variadas influências culturais e religiosas.

Buscamos nos fundamentar em experiências que levaram a resultados positivos no âmbito escolar e em práticas pedagógicas alinhadas com a legislação vigente. Nesse sentido, apresentamos as Diretrizes Curriculares de Ensino Religioso do Paraná e o livro didático *Ensino religioso: diversidade cultural e religiosa* para esclarecer como devem ser ministradas as aulas de Ensino Religioso no âmbito escolar. Para isso, foi preciso confrontar os diferentes modelos possíveis de Ensino Religioso (confessional/catequético, multiconfessional/doutrinário, aconfessional e escolar), a fim de distinguir as aulas de religião do ensino religioso escolar.

Diante dessa abordagem, deparamo-nos com os desafios inerentes à implantação de um modelo que permita a superação do ensino confessional e favoreça a inserção de conteúdos que abordem a diversidade religiosa, sem tratar de uma religião em detrimento de outra. Adaptar-se a uma metodologia que dê conta desse desafio, que contribua para que o processo de ensino-aprendizagem alcance seus objetivos de maneira interdisciplinar e coerente com os propósitos de uma educação de qualidade, é mais do que necessário.

Conforme ressaltamos, esses conteúdos e essas metodologias devem abarcar as quatro matrizes que constituem a religiosidade brasileira (indígena, ocidental, africana e oriental), o que nos leva a superar o espaço escolar e tocar em questões globais, como intolerância e discriminação, que já foram causas até mesmo de guerras mundiais.

Fundamentados no aporte teórico da ciência da religião, delimitamos como objeto de estudo da disciplina o fenômeno religioso com enfoque no Sagrado, sem excluir a possibilidade de que o objeto seja o próprio fenômeno religioso ou o conhecimento religioso.

Com base nessa delimitação, pudemos distinguir conteúdos e procedimentos avaliativos próprios das ciências humanas, como lugares sagrados, símbolos religiosos, textos orais e escritos, festas religiosas, ritos, rituais e preceitos éticos. No entanto, para que esses conteúdos tenham o alcance esperado, é necessário lançar mão de recursos e estratégias pedagógicas coerentes com cada nível de ensino, como jogos e brincadeiras (ludismo), contação de histórias, vídeos e filmes, de modo a possibilitar o contato com a diversidade cultural e com diferentes formas de arte, presentes de modo visceral nas representações religiosas. É válido destacar que a contação de histórias, além de ser um veículo de transmissão de conteúdos, é uma prática própria de muitas organizações religiosas, principalmente no que se refere às tradições orais.

LISTA DE SIGLAS

Amorc – Antiga e Mística Ordem Rosacruz
Assintec – Associação Inter-Religiosa de Educação
BNCC – Base Nacional Comum Curricular
Conae – Conferência Nacional de Educação
DCE – Diretrizes Curriculares Estaduais
DCN – Diretrizes Curriculares Nacionais
DEB – Departamento de Educação Básica
DEF – Departamento de Ensino Fundamental
Fonaper – Fórum Nacional Permanente do Ensino Religioso
Furb – Universidade Regional de Blumenau
Ifil – Instituto de Filosofia da Libertação
LDBEN – Lei de Diretrizes e Bases da Educação Nacional
MEC – Ministério da Educação
PCN – Parâmetros Curriculares Nacionais
PCNER – Parâmetros Curriculares Nacionais de Ensino Religioso
Prontel – Programa Nacional de Teleducação
PUCPR – Pontifícia Universidade Católica do Paraná
Seed-PR – Secretaria de Estado da Educação do Paraná
Seeduc-RJ – Secretaria Estadual de Educação do Rio de Janeiro
UFPR – Universidade Federal do Paraná

REFERÊNCIAS

ABRAMOVICH, F. **Literatura infantil**: gostosuras e bobices. 4. ed. São Paulo: Scipione, 1994.

ALVES, R. **Entre a ciência e a sapiência**: o dilema da educação. São Paulo: Loyola, 2006.

ANDRADE, R. A trajetória do ensino religioso na educação brasileira. **Revista Senso**, n. 11, 6 jun. 2018. Disponível em: <https://revistasenso.com.br/2018/06/06/trajetoria-ensino-religioso-na-educacao-brasileira/>. Acesso em: 22 jul. 2020.

ARANHA, M. L. de A. **História da educação**. 2. ed. São Paulo: Moderna, 1996.

ARISTÓTELES. **Poética**. Lisboa: Imprensa Nacional; Casa da Moeda, 1992.

ARISTÓTELES. **Política**. Madrid: Editorial Gredos, 1995.

ASHLEY-FARRAND, T. **Shakti**: os mantras da energia feminina. São Paulo: Pensamento, 2005.

BARCELLOS, M. P. **América indígena**: 500 anos de resistência e conquista. São Paulo: Paulinas, 1999.

BATISTA, J. Pr. O que é evangelização. **CTEC Vida Cristã**, 28 jun. 2016. Disponível em: <https://blog.ctecvidacrista.com.br/o-que-e-evangelizacao/>. Acesso em: 22 jul. 2020.

BAUER, J. B. **Dicionário Bíblico-Teológico**. São Paulo: Edições Loyola, 2000.

BÍBLIA (Novo Testamento). Lucas. Português. **Bíblia Online**. Cap. 10, vers. 29-37. Disponível em: <https://www.bibliaonline.com.br/nvi/lc/10/29-37>. Acesso em: 19 ago. 2020.

BÍBLIA. Português. **Bíblia de Referência Thompson**. ed. rev. e corr. São Paulo: Vida, 1992.

BOFF, L. **O povo brasileiro**: um povo místico e religioso. 16 mar. 2014. Disponível em: <https://leonardoboff.wordpress.com/2014/03/16/o-povo-brasileiro-um-povo-mistico-e-religioso>. Acesso em: 22 jul. 2020.

BRASIL. Constituição (1824). **Coleção de Leis do Império do Brasil – 1824**, Rio de Janeiro, 22 abr. 1824. Disponível em: < http://www.planalto.gov.br/ccivil_03/Constituicao/Constituicao24.htm#:~:text=Perpetuo%20do%20Brazil.-,Art.,f%C3%B3rma%20alguma%20exterior%20do%20Templo.>. Acesso em: 22 jul. 2020.

BRASIL. Constituição (1891). **Diário Oficial**, Rio de Janeiro, 24 fev. 1891. Disponível em: <http://www.planalto.gov.br/ccivil_03/Constituicao/Constituicao91.htm>. Acesso em: 22 jul. 2020.

BRASIL. Constituição (1934). **Diário Oficial**, Rio de Janeiro, 16 jul. 1934. Disponível em: <http://www.planalto.gov.br/ccivil_03/constituicao/constituicao34.htm>. Acesso em: 22 jul. 2020.

BRASIL. Constituição (1937). **Diário Oficial**, Rio de Janeiro, 10 nov. 1937. Disponível em: <http://www.planalto.gov.br/ccivil_03/Constituicao/Constituicao37.htm>. Acesso em: 22 jul. 2020.

BRASIL. Constituição (1946). **Diário Oficial da União**, Rio de Janeiro, 19 set. 1946. Disponível em: <http://www.planalto.gov.br/ccivil_03/constituicao/constituicao46.htm>. Acesso em: 22 jul. 2020.

BRASIL. Constituição (1967). **Diário Oficial da União**, Brasília, DF, 24 jan. 1967. Disponível em: <http://www.planalto.gov.br/ccivil_03/Constituicao/Constituicao67.htm>. Acesso em: 22 jul. 2020.

BRASIL. Constituição (1988). **Diário Oficial da União**, Brasília, DF, 5 out. 1988. Disponível em: <http://www.planalto.gov.br/ccivil_03/constituicao/constituicao.htm>. Acesso em: 22 jul. 2020.

BRASIL. Emenda Constitucional n. 1, de 17 de outubro de 1969. **Diário Oficial da União**, Poder Legislativo, Brasília, DF, 20 out. 1969. Disponível em: <https://www2.camara.leg.br/legin/fed/emecon/1960-1969/emendaconstitucional-1-17-outubro-1969-364989-norma-pl.html>. Acesso em: 22 jul. 2020.

BRASIL. Lei n. 12.288, de 20 de julho de 2010. **Diário Oficial da União**, Poder Legislativo, Brasília, DF, 21 jul. 2010a. Disponível em: <http://www.planalto.gov.br/ccivil_03/_Ato2007-2010/2010/Lei/L12288.htm>. Acesso em: 22 jul. 2020.

BRASIL. Lei n. 11.645, de 10 março de 2008. **Diário Oficial da União**, Poder Legislativo, Brasília, DF, 11 mar. 2008. Disponível em: <http://www.planalto.gov.br/ccivil_03/_Ato2007-2010/2008/Lei/L11645.htm#art1>. Acesso em: 22 jul. 2020.

BRASIL. Lei n. 9.394, de 20 de dezembro de 1996. **Diário Oficial da União**, Poder Legislativo, Brasília, DF, 23 dez. 1996. Disponível em: <http://www.planalto.gov.br/ccivil_03/leis/l9394.htm>. Acesso em: 22 jul. 2020.

BRASIL. Lei n. 9.475, de 22 de julho de 1997. **Diário Oficial da União**, Poder Legislativo, Brasília, DF, 23 jul. 1997. Disponível em: <http://www.planalto.gov.br/ccivil_03/Leis/L9475.htm>. Acesso em: 22 jul. 2020.

BRASIL. Ministério da Educação. **Base Nacional Comum Curricular**: educação é a base. Brasília, DF: Consed/Undime, 2018. Disponível em: <http://basenacionalcomum.mec.gov.br/images/BNCC_EI_EF_110518_versaofinal_site.pdf>. Acesso em: 22 jul. 2020.

BRASIL. Ministério da Educação. **Conae**: documento final. Brasília, DF, 2010b. Disponível em: <http://conae.mec.gov.br/images/stories/pdf/pdf/documetos/documento_final_sl.pdf>. Acesso em: 22 jul. 2020.

BRASIL. Ministério da Educação. Secretaria da Alfabetização. **A lenda da vitória-régia**. Brasília, DF, 2020. (Coleção Conta para Mim). Disponível em: <http://alfabetizacao.mec.gov.br/images/conta-pra-mim/livros/versao_digital/vitoria_regia_versao_digital.pdf>. Acesso em: 1º out. 2020.

BRASIL. Ministério da Educação. Secretaria de Educação Continuada, Alfabetização e Diversidade. **O índio brasileiro**: o que você precisa saber sobre os povos indígenas no Brasil hoje. Brasília: Secad; Unesco; Laced/Museu Nacional, 2006. (Coleção Educação Para Todos. Série Vias dos Saberes, v. 1). Disponível em: < http://www.educadores.diaadia.pr.gov.br/arquivos/File/pdf/indio_brasileiro.pdf>. Acesso em: 22 jul. 2020.

BRASIL. Ministério da Educação. Secretaria de Educação Fundamental. **Parâmetros Curriculares Nacionais**: Ensino Religioso. Brasília, DF, 2004a.

BRASIL. Ministério das Relações Exteriores. Secretaria Especial de Promoção da Igualdade Racial. **Diversidade religiosa e direitos humanos**. Brasília, DF, 2004b. Disponível em: <http://alfabetizacao.mec.gov.br/images/conta-pra-mim/livros/versao_digital/vitoria_regia_versao_digital.pdf>. Acesso em: 1º out. 2020.

BRASIL. Secretaria de Direitos Humanos da Presidência da República. **Programa Nacional de Direitos Humanos**. Brasília, DF, 2010c. Disponível em: <https://www.ohchr.org/Documents/Issues/NHRA/Programma NacionalDireitosHumanos2010.pdf>. Acesso em: 22 jul. 2020.

BUSATTO, C. **Contar e encantar**: pequenos segredos da narrativa. Petrópolis: Vozes, 2006.

CASSIRER, E. **Ensaio sobre o homem**: introdução a uma filosofia da cultura humana. São Paulo: M. Fontes, 2005.

CHAUI, M. **Convite à filosofia**. São Paulo: Ática, 2003.

CIPOLINI, A. **Não é fita, é fato**: tensões entre instrumento e objeto – um estudo sobre a utilização do cinema na educação. 159 f. Dissertação (Mestrado em Educação) – Universidade de São Paulo, São Paulo, 2008. Disponível em: <https://www.teses.usp.br/teses/disponiveis/48/48134/tde-12062008-144359/publico/DissertacaoArleteCipolini.pdf>. Acesso em: 22 jul. 2020.

CLASTRES, P. **A sociedade contra o Estado**: pesquisas de antropologia política. Rio de Janeiro: Francisco Alves, 1978.

CONCEIÇÃO, J. L. M. da. Jesuítas na educação brasileira: dos objetivos e métodos até sua expulsão. **Educação Pública**, 7 fev. 2017. Disponível em: <https://educacaopublica.cecierj.edu.br/artigos/17/3/jesutas-na-educao-brasileira-dos-objetivos-e-mtodos-at-a-sua-expulso>. Acesso em: 22 jul. 2020.

COSTA, A. M. F. da. Um breve histórico do ensino religioso na educação brasileira. In: SEMANA DE HUMANIDADES, 17., 2009, Natal. **Anais...** Natal: UFRN, 2009.

COSTA, C. J. O Marquês de Pombal e a Companhia de Jesus. In: MENEZES, S. L.; PEREIRA, L. A.; MENDES, C. M. M. (Org.). **A expansão e consolidação da colonização portuguesa na América**. Maringá: Eduem, 2011.

COSTELLA, D. O fundamento epistemológico do ensino religioso. In: JUNQUEIRA, S.; WAGNER, R. (Org.) **O ensino religioso no Brasil**. Curitiba: Champagnat, 2004. p. 97-107. Disponível em: <http://www.ensino religioso.seed.pr.gov.br/arquivos/File/hai/fundamento_epistemologico. pdf>. Acesso em: 22 jul. 2020.

CURITIBA. Prefeitura Municipal. **Currículo do ensino fundamental**: 1º ao 9º ano. 2016. v. V. Disponível em: <http://multimidia.cidadedoconhecimento.org.br/CidadeDoConhecimento/lateral_esquerda/menu/downloads/arquivos/10352/download10352.pdf>. Acesso em: 22 jul. 2020.

DOUTRINA. In: **Michaelis**. Disponível em: <http://michaelis.uol.com.br/busca?id=W014 >. Acesso em: 22 jul. 2020.

DURKHEIM, É. **As regras do método sociológico**. São Paulo: Companhia Editora Nacional, 2002.

DURKHEIM, É. **As regras do método sociológico**. São Paulo: M. Claret, 2003.

DURKHEIM, É. **Educação e sociologia**. 4. ed. São Paulo: Melhoramentos, 1955.

DURKHEIM, É. **Formas elementares da vida religiosa**: o sistema totêmico da Austrália. São Paulo: M. Fontes, 2000.

ELIADE, M. **O sagrado e o profano**: a essência das religiões. São Paulo: M. Fontes, 1999.

ELIADE, M. **Tratado de história das religiões**. Lisboa: Cosmos, 1977.

FERNANDES, D.; GIL FILHO, S. F. Geografia em Cassirer: perspectivas para geografia da religião. **Revista GeoTextos**, Salvador, v. 7, n. 2, p. 221-228, dez. 2011. Disponível em: <https://portalseer.ufba.br/index.php/geotextos/article/view/5283/4092>. Acesso em: 22 jul. 2020.

FERREIRA, C.; MISSE, C.; BONADIO, S. Brincar na educação infantil é coisa séria. **Akrópolis**, Umuarama, v. 12, n. 4, p. 222-223, out./dez. 2004. Disponível em: <https://revistas.unipar.br/index.php/akropolis/article/view/1959/1707#>. Acesso em: 22 jul. 2020.

FIGUEIREDO, A. de P. **Ensino religioso**: tendências pedagógicas. 2. ed. Petrópolis: Vozes, 1995.

FONAPER – Fórum Nacional Permanente de Ensino Religioso. **Carta aos professores de Ensino Religioso**. 15 out. 2009. Disponível em: <https://docplayer.com.br/143284057-Carta-aos-professores-de-ensino-religioso.html>. Acesso em: 22 jul. 2020.

FONAPER – Fórum Nacional Permanente de Ensino Religioso. **Carta de princípios**. Florianópolis, 1995. Disponível em: <https://fonaper.com.br/institucional/>. Acesso em: 22 jul. 2020.

FONAPER – Fórum Nacional Permanente de Ensino Religioso. **Parâmetros Curriculares Nacionais**: Ensino Religioso. São Paulo: Ave Maria, 1997.

FRAGATA, J. **A fenomenologia de Husserl como fundamento da filosofia**. Braga: Livraria Cruz, 1956.

FRANCA, L. **O método pedagógico dos jesuítas**. Rio de Janeiro: Agir, 1952.

FREYRE, G. **Casa-Grande & Senzala**. 43. ed. Rio de Janeiro: Record, 2003.

GIL FILHO, S. F. Da ontologia do sagrado de Rudolf Otto ao sagrado como forma simbólica. In: JUNQUEIRA, S. (Org.). **O sagrado**: fundamentos e conteúdo do ensino religioso. Curitiba: Ibpex, 2009. p. 69-89.

GIL FILHO, S. F. **Espaço sagrado**: estudos em geografia da religião. Curitiba: Ibpex, 2008.

GIL FILHO, S. F. **Espaço sagrado**: estudos em geografia da religião. Curitiba: InterSaberes, 2012.

GIL FILHO, S. F. Geografia da religião: reconstruções teóricas sob o idealismo crítico. In: KOZEL, S.; SILVA, J. da C.; GIL FILHO, S. F. (Org.). **Da percepção e cognição à representação**: reconstruções teóricas da geografia cultural e humanista. São Paulo: Terceira Margem; Curitiba: NEER, 2007. p. 207-222.

GIL FILHO, S. F. **Notas sobre a Religião como Forma Simbólica em Ernst Cassirer**. Texto utilizado no encontro do Nupper. Curitiba, 2010.

GOMES, A. M. de A.; RODRIGUES, C. C. L. Epistemologia do objeto de estudo e pesquisa das ciências da religião: um estudo de caso. **Numem**, Juiz de Fora, v. 15, n. 2, p. 377-402, 2012. Disponível em: <https://periodicos.ufjf.br/index.php/numen/article/view/21856>. Acesso em: 14 ago. 2020.

HOLANDA, S. B. de. **Raízes do Brasil**. 26. ed. São Paulo: Companhia das Letras, 1995.

HUIZINGA, J. **Homo ludens**: o jogo como elemento da cultura. Perspectiva: São Paulo, 2019. Livro eletrônico.

HUYGHE, R. **Sentido e destino da arte**. São Paulo: M. Fontes, 1986.

JUNQUEIRA, S. R. A. **O processo de escolarização do ensino religioso no Brasil**. Petrópolis: Vozes, 2002.

KANT, I. **Crítica da razão pura**. São Paulo: Nova Cultural, 1999.

LARAIA, R. de B. **Cultura**: um conceito antropológico. Rio de Janeiro: J. Zahar, 1999.

LEITE, F. C. O laicismo e outros exageros sobre a Primeira República no Brasil. **Religião & Sociedade**, ano 31, n. 1, 2011. Disponível em: <http://dx.doi.org/10.1590/S0100-85872011000100003>. Acesso em: 22 jul. 2020.

MACEDO, C. C. **Imagem do eterno**: religiões do Brasil. São Paulo: Moderna, 1989.

MACHADO, J. P. **Dicionário etimológico da Língua Portuguesa**. 5. ed. Lisboa: Livros Horizonte, 2003.

MARTINS, R.; ROCHA, S. História budista: o quebrador de pedras. **Subsídios Pedagógicos para o Ensino Religioso: Informativo da Assintec**, Curitiba, n. 35, p. 4, 2014. Disponível em: <http://www.ensinoreligioso.seed.pr.gov.br/arquivos/File/boletins_informativos_assintec/Informativo35.pdf>. Acesso em: 22 jul. 2020.

MEIRELES, C. **Problemas da literatura infantil**. São Paulo: Summus, 1979.

MENDONÇA, A. G. O movimento ecumênico no século XX: algumas observações sobre suas origens e contradições. **Tempo e Presença Digital**, ano 3, n. 12, set. 2008. Disponível em: <http://www.koinonia.org.br/tpdigital/detalhes.asp?cod_artigo=236&cod_boletim=13&tipo=Artigo>. Acesso em: 22 jul. 2020.

MIRANDA, A. P. A intolerância religiosa e o ensino religioso confessional obrigatório em escolas públicas no Rio de Janeiro. In: CONGRESSO LUSO-AFRO-BRASILEIRO DE CIÊNCIAS SOCIAIS: DIVERSIDADES E (DES)IGUALDADES, 11., 2011, Salvador. **Anais**... Salvador: UFBA, 2011.

MIRANDA, M. **Código pedagógico dos jesuítas**: Ratio Studiorum da Companhia de Jesus. Campo Grande: Esfera do Caos, 2009.

NIZER, C. do R. A disciplina de Ensino Religioso no Estado do Paraná. In: CONGRESSO NACIONAL DE EDUCAÇÃO – EDUCERE, 10., 2011, Curitiba. **Anais**... Curitiba: PUCPR, 2011. Disponível em: <http://educere.bruc.com.br/arquivo/pdf2011/4786_2582.pdf>. Acesso em: 22 jul. 2020.

NIZER, C. do R.; SANTOS, E. C. Ensino Religioso: perspectivas para o trabalho como área de conhecimento. In: CONGRESSO NACIONAL DE EDUCAÇÃO – EDUCERE, 11., 2013. **Anais**... Curitiba. Paraná: PUCPR, 2013. p. 29.369-29.378. Disponível em: <http://educere.bruc.com.br/ANAIS2013/pdf/9284_5779.pdf>. Acesso em: 22 jul. 2020.

OLIVEIRA, L. B. de et al. **Ensino religioso no ensino fundamental**. São Paulo: Cortez, 2007. (Coleção Docência em Formação; Série Ensino Fundamental).

OTTO, R. **O Sagrado**. Lisboa: Edições 70, 1992.

PARANÁ. Secretaria de Estado da Educação. **Diretrizes Curriculares da Educação Básica**: Ensino Religioso. 2008. Disponível em: <http://www.educadores.diaadia.pr.gov.br/arquivos/File/diretrizes/dce_er.pdf>. Acesso em: 22 jul. 2020.

PARANÁ. Secretaria de Estado da Educação. **O sagrado no ensino religioso**. Curitiba, 2006a. (Caderno Pedagógico de Ensino Religioso, v. 8). Disponível em: <http://portaldoprofessor.mec.gov.br/storage/materiais/0000014238.pdf>. Acesso em: 22 jul. 2020.

PARANÁ. Secretaria de Estado da Educação. Conselho Estadual de Educação. **Deliberação n. 1, de 10 de fevereiro de 2006**. Curitiba, 2006b. Disponível em: <http://www.cee.pr.gov.br/arquivos/File/pdf/Deliberacoes/2006/deliberacao_01_06.pdf>. Acesso em: 22 jul. 2020.

PARANÁ. Secretaria de Estado da Educação. Conselho Estadual de Educação. **Deliberação n. 3, de 9 de agosto de 2002. Curitiba, 9 ago. 2002a**. Disponível em: < http://celepar7cta.pr.gov.br/seed/deliberacoes.nsf/7b2a997ca37239c3032569ed005fb978/d37cca3ae7ac904f03256c3800674987/$FILE/_p8himoqb2clp631u6dsg30cpd68o30cg_.pdf>. Acesso em: 22 jul. 2020.

PARANÁ. Secretaria de Estado da Educação. Departamento de Ensino Fundamental. **Instrução n. 001/02**. Curitiba, 12 nov. 2002b. Disponível em: <https://ipfer.com.br/gper/wp-content/uploads/sites/2/2017/12/INSTRU%C3%87%C3%83O-2002.pdf>. Acesso em: 22 jul. 2020.

PARANÁ. Secretaria de Estado da Educação. Superintendência da Educação. **Ensino Religioso**: diversidade cultural e religiosa. Curitiba, 2013. Disponível em: <http://www.ensinoreligioso.seed.pr.gov.br/arquivos/File/livro_er_19_3_2015.pdf>. Acesso em: 22 jul. 2020.

PIAGET, J. **A formação do símbolo na criança**: imitação, jogo e sonho. Rio de Janeiro: J. Zahar, 1978.

RANQUETAT JR., C. A. Religião em sala de aula: o ensino religioso nas escolas públicas brasileiras. **Revista Eletrônica de Ciências Sociais**, v. 1, p. 163-180, fev. 2007. Disponível em: <https://periodicos.ufjf.br/index.php/csonline/article/view/17037>. Acesso em: 22 jul. 2020.

REIMER, H. **Elementos e estrutura do fenômeno religioso**: o sagrado e as construções de mundo. Goiânia: Ed. da PUC; Brasília: Universa, 2004.

RIBEIRO, D. **O povo brasileiro**: a formação e o sentido do Brasil. 2. ed. São Paulo: Companhia das Letras, 1995.

RIO DE JANEIRO (Estado). Decreto n. 29.228, de 20 de setembro de 2001. **Diário Oficial do Rio de Janeiro**, Rio de Janeiro, 21 set. 2001. Disponível em: <http://govrj.jusbrasil.com.br/legislacao/152959/decreto-29228-01>. Acesso em: 22 jul. 2020.

RIO DE JANEIRO (Estado). **Decreto n. 31.086, de 27 de março de 2002**. Disponível em: <http://www.nepp-dh.ufrj.br/ole/textos/rio_dec_31086.pdf>. Acesso em: 22 jul. 2020.

RIO DE JANEIRO (Estado). Lei n. 3459, de 14 de setembro de 2000. **Diário Oficial do Rio de Janeiro**, Rio de Janeiro, 15 set. 2000. Disponível em: <https://gov-rj.jusbrasil.com.br/legislacao/136999/lei-3459-00>. Acesso em: 22 jul. 2020.

RIO DE JANEIRO (Estado). Secretaria de Estado de Educação. **Orientações básicas para o Ensino Religioso nas escolas estaduais**. 2010. Disponível em: <http://www.edulaica.net.br/uploads/arquivo/orientacoes%20rj.pdf>. Acesso em: 22 jul. 2020.

ROCHER, G. **Sociologia geral 1**. Lisboa: Editorial Presença, 1971.

RODRIGUES, E. B. T. **Cultura, arte e contação de histórias**. Goiânia: [s.n.], 2005.

ROSA, A. P.; NISIO, J. di. **Atividades lúdicas**: sua importância na alfabetização. Curitiba: Juruá, 1999.

SANTIN, S. **Educação física**: da alegria do lúdico à opressão de rendimento. Porto Alegre: Est. Edições, 2001.

SANTOS, E. C. dos. Diversidade religiosa brasileira e as quatro matrizes. **Subsídios Pedagógicos para o Ensino Religioso: Informativo da Assintec**, n. 38, p. 2-5, 2016. Disponível em: <http://www.ensinoreligioso.seed.pr.gov.br/arquivos/File/boletins_informativos_assintec/informativo_assintec_38.pdf>. Acesso em: 22 jul. 2020.

SANTOS, E. C. dos. Religiosidade indígena. **Subsídios Pedagógicos para o Ensino Religioso: Informativo da Assintec**, n. 37, p. 3-9, 2015. Disponível em: < http://www.ensinoreligioso.seed.pr.gov.br/arquivos/File/boletins_informativos_assintec/informativo_assintec_37.pdf>. Acesso em: 22 jul. 2020.

SANTOS, E. C.; NIZER, C. do R. Do confessional ao inter-religioso: o sagrado e a diversidade religiosa – novas perspectivas. In: CONGRESSO NACIONAL DE EDUCAÇÃO – EDUCERE, 11., 2013. **Anais**... Curitiba, Paraná: PUCPR, 2013. p. 29.043-29.053. Disponível em: <https://educere.bruc.com.br/ANAIS2013/pdf/9199_5917.pdf>. Acesso em: 22 jul. 2020.

SAVIANI, D. **Escola e democracia**. São Paulo: Cortez, 1991.

SCHLÖGL, E. Linguagens sagradas. **Subsídios Pedagógicos para o Ensino Religioso: Informativo da Assintec**, n. 40, p. 2-3, 2016. Disponível em: <http://www.ensinoreligioso.seed.pr.gov.br/arquivos/File/boletins_informativos_assintec/informativo_assintec_38.pdf>. Acesso em: 22 jul. 2020.

SILVA, A. S. da; GIL FILHO, S. F. Geografia da religião a partir das formas simbólicas em Ernst Cassirer: um estudo da Igreja Internacional da Graça de Deus no Brasil. **REVER: Revista de Estudos da Religião**, São Paulo, ano 9, p. 73-91, jun. 2009. Disponível em: <https://www.pucsp.br/rever/rv2_2009/t_silva.pdf>. Acesso em: 22 jul. 2020.

SILVA, B. K. L. N. da. O lúdico no Ensino Religioso. In: JORNADA INTERDISCIPLINAR DE PESQUISA EM TEOLOGIA E HUMANIDADES, 2., 2012. Disponível em: <https://silo.tips/download/o-ludico-no-ensino-religioso>. Acesso em: 22 jul. 2020.

SILVA, P. J. da. A Igreja Católica e a questão educacional no Brasil durante a Era Vargas. In: ENCONTRO ESTADUAL DE HISTÓRIA, 11., 2012, Rio Grande. **Anais...** Rio Grande: Furg, 2012. Disponível em: <http://www.eeh2012.anpuh-rs.org.br/resources/anais/18/1346280564_ARQUIVO_texto paraaanpuh-rs.pdf>. Acesso em: 22 jul. 2020.

SMITH, W. R. **Lectures on the Religion of the Semites.** 2. ed. London: A&C Black, 1894.

STEFANELLO, A. C. **Didática e avaliação da aprendizagem no ensino de geografia.** São Paulo: Saraiva, 2009.

STF conclui julgamento sobre Ensino Religioso nas escolas públicas. **Notícias STF**, 27 set. 2017. Disponível em: <http://www.stf.jus.br/portal/cms/verNoticiaDetalhe.asp?idConteudo=357099>. Acesso em: 22 jul. 2020.

TEILHARD DE CHARDIN, P. **O fenômeno humano.** São Paulo: Helder, 1970.

TEIXEIRA, I. A. C.; LOPES, J. de S. M. **A diversidade cultural vai ao cinema.** Belo Horizonte: Autêntica, 2006.

VYGOTSKY, L. S. **A formação social da mente.** 6. ed. São Paulo: M. Fontes, 1998.

BIBLIOGRAFIA COMENTADA

ELIADE, M. **O sagrado e o profano**: a essência das religiões. São Paulo: M. Fontes, 1999.
Trata-se de um clássico da ciência da religião que aborda temas importantíssimos, como festas religiosas e os conceitos de *ritual*, *símbolo* e *mito*. Embora a definição maniqueísta de *sagrado* e *profano* tenha um poder explicativo limitado quando se trata de religiões de matriz africana ou indígena, o livro é uma referência nos estudos sobre religiões e religiosidades.

PARANÁ. Secretaria de Estado da Educação. **Diretrizes Curriculares da Educação Básica**: Ensino Religioso. 2008. Disponível em: <http://www.educadores.diaadia.pr.gov.br/arquivos/File/diretrizes/dce_er.pdf>. Acesso em: 22 jul. 2020.
Essas diretrizes compõem uma das mais relevantes produções curriculares no que tange à implementação da disciplina de Ensino Religioso no âmbito escolar. Trata-se de um documento que respeita o princípio de Estado laico e os predicados de uma república democrática, pois delineia o histórico da disciplina, o objeto de estudo, as metodologias e os critérios de avaliação, rompendo com as chamadas *aulas de religião*. É um documento aprovado pelo Conselho Estadual de Educação do Paraná, e tornou-se referência na construção de planos de ensino e planejamentos de aula de grande parte dos professores de Ensino Religioso.

PARANÁ. Secretaria de Estado da Educação. **O sagrado no ensino religioso**. Curitiba, 2006. (Caderno Pedagógico de Ensino Religioso, v. 8). Disponível em: <http://portaldoprofessor.mec.gov.br/storage/materiais/0000014238.pdf>. Acesso em: 22 jul. 2020.

Nesse caderno pedagógico, os autores têm como objetivo orientar professores e pedagogos sobre o que é o Ensino Religioso e quais são os conteúdos e encaminhamentos metodológicos a serem utilizados para o desenvolvimento da disciplina como área do conhecimento, sem proselitismo. Um dos pontos fortes da obra é o tratamento da diversidade de maneira respeitosa e isenta de julgamentos.

PARANÁ. Secretaria de Estado da Educação. Superintendência da Educação. **Ensino religioso**: diversidade cultural e religiosa. Curitiba, 2013. Disponível em: <http://www.ensinoreligioso.seed.pr.gov.br/arquivos/File/livro_er_19_3_2015.pdf>. Acesso em: 22 jul. 2020.

Esse livro didático foi produzido com base em aulas desenvolvidas por professores de Ensino Religioso do Paraná, e tem como ponto de partida os conteúdos propostos nas diretrizes curriculares do Estado. Cada capítulo aborda a diversidade cultural e religiosa do Brasil de maneira didática e isenta de juízo de valores, com textos de fundamentação e atividades práticas a serem trabalhadas com os alunos de acordo com o nível de ensino. No fim da obra, há pequenos textos produzidos por representantes de organizações religiosas sobre os conteúdos tratados do ponto de vista da própria religião abordada.

RIBEIRO, D. **O povo brasileiro**: a formação e o sentido do Brasil. São Paulo: Companhia das Letras, 1995.

Essa obra, assim como toda a produção de Darcy Ribeiro, influenciou não apenas a criação de leis sobre a inclusão de conteúdos referentes às histórias africana e indígena nos currículos escolares brasileiros, mas também mudou a maneira como se estuda a questão da miscigenação étnica no Brasil. Nela, ressalta-se a questão da influência das matrizes indígenas e africanas na formação étnica e cultural do povo brasileiro e a persistência do colonialismo na identidade do Brasil.

RESPOSTAS

Capítulo 1
ATIVIDADES DE AUTOAVALIAÇÃO
1. b
2. d
3. e
4. a
5. c

Capítulo 2
ATIVIDADES DE AUTOAVALIAÇÃO
1. b
2. a
3. c
4. a
5. e

Capítulo 3
ATIVIDADES DE AUTOAVALIAÇÃO
1. a
2. b
3. d
4. a
5. e

Capítulo 4
ATIVIDADES DE AUTOAVALIAÇÃO
1. e
2. d
3. c
4. e
5. b

Capítulo 5
ATIVIDADES DE AUTOAVALIAÇÃO
1. a
2. e
3. e
4. c
5. b

SOBRE O AUTOR

Elói Corrêa é doutor em Geografia pela Universidade Federal do Paraná (UFPR), especialista em Filosofia pela Pontifícia Universidade Católica do Paraná (PUCPR) e graduado em Filosofia pela Universidade Estadual do Centro-Oeste (Unicentro). Além de contador de histórias, atua na área de formação de professores e na produção de materiais didáticos. Já desenvolveu pesquisas sobre xamanismo guarani e diversidade cultural e religiosa.

Impressão:
Outubro/2020